突擊精選系列 ⑩

中國抗日戰爭 2

氣壯山河

序

　　繼「中國對日抗戰—血肉長城」後，知兵堂特別再精選抗戰史料，編成第二部「氣壯山河」。茲將「三次長沙會戰」、「滇西緬北戰役」、「廣東戰役」等各場不僅對中國戰區有扭轉戰局的戰役介紹，從戰略上觀看更已對盟軍在太平洋地區遲滯日軍「一號作戰」的關鍵戰役重點論述，以期凸顯中國軍隊對同盟國於戰略上的重大貢獻。

　　1939年9月至10月的第一次長沙會戰又稱「湘北會戰」，係指中國第九戰區部隊在以湘、鄂、贛三省接壤地區對日本軍隊進行的防禦戰役。這是繼「二戰」歐洲大戰爆發後，日軍對中國正面戰場的第一次大規模攻勢。日本為達到對國民政府迫降的軍事策略，集中十萬兵力從贛北、鄂南、湘北三個方向向長沙發起了進攻。

　　第9戰區代司令長官薛岳為保衛長沙，採取以湘北為防禦重點，「後退決戰」、「爭取外翼」的作戰方針，調動了30多個師和3個挺進縱隊，共約24萬多人參加此次戰役。至10月9日，中國軍隊第195師恢復到進佔鹿角、新牆、楊林街之線，日軍陸續退回新牆河以北地區；至10月14日，雙方恢復戰前態勢，遏止了日軍的陰謀。

　　1941年9月至10月，第二次長沙會戰爆發，中國軍隊仍以第九戰區為主在長沙地區對日軍進行的第二次防禦。從1941年9月7日至10月9

日結束，歷時一個月，日軍仍無所進展。

兩個月後的1941年12月至1942年1月，中日雙方又再爆發第三次長沙會戰，中國第九戰區部隊在岳陽新牆河至長沙瀏陽河之間地區，英勇奮力抗擊日軍第11軍出動12萬兵力的攻勢。由於該戰役由國軍大獲全勝痛殲日軍，因此又被稱為「長沙大捷」。

長沙守軍由薛岳將軍佈置兵力，第10軍李玉堂駐守長沙市區，並在岳麓山佈置重砲兵旅。國軍第4軍、73軍、74軍以及99軍等參加長沙會戰，總兵力計投入30萬名。

從戰略的觀點，1941年12月7日，日軍聯合艦隊偷襲珍珠港掀起太平洋戰爭，為支援進攻香港之日軍，日本中國派遣軍命令華中第11軍司令阿南惟幾率領第3、6、40師團及獨立混成第9旅團，以及澤支隊，配以空軍、砲兵、裝甲兵及海軍艦艇，從岳陽向長沙進攻。同時，命第34師團和獨立第14旅團從南昌實行佯攻。

中國第9戰區司令薛岳早已料定日軍再攻長沙，佈下天羅地網，使用「天爐戰法」，命令部隊逐步後撤至長沙，吸引日軍追擊，沿途破壞道路及配置伏擊兵力。

環顧第三次長沙會戰是同盟國自珍珠港事件爆發以來第一場大勝利，其戰果甚比臺兒莊戰役更輝煌。中國戰區最高統帥蔣介石認為這是抗戰以來的最得意的一場硬仗。同時也大大提高了同盟國士氣，以及國軍的奮勇形象。

「滇西緬北戰役」也為抗戰的大型戰役之一，戰場位在中國雲南省和緬甸北部交界，開戰於1943年12月上旬。目的為中國打通中印公路。到1945年3月底，國軍與英國會軍於芒友，日軍則失緬北要塞。此役中國打響了新1軍和第5軍的名號，同時也保住了同盟國在中南半島山區和印度的根據基地。

「廣州戰役」是日本攻佔廣東省省會廣州的事件。1937年8月31日，日機首次對廣州進行空襲。次年9月7日，日本御前會議決定攻佔廣州，以策應武漢會戰的日軍，切斷南中國海的國際聯絡。日軍第104、18、5師團和海軍陸戰隊組成南支派遣軍，於1938年10月12日凌晨在廣東省惠陽的大亞灣港頭港登陸。接連攻陷莞陽、博羅、增城、東莞等地。

本冊輯錄了自1937年起以降的各場中日重要戰役，對於同盟國在太平洋戰區的反守為攻有深遠的影響，是值得研究中國抗戰歷程的最佳參考文獻之一。

目　録

戰廣州
——廣州淪陷前的廣東抗戰

前言

對抗戰有一定瞭解的讀者都知道，人們習慣把長達八年的抗日戰爭劃分為防禦、相持和反攻三個階段。其中時間最長的就是1938年秋到1945年所謂的「戰略相持階段」，這個階段開始的標誌通常也是以一個非常教科書式的標準答案出現：「日軍先後攻下了廣州、武漢後，由於戰線過長，兵力不足抗日戰爭進入了相持階段。」為何以廣州、武漢這兩座城市的失守作為抗戰進入新階段的標誌呢？從中國的角度說，這兩座城市分別是華南、華中地區的政治、經濟、軍事和文化中心；南京淪陷後，國民政府雖然遷都重慶，實際上一些重要的政府部門，包括軍事統帥部卻遷到了武漢，而廣州更是承擔了外援物資進入國統區主要樞紐這一生死攸關的角色。但當大家上書店看看2005年有關紀念抗戰勝利60週年的書籍，或者上網查資料時，會發現同是重要樞紐的兩大城市

「待遇」卻完全不同，轟轟烈烈的「武漢大會戰」被各作者們描繪得精彩紛呈，中國空軍更是繼「八一四」空戰後在武漢創造了「二一八」、「四二九」、「五卅一」空戰，空軍算是揚眉吐氣了一番。然而廣州呢？廣州是如何失守的？有讀者可能已經知道廣州在日軍登陸大亞灣（今惠州外海）後僅僅十天，便淪陷，似乎很狼狽。但筆者生於斯，長於斯，仍覺得有必要用自己卑微的筆墨，淺略地給大家說說那時那地到底發生了什麼。

1937年廣東抗戰情況

1937年全面抗戰爆發時，華北、華東都先後燃起了激烈的戰火，而華南地區卻是一個儼然太平的樣子，給人感覺那裏的人們都不太關心全國的抗戰。但其實從「七七事變」開始，廣東各界就已經積極展開各種活動直接或間接地支援抗戰，他們開嚳侮救亡大會，組織民眾捐款，組織戰時救護大隊趕赴華北前線，各縣市組織民眾抗日自衛團，訓練壯丁隊，展開防漢奸、鋤漢奸等各種抗日活動，盡可能地支援前線。

「八一三」事變後，國民政府軍事委員會將余漢謀的第4路軍改編為第四戰區第12集團軍，余漢謀任副司令長官，司令長官由軍政部部長何應欽兼任（實際上廣東地區的防務全由余漢謀負責）。12月4日

余漢謀兼任了第12集團軍總司令後便擴編部隊，編成第62、63、64、65、66總共5個軍及第93師、獨立第9旅、教導隊（後調走數個師前往抗戰前線）。同時，國軍也以珠江口的第一要塞——虎門要塞為核心佈置了三道防止日軍從珠江突入廣州的防線：最外端的大角、沙角砲臺為第一線，橫檔砲臺為第二線，鎮遠、威遠砲臺為第三線，由守備團和海軍陸戰隊分兵駐守。空軍方面，在華南地區只有原廣東空軍人員組成的直屬第29中隊進駐廣州天河機場。該隊成員全部為原廣東空軍第7隊的人員，其中更有部分海外歸來保衛祖國的華僑，由隊長何涇渭率領，全隊共計9架「霍克」III戰鬥機，是由原來廣東空軍訂購的，就憑這9架飛機來保衛整個廣州市和華南的交通要隘。

1937年8月30日，廣州市舉行了一次聯合防空演習；第二天，即8月31日，6架木更津航空隊的96陸攻由臺灣起飛，在抗戰中首次襲擊廣州並在白雲機場投彈，中國空軍第

■圖為當時的中山大學師生組織戰地服務團，赴前線慰問傷患。車上寫著「國立中山大學北上服務團捐贈——廣州方便醫院救護車」。

■ 當時的香煙紙也是愛國商人的宣傳武器，圖中的煙盒印有「國民抗戰」的字樣，香煙品牌名則是「大勝利」。

29中隊的9架「霍克」III戰鬥機，由飛行員黃紹廉、鄧從凱、謝全和等在天河機場強行起飛迎敵，地面高射砲亦猛烈射擊，結果擊落敵機2架、重傷1架；同日，日機偵察、轟炸了曲江（亦稱韶州，今韶關）、潮汕等地，中國空軍稱擊落敵機1架、擊傷2架。9月1日，一架日機闖入了虎門砲臺高射砲火力射擊範圍，當即被擊落墜毀於黃潭，日機上兩名飛行員死亡。而在9月3日，日海軍第3艦隊也開始對廣東進行封鎖作戰：攻擊水上運輸船隻，轟炸廣九鐵路北段，破壞軍事設施和機場等目標；使廣東沿海地區的對外貿易和交通運輸受到嚴重影響。

9月5日，日軍表面宣布封鎖了中國全部海岸線，但實際並沒有達成。中國方面由港澳輸入的生活用品和軍事物資仍在秘密、分散、多管道地進入廣東沿海各地，且通過法屬印度支那海防港運向雲南、廣西的作戰物資也在大量增加。

9月21日，日機「中島」95艦戰、「愛知」96艦爆約30架從「鳳翔」號航母及三灶島（位於澳門外海）基地起飛轟炸廣州的白雲、天河機場。中國空軍第29中隊的9架「霍克」III戰鬥機再次起飛迎敵，由於日機空中指揮官具有參加過淞滬空戰的經驗，憑藉太陽光掩護，從雲中偷襲。我軍訓練不

■ 一幅當時廣州市民在影樓拍攝的照片，背景也選抗日口號，圖中的背景便是「抵制日貨」。

■ 30歲時任上校團長的余漢謀。

余漢謀

　　余漢謀（1896.9.22～1981.12.27）字幄奇，廣東高要人。早年入廣東陸軍小學堂、武昌陸軍第三預備學校學習。1919年春於保定陸軍軍官學校畢業後任排長。次年投奔粵軍，歷任營、團長等職，先後參加討伐桂系軍閥沈鴻英、廣東軍閥陳炯明的作戰。1928年任第11師師長。1929年參加粵桂戰爭。1931年國民黨寧粵對立時，任廣州國民政府第1集團軍第1軍軍長。之後率部參加對中共中央革命根據地的第四、第五次「圍剿」。1936年在「兩廣事變」中脫離陳濟棠，通電擁護蔣介石，被任命為廣東綏靖主任兼第4路軍總司令，掌握廣東軍權。1937年任第四戰區副司令長官兼第12集團軍總司令。1938年在廣州作戰中指揮不力，被蔣介石革職留任。1939年底至1940年春，指揮部隊兩次擊退日軍對粵北的進攻（即兩次粵北戰役），同年8月任第七戰區司令長官。1945年任衢州綏靖公署主任，並被授予青天白日勳章。1948年任陸軍總司令。1949年1月任廣州綏靖公署主任，8月任華南軍政長官，10～11月，所部在中共人民解放軍發動的廣東戰役中被擊敗。1950年4月由海南島敗走臺灣，後任戰略顧問委員會戰略顧問等職，晉升陸軍一級上將。

足，防備不夠，因此被擊落4架，中隊長何涇渭的僚機關孟祝跳傘時不幸傘衣起火，燒傷過重搶救無效於10月5日宣告不治犧牲，而譚伯勤分隊長與5232號座機同樣壯烈殉國，這是中國空軍在廣州上空犧牲的第一位飛行員。當天中午，日機又來襲擊，我軍剩下的5機再度起飛迎戰優勢敵機，結果5231號機鄧從凱被擊中跳傘。

　　10月7日，日軍空襲英德附近粵漢鐵路線。第29中隊4架「霍克」III與第28中隊4架「霍克」II共同迎擊，在敵眾我寡的情形

抗戰中的各大戰區

　　為了方便統一作戰，國民政府軍事委員會根據戰場情況，於1937年8月20日首先劃分出5個戰區。其後直到抗戰結束又劃分出第6～12戰區以及魯蘇、冀察兩個敵後戰區。由於各戰區戰時變化非常大，現只將前10大戰區設立之初的概況列出（11、12戰區為1945年方便受降時設立的，略）：

第一戰區：轄區為冀魯兩省，初期由蔣介石兼任司令長官。

第二戰區：轄區為晉察綏三省，閻錫山任司令長官，朱德任副司令長官。所以八路軍在抗戰初期一般是在第二戰區活動。

第三戰區：轄區為蘇（長江以南）滬浙地區，馮玉祥初任司令長官時指揮了淞滬會戰。新四軍就是在該戰區活動。

第四戰區：轄區為閩粵兩省，何應欽任司令長官，余漢謀任副職。

第五戰區：轄區為魯（黃河以南）蘇（長江以北）皖東地區，初由蔣介石兼任司令長官。

1938年9月時李宗仁接任司令長官，指揮了著名的徐州會戰。

第六戰區：該戰區為1937年9月中旬設立，將原來第一戰區的冀省津浦路沿線和魯北劃入，馮玉祥任司令長官。

第七戰區：該戰區在設立之初時是專門為保衛南京設立的，將蘇南、浙北和皖南東部劃入該戰區，劉湘為司令長官。

第八戰區：1937年11月軍事委員會將甘寧青和陝西西部地區劃為第八戰區，蔣介石兼任司令長官。其部隊其實主要用於圍困中共領導的陝甘寧邊區。

第九戰區：專為武漢會戰而設，轄區為湖北長江以南、江西鄱陽湖以西和湖南全省，初由陳誠任司令長官。三次長沙會戰都在該戰區進行。

第十戰區：1939年1月初設立，轄區為陝南地區，目的也在於圍困陝甘寧邊區中共，蔣鼎文任司令長官。

下擊落敵機兩架。但第29中隊陳順南分隊長遭日96艦戰突襲陣亡，5250號座機墜於大塘墟。2807號「霍克」II的駕駛員黃之波中彈陣亡，28中隊的周靈虛迫降於始興、陳其偉腳部受傷，僅剩副隊長陳瑞鈿的座機可繼續作戰。在後來的空戰中又有2架「霍克」II和1架「霍克」III先後被擊落，這時防守華南地區的飛機只剩下2架了！

　　其實從1937年的8月8日日機第一次轟炸虎門要塞起，日軍便一直想扒掉珠江口的這枚眼中釘，並先後發動了三次對虎門要塞的大規模進攻，其中一次便發生在1937年。當年的9月14日，根據余漢謀當時「組織軍艦主動出擊、積極防禦」的戰略，我駐守在虎門的「肇和」號巡洋艦和「海周」號砲艦剛開始巡邏，就和日海軍第5水雷戰隊旗艦「夕張」號輕巡洋艦、「追風」、「疾風」號驅逐艦相遇。由於國軍的兩艘軍艦皆為英國的老式戰艦，實力明顯不如日軍，經過一輪砲戰後，「肇和」號因傷撤出戰鬥，「海周」號因此被圍攻，最終勉強坐礁；但國軍卻也宣稱擊沉了日軍一艘驅逐艦，「首開粵海擊沉敵艦之新記錄」。如果根據中國國民黨中央委員會黨史委員會戰後編印的《中華民國重要史料初編——對日抗戰時期》對該海戰的描述，國軍的確擊沉了日軍的「第三艘驅逐艦」。但對比當時日軍的作戰記載，日方似乎不存在所謂的「第三艘驅逐艦」，所以這一戰果應屬謊報。之後，日軍的三艘軍艦馬上砲擊虎門要塞，並以「甘丸」號運輸艦實施登陸作戰。在15公里的距離上，虎門要塞的中國軍隊用150mm維克斯砲擊中

■ 兩廣事變時的余漢謀。

了該運輸艦，該艦負傷後企圖逃走時被我軍4艘魚雷快艇追擊，可惜的是最終沒能將其擊沉。最後，日艦由於登陸失敗而繼續砲擊大角、沙角砲臺，在中國飛機的驅趕下，不得不撤退。至此，第一次虎門海戰結束。

總之，全面抗戰爆發的1937年，日軍一方面全力應付華北、華東的戰局，兵力匱乏，無暇顧及南下的攻略，一方面也迫於英美法等國在華南地區的利益不敢貿然出動，對廣東方面還僅是進行海上封鎖、轟炸等間接作戰，同時暫時放棄了對虎門要塞的強攻，轉為攻擊周邊的島嶼，進行小規模登陸作戰（日海軍陸戰隊先後在橫琴島、荷包島、外伶仃島等島嶼構建機場）。而中國軍隊方面雖然廣東的海軍作戰十分英勇，但由於艦船的性能差距、損失比較大；而空軍苦於缺乏補充，在本來數量就少得可憐的情況下苦苦作戰，精神可嘉；陸軍方面，由於日軍一直沒有大動作，部隊相對沒有海、空軍的戒備嚴。需要指出的是，抗戰爆發後由於

法國在華利益受到威脅，對中國抗戰一度採取同情態度，而廣州、海南島、香港淪陷後，法國原勢力範圍廣州灣（廣東湛江地區，1899年租給法國，租期99年）成為了我國華南沿海唯一仍可自由通航的國防口岸，大量軍需民用品也就在此進出。

1938年廣東抗戰概況

抗戰進入1938年（民國27年），日海軍為了封鎖中國南海專門成立了第5艦隊，日機對廣東地區轟炸的密度、數量開始明顯加大。但幸運的是，就在廣東上空危在旦夕時，我國於1937年8月從英國格羅斯特公司訂購的32架格羅斯特「鬥士」I雙翼戰鬥機終於在1938年初經香港送到了白雲機場！

2月24日，日軍水上飛機母艦「能登呂」號和運輸船「衣笠丸」號各派出8架、5架中島95水上偵察機由信豐（位於贛南）方向進襲南雄（位於粵北）機場，我空軍28、29兩中隊12架「鬥士」I戰鬥機23日夜恰由廣州飛抵南雄，出擊予敵重創，稱擊落敵機4架，2架失蹤（又有擊落6架、8架之說），僅餘7架南竄出海。根據日方的資料，證實有2架敵機被擊落，5架重傷。其實，本次空戰我方飛機性能應該是佔絕對優勢的，但卻因機槍屢屢發生故障（僅1機4挺機槍可同時射擊，而大多只有1、2挺可斷續發射），以至多架飛機在關鍵時刻不能開火，喪失了殺敵良機，至為可惜！根據此役我空軍華僑飛

行員中的傳奇英雄陳瑞鈿事後回憶，這主要是由於自比利時採購的7.62mm機槍彈品質問題所致，該彈尺寸有些許不合，導致抽殼、拋殼困難，因此頻頻卡殼。

但到了3月18日，廣州市各區已被濫炸成焦土，無辜的平民死傷無數，慘不忍睹。這裏有一個故事可為證：1938年6月6日，廣東省主席吳鐵城對中央社記者說：「抗戰以來，日機空襲廣東達2000架次以上，空襲廣州市超過800架次，死傷民眾5000人以上，炸毀民房數千幢。」後來根據廣東省、廣州市等檔案館館藏資料的綜合統計得出，為了侵佔廣東，日軍從1937年8月31日首次空襲廣州起至1938年10月21日廣州淪陷，共對廣州市進行了長達14個月的狂轟濫炸，其轟炸密度僅次於當時的陪都重慶。空襲廣州的日機共有近百批900多架次，共炸死居民6000多人，炸傷近8000人，炸毀房屋4000多間，炸毀船隻近百艘。其中規模最

1938年7月27日有關日機轟炸的統計

地區	飛機數	次數	投彈數	受傷人數	死亡人數
廣東	6492	902	11801	8901	4845
全國	16710	2472	33192	21752	16532

大、使廣州損失最為慘重的是1938年5月、6月間的大轟炸，僅僅一個多星期，日軍共出動飛機14批100架次，廣州成為瓦礫與屍骸相互堆積的破爛城市。日軍如此地違反海牙公約（Hague Conventions，1899年海牙和平會議第1宣言《禁止從氣球上或用其他新的類似方法投擲投射物和爆炸物宣言》，這是目前關於空戰的唯一的國際條約）、恣意轟炸廣州平民，在在表明日軍準備南下侵略廣東地區、攻佔廣州的企圖已經越來越明顯。

4月13日，我軍得到情報敵驅逐機一隊9架，另一隊8架（根據日軍資料，是從「加賀」號航母上起飛的3架95艦戰、3架96艦戰、18架94艦爆）分批自虎門侵入廣州市。我空軍28、29中隊分別在雷炎均副隊長、黃新瑞隊長率領下自天河機場起飛迎敵。經過40餘分鐘的激戰，我軍擊落敵機7架，未證實的戰果4架，當中有中島95艦戰和96艦戰，剩下的敵戰鬥機逃遁，而轟炸機也在匆匆投彈後逃竄。是役，我軍陣亡2人：李煜榮2910號機墜毀於中山大學附近，年僅20歲的飛行員吳伯均與

■ 圖為讀者所熟悉的「加賀號」和「鳳翔」號航母（近處為「加賀號」）。當時「加賀號」搭載有94艦爆、95艦戰、96艦戰。

2803號機一起於番禺太和鄉（今廣州番禺區，現太和已不在番禺行政區內）殉國。另迫降、損毀5架：黃新瑞跳傘，座機2913號機於太和鄉附近墜毀；陳壬榮重傷迫降番禺，武振華受傷跳傘降落番禺，2人的2810、2812號機均全毀；李嘉鴻迫降橫石，其2908號機機翼損壞；黃廣慶的2917號機中彈受傷，輪胎被擊破。

6月16日，我軍得到情報稱敵機9架由汕頭經五華、龍川自東向西飛來。我第5大隊黃泮揚大隊長率領9架「鬥士」戰鬥機起飛，在始興上空，2908號機鄧從凱分隊長率先發現疑是敵三菱97重型轟炸機6架成V字形編隊，由於當時佔據了高度優勢，黃大隊長立即發出俯衝攻擊的信號。首先由黃泮揚2909號機、陳瑞鈿2808號機、鄧從凱2908號機一同圍攻敵第2小隊帶隊長機。該機在黃大隊長準確的攻擊下一觸即爆，立即墜毀，此刻黃泮揚才發現這是老對頭——日海軍的96陸攻。後來在我猛攻之下，敵機在逃跑中又被擊落3架。激戰1小時後，我機編隊返航，於當日中午降落在曲江機場。此刻又收到情報傳來，稱空中又發現有1架敵機。陳瑞鈿中隊長再次起飛，將該機油箱擊穿，後逃走。是役我方報告擊落敵機5架，日方記錄損失了第2小隊的3架96陸攻，另外第1小隊的3機也均負重傷。我方各戰機雖有損傷但沒有大礙。此役被稱為「樂昌大捷」。

後來，航委會於8月29日令第3大隊32中隊全體隨吳汝鎏大隊長南下南雄支援廣東戰場。但就在第二天，即8月30日，在一場空戰中我軍雖然擊落敵96艦戰4架，擊傷2架，擊落96艦爆2架，擊傷2架；但吳汝鎏大隊長卻被敵機擊中殉國，這是我方一大損失。

讓我們回到虎門要塞方面，由於中國軍隊積極防禦，巧妙地佈置砲臺，利用僅有的海軍艦隻靈活作戰，日軍兩次試圖攻陷虎門要塞，都未能得逞。於是這時，日本大本營派來了著名的間諜——南本隆實。他提出了策反中國軍隊內訌、裏應外合攻破虎門要塞。於是，他們選中了住在香港的前粵軍將領李福林做「線人」，向李提出了三個條件：1、提供給李一筆經費，要他招兵買

陳策

陳策（1893.？～1949.8.30）原名明唐，字籌碩，廣東省文昌縣（今屬海南省）會文鎮沙港村人。1893年出生，小學畢業後赴穗求學，早年加入同盟會，參加了辛亥革命。1911年肄業於廣東海軍學校，與海校同學密謀討伐袁世凱，失敗後赴香港，1917年在粵參加了護法。後於1920年任國府廣東航政局長、國軍廣東海防司令。1922年陳炯明叛變，陳策迎護孫中山登上「永豐」艦，使孫中山安全抵粵。1923年任國軍江防艦隊司令，後任海軍顧問，1927年任海軍第4艦隊司令、海軍第1艦隊總司令及海軍學校校長，曾奉派歐洲考察海軍。回國後歷任海軍軍令處處長、虎門要塞司令、海軍部次長等職，晉升海軍中將。1938年4月15日，陳策於第二次虎門戰役中被日軍砲火擊中，左腿被截去。後參加領導保衛香港之戰。抗戰勝利後，以廣州軍事特派員、廣州市長、盟軍聯絡員、中國國民黨廣州特別黨主任委員的身份回廣州整理市政，後因足疾和胃病發作，遂辭去市長職務，任國府顧問，1949年任廣州綏靖公署副主任，同年8月30日卒於廣州海軍聯誼社寓所，葬於廣州市郊海軍公墓。

■ 海軍抗日名將「獨腳將軍」陳策。

馬;2、讓李攻取廣州,事成後使其成為廣東省長;3、設法取得珠江航道圖,以便日軍攻佔虎門。然而面對「廣東省長」的誘惑,李福林非常清醒沒有當漢奸,他把日方的全部計劃告知了中方,中方於是來了個順水推舟、將計就計,讓李繼續演戲等「大魚」上鈎,準備和虎門要塞司令陳策合演一齣「反間計」。誰知在4月14日,即日軍執行計劃的前一天,余漢謀令第12集團軍全軍戒備,並令廣州全城戒嚴,這一打草驚蛇的舉動使中方的「埋伏」沒有完全成功,但也

使日軍準備登陸的「彰武隊」的帆船遭到猛烈砲擊,日軍的登陸船隻紛紛沉沒,登陸部隊被中國砲臺全殲,大快人心。但在此次戰鬥中,日軍艦船的報復火力使當時的海軍部次長、著名的海軍將領陳策中將身負重傷,左腿被截去,從此有了「獨腳將軍」的別稱。這就是4月15日發生的第二次虎門海戰。

第二次虎門之役後,日軍還在珠江口外圍進行了一些小型的登陸作戰以作襲擾,同時建築機場,比如享譽中外的南澳島登陸戰、9月13日佔領南海的潿洲島(位於雷州半島西部外海)等。

南澳抗戰(1938年6月20日至8月30日)

南澳島是孤懸在粵東潮汕海面的一個島縣,北望饒平,西臨澄海,孤峙於閩粵交界的海面上,戰略地位重要,環島四周港灣曲折。島內山多林密,地勢險要,歷稱「潮汕屏障,閩粵咽喉」、「固東南之門戶」,為華南海防要地。從民國元年(1912年)10月以來,原本歸閩粵共管的南澳島成了一個縣,歸屬廣東省。

1938年6月20日,日軍第5艦隊的艦載機轟炸南澳,並以陸戰隊約300人在南澳島的長山尾、錢澳一帶登陸。21日晨,南澳守軍保安營在前江、塔邊稍作抵抗,傷亡30餘人,即全部撤退,日軍陸戰隊長驅直入,佔領了縣政府所在地隆澳。保安營營長羅靜濤率全營逃往饒平縣柘林。縣長林捷之也稱病棄職逃回大陸。南澳壯丁隊為保衛鄉土,在

隆澳與日軍精銳的海軍陸戰隊進行巷戰，犧牲三、四十人，終因彈盡援絕，退入山中。由於臨陣脫逃，擔任潮汕地區守衛任務的第157師師長黃濤，將羅靜濤、林捷之扣押，經請示余漢謀後，將羅就地槍決。

緊接著，黃濤師長在汕頭召開軍事會議，汕頭市長何彤，第9區抗日民眾自衛團統率委員會主任劉志陸、副主任陳卓凡，第8區抗日民眾自衛團統率委員會主任翁照垣、副主任林先立，157師參謀長李宏達和157師3位團長等軍政要員10餘人都出席了會議。在會上，黃師長決定以抗日民眾自衛團第4大隊洪之政部為先鋒，以157師940團1營為主攻部隊，統一由該營營長吳耀波指揮，不暴露各自部隊的番號，統稱為「義勇軍」，乘敵立足未穩，準備出其不意渡海收復失地。7月14、15日，吳耀波率義勇軍360人（內有高射機關槍排40人，第157師師部無線電班、工兵班20人），分3批從海山黃隆出發，利用夜晚退潮，登上了南澳島。16日，吳指揮義勇軍全員以及當地便衣壯丁共約六、七百人，士氣極高，向隆澳挺進，出敵不意，迅速收復了縣城，隨即分兵向青澳、深澳進攻，將從臺灣來的日海軍陸戰隊擊潰，收復了全島。

第5艦隊長官鹽澤幸一認為南澳孤懸大海，中國沒有海空軍優勢，卻能一舉收復，實為「皇軍」奇恥。遂調集大小艦艇30餘艘，嚴密封鎖南澳島，企圖將義勇軍全部殲滅。19日，增派陸戰隊和偽軍千餘人，強行登陸。20日晨，在飛機、艦砲的掩護下向隆澳、前後江進犯。義勇軍佔據有利地形進行抗擊。先鋒隊的小隊長陳標率30人，攜帶輕機槍一挺，利用漁船、堤圍作掩護，突然向正在登陸的日軍開火，斃、傷日軍數十人，陸戰隊指揮官山野次郎也被擊斃。日軍隨即反撲，陳標的小隊一直戰鬥到最後，全部壯烈殉國。義勇軍在宮前龜山、金山、內埔、西閣港等地與陸戰隊展開激戰。當時，義勇軍使用的武器基本是「中正」式步槍、駁殼槍、木柄手榴彈以及數量很少的輕、重機槍，而日軍憑著人數、裝備上的優勢，不斷發起衝擊，戰鬥一直持續到21日2時，日軍才突破隆澳一部，義勇軍又乘夜暗組織反擊，雙方展開肉搏，終於將失地收復。此役是廣東省收復失地的先聲，震動了全國。蔣介石、周恩來、孔祥熙等領導人及各群眾團體代表都發了賀電、賀信。

21日，日海軍陸戰隊和偽軍的人數增至2000人，分7路包圍義勇軍，反擊隆澳。義勇軍因傷亡過大、兵力懸殊，形勢險惡，被迫放棄隆澳，將主力撤至黃花山、西山、長畔村等地，繼續抵抗。日軍後強攻黃花山，飛機、艦砲向義勇軍陣地猛烈轟炸。

26、27日，日軍分多路圍攻西山，雙方反覆衝殺爭奪，1營2連連長陳永振壯烈犧牲。28日以後，日偽軍每天搜山圍攻義勇軍，義勇軍被迫化整為零，分散藏於山洞，各自為戰，與敵周旋。日軍聯隊長田太一郎在山洞搜到負重傷的張奎標，被後者炸死，張也光榮犧牲。30日，義勇軍電臺被炸，與大陸失去了聯絡，處境十分困難，彈盡糧絕。8月上旬，義勇軍奉命撤回，僅80餘人越海生還。日軍最後還是佔領了南澳島（1938年10月24日日軍撤出了南澳，到1939年10月復又重新佔領）。

■民國18年5月15日至69年12月19日的襟授青天白日勳章（1981年起改為大授），至今共207人授勳。

整個南澳抗戰從7月10日至8月上旬約30天，斃、傷日偽軍近400人，義勇軍犧牲者達260多人。同年10月9日，第157師第471旅全體將士在湯坑隆重舉行追悼南澳抗戰陣亡烈士大會。生還的940團1營20多名官兵均提兩級軍銜，營長吳耀波被晉升為157師938團上校團長，還被授予國軍的最高榮譽——「青天白日勳章」。

廣州攻略——惠廣戰役（1938年10月12日至10月29日）

歷史上稱日軍於1938年10月攻佔惠陽（今惠州）、廣州，直到中國軍隊於同年11月收復從化等地的一系列戰鬥為惠廣戰役。儘管日軍於1938年全面加強了對廣東地區的侵擾，甚至派出了陸戰隊佔領了部分孤島，但廣東地區的國軍仍然戒備鬆弛，對日軍會南下進攻廣州的危機愛理不理。甚至到了10月12日日軍已經登陸大亞灣時，廣州的《國華報》仍然登載了11日的電文說：「華南日艦無異動，傳日軍集中登陸不確」，又說11日「大鏟關日艦突增」，這「不外（是）一種虛張聲勢之慣技耳」。另外一位現年已經89歲的杜襟南老人也回憶道：「1938年7月，我報名前往清遠參加國民革命第4路軍修築國防工事。」杜老在日記中寫著：「國民黨判斷日軍會從北方南下攻打廣東，所以在粵北大修防禦工事。沒想到日軍居然從大亞灣登陸，不花什麼力氣就佔領了廣州，而這個時候我們的工事卻還沒修完！」由此可見，國軍由於在戰略判斷上「南轅北轍」，其樂觀態度實在令人震驚。但日本人可沒那麼好耐性，這些侵略者早已制訂好計劃，成劍拔弩張之勢。

一、雙方戰前部署

當時，日軍深知廣州是華南沿海最大的城市，也是華南政治、經濟、軍事、文化的

中心，抗戰爆發後，它成為中國與海外聯繫的重要通道之一。特別是在日軍侵佔了華北、華東各重要地域以後，廣州更成為利用香港、澳門輸入外援物資的主要樞紐，當時包括從英、美等國進口的作戰飛機、武器、彈藥、汽油、醫療設備、車輛、機械、各種金屬及通訊器材等，都通過廣州這個樞紐輸入內地，其總量更是佔到了國內進口總量的80%！

因此早在淞滬會戰結束時，日軍大本營就決定切斷這一最大的外援路線，以便進一步削弱國民政府繼續抗戰的意志，於是做好了進攻作戰（代號「A作戰」）的準備和計劃，並預定於1937年12月26日在大亞灣登陸。

但事情並沒有那麼簡單，12月12日日軍在南京長江上游炸沉了美國的「巴納」號和英國的「瓢蟲」（Ladybird）號兩艘砲艦，引起了英美日三方面的糾紛。而且在國際關係方面，在廣東除了有英屬香港外，還有在珠江口的葡屬澳門。在廣州有英、法的租界，在廣州以及惠陽、博羅等地分佈著英、美、德、法等國的外交機關、學校、教會、醫院、商鋪等。另外，英、法兩國除對廣九鐵路（英）、粵漢鐵路（英法）有借款上的權益外，還保有各種通商航海上的利益。特別是香港，包括九龍租界地及其附近一帶租界的海面上更駐有英軍（陸、海、空軍），它不僅是英國對華進行政治謀略活動的根據地，而且是各敵對國家暗中活動的根據地。

所以，對廣州的攻略作戰意味著驅逐英國勢力，這必然會給英國以極大衝擊。綜合各個方面考慮，日方顧慮國際關係惡化，加

上海軍方面極力反對，以及日海軍中國方面艦隊司令長官長谷川清的建議，於12月22日決定暫時停止對廣州的作戰。

日軍大本營雖然暫停了對廣州的進攻，但進攻畢竟是遲早的事。在此之前，日軍為了封鎖中國的海上交通和為其海軍獲得作戰基地，並沒有停止對與英、美等國關係不大的中國港口的進攻。1938年5月10日，日海軍第5艦隊及第2聯合特別陸戰隊擊退國軍守島部隊第75師，攻佔了廈門；5月20日配合徐州會戰，在連雲港及其附近島嶼登陸，佔領了連雲港；6月21日在南澳島登陸，23日佔領了該島及其附近的南澎列島等島嶼。

終於，1938年7月，日本參謀本部在《以秋季作戰為中心的戰爭指導要點》中，同時制訂了進攻武漢和進攻廣州的戰略指導，並要求「儘量縮短漢口作戰和廣州作戰的時間間隔」；明確「廣州作戰的目的，在於一面切斷蔣政權的主要補給線，一面使第三國，特別是英國的援蔣意圖受到挫折」。在作戰指導上，規定「採取急襲方式，果敢迅速地攻佔廣州；以後在廣州附近切斷粵漢線及珠江、西江，採取緊縮、持久的態勢」。

1938年8月10日，日、蘇的張鼓峰事件（請參閱「突擊」第8期）結束，並簽訂了停戰協定，這就解除了日軍的後顧之憂（其實後來是解除了雙方的後顧之憂），同時也逐漸明確了作戰方向，於是進攻廣州的問題又提上了日程。9月7日，大本營御前會議決定由陸、海軍協同進攻廣州，同時下令組成第21軍司令部，又稱「波」集團，下轄第5、18、104師團和第4飛行團（其實投入這

日軍第21軍作戰序列表

第21軍司令官古莊幹郎中將，參謀長田中久一少將

第5師團（由華北調來）：安藤利吉中將（11月9日由今村均中將接任），參謀長櫻田武大佐

    第9旅團：及川原七少將
        11聯隊：野佑一郎大佐；41聯隊：納見敏郎大佐

    第21旅團：坂本順少將
        21聯隊：片野定見大佐；42聯隊：坂田原一大佐

    騎兵第5聯隊　　杉本一雄大佐
    野砲兵第5聯隊　山田清一大佐
    工兵第5聯隊　　和田孝次大佐
    輜重兵第5聯隊　原口真一大佐

第18師團（久留米，原屬華中派遣軍直屬部隊）：久納誠一中將，參謀長小藤惠大佐

    第23旅團：上野龜甫少將
        55聯隊：野富昌德大佐；56聯隊：藤山三郎中佐

    第35旅團：手塚省三少將
        116聯隊：片岡角次中佐；124聯隊：小界方松中佐

    騎兵第22大隊　　小池昌次中佐
    野砲兵第12聯隊　淺野末吉中佐
    工兵第12聯隊　　井澤新大佐
    輜重兵第12聯隊　川內益實大佐

第104師團（大阪，由東北調來）：三宅俊雄少將，參謀長片岡薰大佐

    第137旅團：後藤十郎少將
        137聯隊：河崎四郎大佐；161聯隊：長乾忠夫大佐

    第107旅團：松本健兒少將
        108聯隊：宮田煎治郎大佐；170聯隊；古賀龍太郎大佐

    騎兵第104大隊　　高橋保和中佐
    野砲兵第104聯隊　湯屋繁治中佐
    工兵第104聯隊　　藤井一枝中佐
    輜重兵第104聯隊　池田耕一中佐

軍直轄部隊：
    野戰重砲第1旅團
    山砲兵111聯隊
    獨立山砲兵第10聯隊
    獨立工兵第15聯隊
    5個迫擊砲大隊
    8個野戰高射砲大隊
    3個重機槍大隊
    3個輕裝甲車中隊

第4飛行團：藤田朋少將

三個師團後日本就沒有戰略預備隊了，日本本土四島只有一個不足編的師團和員警防衛）。9月19日，大本營下達了進攻廣州的「大陸令」（大陸命第201號）和根據大陸命的指示（大陸指第273號）。同時還頒布了「大海令」及陸、海軍的戰鬥序列。

日軍第21軍及第5艦隊進行協商後，決定將進攻廣州的作戰分兩個階段進行。第一階段從10月12日開始，以第18師團、第104師團主力及第5師團的第9旅團在大亞灣登陸，經平山（惠東）、平潭向惠陽一帶東江推進。第二階段，等到第5師團主力到達後，突破東江防線，分路西進，向廣州進攻，而以第5師團剩餘部隊於10月27日在珠江口登陸，攻佔虎門要塞後，由南向北配合主力進攻廣州。也就是說，整個進攻計劃打頭陣的基本上是第18師團。

編入第21軍序列的3個師團分別在大連、青島、上海集結，並進行補充裝備及實施登陸作戰訓練。為瞭解作戰地區的地形情況，日方於9月24日派出作戰參謀野崎吉太郎少佐等4人，在大亞灣以東的紅海灣、以西的大鵬灣及香港西南的萬山群島、珠江口外伶仃洋等地進行海上偵察。10月2日，第21軍司令部由國內進至澎湖列島的馬公島。10月7日，參加第一階段作戰的部隊分乘100多艘運輸艦船，先後到達馬公島附近海面，完成了作戰準備，待命行動。

相比日軍，雖然國民政府軍事委員會早在抗戰爆發不久即以大本營的名義下達了建立第四戰區的命令，以軍政部部長何應欽兼任戰區司令長官，負責閩、粵、桂等地區沿海的防守任務，並保護海、陸軍的補給線。但由於廣州地近香港，軍事委員會的主要決策者們就錯誤的認為：日軍如進攻廣州，將損害英國的利益，可能引起英國的干涉，由此判斷日本不會貿然進攻廣州，因而雖然作戰計劃中提到日本有進攻廣州的可能，但始終未把廣州作為重點防禦地區，直到廣州作戰開始前，第四戰區就連機構都沒有建立，僅以第12集團軍總司令余漢謀任戰區的副司令長官來負責廣州方面的防務。此外，又從

日軍第5艦隊作戰序列表

第5艦隊司令官鹽澤幸一中將，參謀長田結穰少將

第8戰隊	輕巡洋艦「鬼怒」號、「由良」號、「那珂」號等
第9戰隊	重巡洋艦「妙高」號（旗艦）、輕巡洋艦「多摩」號等
第10戰隊	輕巡洋艦「天龍」號、「龍田」號等
第2水雷戰隊	輕巡洋艦「神通」號及第8、12驅逐隊
第5水雷戰隊	輕巡洋艦「長良」號及第16、23驅逐隊
第1航空戰隊	航母「加賀」號（艦載機約40架）及第29驅逐隊
第2航空戰隊	航母「龍驤」、「蒼龍」號（艦載機約70架）及第30驅逐隊
第14航空戰隊	輕型航母「千歲」號，高雄航空隊（陸基機12架駐三灶島），第3驅逐隊，第1砲艦隊，共有飛機約40架
第2根據地隊	第11掃雷隊，第4砲艦隊，港務部隊等
第2聯合特別陸戰隊：橫須賀、吳港、佐世保港各1個特別陸戰隊	

■ 1937年8月18日停泊在上海的「鬼怒」號。

■ 1937年的「由良」號。

第四戰區範圍內的廣西抽調大批兵力至華中作戰，致使華南方面兵力極為單薄。武漢會戰前期（1938年6月至10月），又從廣東抽調4個師加強武漢的防守，所以廣州防備鬆懈，作戰開始時主要兵力只有第12集團軍轄下總計約8個師的兵力。總體來說，粵廣地區的兵力本來就捉襟見肘，且其整個部署過於分散，戒備也十分鬆弛。

　　1938年9月7日，戰役爆發前一個月，廣東省省主席吳鐵城向蔣介石報告：得到情報，日軍在進攻武漢期間「擬同時進犯華南。其登陸地點似將在大鵬灣，現敵已派前駐瑞士公使矢田到香港籌備南侵計劃……

」10月8日，即日軍登陸大亞灣前三天，吳鐵城又以急電報告蔣介石：「據香港英軍情報機關消息，敵擬派四師團一混成旅團大舉南犯，或在真日（11日）前後發動。」但蔣委員長此時正為轟轟烈烈的武漢大會戰弄得寢食難安，對此情報不以為然，認為是「謠言」，是日本的「反宣傳」，認為廣州地區不會發生大的戰事。因而不僅未作任何加強廣州方面的防務準備，甚至還向余漢謀要兵增援武漢。10月10日，就在日軍登陸前一天，蔣委員長致余漢謀的手令還說：「無論如何，須加抽一師兵力向武漢增援。如能增此一師，即可確保武漢。否則武漢將

第12集團軍作戰序列表

總司令余漢謀

第29軍團　軍團長李漢魂
第64軍　軍長李漢魂兼
第155師　師長李漢魂兼（時參加武漢會戰，1938年9月2日陳公俠繼任師長）
第156師　師長鄧龍光（該師於1937年10月14日改隸新組建的第83軍，鄧龍光
任軍長，王德全升任師長。而83軍未組建成功，該師在64軍編成內參加武漢會戰，後仍
在64軍編成內急調回粵參加廣州抗登陸戰役）
第187師　師長彭林生，後孔可權（時參加武漢會戰）

第62軍　軍長張　達
第151師　師長莫希德（該師於1938年9月改隸正組建的第83軍，莫希德接鄧龍光任軍長。
而83軍未組建成功，該師在62軍編成內參加廣州抗登陸戰役，後改隸66軍，李卓元繼任師長）
第152師　師長陳　章

第63軍　軍長張瑞貴
第153師　師長張瑞貴兼
第154師　師長巫劍雄（該師於1937年10月改隸新組建的第83軍，而83軍未組
建成功，該師在63軍編成內參加廣州抗登陸戰役）
第186師　師長李　振（集團軍直接指揮）

第65軍　軍長李振球
第157師　師長黃　濤
第158師　師長曾友仁

第66軍　軍長葉　肇
第159師　師長譚　邃（參加武漢會戰，後急調回粵參加廣州抗登陸戰役）
第160師　師長華振中（參加武漢會戰，後急調回粵參加廣州抗登陸戰役）

第83軍　軍長鄧龍光（1937年10月14日抽調63軍第154師、64軍第156師組建83軍，
鄧龍光任軍長，後又於次年加入62軍第151師。組建之後因部隊一直分散在第一、第三、第四、
第九戰區廣闊的戰場上，以及其他一些原因，第83軍實際上未真正組建成功，其轄下各部一直是
在機動或原屬編成內作戰，後於1939年1月初撤銷建制及番號）

獨立第9旅

獨立第20旅

虎門要塞部隊

戰役部署：
第151師駐惠陽
第152師第454旅駐海南島，第456旅駐廣州市
第153師守備寶安、虎門要塞一帶
第154師駐從化
第157師主力在潮汕地區（另一部駐大亞灣附近）
第158師駐廣州東郊
第186師駐增城
獨立第9旅駐守蓮花山（海豐以北）附近
獨立第20旅駐守廣九路沿線之石龍附近

■ 進駐廣州時的安藤利吉中將。

安藤利吉(1884～1946)

　　安藤為宮城縣人，陸軍士校、陸軍大學畢業。曾任第5師團長、第21軍軍長、南支那方面軍司令官、臺灣軍司令官、第10方面軍司令官。同時也是臺灣日治時期第19任（最後一任）總督，就任總督時同時也兼任第10方面軍司令官。日本戰敗後，安藤利吉代表臺灣總督府和駐軍向盟軍投降，翌年（1946年4月19日）於獄中自盡身亡。

失，粵亦不能倖保。只要武漢能守，則粵必無慮。切盼吾兄不顧一切，勉抽精兵一師，以保全大局。」非常諷刺的就是余漢謀接令後尚未派軍北上，日軍已發動了進攻廣州的作戰。

二、戰前分析

　　又是一場未決戰卻勝負已分的較量。綜合上文所說，抗戰爆發後廣東地區雖然進行了諸如組建壯丁團、宣傳隊宣傳抗戰思想、捐款等各種各樣的抗戰活動，但總體上全省上下都彌漫著一股盲目樂觀的態度，他們堅信廣東地區是英美法等國利益的所在地，日本人絕對不會冒著這麼大的險去捋虎鬚。於是乎，從中央到地方，當官的繼續享福，民眾們有空就熱衷於支援一下前線的抗戰，當兵的疏於防務，各級軍官還有去香港渡假遊玩的。整個廣東地區只有一個第12集團軍把守著，訓練差士氣低不說，其部隊的部署還過於分散，一旦打起仗來根本起不到互相照應的作用。到日軍進攻時，日軍們也感到這次登陸作戰是出乎意料的順利，近一年前就已經做好的登陸作戰計劃，只是迫於政治壓力而推遲執行而已。到1938年10月計劃執行，有人說這個時間只是巧合，但筆者認為日軍選擇這個時間登陸是有原因的——此時遙遠的歐洲大陸剛由希特勒和張伯倫簽訂「慕尼黑協定」，英國全國上下都沉浸在一股空虛的「和平」氣氛當中，因此對於遠東的戰事，也無從去關心。而且國軍戰前準備不足，部隊一觸即潰，這都為廣州的迅速淪陷埋下了伏筆。

三、戰役經過

　　大亞灣位於香港東北、惠陽南面。灣面寬闊，沿岸水勢迂緩、平坦，易於登陸。內

■ 高速航行中的「那珂」號。

地為丘陵地帶，沿海的橫崗、淡水、澳頭、稔山、平海等要點有都公路可通，便於機械化部隊運動。

關於日軍進攻廣州，還有一個插曲：原本進攻廣州的作戰計劃是由21軍的副參謀長藤室良輔擬制的，藤室極力主張從珠江溯江而上直取廣州。後來21軍參謀長田中久一遵照古莊幹郎的指示，於9月26日用10天時間趕寫出了《第二十一軍作戰計劃》，該計劃修改為主力在大亞灣登陸，經過大本營批准後執行，事後證明，大本營的決定是正確的。

10月4日，田中久一下達了進攻廣州的第一階段作戰的命令，名為《波集團登陸計劃》。主要內容為：第5師團第9旅團（配屬1個工兵聯隊、1個山砲大隊、1個裝甲車中隊），即及川支隊，從大亞灣東北角的鹽灶背地區登陸，迅速北進攻佔平山（惠東）、平潭，爾後進佔東江南岸的橫瀝鎮渡口，從東迂迴策應第18、第104師團進攻惠陽及渡

過東江；第18師團（配屬1個山砲聯隊、1個迫擊砲大隊、2個機關槍大隊、2個裝甲車中隊）從大亞灣西北角岩前港、澳頭港一帶登陸，迅速北進攻佔淡水，前出至惠陽附近東江一線地區，準備渡江；第104師團（配屬第18師團的1個步兵聯隊、1個山砲聯隊、1個重砲兵大隊、1個野砲兵大隊、1個迫擊砲中隊及1個機關槍大隊）從大亞灣東岸玻璃廠地區登陸，迅速沿平海至惠陽的公路佔領稔山，爾後向平潭集結，隨時準備策應第9旅團及第18師團的作戰。

10月9日下午14時，日軍在第5艦隊護航下從馬公島出發成兩列縱隊按預定航路前進，於11日晚到達大亞灣口，並開始釋放煙霧，迷惑岸上視線。12日2時15分拋錨完畢。同時在汕頭方向，第24兵站輜重兵大隊的長辛島來大佐指揮船隊，於12日在汕頭企望灣發動了一次佯攻。

回到大亞灣方向，當時中方處於最前線的師級指揮官是第151師師長莫希德，當11

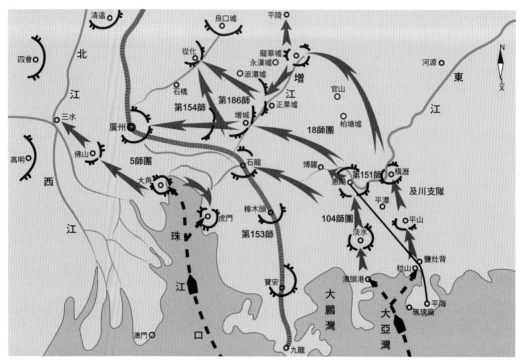

北江

清遠　良口墟　平陵

四會　N↑

從化　龍華墟　永漢墟　河源

派潭墟　增江　東江

石橋　官山

第154師　第186師　正果墟　柏塘墟

增城　18師團

三水　廣州

佛山　18師團

高明　5師團　博羅　第151師　橫瀝

西江　大角　石龍　惠陽　及川支隊

虎門　平潭　平山

珠江　樟木頭　104師團　淡水

第153師　鹽灶背　稔山

寶安　澳頭港　平海

大鵬灣　玻璃廠　大亞灣

澳門　江口　九龍

■ 日軍突襲大亞灣、廣州失陷經過要圖。

田中久一(1888～1947)

　　兵庫縣人，1910年畢業於日本士官學校第二十二期，後進入陸軍大學深造。田中從下士起入伍，至1937年累升至陸軍少將。1938年2月被任為臺灣軍參謀長，同年9月任第21軍參謀長，10月參與指揮了第21軍在廣東大亞灣的登陸，然後攻佔廣州。1940年日本駐華南軍隊改編為南支那方面軍，田中升任中將參謀。次年年中為配合進攻香港，南支那方面軍撤銷，改編為第23軍。第23軍於1941年攻佔香港。1943年3月，田中任第23軍司令，主管華南軍事，駐地在廣州，並有了「華南之虎」的稱號。1944年他參與指揮了湘桂作戰。同年12月，日軍改組香港佔領地政府，磯谷廉介調任臺灣，香港總督一職於1945年2月起改由駐廣州的田中久一兼任，至1945年8月日軍投降為止。

　　1945年8月，日本宣布無條件投降。田中久一先後在廣州向張發奎的第二方面軍，和在汕頭向余漢謀的第七戰區簽署降書。之後田中被中國政府拘捕，1946年5月在廣州行營軍事法庭以戰爭罪行審判。田中被判罪名成立，處以死刑。1947年3月27日在廣州執行槍決。

日晚大亞灣的敵艦增至數十艘時，他判斷敵人必定在澳頭附近強行登陸，於是電請余漢謀馬上增援加強一線兵力，但已為時太晚。

12日凌晨2時45分，登陸的第一梯隊第18師團左翼隊在強大的砲火掩護下果然首先在澳頭登陸，未遭到任何抵抗或砲擊。第18師團的右翼隊（步兵第23旅團長上野龜甫少將指揮步兵第56聯隊、獨立機槍第3大隊、山砲兵第111聯隊）立即向北突擊，當日傍晚進至通湖墟以北地區。第18師團左翼隊（步兵第35旅團長手塚省三少將指揮步兵第124聯隊（欠1個半大隊）、獨立機槍第21大隊、

■ 田中久一向中國軍隊簽字投降。

■ 執行槍決時的田中久一。

野戰砲兵第12聯隊（欠1個中隊）向淡水鎮突進，當夜進至淡水鎮附近。同日上午，第二梯隊第104師團按計劃從大亞灣東岸玻璃廠登陸。當時佈置在大亞灣、惠陽地區的中國部隊只有第151師901、902團，因防禦正面過寬，兵力分散，戰前又毫無準備，甚至中、高級軍官都到了香港過雙十節，在日軍登陸時一個擔任海岸警戒任務的營全部犧牲。雖然在守衛淡水粉石橋、新橋陣地時中國軍隊表現頑強，一名連長帶領百名官兵奮死抵抗直至全部陣亡，但當日晚，日軍已在灘頭站穩了腳跟，並佔領了淡水。

12日當天，日本首相近衛文麿照會各國大使，宣布日本在華南戰事開始，要求各國避免一切援華行動。

余漢謀當日得知日軍登陸後，急命第151師以一部固守平山、龍崗，在正面抵抗，其餘各部在附近山地據險固守，命令其部即使日軍突破正面防線，亦應截擊日軍側背；另令獨立第20旅附獨立第2團用火車運往樟木頭（屬東莞）；第157師將潮汕、海豐及陸豐防務交給保安第3旅及第157師的補

充團後，趕赴橫瀝策應惠陽方面的作戰。

13日，余漢謀接到蔣委員長電令：「敵已在大亞、大鵬登陸，我軍應積極集中兵力，對於深圳方面應嚴格佈防，料敵必在深圳與大鵬二灣之間斷絕我廣九鐵路之交通。此為其唯一目的……以敵軍全部兵力之統計，決無大舉窺粵之可能」。蔣委員長怎麼樣也不相信日軍會大舉進攻廣東地區，但余漢謀緊張了，他於當天發表《告廣東同胞書》，呼籲保衛廣東，並宣布封鎖珠江口，令廣州市民老弱及公務人員眷屬於兩日內疏散。同日，日機100餘架分19批轟炸廣州等地，登陸部隊向惠陽進犯，拉開了惠陽戰鬥的序幕。

13日13時30分，日軍第21軍司令官古莊幹郎在蝦湧（今稱霞湧）登陸後，即將司令部設在該地。因為極難與一線作戰部隊通信，只得由飛機探知各部所在地而進行聯絡。在判明敵情和考慮兵團進入情況後，改變了原來的方針（到東江河畔停止並做休整，準備下一步的作戰），決定直接一舉進入增江右岸地區，準備攻擊廣州。14日11

■ 1938年10月12日，日軍先頭部隊第18師團從大亞灣登陸。

■ 日軍在大亞灣附近登陸，照片上還有被軍部審批為「不許可」的字樣。

時，軍部下達了如下命令：1、及川支隊進入橫瀝附近後，要儘快開始前進，從柏塘墟-官山-龍華墟-永漢墟方面進入派潭墟附近，準備向從化方面前進；2、第18師團在攻佔惠陽後，儘快開始前進，從惠陽-博羅-增城公路進入新高埔（增城西北25公里）附近，準備向廣州方面前進；3、第104師團進入平潭附近後，從惠陽-博羅-增城公路向增城西

側地區前進，準備向廣州方向前進。

14日10時，第18師團的上野支隊（步兵第23旅團長上野龜甫少將指揮步兵第55聯隊、步兵第56聯隊（欠第2大隊）、獨立機關槍第3大隊、山砲兵第110聯隊、迫擊砲第2大隊）於14日傍晚從通湖墟、淡水進入惠陽以南地區，晚上時分進至惠陽附近。余漢謀急令第151師在平山一帶的部隊堅強抵抗；同時令第63軍軍長張瑞貴指揮第153師主力及獨立第20旅（獨立第20旅當時在惠陽和日軍戰鬥）佔領橫崗、雙美鬃一帶陣地，阻止日軍；令第153師的一個旅固守寶安至虎門的海岸。

14日夜，上野支隊下屬的日軍第18師團第23旅團第55聯隊冒雨進攻惠陽，惠陽的守軍第151師第451旅902團和獨立第20旅一部依託城防工事頑強抵抗，激戰竟夜。但日軍依靠砲火優勢，於15日拂曉攻入了惠陽城，守軍不得不後撤。緊接著，18師團長久納誠

■ 日軍在廣東境內肆意捕殺中國軍民。

一中將利用上野支隊和另一部兩面夾攻惠陽城,當日4時40分時佔領了南門,5時佔領北門和西門,8時第56聯隊第3大隊突入東門。10時,佔領了惠陽全城,並順便渡過了東江。而右翼隊在第56聯隊第3大隊的配合下,也於15日7時攻入了惠陽城。中國守軍向博羅方向撤退。就這樣,日軍第18師團佔領了惠陽城。

是役,根據日方資料,日軍戰死19名,負傷61名,繳獲了山砲11門、卡車61輛。

而幾乎在同時,余漢謀並不知道惠陽已經失守,於15日9時對整個第12集團軍下達了調整部署的命令(其實基本是一紙空談):1、第157師主力向楊村集結待命;2、第153師以1個團歸虎門要塞司令指揮,另以1個團固守寶安至新橋沿海要點,師主力集結樟木頭,支援惠陽第151師之作戰,並掩護廣九路;3、獨立第20旅附獨立第2團集結於永漢墟、正果墟(增城東北)待命;4、第186師以1個團推進於羅浮山附近山地,準備襲擊敵人,餘部置於增城、塘美地區,第154師於石橋附近待命;5、第158師置於塘美車站、石牌車站之線;6、獨立第9旅以1個步兵團、1個砲兵營配置於蓮花山附近外,其餘集結於龍眼洞附近待命;7、第152師第456旅固守廣州。但得知惠陽失守後,余漢謀決心以已集中的兵力,利用廣州、增城既設陣地與日軍決戰,立即又下達了補充命令:1、第63軍張軍長指揮第151師及第153師各1個旅佔領石龍至九子潭一帶陣地;2、羅浮山第186師1個團固守山區,遲滯敵之前進;3、第186師(欠1個團)及第158師進入廣、增間陣地;4、第154師、第157師(欠補充團)、獨立第20旅附獨立第2團、獨立第9旅仍遵前令,迅速向指定地區集結待命。這樣一來,第12集團軍的砲兵主力、裝甲車、戰車都趕赴增城,準備和日軍決戰。

日軍第18師團雖然佔領了惠陽並過了東江,卻有大量士兵中暑,糧食缺乏保障,通訊不暢,馬匹消耗較多,於是馬上進行戰鬥編組。16日傍晚,該師團的第23旅團攻佔了博羅,防守博羅的第151師補充團團長林君勳率部逃跑。軍事委員會現在才知道廣州遭到巨大威脅,事態嚴重,於是急從武漢戰場抽調在九江以南的第64軍、第66軍從南潯路回援廣州的戰事(第64、66軍一直到10月29日,廣州淪陷8天後都沒有趕到戰場)。

17日13時,第18師團從博羅沿廣汕公

路發起進攻，黃昏進入湖鎮。該日張瑞貴的第153師在福田墟一線擊退了日軍一部，迫使其退回博羅。但在這次戰鬥中，該師第459旅旅長鍾芳峻憤於友軍不能配合作戰、上級長官畏懼退縮而自殺，成為惠廣戰役中中國軍隊犧牲的最高將領。關於這件事，當時的153師副師長彭智芳回憶，鍾旅長首先「用左輪手槍從下顎向上發射穿頂不死，昏迷不省人事」。幸好當地村民爭先慰問，救醒醫治，但鍾旅長自殺心決，翌日竟然又跳河自殺！這次雖被民眾再次救起，但由於頭部傷口入水不治而亡。根據當時第153師第459旅第916團政治指導員蕭秉鈞的回憶，鍾旅長的衛士向其報告鍾的確是因為悲憤過度而自殺的（所以一些資料說鍾旅長因膽怯而自殺實屬謬誤）。

18日拂曉，第18師團的快速先遣隊（該先遣隊由騎兵第22大隊長小池昌次中佐指揮，下轄騎兵大隊主力，步兵第55聯隊第1大隊，獨立裝甲車第11、15中隊）擊退了湖鎮以西的三百餘名第153師的部隊，接著擊退了大嶺股附近的一部國軍，於當天16時進入了增城東南的福田墟。由於扼守福田墟、正果墟等地區的中國部隊奮勇頑抗，擊退了日軍偵察部隊的幾次小股進攻，但中方的指揮官卻向余漢謀誇大了戰果，讓余錯誤地以為這是中國軍隊反敗為勝的關鍵。

19日4時30分，日軍的快速先遣隊強攻增城以東。余漢謀知道後急調第154、第157師及獨立第20旅前往增援並實施反擊。但第157師以運輸工具不足為由，未能即時到達；正面防禦的第186師抵抗又不堅決，其餘部隊也沒有緊密配合，嚴重貽誤了戰機。

而日軍先遣隊中的騎兵隊8時30分進入了增城以東3公里的鞍部，而步兵第55聯隊第1大隊長吉村藏五郎少佐則於9時進入增江東岸高地頂端，當發現增城內只是中國小股部隊時，決心立即攻佔增城。吉村少佐首先派出了5個偵察小組，在擲彈筒的火力支援下，於9時30分佔領了增城的一角。不久，增城內的中國軍隊被擊退，日軍完全佔領了增城。

為什麼增城會如此容易被佔領？除了中國軍隊配合不利外，其實防守增城的主力獨立第20旅因擔心若把主力佈置在城內的話，會遭日軍砲火嚴重打擊，遂把主力調到了城外。所以，增城附近的戰鬥遠沒有結束。

19日16時，日軍第18師團長判斷增城附近的中國軍隊不會有頑強抵抗，於是決定變更以師團主力從正果墟方向迂迴作戰的方案，而從沿增城-廣州一線正面進攻，並於21時下達翌日拂曉開始進攻的命令：1、明日拂曉把重點保持在右翼方面，包圍攻擊敵左翼；2、騎兵隊位於增城北面五公里的棠村附近，警戒北面；3、右翼隊包圍攻擊增城-廣州公路以北地區之敵的左翼；4、左翼隊攻擊增城-廣州公路以南地區之敵；5、砲兵隊以主力協助右翼隊，以一部協助左翼隊；6、工兵第12聯隊主力作為師團直轄，援助修理橋樑和砲兵進入陣地，步兵第124聯隊及獨立輕裝甲車第11中隊為師團預備隊。

而在20日，第21軍軍部收到情報說在增江右岸有兩至三個師的中國軍隊急促構築陣地，軍司令部判斷中國軍隊的部署已經被打亂，遂於20日4時下達了「波集團命令」，

要求不再等待及川支隊、第104師團主力與第18師團的集結，令第18師團立即擊敗增江附近的敵人，一舉向廣州突進。

20日7時20分，第18師團長命令砲兵開始射擊，8時命令步兵攻擊前進。右翼隊於8時30分向增城西面高地線的我軍第一道防線發起了強行衝鋒，並在海軍飛機的低空掃射配合下，衝進了我軍重砲兵陣地，繳獲了部分重砲。左翼隊則利用民船於9時渡過增江，並於晚間19時30分進入黃紫峰。於是，增城附近的中國軍隊基本被擊退，日軍第18師團分三路開始向廣州進發。

先前提到，余漢謀派到增城的部隊中有一支「機械化王牌」——第12集團軍的戰車大隊。根據當時的大隊教官劉熾回憶，該大隊由12輛英國「維克斯」式輕型坦克（坦克中隊）和15輛裝甲車（裝甲車中隊）組成，是陳濟棠統治南粵期間培養起來的。陳下臺後，余漢謀派曾留學德國的總部參謀處中校參謀曹紹恩任戰車大隊長。劉熾原任少校參謀，因為是「南京交輯學校戰車戰術班」一期畢業的學生，就成了大隊的教官。

該大隊於17日傍晚到達增城附近的中崗露營。當晚劉熾和大隊長曹紹恩前往負責增城附近主要防禦任務的第186師師部，要求會見師長李振，但由參謀長曾匪石代見。通過雙方對話，發現他們當下對日軍的行動情況、部隊番號、兵力、企圖、位置等都幾乎一無所知，打的是「盲眼仗」；當劉熾要求提供五萬分之一軍用作戰地圖時，曾參謀長作了如下回答，可以作為當時中日雙方軍隊差距的參照：「⋯⋯ 軍用地圖更談不上，我國出版的地圖還不及日本的詳細，日軍地圖中，連某鄉某村有古廟或突出樹類，橋樑種類，能否通過幾噸重車輛，都一一註明⋯⋯」。加上通向增城的一座橋樑被炸毀，無奈之下，戰車大隊在18、19日待命了兩天。20日拂曉前的三點半，第186師給戰車大隊下達了一個不倫不類的命令，劉熾決定抗命不執行，而是將裝甲車上的輕重機槍拆卸下來，進入前兩天挖好的陣地；12輛坦克以6輛為一線，呈2路梯隊待命前進。然而天剛破曉，日軍就有數十架飛機發現了隱藏在樹林裏的裝甲車輛，一番狂轟濫炸後，又以數十輛小型坦克（估計是日軍的94式超輕型坦克）衝向我軍陣地，在無可奈何之下，劉熾當時只能下令炸毀所有車輛的發動機（車輛上的武器已經卸下），不能被日寇所用。就這樣，陳濟棠一手建立的戰車大隊全部毀滅，據悉只有一輛突圍到了清遠，後被改作教練車使用。無怪乎一些資料提到這一段都只簡單的介紹說「坦克、裝甲車並沒有發揮作用」。

關於戰車大隊，劉熾還說到一件關於大隊長曹紹恩的趣事。曹隊長是德國留學生，十足洋化，把即將發生的一場戰鬥，看成是秋季大演習——曹隊長服裝整潔，穿著長筒大馬靴，腰佩左輪手槍，帶著大望遠鏡和沒有軍用地圖的圖囊，坐在裝滿了牛奶、咖啡、餅乾、火腿香腸和高級香煙的雪佛蘭轎車裏。然而一聽到槍砲聲，該指揮官就嚇得魂飛魄散，不知所措，場面十分滑稽。

整個增城附近的戰鬥，中國軍隊唯一值得注意的，只有獨立第20旅3團2營營長黃植虞率部對日軍及川支隊的頑強抵抗。該戰鬥從20日凌晨打到21日下午，激戰一天後，該

營稱擊斃了日軍160餘人（根據日方後來公布的數字，應該是傷亡了164人，其中40人陣亡），自己也付出了傷亡200餘人的代價。關於這次戰鬥，除了該營將士的英勇抗擊外，與其裝備相對精良也是分不開的。根據該獨立旅作戰參謀黃韜遠描述，當時的獨立第20旅每個步兵連有輕機槍9挺，每個營有重機槍4～6挺，每團配有82迫擊砲4～6門；在通信方面，營一級有交換總機，有線通信可達連一級；運輸方面甚至還有大小汽車以及摩托車。戰後，黃營長曾專門撰文回憶這場打得可圈可點的戰鬥，現摘錄內容如下：

「十七日凌晨，我旅奉令從駐地廣州出發，急行軍經龍眼洞趕往增城。當日二十一時許經過增城縣城。那時敵已派漢奸及先頭別動隊潛入縣城縱火，市區一片火海。我們團負責強行通過火場直奔正果墟，十八日上午八時到達該墟東面集結。我營為團的左翼營，負責墟東白面石村及其右翼302高地之線佈防，築工事。當時，我以我營的步兵第五連、重機槍連（缺一排）佔領白面石村前黃沙坳，第四連附重機槍佔領老虎石山。第六連作為預備隊在白面石村右後方森林，佔領森林各要點，能夠以縱深火力射擊敵人，並隨時準備以步兵向第一線出擊。營部指揮所在302高地（黃沙坳）。第四連、第五連第一線陣地前面約一千公尺處設有前進陣地並不斷派少數兵力向前方搜索敵情。

該旅第一團佈置在右翼馬鼻嶺，第二團為左翼在麻榨墟附近，旅本部和第二團一部直屬為預備隊，放在第二團的後面。中午，各部分別進入陣地，完成戰鬥準備。十七時，我營前哨偵察部隊向前搜索時，在陣地前約一千公尺的山僻小路上發現敵人前衛尖兵、步騎砲聯合部隊隨後，以密集部隊湧進。我陣地我部和敵人即展開步槍和機槍的戰鬥，敵人突然受阻，未能前進。黃昏後，敵我都派小部隊進行威力偵察，嚴密警戒。

20日凌晨五時許，敵主力向我團正面陣地大舉進攻，敵機及敵砲兵向我營陣地狂轟濫炸。敵主力輪番向我白面石村及302高地陣地攻擊。由於我營陣地關係到團主陣地安危，必須堅守，多次以輕重機槍向敵猛烈射擊。激戰一小時後，我重機槍連連長卓斌陣亡。第四連連長勞中逸、第5連連長張任君受傷，排長、班長、輕重機槍手也遭敵砲轟炸，傷亡了很多。我營副營長韋貫虹利用營指揮所居高臨下的有利地形，拿著受了傷的輕機槍手的輕機槍向敵猛烈射擊，予敵極大傷亡，全營官兵士氣得以大振。敵出動擔架隊鉤拖敵屍，也遭我們猛烈打擊。我們憑有利地形和工事拼命射擊，敵機槍和小鋼砲也阻止不了我們火力。激戰至上午九時，敵人大量傷亡，又大量增援，他們利用山谷起伏，死角隱蔽，繼續輪番向我營正面衝鋒，我第五連傷亡較重，敵多次衝入我黃沙坳陣地，在我輕重機槍猛烈火力的壓迫下和第六連預備隊出擊下，敵無法得逞。十一時許，我預備隊已使用殆盡，敵火力更加猛烈，電話線被擊斷了，傳達兵來往傳達也極困難。我營和團部完全失了聯絡，我派人到團部找團長張琛請援，但張琛不知什麼時候逃跑了。我再派人到旅部找旅長，旅長陳勉吾也不知去向，我用望遠鏡瞭望後方，見不到旅、團的隊伍，只有零星幾個士兵，形成我

營孤軍困守陣地的情況。我們堅守白面石村和302高地，阻滯了敵人，是為了掩護全旅，但旅、團長逃跑卻不通知我營。對此，我感到無比憤慨。

然而，我決心死守陣地，如果陣地不守，被敵佔領了302高地，我營便無法退卻，全營就有被殲滅的危險。……下午十四時許，敵人分五路向我高地猛攻，黃標、張得勝（為營部兩名傳令兵）毫無懼怯地在敵人衝到我陣地前三十公尺左右時，即連續投放集束手榴彈。手榴彈爆炸瞬間，步兵拿著上了刺刀的步槍和敵人肉搏，激戰兩小時，打退了敵人多次的衝鋒。在我們陣地防界線，除了山頂沒有樹林是光禿禿外，山下四面都是松枝樹林，戰至下午十六時，敵人仍不得逞，竟使用燒夷彈，焚燒森林，襯著四面大火，拼命向我陣地衝上來。我佈置在山頂第二線陣地及在連亙後面高山的通路稜線上要點的機槍和手榴彈，發揮作用，重創敵人。在這百多平方公尺的山頂陣地上，槍刀的格鬥喊殺聲，手榴彈爆炸聲，機槍、步槍、手槍聲混成一片，硝煙彌漫，血肉橫飛，終於連續殺退了敵人多次猖狂猛撲，斃、傷敵百多人，把敵人趕到山腳下。在黃昏前，我仍確保白面石村和302高地的原陣地。這時，我們已到了彈盡糧絕、饑腸轆轆的境地了，不得不向從化方向撤退。撤退時，第四連留一個班在黃沙坳，第五連留一個班在老虎石山，第六連留一個班在營指揮所，由第四連一個排長統一指揮，把全營剩餘的彈藥集中給留守隊伍使用……黃標、張得勝兩人請求在營指揮所將留下的手榴彈投擲完畢……這三個班和兩個傳達兵，在掩護

撤退的戰鬥中，壯烈犧牲，只剩下三個士兵生還……」

此役規模雖小但仍值得讚揚。該營在團主力沒有事前通知就撤離的情況下，孤軍死守302高地，黃營長無論從戰前對高地的佔領、縱深火力的佈置、預備隊的設置以及在戰鬥中指揮士兵十分有效地利用手榴彈等各方面都可以看出，粵軍中還是有一些具有一定軍事指揮能力的中下級軍官。但由於中國軍隊步兵、砲兵沒有有效的協同，辛辛苦苦培養的戰車大隊也發揮不了威力，戰場組織一片混亂。余漢謀雖然集中了不少兵力，也未能阻止日軍18師團僅5000人先頭部隊對增城的強行突破，僅造成日軍400餘人的傷亡。19日9時，增城被佔領。也在當天，廣東省政府遷到了翁源，廣州市政府遷至廣寧。

至增城一役，第12集團軍損失重砲5門、野山砲9門、反坦克砲63門、輕重機槍39挺，坦克、裝甲車和汽車共40輛，320名士兵被俘。而日軍公布的損失數字為：戰死38名，負傷142名（正果墟之戰不包括在內）。第12集團軍主力在增城丟盔棄甲，而正果墟一戰國軍一個營就造成日軍164人傷亡，這是多大的一個對比！

日軍佔領增城後，余漢謀在廣州東山四路軍總部召開軍事會議。余在分析了當天的敵我態勢後，決定在廣增公路兩側，福和、石橋和石灘以北之線佈防，以阻擊向廣州進犯之敵，並掩護市民撤退。在廣州附近做了如下部署：第152師456旅集中廣州，歸警備司令部指揮，協同憲警固守市區；獨立第9旅（欠1團）守衛瘦狗嶺、龍眼洞地區；稅

■ 日軍第18師團某部在廣州附近向廣州進攻，圖中的鐵路為廣九線。

止日軍從河道襲擊廣州；第154師在烏石、中新地區阻擊沿廣增公路西進日軍；第158師配置新塘至龍眼洞；部分砲兵配置於石牌、車陂、南崗地區。

10月19日晚，廣州市舉行了7萬人的保衛廣州火炬示威大遊行，隊伍在中山紀念堂廣場集合。那時，多數國民黨官員已經撤離了，反到方便了遊行。深夜，老百姓挑著箱箱櫃

警團配置於河南（廣州人習慣把珠江以南的地區稱為「河南」，並不是指河南省），阻

櫃拉家帶口湧向碼頭，開始坐船逃難。

也就在19日下午，第18師團長向該師團

■ 1938年10月21日下午3時30分，日軍侵佔廣州市政府，廣州淪陷。

下達向廣州攻擊的命令，並把攻擊部隊編成騎兵隊（獨立輕裝甲車第51中隊）、右翼隊（步兵第56聯隊（欠1個大隊），步兵第55聯隊第1大隊，獨立機關槍第3大隊）和左翼隊（步兵第55聯隊（欠1個大隊），砲兵隊（野砲兵第12聯隊欠第3大隊），獨立山砲兵1個中隊）。

20日，余漢謀命令工兵破壞進入廣州的公路、鐵路並準備破壞長洲、魚珠各地砲臺。余漢謀於21日凌晨2時發電向蔣介石請示上述的所有部署，但蔣不同意這個作戰計劃，還令將廣州附近的部隊迅速轉移粵北，以阻擊北犯之敵。余漢謀便於凌晨4時下令全區部隊避開敵軍的進攻正面，全軍退至橫石（廣州以北約90公里）粵漢鐵路兩側。就這樣，駐守在廣州附近及市內的所有部隊都接到命令撤退，第12集團軍司令部撤至清遠，除了警稅團和少數憲警外已經沒有正規部隊據守，地方機關也早也撤離。

另一邊，日軍於20日在增城以西擊退第154師後，沿增廣公路兩側向廣州急進。第104師團在第18師團之後亦攻佔了廣九鐵路上的石龍。21日6時，第18師團先頭部隊從鎮龍墟出擊，8時30分，在新莊附近與獨立第9旅2團接觸發生了一些戰鬥，3個多小時後，日21軍指揮官古莊幹郎決定派軍直屬獨立輕裝甲車第11、51中隊甩開這些阻擊，徑直向廣州衝去。15時30分，這些裝甲車衝進了廣州，並掃蕩了通向珠江江岸的各主要公路。

再轉過來讓我們看看21日天亮後的廣州——市區頓時空襲警報頻頻，交通擁擠，到處一片混亂，廣州周圍地區，更是無數拖兒帶女的難民和潰散軍政人員，他們沿著鐵路向西北方向奔跑，不斷受到日軍飛機襲擊，死者暴屍，傷者喊救，生者搶路逃生，一片慘狀。根據日本防衛廳的《中國事變陸軍作戰史》中記載，當日12時飛機偵察到廣州的情況是這樣的：「……有汽車約六百輛沿廣州-從化公路北進中在廣州南面的珠江上聚集著無數的帆船和小汽船……廣州市內數處起火。」

21日16時，第18師團的主力已經佔領了龍眼洞、沙河、石牌地區，切斷廣九、粵漢鐵路交通，並開始對市區進行掃蕩，18時30分掃蕩結束。就這樣，南方最大的城市，政治、經濟、軍事中心——廣州，先於武漢

■ 日本海軍陸戰隊進入廣州市中心，背景中的大廈為廣州當時著名的「愛群大廈」，現在該建築仍然存在，曾改名為「人民大廈」，後又改回原名。該大廈位於珠江北邊。

波字第8604部隊——華南的「731」

日軍佔領廣州後，於次年在廣州組建了細菌戰機構——波字第8604部隊（對外稱華南防疫給水部），部隊長為佐藤俊二軍醫大佐，配屬有1200餘名專業人員。大本營設在廣州中山大學醫學院圖書館。本部下設總務課以及另5個課——細菌研究、給水研究、傳染病治療研究、鼠疫研究和病體解剖、器材供應（第1～5課）及瘧疾研究室、細菌培養室、動物室等。

在廣州北郊江村駐有部分防疫給水部隊，在今天的華南農業大學和中山醫學院腫瘤醫院等處駐有細菌戰部隊。1942年，駐穗日軍將廣州南石頭的懲教場改為「難民收容所」，收容難民，進行細菌人體試驗、細菌培養和殘殺難民的場所。該部在佔領期間進行了大量的細菌試驗，殘殺無辜的平民百姓，罪行罄竹難書，令人髮指。

4天，未經任何抵抗便淪陷。當日，日軍第21軍軍部進駐廣州中山大學醫學院（今廣州市中山二路中山大學北校區）校址，25日司令部遷到了執信中學校址，軍長仍為古莊幹郎（11月9日安藤利吉——原第5師團長接任21軍軍長）。

及川支隊方面，該支隊於20日夜從大圓出發，21日拂曉擊潰了據守在永漢墟的大約500名中國軍隊後，接著攻擊了在永漢墟西面高地的約1500人，正午過後就將這些部隊

擊敗。而在正午前的11時50分，該支隊接到了軍司令部的命令：「進入從化」。及川支隊為能迅速進入從化，向正果墟方向南下，在徑口附近殲滅100餘名中國軍隊後，黃昏時在馬車排附近進行休整。翌日進入了派潭墟。23日，及川支隊繼續西進，在玉枕附近利用夜襲攻擊了佔有陣地的中國軍隊1200餘人，然後急行軍，於23日10時佔領從化。

戰事還沒有結束。日軍的後續部隊第5師團主力在10月13日至16日由青島乘船出

■ 當時國立中山大學醫學院的圖書館被用作日軍細菌戰本部。今天的中山醫圖書館還在，並且那裏從來都不缺「鬼故事」，且大多和日軍有關。

發，20日已經全部到達大亞灣，由於第一階段的作戰出乎意料的順利（惠陽、增城等已經佔領），指揮官古莊幹郎遂決定令原計劃在10月27日於珠江口登陸的第5師團提前於22日登陸。

21日夜，第5師團由第5艦隊護航，從大亞灣出發，繞過香港，於22日6時20分至7時30分進入了內伶仃島拋錨地。

22日，日軍坂本支隊（第5師團第21旅團長坂本順少將指揮的步兵第42聯隊（欠第3大隊）、野砲兵第5聯隊第1大隊、工兵第5聯隊主力）於15時在大角島西岸登陸，40分鐘後該支隊向該島東南角的蒲州砲臺及大角砲臺攻擊前進，18時許攻佔了蒲州砲臺。然後在飛機、艦砲猛烈的火力掩護下，背後攻擊大角砲臺，但遭到大角砲臺守軍1個營的堅強抵抗。連長詹松林、排長伍運仁等大部分軍官壯烈犧牲，砲臺長馮紹甫自殺殉職。激戰一晝夜後，至23日7時，守軍傷亡殆盡，大角島失守。

幾乎在同時，坂本支隊以工兵第5聯隊長和田孝次大佐指揮的一支部隊（工兵第5聯隊（欠2個中隊），步兵第42聯隊的一個大隊，一個野砲兵大隊，一個獨立工兵中隊）為先遣，先後佔領了上、下橫檔砲臺及威遠砲臺，為坂本支隊主力掃清了前進的道路。於是，支隊主力於17時50分從大角島西岸出發，向川鼻島前進。擺在日軍眼前的，只有虎門要塞這個大骨頭要啃了。

然而，在日軍對要塞砲擊了一天後，23日下午，虎門要塞司令郭思演卻畏敵怯戰，臨陣脫逃，23日夜虎門要塞遂被日軍完全佔領，74門大砲、1.7萬多袋大米完好無損全被日軍繳獲。（關於這點存在爭議，根據作者掌握的資料，對郭思演在虎門要塞的抵抗都作消極描寫，但根據劉怡在《抗戰中的廣東海軍》所描寫，郭思演是在依靠工事死守，中國海軍陸戰隊一個加強營全軍覆沒後

■ 在佛山附近作戰的日軍坦克車隊，清一色的94式超輕型坦克，全重只有3.45噸，配一挺7.7mm機槍。圖左邊的江水為廣東的西江。

被迫下令撤退的。又綜合日本防衛廳的《中國事變陸軍作戰史》中的描述，日軍22日在艦砲的壓制下使得要塞沉默；23日晨再次砲擊，黃昏時陸戰隊在川鼻島登陸，「未遭敵之抵抗即佔領該島西南要塞」；而坂本支隊也在「掃蕩了附近砲臺後完全佔領了虎門要塞」。在筆者掌握資料不足的情況下，個人認為郭應該存在臨陣脫逃之事實，但中國守軍並沒有完全棄守要塞，這也就符合了劉怡的「一個加強營全軍覆沒」之說）

25日18時45分，日軍佔領三水，值得注意的是這次作戰是在日海軍水路領航隊和海軍艦載機的協同作戰下完成的。同日17時30分，日軍一部乘11隻大型船隻，從潭州南面集結地出發，於26日10時到達瀾石，擊退了我軍一部後，於傍晚佔領佛山，並同時打通了虎門至廣州的水上通路。

至此，日軍已經完全控制了廣州附近地區。至29日，日軍第104師團位於廣州東北的從化、北面的源潭墟地區；第18師團位於廣州以東的增城、東南的石龍地區；第5師團位於廣州西南的佛山、西北的三水地區。中國第12集團軍各部則退至北江西岸及忠信墟（位於連平縣）之線進行休整。後來，中國軍隊在11月24日收復了從化，12月9、10兩日克復了惠陽、博羅、寶安，多少挽回了些面子，但這已經是後話。至此，惠廣戰役結束。

根據日本防衛廳的《中國事變陸軍作戰史》的統計，對廣州的攻略作戰以來，日軍作戰部隊總兵力約為7萬人，其中戰死173人，負傷493人，俘虜1300餘人。中方統計，中國軍隊陣亡2954名，負傷5645名，失蹤2643名（其中1340名被俘），損失步（騎）槍6368枝、輕重機槍438挺、各種火砲268門。惠廣戰役後，廣東人民譴責第12集團軍總司令余漢謀、廣東省主席吳鐵城、廣州市市長曾養甫，稱「余漢無謀，吳鐵失城，曾養無譜」（粵語中譜與甫同音，「無譜」也是粵語，有人解釋為「無用」其實不妥，其意更應該解釋為某人「亂來」或者「做某件事情很不對」）。足見廣州的迅速淪陷使人民積怨有多深。而中外各界人士反應更是強烈，國民政府駐美大使胡適於10月23日致電蔣介石就說：「廣州不戰而陷，國外感想甚惡。」

四、戰後分析

歷史上所謂的惠廣戰役從1938年10月12日開始至10月29日全面結束，前後僅僅經歷了十餘天，說是一場戰役，但中日雙方實際的激烈交火其實很少，除了國軍第186師一部堅守惠陽12小時、第186師及第154師在博羅以西和增城以西作了一定時間的抗擊和反擊、大角砲臺1個營固守20小時的慘烈戰鬥、獨立第20旅3團2營營長黃植虞率部對日軍及川支隊的頑強抵抗外，其餘部隊都未進行堅強有力的抗擊。而部隊撤退時又由於指揮不當損失相當嚴重。

惠廣戰役中方速敗，究其根本原因，筆者的觀點和史學界普遍的說法一致，基本上是蔣介石及其軍事委員會在戰略上的判斷失誤所致的。包括蔣介石、余漢謀在內的軍方高層，以及廣東各級政府人員，

■ 日軍佔領廣州後在街頭肆意搜捕來往的平民，其實這種場面對於當時久遭蹂躪的中國大地來說已是司空見慣。注意圖右邊的站立者，其姿勢似乎是準備射擊。

甚至是被傳媒宣傳得迷迷糊糊的廣東大眾，都對自己所在的所謂「英美強國利益所在地」抱有強烈的幻想，認為「小日本」斷然不敢冒這個險去碰歐美老大哥的「財產」。這是根本原因，也是原因之一。

原因之二，由於不相信日軍會南下，在廣東地區余漢謀率領的第12集團軍從抗日戰爭爆發起就疏於防範，加上武漢戰役後蔣介石從中抽出了4個師，這更是雪上加霜，意味著12集團軍僅剩的8個師兵力要防守廣東地區寬闊的海岸線。於是，各師的佈防非常鬆散，相互間缺乏聯繫，無法互相照應，海岸線上的岸防部隊更是少得可憐，以至日軍登陸時一觸即潰。

原因之三，路人皆知的國民黨兩大內部問題：蔣介石嫡系部隊和「雜牌軍」之爭；以及黨內派系林立，明爭暗鬥。由於

余漢謀在日軍進攻廣州時不戰而退，他企圖「保存實力」的說法便顯得非常自然，其中一個具體例子便是余漢謀讓防守惠陽海岸線的第151師莫希德部「相機撤退」，造成初戰即告崩潰的局面，藉以保存實力。就廣東的黨政軍關係來說，余漢謀（軍）、吳鐵城（黨）、曾養甫（政）三個「廣東巨頭」則是同床異夢，各自為謀。余軍權在握，自以為是「廣東王」；吳以老前輩自居，有孫科為後臺，高唱「黨權高於一切」；曾則持有張靜江、宋子文、CC（中統）的支援，不把另外兩人放在眼裏。這樣的管理高層，表面上「萬眾一心，一致抗日」，內地裏則勾心鬥角，豈有不敗之理？

原因之四，如果根據當時廣州警備區司令部參謀長曾其清的敘述，第12集團軍內部也是派系分歧，鬧得不可開交。由於

余漢謀原為陳濟棠部的第1軍軍長，余成了集團軍總司令後，軍內就有了「嫡系的一軍系」和「雜系的非一軍系」之分，「一軍系」的如莫希德等人可以享受敵前「相機撤退」的待遇，而「非一軍系」的如第155、156、159師則被余派到別的戰場，以排除異己。試想，連軍隊內部都矛盾林立，其戰鬥力可想而知。

原因之五，從日軍的角度說，筆者認為從一開始就註定其登陸作戰必定成功。首先是作戰準備比較充分，其陸軍第5、18、104師團都在青島、上海、大連先進行過登陸作戰的訓練；登陸時又嚴格按照時間進程，在強大的海空砲火掩護下強行登陸，效果顯著；登陸的地點選擇也很正確，日軍繞過威脅很大並且久攻不下的虎門要塞，用21軍的主力部隊先行在大亞灣建立登陸場，待第一階段的戰事完成後，再由第5師團的後續部隊從虎門要塞突破，沿珠江殺上廣州。加上日軍本來就有海空兩方面的強大火力支援，擁有了制空、制海權的登陸作戰實則已經成功了一半。

綜上所述，筆者得出這樣的結論：惠廣戰役中方在當時的歷史條件下實則必敗，但絕對不應該敗得那麼慘，敗得那麼窩囊。其原因有三：一、在中方第12集團軍被抽出4個師北上的情況下，余漢謀把本來就少得可憐的部隊分散佈置實則是犯了兵家大忌（這當中也與其不相信日軍會進攻廣州，疏於防範有關），他應該以虎門要塞-珠江-廣州作為防禦核心，集中僅有的兵力實施重點防禦。既然部隊奇缺就不可能把整個海岸線逐點把守，乾脆退守大城市，在城市巷戰中與敵周旋，即使必敗，也總比棄城而退被說成落荒而逃要來得光彩得多。二、日軍作為「過江龍」，上岸後難免會成為「路癡」。中國軍隊就

第12集團軍惠廣戰役傷亡失蹤統計表

部隊番號	死亡數		負傷數		失蹤數		總數	備註
	軍官	士兵	軍官	士兵	軍官	士兵		
63軍軍部	1			1		11	13	
65軍軍部			2	13	1	7	23	
第151師	30	625	49	1186	57	146	2093	453旅的游擊活動未統計
第152師	2	187	16	360	6	112	683	
第153師	7	91	12	432	43	251	836	457旅的游擊活動未統計
第154師	11	309	24	607	2	115	1068	
第158師	8	83	21	117	65	448	742	943團的游擊活動未統計
第186師	26	750	59	1445	51	375	2706	
獨立第9旅	5	282	17	327	34	245	910	627團未報旅部
獨立第20旅	19	390	34	720	42	282	1487	
砲兵指揮部	5	98	14	145	31	266	559	
高射砲營	2	23	13	31	29	26	124	
合計	116	2838	261	5384	361	2284	11244	

■ 被遺棄的一門94式速射砲，一開始是想被用作反坦克砲的它由於穿甲能力太差，1941年後被逐漸當作步兵砲。

應該利用這一點，在明確了日軍的登陸點後逐點、逐線設防（因為日軍的最終目的地必然是廣州），打伏擊戰，令其每前進一步都必須付出血的代價，比如第151師453旅在惠陽、淡水一帶的游擊，第153師457旅在虎門、寶安一帶的游擊，都被認為是有效的。再說，打游擊戰的目的其實就是「避敵主力，攻其不備」，從某種角度說，這反而能實現余漢謀「保存實力」的私衷。三、其實余漢謀率領的第12集團軍是粵軍主力，裝備比較好，武器彈藥充足不說，還有相當數量的砲兵、裝甲車輛和飛機，機動車輛也不少。如果平時訓練充分，尤其是協同作戰演練好的話，其實可以發揮相當強的戰鬥力。然而事實

是，余漢謀部的步、砲、裝甲車之間嚴重缺乏協調，根本發揮不出應有的戰鬥力。

由此可見，說惠廣戰役打得窩囊、打得難看一點也不為怪，和華中地區壯烈的武漢會戰比實在是相形見拙，雖說這與對戰區的重視程度有關，但廣州如此重要的城市在10日不到的時間內迅速淪陷，蔣、余等人應該負有相當大的責任。廣州的淪陷，不僅使日軍爾後的南進作戰建立了一個前進基地，而且使中國失去了一條重要的國際物資輸入線，給持久抗戰造成了更大的困難。雖然後來余漢謀率領第12集團軍進行了兩次粵北戰役，粵軍的表現也可圈可點，收復了部分地區，但光復廣州就要等到1945年日軍投降的時候了。

■ 射擊中的92式步兵砲，可以注意到其5名砲組的分工。

■ 被分解後駄運的41式步兵砲。

附錄一

日軍的砲兵裝備

94式37mm速射砲：該砲在日本陸軍中有「步兵速射砲」之稱，一開始是想用來作為反坦克砲的，但當1942年以後遇到英美的坦克時發現那是給人家坦克搔癢而已，最後遂被當作步兵砲使用。該砲可發射0.49公斤重的榴砲彈，最大射程4570公尺。

92式70mm步兵砲：這種砲可以說是日軍最成功的步兵支援火砲，別看它個子小，砲管奇短，這卻讓它比別的步兵砲來得更輕便——只有213公斤。雖然它發射的3.795公斤榴彈射程只有1375公尺，但在中國作戰已是綽綽有餘。加上它可以發射煙霧彈、榴霰彈，最小射程還少於100公尺，所以它絕對是支援步兵進行近

■94式山砲。值得注意的是日軍曾打算將其裝備給傘兵使用。

■改進型的38式野戰砲。

■96式重型榴彈砲。

戰的最佳選擇。該砲成員為5人。

41式75mm步兵砲：該砲初期型號生產於大阪兵工廠，其實是克虜伯M.08山砲的仿造版，並且到了抗戰爆發時已經顯得過時了，後來大量地被94式山砲取代。它的改進型出來時被用作聯隊支援用步兵砲，重545公斤，砲彈重6.02公斤，最大射程達7000公尺，一般是用馬馱。

94式75mm山砲：該山砲和41式步兵砲有很大淵源，可以說是其後代，並於1934年開始服役。它比41式步兵砲有砲管更長（砲口初速更大）、發射更穩定等特點。而且，它可以在半小時內拆裝成11大塊（一匹牲口馱兩個部件），10分鐘內又可以組裝完成。如果是人力運輸則需要18～20人。該砲重533公斤，砲彈重6.5公斤，最大射程8300公尺。

38式（改進型）75mm野砲：該砲同樣造於大阪兵工廠且同樣是參考了克虜伯砲的設計。一戰時38式被送回兵工廠進行改良，後來該砲繼續在二戰中服役，並且是日軍最廣泛使用的野戰砲。該砲重1136公斤，砲彈重6.6公斤，最大射程11960公尺。

90式75mm野砲：該砲沒有在惠廣戰役中使用過，最初在中國使用要到1940年。砲重1400公斤，砲彈重6.5公斤，最大射程14950公尺。

38式120mm榴彈砲：日軍砲兵聯隊的基本榴彈砲裝備，這種長身管的榴彈砲在中國廣泛使用。此外還有38式105mm和150mm口徑的榴彈砲。

96式150mm重型榴彈砲：設計該砲是專門用來取代38式150mm重型榴彈砲和大正4式（即大正4年——1915年設計）150mm重型榴彈砲的。雖然初衷如此，但由於生產品質的問題該砲一直無法取代前兩者，其優點在於射程大大加長（11850公尺，而38式和大正4式分別只有5960公尺和9550公尺），且砲彈較輕（31.2公斤，38式和大正4式分別為41.7和35.9公斤），但本身重量是38式的兩倍——4135公斤。

此外，日軍還有99式、94式、1式反坦克砲，98、96、88、14式等各種防空砲（其中96式25mm防空砲為海軍用），95式野砲，14、91、92式105mm輕型榴彈砲以及各種迫擊砲等。

日本陸軍師團的編制及砲兵裝備

抗戰初期，日本陸軍師團中並沒有人們熟知的所謂「甲、乙、丙、丁」種師團。在抗戰爆發時，日軍有17個常設師團，那是日軍的常備軍，番號依次為近衛、1至20（內欠13、15、17、18師團）。這些師團的編制為四單位制，即師團下轄2個旅團，旅團下轄2個步兵聯隊，步兵聯隊下轄3個步兵大隊，大隊下轄4個步兵中隊、1個機槍中隊（8挺重機槍）、1個步兵砲小隊（2門92式70mm步兵砲），步兵中隊下轄3個步兵小隊，小隊轄1個機槍組（2挺輕機槍）、1個擲彈筒組（2個擲彈筒）和2個步槍組。師團還轄有1個砲兵聯隊、1個輜重聯隊、1個工兵聯隊、1個騎兵聯隊（4個騎兵中隊與1個機槍中隊）以及其他部隊。

同時，當時的常設師團還分為兩種，一是挽馬制，其砲兵聯隊有36門75mm野砲與12門120mm榴彈砲，步兵聯隊轄有1個山砲中隊（4門94式75mm山砲）與1個速射砲中隊（4門94式37mm速射砲），總編制為25000人；一是馱馬制，其砲兵聯隊有36門75mm山砲與12門75mm野砲，步兵聯隊轄有1個山砲中隊、1個步兵砲中隊（4門92式70mm步兵砲），總編制為28500人。

至於為什麼叫「挽馬」和「馱馬」，是因為「挽馬師團」裝備的是野砲和重榴彈砲，需要馬來挽曳，屬於重

型火力的步兵師團；而「駄馬師團」裝備的山砲和輕步兵砲等，只需馬來駄載，屬於山地作戰的輕步兵部隊，人數也較多。21軍中，第18師團是駄馬制，第104師團跟第4師團一樣是挽馬制，而第5師團則是一個機械化師團。

而在抗戰爆發後，日軍又重新組建了第13、18兩個新編師團，且組建了一批特設師團。而所謂的特設師團是指由常設師團的預備役人員所組成的部隊，其番號為常設師團、聯隊的番號前加一百。新編和特設師團的編制大體與常設師團相同，只是騎兵聯隊變為騎兵大隊（2個騎兵中隊與1個機槍小隊）。比如在日軍21軍序列下，參加了惠廣戰役的第104師團就是由第4師團的預備役人員組成（細心的讀者可以在第21軍序列表中發現，第18、104師團下轄的分別只是第22、第104騎兵大隊，和第5師團的騎兵第5聯隊不同）。

另外，日軍的各個師團在組建初期都是在某一個地點徵兵的。比如說成立於明治21年（1888年），參加過中日甲午戰爭、日俄戰爭，由板垣征四郎指揮參加過太原會戰，為天皇立下無數「赫赫戰功」並於後來參加了惠廣戰役的第5師團便是在廣島編成的。還有第18師團在久米留組建，第104師團是由第4師團預備役人員組成的，所以其兵源都來自大阪（只有一個例外，就是東京的近衛師團，其兵源來自全國各地）。

附錄一

日軍的「特別陸戰隊」

根據1886年海軍省命令訂立的《陸戰隊概則》，其第一條規定：「從艦隊或艦船上陸從事地面作戰的銃隊，稱為陸戰銃隊，另砲隊稱為陸戰砲隊，而總稱為陸戰隊。」而陸戰隊大致上可分為艦船上岸的任務編組、以各鎮守府海兵團為中心編成的陸戰隊以及包含各種兵科單位擴大編成的根據地隊。在日軍第5艦隊作戰序列中的「第2聯合特別陸戰隊就是由三個鎮守府海兵團組成的。在「一·二八」事變前，這些特別陸戰隊一般是大隊規模（3～4個中隊），以橫須賀鎮守府海兵團的陸戰隊為例，其下轄有「銃隊」、「砲隊」、「附屬隊」等，對應陸軍「銃隊」、「砲隊」就是步兵和砲兵，「附屬隊」就是通信、運輸、醫務等輔助部隊；而且它與陸軍的主要差異在於，陸戰隊沒有各自獨立而完整的支持機構（與美國不同），只能附屬軍艦或艦隊來使用。但「一·二八」事變後，日方制訂了《海軍特別陸戰隊令》，特別陸戰隊和原來的船艦陸戰隊的差異就在於前者有固定設置的地區，如佐世保鎮守府。

第一次長沙會戰

「漢代諸王國，星垣軫翼間。九江通北渚，四塞控南蠻。文藻湘靈廟，神功禹跡山。漫言卑溼地，民氣未全孱。」這首詩是清末民初的進士黃銘功遊覽長沙城後信筆而成。寥寥40個字將這座歷史名城刻劃得淋漓盡致。長沙，別稱星沙，又稱潭州，地跨湘江兩岸，居南北交通要衝，依洞庭、幕阜、九嶺之險，自古為兵家必爭之地。正由於軍事地位極其重要，長沙在中華民族的多次反對異族入侵的戰爭中，成為重要戰場。南宋軍民反抗金兵和蒙古兵入侵的兩次潭州之戰、南明忠貞營反攻侵佔長沙城的滿清軍隊等等眾多的戰事，使長沙人民累積了豐富的鬥爭經驗。抗日戰爭時期，這裏作為湖南省會和第九戰區的司令長官部所在地，更成為日本侵略軍的眼中釘、肉中刺。在從1939年9月到1942年1月的兩年多時間裏，日寇三次進犯長沙。中國軍民在民族危亡的時刻，堅決不當亡國奴，團結一致，與兇殘的侵略者進行了殊死的搏鬥，取得了輝煌的勝利。筆者在讀到有關的歷史資料時，被中國軍民所表現出來的面對強敵，英勇不屈的精神所深深地打動，寫下了以下文字，試圖再現那段光輝而悲壯的歷史，以紀念那些為了我們現在的和平獻出生命和熱血的英雄們。

■ 文夕大火。

■ 大火過後的長沙形同廢墟。

文夕大火，生靈塗炭

1938年10月下旬，日寇逼近武漢。中國軍隊在給予進犯之敵以重創之後，分路向鄂北、鄂南和湘北撤退。26日，武漢淪陷。隨即，日軍展開追擊。11月11日，岳陽失守，長沙震動。當時在長沙的大多數人都相信日軍不久就會南下進攻這裏。於是，城裏

人心惶惶，官紳富豪紛紛收拾金銀細軟，準備舉家逃往西南大後方。而湖南軍政當局亦輕信日軍將進攻長沙，驚慌失措，在沒有任何疏散措施的情況下，下令於13日凌晨完成縱火準備，企圖焚城。於是，一場浩劫降臨到長沙人民的頭上。

12日這天夜幕漸深，隨著長沙市民進入夢鄉，喧囂了一天的大都會也逐漸安靜了

下來。突然，市中心附近的天心閣上升起一道火光，劃破濃濃的夜幕，直衝雲霄。不久，城裏的東、西、南、北四區都燃起大火。火勢由沿街房屋開始向街巷深處蔓延。這時，又刮起了大風，風助火勢，越燒越猛，照得十數里內如同白晝。城內居民也被大火和刺鼻的煙味驚醒。一時間，人的呼救聲、號哭聲，燃燒發出的劈劈啪啪的聲音，夾雜著的槍聲，響成一遍。

火光中，一隊隊士兵手持火把，四處縱火。有的市民企圖救火也被攔阻。於是，火勢迅速蔓延。市民們上天無路、入地無門，只得四處亂竄，躲避大火。很多老弱婦孺逃避不及，葬身火海。

大火直燒了三天三夜，將這座千年古城化為一片瓦礫。這場史稱「文夕大火」（因12日的電報代號為「文」，大火發生在夜間為「夕」，故稱）的浩劫使3000餘名生靈葬身火海；長沙全城56000多棟房屋被毀，40多家工廠被燒，170多家碾米場和糧棧及其儲存的190餘萬擔糧食被燒成灰燼；40多家湘繡店蕩然無存；大量文物古籍毀於一旦——著實令人痛心不已。

■ 因文夕大火被撤換的湖南省主席張治中。

11月15日，大火還未完全熄滅，蔣介石由南嶽趕到長沙。滿眼是殘垣斷壁和露宿街頭的市民，哀悼親人的哭聲不絕於耳。面對這樣的慘景，蔣介石痛心疾首，下令嚴查責任人。追查？說得容易，整個事件疑雲重重，當事人關係盤根錯節，怎麼查？最後，在各方的掩飾和維護下，追查行動草草收場，長沙警備司令酆悌、長沙市警察局長文重孚、警備第2團團長徐昆三人當了替罪羊，被以說不清、道不明的罪狀槍斃。19日，蔣介石下令處決酆悌等三人的時候，內心極其難受，他在當天的日記中悲憤地寫道：「皆為黃埔學生，痛苦無已。」湖南民眾對國民政府的這種敷衍態度也極為不滿，議論紛起，矛頭直指當時的湖南省主席張治中。當時，民間就流行著這樣一幅對聯：「治績云何？兩大方案一把火。中心胡忍？三顆人頭萬古冤。」橫批是「張惶失措」。在強大的輿論壓力下，張治中於1939年1月被解除職務。

「文夕大火」後，長沙市內社會混亂，人心惶惶，亟需一名有才幹、有魄力的將領來穩定局面。派誰來呢？蔣介石想到了前不久在南潯線上大敗日軍的第九戰區第1兵團司令薛岳。薛岳指揮部隊用兵靈活，常出敵意表，故能屢挫強敵。特別是在不久前發生的南潯線萬家嶺戰役中，他機敏果敢，取得幾乎全殲日軍第106師團的重大勝利，聲名響徹華夏。他以這樣的威名，在這個時候出鎮長沙，穩定局勢，無疑非常合適。

於是，蔣介石打電話給薛岳，要他速到長沙，協助張治中收拾大火留下的爛攤子。薛岳接到命令後，立即從南昌出發，晝夜兼程，於12月17日趕到長沙。蔣介石得知薛

岳到達以後，立即發布命令，指派他代理第九戰區司令長官，協助張治中處理「文夕大火」的善後事宜。薛岳到任後，積極協助張治中，組織物資救濟市民，興建房屋安置難民，並親自到民眾家中撫慰。同時，他還親自出面拜訪湖南各派系首領，以加強各方勢力團結，為長沙重建出力。經過一番努力，長沙的秩序很快得到恢復，一部分民眾逐漸重返家園，市面上又漸漸繁榮起來。從此，長沙逐漸成為中國進行持久抗戰的重要根據地。

調整部署，蓄力再戰

侵佔武漢、廣州以後，日軍由於在戰爭初期人力和物力消耗過大，「完全喪失了繼續採取攻勢的機動能力」，被迫停止戰略進攻，保持現有佔領區，並極力扶植傀儡政權，加強對華經濟掠奪，以達到「以戰養戰」的目的。從此，抗日戰爭進入相持階段。

為適應新的形勢發展，國民政府軍事委員會於1938年11月25日至28日在南嶽衡山舉行軍事會議，研討戰局。第三和第九戰區的高級將領出席了這次會議。會議由蔣介石主持。他著重闡述了對抗戰全過程的設想：此次抗戰，依照預定的戰略劃分，可分為兩個階段，從蘆溝橋事變到武漢、岳陽淪陷為止，是抗戰的第一期。在第一期抗戰中，由於中國是在各方面均劣於敵人的情況下作戰，因此，這一時期的戰略是，不與敵人爭一城一地之得失，機動地使用主力部隊，節節抗擊、逐次消耗

薛嶽——第九戰區代司令長官

字伯陵，廣東樂昌人，保定軍官學校第六期肄業，生於《馬關條約》簽訂的第二年——1896年。他原名薛仰岳，由於十分崇敬南宋民族英雄岳飛，在縣城讀高等小學時，將自己的名字改為薛岳，決心像岳飛那樣救國家於危難、拯黎民於水火。

早年，他追隨孫中山從事革命工作，曾擔任孫中山的警衛團第1營營長。1922年6月15日晚，廣東軍閥陳炯明發動叛亂，派部隊圍攻孫中山在廣州的總統府。薛岳與葉挺、姚觀順分別率領警衛團第1、第2營及衛士隊堅守總統府，成功地掩護了孫中山及孫夫人宋慶齡脫險。後來，薛岳又參加了東征、北伐，立下赫赫戰功。1927年，國共關係破裂後，薛岳先後參加了對中共發動的南昌起義和廣州起義的鎮壓。1928年，以第4軍副軍長的身份參加了二次北伐。北伐軍攻佔北京後，蔣介石以「節約軍費，以利國家建設」為由，下令裁減部隊。薛岳被解除職務。隨後，薛岳參與了汪精衛派和桂系的倒蔣行動。中原大戰結束後不久，薛岳辭去了桂軍中的職務，赴九龍閒居。

1933年5月，在陳誠和宋子文的推薦下，蔣介石徵召薛岳出任第3路軍副總指揮，參加圍剿紅軍。1937年「七七事變」，全面抗戰爆發，薛岳三次電呈蔣介石，請纓出征。9月中旬，薛岳的請求得到了國民政府軍委會的批准。他立刻動身，趕赴南京。臨行前，他與妻兒話別時留下了這樣感人肺腑的話語：「吾已誓死報國，爾等好自為之，身為軍人當以捍衛國家為天職，設有不測，亦為求仁得仁，毋以吾為念。」9月22日，薛岳到達南京後，被任命為第19集團軍總司令，隨即奔赴淞滬前線指揮作戰，後來又先後擔任第三戰區前敵總指揮、第一戰區魯西兵團總司令、第一戰區前敵總指揮、第九戰區第1兵團總司令等職。

敵人，誘敵深入於有利於我軍決戰的地域，完成最後戰勝敵人之部署。武漢、岳陽淪陷以後屬於抗戰的第二期，即「我們轉守為攻，轉敗為勝的時期」。這是因為，經過第一期的抗戰，「敵人兵力的使用……已經到了最大極限；今後他再不能有更多的兵力使用到中國來，而且他已經派到中國境內的這許多部隊，隨著戰區的擴大而力量分散，已疲敝不堪……因此，無論他在形式上是如何獲得勝利，他這種勝利，亦已到了最高限度，不能再有增加。

所以敵人侵略戰爭，今後只有一天一天的隨兵力之消耗減損而趨於失敗。而另一方面，我們過去雖然遭受了挫失，但我們的挫失，客觀上也只是到此限度為止；從今以後，由於作戰經驗的增加、戰略佈置的完成以及軍事實力的增強和敵我實力

的消長，士氣盛衰的對比，我們勝利的把握和信心，一天一天提高起來」。在這一戰略設想的基礎上，國民政府軍委會策定了第二期抗戰的指導方針：「國軍應以一部增強被敵佔領地區內力量，積極展開廣大游擊戰，以牽制消耗敵人。主力應配置於浙贛、湘贛、湘西、粵漢、平漢、隴海、豫西、鄂西各要線，極力保持現在態勢。不得已時，亦應在現地線附近，儘量牽制敵人，獲得時間之裕餘，俟戰力培養完成，再行策動大規模攻勢。但第四戰區應儘先集中有力部隊，轉移攻勢。」據此，會議決定將全國重新劃分為10個戰區，「將全國現有部隊的三分之一配備在游擊區域——敵人的後方，擔任游擊；以三分之一佈置在前方，對敵抗戰；而抽調三分之一到後方整訓」，以期各部隊在打擊敵人的同時，彌補一年多來的巨大消耗，恢復戰鬥力，便於長期堅持抗戰。

根據南嶽軍事會議的精神，第九戰區轄區為贛西北、鄂南及湖南，橫跨鄱陽湖和洞庭湖之間，有幕阜、九嶺、羅霄等山險和湘江、贛江等河流作依託，進可與江北的第五戰區相互配合，切斷長江航運，威逼武漢；退可利用湘鄂贛邊區的山險和岳陽、長沙間的水網地帶逐次消耗日軍，阻止敵人的進攻，屏護大後方。全戰

■ 白崇禧（右四）與國民黨中央宣傳部副部長董顯光（右一）在第一次長沙會戰前接見中外記者。

國軍統帥機構的編成

國防最高會議
　國民政府軍事委員會：委員長蔣介石（不設副職）
　　辦公廳
　　軍令部：部長徐永昌（1938年1月由參謀本部改設）
　　軍政部：部長何應欽（隸屬行政院，兼由軍委會管轄）
　　　總務廳、軍政司、馬政司、交通司、軍法司、兵役署、兵工署、軍醫署
　　軍訓部：部長白崇禧（由原訓練總監部歸併）
　　政治部：部長陳誠
　　軍法執行總監部：總監何成浚（前總監鹿鍾麟）
　　航空委員會：委員長蔣介石（兼）
　　海軍總司令部：總司令陳紹寬
　　後方勤務部：部長俞飛鵬、陳誠（兼）
　　調查統計局：局長賀耀祖
　　軍事參議院：院長陳調元
　　銓敘廳
　　考核委員會
　　撫恤委員會
　　戰時新聞檢查局
　　戰地黨政委員會
　　各委員長行營
　　各戰區司令長官部
　　各綏靖主任公署
　　各邊區司令部
　　各衛戍司令部
　　各防空司令部
　　各江防司令部
　　各省保安司令部

區共轄22個軍又3個挺進縱隊，共52個步兵師，為實力最雄厚之戰區。薛岳代理司令長官後，積極整頓部隊，加強防禦，並命令各部抽調有力部隊向敵後游擊，對日軍構成極大威脅，因此，日軍視第九戰區為心腹之患，必欲除之而後快，而作為該戰區的指揮中心和戰略支點的長沙自然就成了日軍攻擊的首要目標。

為了應對第九戰區和鄂豫皖地區的第五戰區的威脅，日軍將其最精銳的第11軍部署在武漢及其周圍地區，以確保武漢這

個扼南北交通和長江航運要衝的戰略樞紐。為加強第11軍的實力，日軍大本營下令撤銷第2軍，將其所屬的第13、第16師團及華中派遣軍直轄的第3、第9師團，均轉隸第11軍，使第11軍兵力擴大到7個師團（即第3、第6、第9、第13、第16、第101、第106師團）。該軍司令官是著名的岡村寧次中將。此人1884年生於東京，畢業於日本陸軍大學。他長期在華從事軍事活動，曾擔任過北洋軍閥孫傳芳的軍事顧問，參與製造了1928年的濟南慘案、1932年的「一‧二八事變」，1933年參加了長城戰役並強迫中國代表簽訂了《塘沽協定》。此人工於心計，早在十多年前來華擔任孫傳芳的軍事顧問期間，就利用職務之便秘密繪製了贛北地區地圖，為日後侵華做準備。同時，他豐富的作戰經驗和不拘一格的指揮風格又受到很多日軍將領的稱道，使軍部對他格外垂青。武漢會戰前夕，日本軍部任命他為新組建的第11軍司令官。他原想憑藉他對中國國情和軍隊的熟悉，定能在中國為大日本帝國建立一番赫赫功業。可是沒想到，

1939年各戰區的編成

第一戰區

司令長官衛立煌（1939年1月9日任命），副司令長官孫連仲（1939年1月9日任命）、馮欽哉（1939年10月21日任命），參謀長郭寄嶠。駐河南洛陽，隸屬天水行營，下轄第2、第3集團軍，第76軍、新編第5軍、豫北自衛軍等部共12個步兵師又1個步兵旅、1個騎兵旅。該戰區於1939年初新建，原程潛之第一戰區司令長官部已於豫魯皖區地區之作戰後撤銷。

第二戰區

司令長官閻錫山（原任），副司令長官衛立煌（以第一戰區司令長官職兼任）、朱德（1939年3月12日任命）、楊愛源（1939年3月13日任命），參謀長楚溪春。駐陝西省宜川縣秋林鎮，隸屬天水行營，下轄第4、第5、第6、第7、第8、第13、第14、第18集團軍，晉陝綏邊區總司令等部共32個步兵師、5個騎兵師又14個步兵旅、3個騎兵旅。

第三戰區

司令長官顧祝同（原任），副司令長官唐式遵，參謀長鄒文華。駐皖南某地，隸屬桂林行營，下轄第10、第23、第25、第32集團軍，第10、第88軍，新編第4軍等部共22個步兵師又2個步兵旅（新4軍為中共部隊未計入內）。

第四戰區

司令長官蔣介石（兼）、張發奎（以副司令長官職代理，1939年11月4日實任），副司令長官余漢謀，參謀長蔣光鼐。駐廣東韶關，隸屬桂林行營，下轄第9、第12、第16集團軍等部共18個步兵師又2個步兵旅。

第五戰區

司令長官李宗仁，副司令長官李品仙、孫連仲（1939年11月26日由第一戰區副司令長官職調任），參謀長徐祖詒。駐湖北老河口，隸屬軍委會，下轄第11、第21、第22、第29、第33集團軍，長江上游江防司令部等部共28個步兵師、1個騎兵師又1個騎兵旅。

第六戰區

司令長官陳誠（1939年10月2日任命），副司令長官商震（1939年10月2日由第九戰區副司令長官改任）、楊森（1939年10月5日任命）、谷正倫（1939年12月1日任命）。時該戰區正在組建中。

第七戰區

（時缺編，1940年8月始建成，由第四戰區分出，負責廣東方向的作戰，余漢謀任司令長官）

第八戰區

司令長官蔣介石（兼任）、朱紹良（1939年1月14日繼任），副司令長官傅作義（1939年1月14日任命）、馬鴻逵（1939年2月28日任命），參謀長章亮琛。駐甘肅蘭州，隸屬天水行營，下轄第17集團軍，第35軍、東北挺進軍等部隊共6個步兵師、4個騎兵師又5個步兵旅、4個騎兵旅。

第九戰區

司令長官陳誠、薛岳（1939年1月17日任命為副司令長官，代理司令長官，同年10月2日實任司令長官職）、副司令長官商震（1939年1月9日任命）、王陵基（1939年10月2日任命），前敵總司令羅卓英，參謀長吳逸志。駐湖南長沙，隸屬桂林行營，下轄第1、第15、第19、第20、第27、第30集團軍，新編第6軍，湘鄂贛邊區挺進軍等部共52個步兵師。

第十戰區

司令長官蔣鼎文（1939年1月14日任命），參謀長龔理明。駐陝西西安，隸屬天水行營，下轄第34集團軍，第16、第47軍，第165師、新編第27師等部共9個步兵師又1個步兵旅。

自己上任的第一仗，就摔了一個大跟頭。

1938年下半年，岡村寧次奉命指揮第11軍沿長江西上，進攻武漢、南昌，沿途受到中國軍隊的頑強抵抗，損失慘重。特別是在南潯線作戰中，他指揮部隊在薛岳指揮的第九戰區第1兵團的打擊下，遭

■ 日軍進攻長沙主將岡村寧次。

到了慘痛的失敗，第101、第27師團被打殘，剛調到前線不久的第106師團幾乎全軍覆滅。要不是及時調整部署，在第2軍的策應下，攻佔了武漢，否則他還不知道怎樣向大本營交待。因此，武漢作戰結束後，岡村寧次就磨刀霍霍，準備進攻湘北，尋殲第九戰區主力，以雪前恥。

南昌失陷，危及潭州

　　日軍要進攻湘北，南昌不可不攻。南昌位於浙贛鐵路和南潯鐵路的交會點，地處贛江之濱，靠近鄱陽湖，是中日兩軍必爭的戰略要地：日軍攻佔了南昌，就切斷了浙贛鐵路，使第九戰區斷去一臂；中國軍隊若佔據南昌，既可確保湖南與東南沿海的戰略運輸線——浙贛鐵路之暢通，掩護長沙的側翼，又可以此為基地，進擊長江沿岸日軍各據點，切斷長江航運。武漢會戰中，日本第11軍就是在進攻南昌時連吃敗仗，被迫放棄了在行進間攻佔南昌的計劃。1938年底，武漢作戰剛告一段落，日本中國派遣軍就迫不及待地下達了「來年陽春之際，攻佔南昌」的命令。

　　1939年3月17日，經過一番周密準備，日軍第101師團在大量火砲、坦克和飛機的掩護下，開始向修水北岸的中國軍隊第32軍（軍長宋肯堂，隸屬第19集團軍）陣地進攻，南昌會戰開始。這時，中國方面主持贛北戰局的是第九戰區第19集團軍總司令羅卓英。羅卓英從軍十多年，有豐富的作戰經驗。這次，他在南昌、修水一帶布下重兵，準備與岡村寧次一決雌雄。

　　20日，日軍第101、第106師團在岡村寧次指揮下，強渡修水。中國軍隊第76師（師長王凌雲，隸屬第79軍）和第105師（師長王鐵漢，隸屬第49軍）奮勇抵抗，終因實力不濟，陣地被敵突破。次日拂曉，日軍向中國軍隊縱深挺進。薛岳與羅卓英見情況緊急，急令第98師（師長王甲本，隸屬第79軍）、第118師（師長王嚴，隸屬第79軍）、預9師（師長張言傳，隸屬第49軍）馳援，但由於大雨滂沱，援軍在途中受阻。而日軍又以坦克為先導，向南昌猛插。中國守軍陣線大亂。21日晚，灘溪失守。22日，日軍到達安義附近地區。23日，萬家埠、奉新失守。前線各部潰不成軍，薛岳雖令第70軍（軍長李覺，第九戰區直屬）、第74軍（軍長俞濟時，軍委會直轄）及第1集團軍（總司令盧漢）速向高安、奉新、安義方向集結，以側擊南進之敵，但為時已晚。26日，日軍進抵南昌。剛到達的第32軍一部在軍長宋肯堂指揮下與敵展開巷戰，損失嚴重。27日晚，南昌淪陷。而後，日軍向西追擊。29日，武寧陷落。4月2日，高安也淪入敵手。

　　南昌、高安失守使蔣介石大為震驚。他立刻命令第九戰區和位於贛江以東的第三戰

羅卓英——第19集團軍總司令

字尤青，別號慈威，1896年3月生於廣東省大埔縣，保定陸軍軍官學校第8期砲科畢業。1923年參加潮梅軍任少校參謀。1925年參加國民革命軍，歷任第1師砲兵連長、副營長。1927年他在保定軍校的老同學陳誠升任21師師長，他即歸其麾下，任師參謀處長、參謀長。此後，他隨陳誠南征北戰，深得陳誠器重，成為「土木系」（指陳誠的嫡系部隊第十一師、第十八軍）的骨幹。1937年淞滬會戰爆發，時任第十八軍軍長的羅卓英率部出征，參加了上海、南京、武漢會戰。是年1月，他升任第19集團軍總司令。

太平洋戰爭爆發後，羅卓英任中國遠征軍第1路司令長官。1942年4月，率遠征軍入緬甸，協助英軍對日作戰，大獲勝利。救出了被圍困的亞力山大將軍及其率領的英軍七千餘人。1943年3月，羅卓英晉升為第三戰區司令長官。隨後，被委以軍委會訓練總監、青年軍訓練總監等職。1945年，日本無條件投降，羅卓英奉命回粵，任廣東省政府主席。1949年，羅卓英攜家眷遷往臺灣。退役後，在台南、屏東靜居。羅卓英是頗有文學修養的儒將。從軍期間，在砲火彌漫，戰況緊張之際，也從不輟筆。有詩集《呼江吸海樓》。1961年11月6日病逝於臺北。

區組織部隊進行反攻。4月下旬，反攻作戰開始。中國軍隊全線出擊。而此時，由於岡村寧次正準備在江北發動對第五戰區的攻勢，將配屬第101、第106師團的部分砲兵及機械化部隊北調，南昌空虛。因而，中國軍隊攻勢初期比較順利。4月26日，第74軍克復高安，第32集團軍（隸屬第三戰區，總司令上官雲相）一部亦一度攻入南昌城。可是不久，日軍就清醒了過來。他們迅速調兵增援，利用既設工事，憑堅固守，逐步奪回了主動權。5月6日，第32集團軍第29軍軍長陳安寶陣亡，中國軍隊的反攻全面受挫。5月9日，蔣介石見收復南昌的目標已無法達成，下令部隊停止進攻轉入防禦。南昌會戰以中國軍隊的失敗而告終。

南昌失陷使第九戰區向東正面擴大。從此，長沙受到了來自東、北兩方面的威脅，危機四伏。

■ 第1集團軍總司令盧漢。

■ 商震，第九戰區副司令長官、第20集團軍總司令。

未雨綢繆，備戰禦敵

南昌失守後，日軍進攻長沙只是個時間問題了。為了對付日軍即將到來的攻勢，薛岳一面組織前線部隊積極實施敵後游擊戰，打擊敵人，一面召集第九戰區各將領研究對付日軍進攻的策略。

經過深入研究，薛岳發現，日軍要進攻長沙也並非易事。第九戰區作戰境地西接洞庭湖，日軍無法以大部隊從這裏迂迴。長沙以東及東北有幕阜山、九嶺山、羅霄山等山脈，地形複雜，如果道路被徹底破壞，則崎嶇難行。若贛北日軍「企圖由奉新經上富、甘坊、銅鼓進犯瀏陽，必須經過192公里之山嶽地帶」，而鄂南日軍若「由崇陽方面企圖經麥市、龍門廠、長壽街，進犯平江、瀏陽，必須經過159公里之山嶽地帶」，只要中國軍隊依據險要，重兵佈防，日軍插翅也難通過。因此，日軍主力最有可能的主攻路線是從岳陽到長沙，但這條路線經過水網地帶，須突破山嶽丘陵及水網地帶也很困難：新牆河一線為從岳陽南下的第一道天然屏障，東邊有海拔約900公尺的大雲山瞰制，日軍要突破這條防線非付出重大代價不可；汨羅江一線，東有騰雲山、西有神鼎山，中有鴨婆山，三山相連，形成第二道關口；日軍南下要通過的第三道關口是粵漢鐵路及長（沙）岳（陽）公路兩側的王思岩、達摩山、影珠山、古華山一帶，控制這兩條重要交通線，為中日兩軍必爭的第三道關口；此外，湘北地區水網密佈，只要將道路破壞，日軍「陷身其中，實無異自投羅網，彈糧運輸皆唯騾馬是賴，機械化部隊更無法運

用」。薛岳認為，這樣的地形「正有利於我處處設伏，猛烈夾擊」。因此，他對打退日軍的進攻信心十足。

根據南昌會戰中日軍所顯示火力和官兵素質優於我方的情況，薛岳認為，不宜在第一線與敵決戰，必須加大防禦縱深。因此，他在利用湘北有利地形修築了兩道防線：第一道以新牆河為屏障，西起新牆河口，經九嶺鎮、南江橋，東迄修水。在新牆河南岸一帶築成縱深6公里的防禦工事，碉堡為磚石結構，戰壕與交通壕相連，前沿架設有鐵絲網，可徒涉的河段敷設了地雷。第二道防線西起營田，沿汨羅江向東延至平江經北10公里，陣地以星式碉堡為主，交通要道兩側築有據點式陣地。薛岳決心：如敵進攻，則利用已設陣地，予敵消耗後，即有計劃地向長沙和東面的幕阜山、九嶺山轉移；待敵進到

■ 第4軍軍長歐震，該軍是戰區總預備隊之一。

長沙附近時，我集中大量預備隊與敵決戰，退到幕阜山、九嶺山一帶之部隊亦同時攻擊其側後。這就是薛岳後來總結的八字戰略：「後退決戰，爭取外翼」。

鑑於南昌會戰中，日軍大量使用機械化部隊和重武器裝備，在突破我軍陣地後，即快速向目的地挺進，致使我軍措手不及的沉痛教訓，薛岳於4月號召湘贛戰地民眾「化路為田，運糧上山」。他說：「在這非常時期，我們需要的是臂膀和腿，公路對我們的需要是稍次的了」，要「辦到化路為田，就是古大路也要認真地加以破壞，不要留給敵人利用」，「還有運糧上山，此時大山即是我們的倉庫，不論軍民，在戰區都應該將輜積搬到山上去，那麼，縱使地方被敵佔去，也只是光路空城」。在這個備戰方針的指導下，短短數月時間，湘贛數十萬軍民利用湘北有利的山地和水網地形修築了大量作戰工事，並在贛北修築了很多永久性防禦陣地。到8月，湘北的犁田蓄水、化路為田、運糧上山、空壁清野的工作也基本完成，日軍的機械化部隊在那裏已舉步維艱了。

大戰在即，劍拔弩張

就在薛岳積極準備迎敵的時候，日軍也在磨刀霍霍。1939年5月隨棗會戰結束後，來自江北第五戰區對武漢的威脅暫時緩解，岡村寧次開始考慮起了進攻長沙的作戰，一場大戰迫在眉睫。是年夏末，岡村寧次「為了打擊敵軍繼續抗戰的意志，決定9月中旬以後，開始奔襲攻擊，以期在最短時間內，捕捉敵軍第九戰區主力部隊，將其殲滅於湘

贛北部平江及修水周圍地區」。9月13日，岡村寧次將指揮所移駐咸寧，並集中了第6、33、106三個師團主力及第3師團之上村支隊（以第5旅團長上村幹男少將指揮的步兵4個大隊、山砲兵1個大隊、工兵2個聯隊<缺2個中隊>、輜重兵2個中隊為基幹組成）、第13師團之奈良支隊（以第26旅團長奈良晃少將指揮的步兵3個大隊、騎兵1個小隊、山砲兵1個大隊<缺1個中隊>、工兵1個中隊、輜重兵2個中隊為基幹組成）、第101師團之佐枝支隊（以第102旅團長佐枝義重指揮的步兵4個大隊、野砲兵1個大隊為基幹組成），約10萬人，在海空軍配合下，準備對當面之中國軍隊發動奇襲攻擊。根據戰前制訂的計劃，岡村寧次將主要兵力攤在了三個方向，具體部署是：在贛北方面，第106師團主力和佐枝支隊由靖安、奉新地區先向高安地區進攻，消滅該地附近之中國守軍後，轉向北進，主力進攻修水，餘部進攻三都、武寧，以摧毀九嶺地區之抗日根據地，策應軍主力在湘北方面之進攻。鄂南方面的進攻由第33師團擔任，負責在麥市突破中國軍隊防線，然後向東南方向突進，插入渣津後，沿汨羅江上游直取長壽街，向平江地區側後迂迴，然後在獻鐘一帶與左側之日軍合攏包圍圈，圍殲第15集團軍。湘北方面作為日軍的主攻方向，投入第6師團、上村支隊、奈良支隊，以圍殲第15集團軍為目的，分三路推進：左路奈良支隊在桃林以南地區集結，從楊林街突破中國軍隊新牆河防線，急襲梓江鎮，搶渡汨羅江、甕江，迂迴平江左側；中路第6師團在新開塘集結，從新牆鎮突破中國軍隊防線後，沿粵漢線兩側

第一次長沙會戰國軍作戰序列（1939.9～1939.10）

第九戰區 司令長官陳誠 副司令長官薛岳（代理司令長官）、商震 參謀長吳逸志

第1集團軍 總司令 盧漢
- 第58軍 軍長 孫渡
  - 新編第10師 師長 劉正富
  - 新編第11師 師長 魯道源
- 第60軍 軍長 安恩溥
  - 第182師 師長 郭建臣（未參戰）
  - 第184師 師長 萬保邦
- 新編第3軍 軍長 高蔭槐（集團軍副總司令兼）
  - 第183師 師長 楊宏光
  - 新編第12師 師長 龔順璧（未參戰）

第15集團軍 總司令 薛岳（集團軍副總司令關麟徵代）
- 第37軍 軍長 陳沛
  - 第60師 師長 梁仲江
  - 第95師 師長 羅奇
- 第52軍 軍長 張耀明
  - 第2師 師長 趙公武
  - 第25師 師長 張漢初
  - 第195師 師長 覃異之
- 第79軍 軍長 夏楚中（戰區直轄，配屬第15集團軍）
  - 第82師 師長 羅啟疆（隸第92軍，配屬第79軍）
  - 第98師 師長 王甲本
  - 第140師 師長 李棠（隸第37軍，配屬第79軍）

第19集團軍 總司令 羅卓英
- 第32軍 軍長 宋肯堂
  - 第139師 師長 李兆鍈
  - 第141師 師長 唐永良
- 第49軍 軍長 劉多荃
  - 第105師 師長 王鐵漢
  - 預備第9師 師長 張言傳

第20集團軍 總司令 商震
- 第53軍 軍長 周福成
  - 第116師 師長 趙紹宗
  - 第130師 師長 朱鴻勳
- 第54軍 軍長 陳烈
  - 第14師 師長 闕漢騫
  - 第50師 師長 張瓊
  - 新編第23師 師長 盛逢堯
- 第87軍 軍長 周祥初
  - 第43師 師長 金德洋
  - 第198師 師長 王育瑛（隸第54軍，配屬第87軍）

第27集團軍 總司令 楊森
- 第20軍 軍長 楊漢域
  - 第133師 師長 夏炯
  - 第134師 師長 楊幹才

第30集團軍 總司令 王陵基
- 第72軍 軍長 韓全樸
  - 新編第14師 師長 陳良基
  - 新編第15師 師長 傅翼
- 第78軍 軍長 夏首勳
  - 新編第13師 師長 劉若弼
  - 新編第16師 師長 吳守權

湘鄂贛邊區挺進軍 總指揮 樊崧甫
- 第8軍 軍長 李玉堂（副總指揮兼）
  - 第3師 師長 趙錫田
  - 第197師 師長 丁炳權
- 挺進第1縱隊 孔荷寵
- 挺進第2縱隊 楊遇春
- 挺進第3縱隊 鍾石磐

第73軍 軍長 彭位仁（隸軍委會，配屬第九戰區）
- 第15師 師長 汪之斌
- 第77師 師長 柳際明

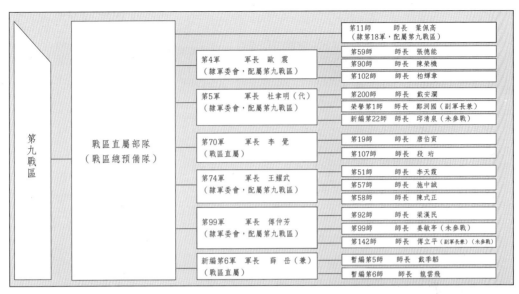

第九戰區 ── 戰區直屬部隊（戰區總預備隊）

第11師　師長　葉佩高（隸第18軍，配屬第九戰區）

第4軍　軍長　歐震（隸軍委會，配屬第九戰區）
第59師　師長　張德能
第90師　師長　陳榮機
第102師　師長　柏輝章

第5軍　軍長　杜聿明（代）（隸軍委會，配屬第九戰區）
第200師　師長　戴安瀾
榮譽第1師　師長　鄭洞國（副軍長兼）
新編第22師　師長　邱清泉（未參戰）

第70軍　軍長　李覺（戰區直屬）
第19師　師長　唐伯寅
第107師　師長　段珩

第74軍　軍長　王耀武（隸軍委會，配屬第九戰區）
第51師　師長　李天霞
第57師　師長　施中誠
第58師　師長　陳式正

第99軍　軍長　傅仲芳（隸軍委會，配屬第九戰區）
第92師　師長　梁漢民
第99師　師長　姜敏亭（未參戰）
第142師　師長　傅立平（副軍長兼）（未參戰）

新編第6軍軍長　薛岳（兼）（戰區直屬）
暫編第5師　師長　戴季韜
暫編第6師　師長　龍雲飛

第一次長沙會戰日軍作戰序列

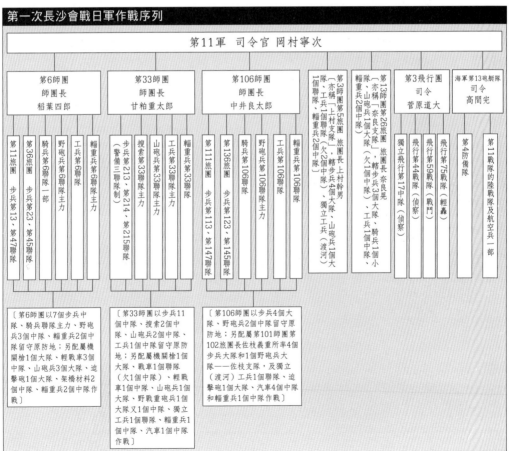

第11軍　司令官　岡村寧次

第6師團　師團長　稻葉四郎
第11旅團　步兵第13、第47聯隊
第36旅團　步兵第23、第45聯隊
騎兵第6聯隊一部
野砲兵第6聯隊主力
工兵第6聯隊
輜重兵第6聯隊主力

第33師團　師團長　甘粕重太郎
步兵第213、第214、第215聯隊（警備三聯制）
搜索第33聯隊主力
山砲兵第33聯隊主力
工兵第33聯隊主力
輜重兵第33聯隊

第106師團　師團長　中井良太郎
第111旅團　步兵第113、第147聯隊
第136旅團　步兵第123、第145聯隊
騎兵第106聯隊
野砲兵第106聯隊主力
工兵第106聯隊
輜重兵第106聯隊

第3師團第5旅團　旅團長上村幹男（亦稱「上村支隊」，轄步兵4個大隊、山砲兵1個大隊、工兵1個聯隊、輜重兵2個中隊）

第13師團第26旅團　旅團長奈良晃（亦稱「奈良支隊」，轄步兵3個大隊、騎兵1個小隊、工兵1個中隊、獨立工兵（渡河）

輜重兵1個大隊、山砲兵1個大隊（欠2個中隊）、獨立工兵（渡河）

第3飛行團　司令　菅原道大
獨立飛行第17中隊（偵察）
飛行第44戰隊（偵察）
飛行第59戰隊（戰鬥）
飛行第75戰隊（輕轟）
第4防備隊

海軍第13砲艇隊　司令　高間完
第11戰隊的陸戰隊及航空兵一部

〔第6師團以7個步兵中隊、騎兵聯隊主力、野砲兵3個中隊、輜重兵2個中隊留守原防地；另配屬機關槍1個大隊、輕戰車3個中隊、山砲兵3個大隊、迫擊砲1個大隊、架橋材料2個中隊、輜重兵2個中隊作戰〕

〔第33師團以步兵11個中隊、搜索2個中隊、山砲2個中隊、工兵1個中隊留守原防地；另配屬機關槍1個大隊、戰車1個聯隊（欠1個中隊）、輕戰車1個中隊、山砲兵1個大隊、野戰重砲1個大隊又1個中隊、獨立工兵1個聯隊、輜重兵1個中隊、汽車1個中隊作戰〕

〔第106師團以步兵4個大隊、野砲兵2個中隊留守原防地；另配屬第101師團第102旅團長佐枝義重所率4個步兵大隊和1個野砲兵大隊──佐枝支隊，及獨立工兵1個聯隊、迫擊砲1個大隊、汽車4個中隊和輜重兵1個中隊作戰〕

■日軍正向我軍砲擊。

直插汩羅江南岸，在奈良支隊外面構成對平江地區的第二層包圍圈；右路上村支隊自漢口乘船溯江而上，在臨湘、城陵磯集結，再由洞庭湖南下，在營田登陸，然後向東實施縱深迂迴，首先佔領高橋，截斷平江到長沙的公路，切斷第九戰區主力的退路。這個計劃是以較小的兵力分割第九戰區的陣線，以求圍殲第15集團軍。8月下旬，在各部隊向攻擊出發地集結時，岡村寧次授意情報和宣

傳機構大造日軍即將進攻宜昌的輿論，以麻痺中國軍隊，隱蔽作戰企圖。

可是，岡村寧次的算盤完全打錯了，日軍這麼大規模的調動，不可能不被察覺。9月上旬，第九戰區就偵知日軍在湘北和鄂南集結兵力。薛岳當即判斷敵有進攻長沙之可能，遂命令各部「先於現在位置以攻擊手段，消耗敵人戰鬥力」，「敵如挾優勢兵力急速前進，贛北、鄂南方面應努力以圍攻夾擊，摧破敵之合圍企圖；湘北方面應逐次抵抗，誘敵於長沙附近地區，包圍而殲滅之」。

根據戰前擬訂的作戰方略，薛岳將第九戰區的部隊分為贛北、鄂南和湘北三大部分。贛北方面由戰區前敵總指揮兼第19集團軍總司令羅卓英統一指揮，下轄三個集團

■位於修水南岸的日軍一處機槍陣地。

軍：第19集團軍位於南昌西南外圍，主力集結於樟樹鎮地區；第30集團軍在渣津、修水一線對武寧方向進行防禦；第1集團軍在奉新以西，沿溪李-蓮花上-羅坊-會埠之線由東向西展開，守備九嶺山的交通要衝。在鄂南地區，第27集團軍奉薛岳命令在平江以北之九嶺鎮、南江橋一帶佔領陣地，對通城方面之敵進行持久防禦；湘鄂贛邊區游擊總指揮樊崧甫所轄1個軍及3個挺進縱隊進出於鄂南敵後，進行游擊。湘北前沿之新牆河正面陣地，由第15集團軍佔領，抵禦從岳陽南犯之敵。另外，第70、第4、第74、新6、第5、第99等6個軍和第11師為戰區總預備隊，集結於長沙以南以東之湘潭、株洲、衡陽、瀏陽及贛北上高、宜豐、萬載等地。同時，根據軍委會命令，第20集團軍（轄第53、54、87軍等部）亦調歸第九戰區指揮，負責洞庭湖與湘西方面之防禦。以上各部共約24萬人，到9月中旬均進入陣地嚴陣以待，隨時準備痛擊來犯之敵。岡村寧次發動作戰的初衷是以較小的兵力進行奇襲作戰，其得以成功實施的前提就是出敵不意，但由於中國軍隊已預有準備，可以說日軍未戰已喪先機了。

9月13日，贛北日軍第106師團首先向駐奉新西北的挺進第2縱隊發起進攻，第一次長沙會戰正式拉開序幕。

贛北阻敵，得不償失

9月13日中午，日軍千餘人分由靖安、鴨婆潭、奉新出發，合擊噪下，與防守那裏的挺進第2縱隊一部發生戰鬥。14日凌晨4時，日軍第106師團主力從奉新趕到，以一部箝制噪下守軍，主力西進，猛攻虎形山陣地。挺進第2縱隊寡不敵眾，退守會埠、故縣。日軍緊隨其後越過東嶺，一路南插，於當晚到達會埠附近，向第60軍第184師陣地發起進攻。第184師與挺進第2縱隊奮起抵抗，戰鬥至為激烈。16日拂曉，日軍竄到上張坊、故縣一帶，並強渡南潦河。我挺進第2縱隊奮力阻擊約1個多小時，終因日軍施放毒氣，部隊損失過重，被迫退保轎子頂、大潭子寺、水口甘一線。擊退挺進第2縱隊之後，第106師團以側翼威脅解除，遂集中兵力向第184師正面陣地猛攻。第184師支持不住，於上午9時左右放棄陣地後撤。第106師團攻佔會埠後，即兵分兩路：一路向陰山村、羅坊西進，一路向渣村、水口甘南犯。

為策應第106師團之行動，第101師團佐枝支隊也於15日由高安以東之大城、鼓樓鋪出動，向高安攻擊前進。是日晨，日軍第157聯隊在飛機和砲火的掩護下，向第32軍第141師與第58軍新10師的結合部小仙嶺、萬步腦、竹園、胡村進攻。防守小仙嶺的新10師第28團利用既設陣地節節阻擊，逐步向蓮花山、大刀山、江村等地轉移。日軍遂分為兩部分：主力向新10師萬嶺、萬步腦進攻，一部襲擾第32軍第141、第139師陣地，防其向北增援。戰鬥持續到次日晨，新10師因傷亡過大，不得已放棄萬嶺、萬步腦、城頭、大刀山等陣地，退守茅竹嶺、城里主陣地。這樣一來，第141師的側背受到威脅，形勢萬分危急。

主持贛北戰局的羅卓英獲悉前線戰報

■ 中國軍隊砲兵陣地。

後，立即命令：第184師抽兵趕赴水口甘、樟樹嶺之線佈防，阻敵前進；第183師星夜由西頭、邱家街向會埠以南進攻，擊敵側背。命令的電文雖然發出去了，然而，羅卓英十分清楚，這樣的部署只能起到延緩日軍的前進速度的作用——他已沒有別的辦法以現有的兵力來阻止日軍的進攻了。仗僅打了3天，日軍就突破了中國軍隊的一線陣地，這樣的局面不能不讓薛岳心急如焚：看來羅卓英是頂不住了，如果再讓贛北日軍向西橫行無阻，與鄂南、湘北日軍連成一氣，整個戰局將不堪設想。16日，薛岳不得已，急電駐分宜的戰區預備隊第74軍開赴上高附近，準備協同第60軍，殲擊進犯會埠、陰山村之敵。可是沒等中國軍隊援軍到達，日軍就向當面之中國軍隊發動了猛烈進攻。17日，南犯日軍4000餘人猛犯對門山、棺材山、文

筆山、水口甘等地，第184師與之劇戰至中午，水口甘等地守兵犧牲殆盡，被迫退守缺夫嶺、仙女寨、樟樹嶺、伍橋等地。此時，第106師團長中井良太郎中將得知中國援兵已經出動，大喜：看來自己鹹魚翻身的時候到了。4個月前，他奉調到第106師團擔任師團長時，心裏老大不痛快。他身為陸軍士官學校第20期和陸軍大學第28期的畢業生，在軍界混跡多年，自信與上上下下的關係還不壞，特別是「七七事變」爆發以後，在不到兩年的時間裏，就從步兵第14旅團長一直升到東部防衛司令部附，可謂平步青雲。可現在一紙調令就被發配到這樣一個公認的「弱旅」，真是莫大的恥辱，難道朝香宮鳩彥和東久邇宮稔彥王這些身居要職的老同學都沒有幫自己說說話嗎？想到就職後可能遭到同事的白眼，他心裏甭提多難受了。這

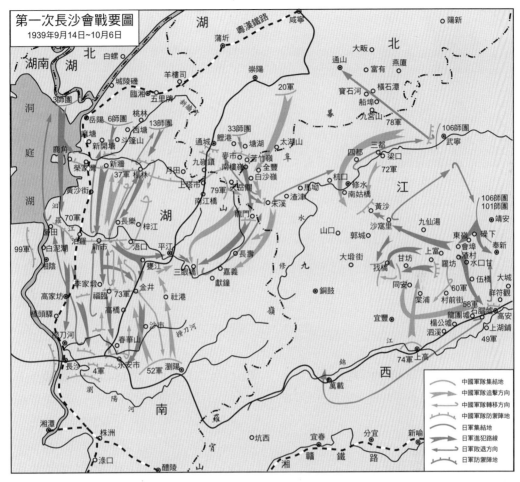

第一次長沙會戰要圖
1939年9月14日~10月6日

次，他受命指揮所部和佐枝支隊在贛北方向實施牽制性進攻，作戰開始沒幾天就迫使中國軍隊調用預備隊，進展之順利超出想像。他決心趁熱打鐵，擊潰當面中國軍隊，讓同事們刮目相看。於是，他命令部隊不待片刻休息，向前猛進。當晚，日軍即攻佔了樟樹嶺、羅坊、冶城、上富，先頭部隊已進抵下觀童、苦竹坳，有切斷第1集團軍與第32軍聯絡、迂迴高安側後的模樣。而此時，中國援軍還在半路上。

在高安方面，日軍佐枝支隊亦繼續向西猛攻。17日，新10師在茅竹嶺、城里的主陣地失守。而後，日軍向第141師左側包抄。第141師師長唐永良當機立斷，命令所部向敵側擊，方才暫時遏制了日軍的突進勢頭，使部隊得以退守蓮花山、廟前至餘黃一線。至此，日軍已攻至高安附近，高安保衛戰已迫在眉睫。為保衛高安，爭取贛北戰場的主動，羅卓英於17日晚下令調整部署：第49軍在錦江兩岸佔領兩線陣地，集結有力部隊於高安南之蓮花塘；第32軍以1個師守備高安，1個師轉移於會埠、石頭街之線；第1集團軍撤至宜豐、徐家渡整補，第74軍佔領泗溪、官橋街、棠浦之線，派一部向村前

■ 1939年進攻長沙的日軍在行進途中。

街前進，掩護第1集團軍轉進。18日拂曉，羅卓英得知日軍已攻佔村前街、斜橋，當即令防守高安的第32軍全部轉守錦江南岸。於是，第32軍軍長宋肯堂令第139師師長李兆統一指揮第416團、第141師第423團扼守高安及其東北地區，第141師第422團守

衛掛壁山、倉下山、龍團墟一線，以防備由村前街南下之敵。其餘部隊退守錦江以南地區。同時，為保衛高安，爭取主動，薛岳致電羅卓英，要求他嚴令各軍「務沉著應戰，積極抵抗」，「切忌亂退亂走」。是日，日軍佐枝支隊佔領高安以北祥符觀，從三面完成了對高安的包圍，並與進佔村前街、斜橋的第106師團形成了對第60軍和第58軍的包圍。不過，由於中國軍隊預有準備，第60軍與第58軍均順利脫出敵之包圍圈，轉移到指定地點。中午，村前街日軍南下，我第422團拼死抵禦，暫時保住了陣地。下午，日軍從東面進逼高安，第416團憑堅死守。激戰徹夜，至次日上午9時，高安失陷。第

■ 國軍的機槍陣地。

139師退守高安南城及城西石鼓嶺、黃姑嶺陣地。第141師一部亦奉命佔領石腦墟西南高地，控制公路，阻敵西犯。在撤退完畢後，第32軍工兵將錦江上的浮橋拆除，以避免日軍追擊。為策應高安方向作戰，第74軍於18日以第51師和第58師向楊公墟、村前街、鳳凰墟之線攻擊前進，同時第183師收復上富。薛岳得知高安失守後，電告第32軍「高安之敵已成弩末，無續犯力」，嚴令他們奪回高安，同時電告第74軍繼續攻擊，以策應其作戰。

19日，攻佔的日軍繼續向西追擊。第139師在石鼓嶺激戰一晝夜後，轉至錦江南岸上湖鋪繼續抵抗。20日，第74軍第51師攻克龍團墟、村前街、楊公墟。此時，蔣介石已獲悉贛北戰況，對羅卓英的表現非常不滿，於20日電諭薛岳和羅卓英：「第19集團軍應積極作戰，堅持對敵後的攻擊。萬一敵發動猛烈攻擊時，須以現有兵力行持久戰，掩護湘北我軍之右側，不得期待增援。」羅卓英接到這份指示後，知道委員長對自己的表現不滿意，馬上命令各部調整部署：第32軍嚴密監視高安之敵，並以龍團墟為基點；第74軍以楊公墟、村前街為基點，各向東北地區搜索；第183師由羅坊、陰山村攻擊前進。在命令中，他還嚴飭各部奮勇作戰，以扭轉不利局面。

20日，坐鎮咸寧的岡村寧次接到中井良太郎告捷電。在電報中，中井師團長大肆吹噓所部「已擊破當面之敵，並且開始捕捉高安西方地區敗退之重慶軍」。岡村寧次讀後高興得幾乎從椅子上跳起來。第106師團是他最為擔心的部隊。這個師團的士兵主要由熊本的退役軍人組成，大多都有作戰經驗，只要集中整訓幾個月就可以形成較強的戰鬥力，但該部組建時，日本兵員緊缺，加上武漢會戰在即，時間緊迫，日本軍部不得不在徵集後讓他們直接開赴前線而未給予任何訓練，因此戰鬥力很弱，將這樣的部隊投入戰場。其結果可想而知，他們一到中國就倒了霉，在南潯線作戰中遭到了「全軍覆滅的沉重打擊」。攻佔武漢後，岡村寧次對這支部隊進行了整頓，補充了大量兵員，使其戰鬥力大大超過了以前。在這年春季進攻南昌的作戰中，第106師團就擔任主攻，在大量火砲和坦克的掩護下，一舉攻佔南昌，表現大有起色。而這次作戰，報上來的戰績又那麼出色，真讓岡村寧次刮目相看了：看來這個「不頂用的師團」已發生了「與前判若天壤的變化」。於是，他電示中井良太郎：「應在消滅高安附近之敵後，以一部面對上高方向之敵掩護左側背，主力23日從上富鎮附近出發前進，從甘坊-何家嘴以東地區突破九嶺山脈，首先進入修水、三都附近，切斷王陵基及樊崧甫集團軍的背後。」據此，第106師團即以佐枝支隊在奉新西南掩護左側背，第136旅團轉向武寧前進，主力在上富附近集結，準備西進。第32軍則乘機於21日以第139師北渡錦江，攻入高安。經一晝夜激戰，22日中午高安光復。同日，第141師一部也擊退當面之敵進到黃陂橋附近；第74軍之挺進隊攻佔斜橋、南山河。而後，中國軍隊乘勝追擊，23日恢復司公山、祥符觀、趙家山一線，25日左翼進到伍橋河、樟樹嶺之線。而這時，贛北戰局的焦點已經西移了。

日軍撤出高安後，羅卓英迅速偵知其企圖，隨即將敵情報告了薛岳。根據他的報告，薛岳判斷贛北方向危險即將過去，遂要求羅卓英同意將第74軍調往戰事正緊的湘北方向。羅卓英卻以贛北戰局尚未徹底改觀為由拒絕了。很明顯，羅卓英打算集中絕對優勢的兵力一口吃掉第106師團，再創造一個「萬家嶺大捷」。但後來的事實證明，這一不顧全局的舉動，對湘北追擊作戰造成了不良的影響。23日上午，基於殲滅第106師團的企圖，羅卓英令部隊作出如下調整：第49軍預9師守備錦江以南互雷公嶺之線，以第105師接替高安第32軍陣地，確保司公山、祥符觀、趙家山各要點，準備攻擊大城、虯嶺之敵；第32軍第139師集結龍團墟附近，第141師右翼聯繫第105師，於趙公壇、老虎山、南山河一線佔領陣地，準備向奉新方向之敵攻擊；第74軍主力控置於上高、泗溪、官橋附近，並以第51師右接第141師佔領南山河互李家山一線，準備夾擊東坪方面之敵，並協攻灰埠之敵；第1集團軍第60軍（附第15師）擊破冶城、羅坊之敵而確實佔領之，並準備向灰埠之敵夾擊；第58軍為預備隊集結於棠浦附近機動。

可是，羅卓英完全錯了。中井良太郎不是省油的燈，不會坐等羅卓英來吃掉他。就在羅卓英發出命令的前一天，第106師團主力即攻佔了上富。23日，其第111旅團又從上富西犯橫橋。第183師竭力抵抗，怎奈兵力單薄，陣地被敵突破多處，連連告急。薛岳得到這一消息後，當即命令駐甘坊、橫橋、黃沙橋一帶的第73軍第15師往援。第15師師長汪之斌得令後，急命所部加入戰

鬥，但仍未能阻敵前進。24日，第183師之橫橋、新田坳、黃沙坪陣地失守。25日，第15師棄守甘坊，退保甘坊西北地方。眼看敵人即將脫離我預設戰場，圍殲第106師團的計劃就要落空了，羅卓英急令第183師、第15師、第184師和第57師向上富、甘坊反擊。26日晨，各部遵命開始總攻，同時第58軍奉命推進到同安市、黃沙坳地區策應各部作戰。到27日晨，經連續猛攻，第57師攻克上富，第184師一部收復橫橋。這時，甘坊日軍害怕後路被斷，被迫以500人回援橫橋、上富，同時仍集中兵力猛攻第15師陣地。此間，第183師師長楊宏光誤信日軍將由側翼包抄該部陣地，擔心形勢不利，不但未遵令攻擊甘坊，反而將部隊撤到找橋附近，致使甘坊日軍得以集全力猛攻第15師陣地，第15師蒙受重大傷亡。28日，羅卓英得知此事後，立即命令第183師迅速向甘坊進攻，第183師當即遵命行動。但為時已晚，第15師已支持不住了，被迫北移。日軍第111旅團一部乘機再次攻佔橫橋，進而南犯下南嶺、梅秀庵。29日，羅卓英急調第57師和第58軍一部前往阻擊，方才穩定了戰局。激戰間，第184師師長萬保邦發現甘坊空虛，當即率部急襲該地，於30日攻入甘坊，但由於守敵佔據村內房屋作困獸之鬥，第184師一時無法解決戰鬥，不得不退回南潦河南岸。30日下午，第57師第171團亦攻克橫橋。戰局趨向好轉。是日，日軍第111旅團一部由上富、甘坊西犯。第183師英勇抗擊，損失嚴重，一天下來，其左翼第549團僅餘200餘人，陣地亦被敵突破，被迫退守樟樹嶺到將軍廟一線。戰到10月1日，中

王陵基，第30集團軍總司令。

號方舟，四川樂山人，1883年生於一個地主家庭。少年時就讀於四川武備學堂。後到日本留學，先後在東斌學校和武成學校學習。回國後，一直在川軍中任職。參加過四川軍閥混戰和剿共戰爭，在川軍中享有很高的威望。全面抗戰爆發後，王陵基奉國民政府軍事委員會之命，組建第30集團軍，並出任該集團軍總司令。1938年6月，王陵基奉命率所部出川抗日。在隨後的武漢會戰和南昌會戰中，指揮部隊屢挫強敵，為穩定戰局立下了汗馬功勞。

國軍隊的努力終於取得成效。第184師攻克甘坊，第57師收復橫橋。日軍第111旅團在得到增援後，被迫轉攻找橋附近新10師陣地。在日軍的猛烈進攻下，新10師官兵傷亡極重，第29團營長費驚生、第30團副團長李光輔相繼陣亡。戰到2日，新10師陣地大部失守，師長劉正富無奈之下，親率特務連和工兵營前往唐嶺附近堵擊日軍，但部隊已呈潰散之勢，戰局已無可挽回。當晚，找橋陷於敵手。羅卓英已無計可施了。幸而，第58軍新11師於次日向找橋發起反擊，於中午克復該地。而第49軍亦以有力部隊向大城、奉新、會埠、羅坊敵後出擊，先後攻克獅子山、飛虎山、馬鞍嶺等地，有效地牽制了日軍。這樣，在各部的打擊下，日軍第106師團主力已成困頓之勢，局勢再度穩定下來。4日，甘坊、冶城一帶日軍拼死衝出重圍，繼續前進至大墈街、石街，達到贛北西行最遠點。

正當第106師團主力在上富、甘坊一帶與第1、第19集團軍對峙之時，日軍第136旅團分經九仙湯、武寧向修水進攻。負責防守武寧、修水一線的是第30集團軍，其總司令為川軍宿將王陵基。

王陵基得到日軍進攻修水的消息後，依據薛岳指示，令所部避開日軍鋒芒，節節抵抗，誘敵至銅鼓一線與我決戰。9月25日，該集團軍擔任前沿警戒的新13師第38團在塘埠西北端之狗子腦、界牌湖、溫草湖、花崖尖，與由九仙湯進犯之敵第145聯隊一部六、七百人展開激戰。日軍集中火力向我猛擊。我官兵奮勇拼殺，與敵肉搏十餘次，傷亡官兵300餘人，激戰到日落時分，才打退了日軍的攻擊，形成對峙。這次戰鬥，中國軍隊共傷、斃日軍百餘人。27日晨，日軍約五、六百人進抵黃沙橋，與新15師第44團遭遇。新15師師長傅翼根據王陵基的指示，命令第44團和第43團攻擊赤竹嶺、傅家埠之敵，務必將敵主力誘至傅家埠、黃沙橋及其以東預定之決戰地域。當天傍晚，第44團

■ 擔任戰區「救火隊」的第74軍軍長王耀武。

以慘重的代價將敵誘至傅家埠、黃沙橋附近。28日，第38團在塘埠附近阻敵已3日，傷亡也達300餘人，已無力阻敵，被迫於當晚撤出陣地。而同時，由武寧西犯之敵千餘人猛攻黃沙橋附近陣地，新15師第45團憑藉預設工事與敵劇戰竟日，使敵未能前進一步。29日，王陵基集中新15師主力及新16師第48團全力圍攻黃沙橋。戰至10月3日，日軍一部向高輝宮、曾家嘴佯作退卻，以迷惑中國軍隊，另一部200餘人則在斜石日軍協同下進攻三都。此時，由長壽街方向向鄂南退卻的日軍第33師團已佔領渣津，有進襲修水的模樣。薛岳考慮到，修水一旦失守，第30集團軍與第27集團軍的聯繫將被切斷，贛北我軍將受到日軍的東西夾擊，形勢會更為不利，就命令位於三都附近的新16師主力秘密向修水開進，致使三都防務形同虛設，所以日軍很輕易地佔領了這個地方。當地所存數十萬發彈藥全被敵焚毀。5日，湘鄂贛邊區挺進軍直屬游擊第1隊及挺進13支隊一部在三都以西地區竭力抵抗，終於制止住了日軍西犯。

到5日止，在中國軍隊的打擊下，日軍第106師團已疲憊不堪了。此時，湘北戰局已近尾聲，薛岳瞅準時機，致電羅卓英、王陵基和第1集團軍副總司令高蔭槐，要求他們督飭所部，將第106師團完全殲滅。6日，中國軍隊擬向找橋、郭城市之敵發起大規模圍攻。但此時日軍已開始分三路向奉新、靖安、武寧撤退。中國軍隊只得將圍攻改為追擊。6日，第15師攻克郭城市，翌日又克沙窩里。與此同時，第51師猛攻九仙湯西南各據點，敵憑險固守，到7日拂曉雙方一度膠

著。這時，第51師師長李天霞接獲前線情報，判知當面之敵正在急速撤退，急令第153團相機攻擊。上午9時30分，第153團攻佔九仙湯。甘坊之敵一部為掩護其主力撤退，即向九仙湯反攻，到8日完全被擊退。是日晚，第49軍第105師攻克羅坊、冶城。9日，第51師又協同第57師夾擊上富東北之敵，殲敵千餘人。12日，第105師收復會埠，預9師攻佔伍橋河、樟樹嶺。日軍退回原防地。薛岳電令第49軍以一師協同74軍攻擊奉新，第32軍向靖安推進。日軍依據既設陣地，以熾盛火力向中國軍隊射擊。中國軍隊奮勇攻擊，頗有進展。戰到14日，中國軍隊先後攻克的米峰、大禾嶺、大路王、豬婆大丘、五步城等據點。15日，日軍為制止中國軍隊的追擊，由奉新出動六、七百人，在猛烈砲火的掩護下大舉反撲。中國軍隊抵擋不住，被迫後撤，五步城、歸頭趙等地復陷敵手。16日拂曉，日軍增兵繼續反擊。第105師和第51師竭力阻擊，傷亡慘重。戰到當晚，第105師和第51師因陣地被敵突破，只得退守上下翟至大老及瀝家壟至烏石腦之線。眼看這兩個師陷入危局，羅卓英心急如焚。恰在此時，第32軍軍長宋肯堂打來電話，稱該軍已追達靖安附近，與敵激戰中。羅卓英大喜，當即命令：第74軍軍長王耀武統一指揮第105師和第51師，向當面敵人發動反擊；第32軍右翼延伸至姚家？，以使第51師抽出左翼部隊增強攻擊力；第58師推進到水口甘、會埠一線，以支援各部作戰。這一番調整果然奏效。17日傍晚，第51師克復上下李、麥森、江鄒等地，日軍不支後退。而後，我軍繼續追擊。到18日中午，棺

材山、白塔徐、歸頭趙、白馬廟等地相繼恢復。日軍被迫退回原陣地固守。各部乘勝向敵陣地進擊，但由於日軍工事堅固，火力旺盛，攻擊無效。是日晚，日軍300餘人在砲火掩護下，突然向預9師右翼之馬形山、蓮花山一帶反攻。預9師憑藉倉促構築的野戰工事與敵激戰，雙方形成對峙。19日中午，日軍增到500餘人，再次向預9師第27團猛攻。第27團支援不住，馬形山、楊家坊、左家山、高石嶺等陣地均告失守。預9師師長張言傳得知此事後，立即率師主力增援右翼，向敵反攻。戰到20日傍晚，日軍終因傷亡過重而後撤，所失陣地遂得以恢復。連日來對奉新、靖安的攻擊無進展使薛岳靜下心來重新審視贛北戰局。經過分析，他認為日軍已退回原陣地，憑藉預先構築的堅固工事死守，而中國軍隊缺乏重武器，攻堅無宜，遂於19日命令各部停止進攻。至此，贛北戰事告一段落。

這次贛北戰役，中國軍隊雖然打退了日軍的進攻，但以3個集團軍7個軍又1個師及2個挺進縱隊的優勢兵力抵禦日軍一個半師團的進攻，不僅未能達成圍殲之局，還使自己的重兵被牽制在次要方向，實在有些得不償失。

鄂南禦寇，斷敵左臂

日軍用於進攻鄂南的是第33師團。對於這個師團的使用，岡村寧次顧慮重重。該部是1939年2月在日本仙台編成，屬警備專用的三單位制師團，4月初才被運到漢口加入第11軍作戰。由於它剛編入戰鬥序列，又未

參加過實戰其戰鬥力如何，岡村寧次心裏沒底。除此之外，他對這個師團的師團長甘粕重太郎心裏也沒有底。這位陸軍大學第29期的畢業生，雖然擔任過第11師團參謀長、步兵第15聯隊長、步兵第9旅團長等軍職，但因長期在軍事院校裏從事教育工作，其指揮能力尚未經過實戰的檢驗。因此，岡村惟恐重蹈去年在南潯線投入新建的第106師團而遭慘敗的覆轍，考慮再三後，決定把它擺在中路，以便兩翼策應。

8月下旬，日軍第33師團開赴通城，接替第6師團的防務。這一換防舉動立即引起駐防鄂南的我第79軍警覺。該軍軍長夏楚中當即命令前線部隊加強偵察，以探明日軍企圖。9月中旬，夏楚中接到防守王牙尖、麥市、九嶺鎮一線的第140師的報告，說大批日軍向鯉港移動。他覺得有些異常，立即將這個情況轉報給薛岳。薛岳馬上判斷鄂南日軍不久必然南犯，遂於19日命令主持鄂南戰局的第27集團軍總司令楊森作好迎敵準備，並速調第20軍第134師向渣津集中。9月21日，第33師團在師團長甘粕重太郎中將指揮下，向第140師位於米山、官田、土幻、大圓沙堆的陣地發動進攻。這個師團的企圖是，突破鄂南地區中國軍隊陣地，繞道幕阜山東麓，避開中國軍隊沿新牆河、汨羅江設置的兩道防線，在平江地區與湘北日軍合圍部署在新牆河、汨羅江防線的第15集團軍。同時，為了迷惑當面之中國軍隊，甘粕重太郎以一部向幕阜山西麓的南江橋第79軍正面陣地佯攻，以造成掩護湘北日軍側翼的假像。

可是，他的對手大名鼎鼎的川軍將領第

楊森——第27集團軍總司令

原名淑澤,又名伯堅,字子惠,1882年生於四川廣安,畢業於四川陸軍速成學堂。學業完成後,被分配到成都新軍17鎮任排長隊官。民國成立後,他先後在川軍和滇軍中任營長、參謀、參謀長、旅長、師長等職。1925年,被北洋政府任命為討賊聯軍川軍第1路總司令。次年出任國民革命軍第20軍軍長。1933年後率部參加剿共戰爭。全面抗戰爆發後,請求率部赴前線殺敵。後因在淞滬會戰中作戰英勇,被提升為第27集團軍總司令兼第20軍軍長。1938年,又率部參加了武漢會戰的前哨戰——安慶保衛戰。此人用兵穩健,判斷準確,很少吃虧。

27集團軍總司令楊森並非等閒之輩。日軍開始攻擊後,楊森很快就判明了日軍企圖切斷第79軍退路,然後加以包圍殲滅。他立即將這一情況電告薛岳,同時急令通城以南的第20軍由西向東側擊日軍。薛岳接到報告後十分震驚:這股日軍若與湘北日軍會合,那麼部署在新牆河、汨羅江地區的第15集團軍就會遭到合圍,後果不堪設想。於是,他連忙調第8軍前往增援,同時命令:湘鄂贛邊區挺進軍總指揮樊崧甫以大湖山、九宮山方面的部隊由南向北尾擊和由東向西側擊敵人,對日軍構成南北夾擊和包圍態勢;第79軍抽兵襲擊通城。當晚,第98師與第140師各一部奇襲通城。由於日軍處於準備進攻的態勢,猝不及防,我軍很快佔領了通城,完全打亂了日軍的部署。日軍不得不抽兵重佔通城。

22日,日軍第33師團主力重新組織進攻,佔領麥市西北的高衝、塘湖市、鯉港,23日又猛攻麥市、王牙尖一線。第140師與敵激戰終日,往復爭奪,僅第837團防守之雞籠山即失而復得三次,傷亡甚重。戰到當夜,麥市、王牙尖一線,除部分陣地尚在中國軍隊手中外,麥市及王牙尖東西兩側陣地全被突破,形勢危急。此時,第134師尚未集中完畢,師長楊幹才也顧不得許多,急令第401團進佔苦竹嶺、南樓嶺,阻敵南犯。第401團得令後,不敢怠慢,以急行軍奔赴指定地點。他們到達後,迅速選擇有利地形,構築工事,準備迎擊敵軍。同時,第140師第837團郭光程營也搶佔棺材山,控制了制高點。可是沒等他們工事構築完畢,日軍就到了。在日軍的猛烈攻擊下,第401團漸漸支持不住。南樓嶺是鄂南防線之要點,若失守,則日軍可由此通過蓋文嶺上天岳關,直下平江,全局將不可收拾。因此,薛岳於24日急電第20軍,令134師確保南樓嶺,第133師兼程向苦竹嶺、南樓嶺東北地區前進,以期南北夾擊進攻之敵。是日拂曉,日軍攻勢更猛,第401團抵擋不住,陣地失守。形勢急轉直下。楊森得知南樓嶺失陷的消息,立即責令第401團恢復原陣地,並報請薛岳制裁該團團長李麟昭。幸而,這時第140師仍在麥市、雞籠山、322高地、白米山一帶與日軍反復爭奪。日軍側背受到威脅,未敢全力南犯。

當苦竹嶺酣戰之際,第133師先頭第397團正向塘湖市敵側後挺進,因得到總部通知,獲悉苦竹嶺、南樓嶺失陷,遂奉命改變行動路線,增援苦竹嶺。當他們到達桃樹港時,發現日軍一部迂迴我軍側後,已到達那裏。陳親民團長馬上意識到,一旦把這股日軍放過,我軍防線側後方將受到威脅,即命

■ 第一次長沙會戰，中國軍隊在巷戰中。

終擊退了中國軍隊，並繼續向南推進。27日，日軍不斷增兵，以一部正面攻擊第20軍包家嶺、福石嶺陣地，主力則改經苦竹嶺繞道南下。甘粕重太郎原以為這一帶是中國軍隊防線的薄弱地段，不會遇到很大抵抗。但剛到白沙嶺即遭預先在那裏佈防的第134師第402團阻擊。在激戰中，中國軍隊從繳獲的日軍檔中發現了第33師團預定行軍路線。向文彬團長不敢怠慢，立即將這一情況上報。楊森得知日軍企圖後，馬上命令第20軍在白沙嶺一帶堵擊，並電請薛岳命第79軍攻擊敵之側背。而此時，日軍以一部牽制白沙嶺之守軍，主力則繞過中國軍隊陣地，向前推進。當晚，第33師團先頭部隊千餘人竄佔全豐。儘管如此，第33師團主力仍被第27集團軍頑強阻擊於福石嶺一帶，進展困難。而此時，隨著湘北方面第15集團軍主力南移，日軍圍殲該部的計劃告吹。失望之餘，岡村寧次把殲擊目標轉向了第79軍，下令湘北各部「以主力向東迂迴，在平江周圍消滅預想從通城以南地區向南退卻之敵兵團」。可是第27集團軍機動靈活的作戰又使這一計劃變成了泡影。

28日，第134師反擊桃樹港附近之敵，守敵不支潰退。第134師遂收復桃樹港。同時，第134師在白沙嶺一帶受到南樓嶺和進到朱溪廠附近之日軍的兩面夾攻。為減輕該

令部隊就地設防，先堵住日軍。不久，第134師全部到達白沙嶺附近，奉命數度向北反攻，希圖奪回南樓嶺、苦竹嶺，均未成功。日軍則乘勝分兩路南下，在蓋文嶺、包家嶺與第134師激戰。這樣一來，第140師側翼就受到威脅了。該師師長李棠急令第840團組織反攻，奪回南樓嶺和葛斗山。25日，經一天劇戰，南樓嶺和葛斗山兩高地得而復失。至此，日軍第33師團被阻於大白墈、雞籠山、磐石、箭頭、麥市之間，一籌莫展。為儘快突破中國軍隊防線，甘粕重太郎旋調來10餘輛坦克以加強攻勢。但這些坦克剛到大白墈附近，即被守軍以手榴彈炸毀4輛，其餘的見勢不妙，扭頭就跑，狼狽逃回通城。26日，薛岳電令第134師及第79軍分由白沙嶺、官田、尖山、麥市合擊南樓嶺之敵。雙方激戰徹夜，日軍雖損傷甚大，但

■ 第一次長沙會戰中，中國軍隊冒雨追擊敵人。

部壓力，第140師奉命再度反攻南樓嶺，第98師、82師向南尾擊，戰況激烈。這時，薛岳已感到鄂南的2個軍5個師不足以遏止日軍第33師團之攻勢，遂電令在陽新、大冶間執行破壞任務的第8軍第3師急向通城東南地區襲擊敵側後。29日，薛岳為了拖住第33師團，使其不能策應湘北主戰場之作戰，電告第20軍軍長楊漢域和第79軍軍長夏楚中，「將該敵擊破於嘉義以北地區，如該兩軍作戰不力，使敵竄過嘉義以西以南，影響湘北之決戰，惟夏、楊兩軍長是問」。同時，考慮到兩軍在前期作戰中消耗太大，薛岳電令駐通山以東的第8軍主力兼程南下，準備協同第20軍和第79軍夾擊第33師團，以上各軍統歸楊森指揮。此時，日軍第33師團越過龍門廠向長壽街進擾。第20軍即向長壽街超越追擊。30日，日軍主力攻佔朱溪廠後不

久，即遭到第20軍夾擊，死傷無算。與此同時，竄向龍門廠之敵亦遭第79軍第82師和第133師第399團攻擊，損失甚重。當晚，第133師一部收復龍門廠。但日軍仍一意南下，衝出重圍，又攻佔芳灣、長壽街、嘉義等地，向三眼橋急進。與此同時，由湘北主戰場攻來之日軍上村支隊與第6師團已佔領麻林、金井。其奈良支隊也已攻佔平江，並向東開來。兩支部隊即將在三眼橋會合。但此時，第79軍各師均在第33師團側後，日軍的合圍該軍的計劃落空。當晚，第79軍主力和第20軍尾敵追擊至獻鐘以北地區。10月1日，該兩軍根據薛岳和楊森的命令，向朱溪廠、獻鐘、嘉義、館門廠、長壽街攻擊。是日，日軍奈良支隊一部由三眼橋西犯。我第98師先敵佔領香田、粉白嶺、黃花潭、大洞口等地，並展開激戰。到當晚，日

■ 隱蔽在密林中的中國軍隊砲兵部隊。

面的威脅解除，遂乘機尾敵奈良支隊猛擊，6日在第52軍第25師配合下克復平江，7日攻佔南江橋，迫敵奈良支隊於10日經月田退回原據點。

10月3日晚，第33師團攻佔渣津，其便衣隊二、三百人進至修水附近的馬坳。深夜，王陵基得到修水縣長吳輯民的告急電時，正全力指揮

軍攻佔香田、粉白嶺、黃花潭等地。而位於幕阜山之第140師與第3師亦在鄂南發起攻勢，將敵第33師團的後方聯絡完全隔斷。

　10月2日，日軍根據岡村寧次的命令開始撤退，奈良支隊經平江、南江橋、上塔市一線逐步撤向通城，而第33師團以一部竄返通城，主力則經長壽街北返。中國軍隊乘機轉入追擊。當天，第79軍即連克獻鐘、嘉義、三眼橋，第133師亦在長壽街以東堵住第33師團的退路。3日，日軍費了九牛二虎之力才打退了第133師的阻擊，而後向龍門廠退卻。甘粕重太郎以一部回竄通城，自己則根據岡村寧次9月29日電令，率主力經渣津東攻修水，「捕捉敵人」，策應在贛北陷入困境的第106師團撤退。第98師見來自西

第30集團軍迎擊由武寧西犯之敵，手裏已無機動部隊，只好命令工兵營及總部特務營一個連連夜趕赴杭口佈防；正在黃沙橋及三都附近迎擊日軍第136旅團的新16師秘密向修水附近轉移。4日晨，總部工兵營及特務營一連趕到杭口，與日軍先頭部隊接觸。日軍依仗著猛烈的地空火力掩護，全力進攻我陣地。我軍雖兵力單薄，但仍憑藉倉促間構築的野戰工事，節節抵抗，硬是撐了半天，遲滯了兵力佔絕對優勢的敵人的進攻。下午3點，新16師大部到達修水附近。師長吳守權得知杭口危急，親率第48團第1營（僅1個機槍連和1個步兵排）前往堵擊，同時飛調四都、彭姑第46團一個營馳援杭口。一個半小時過後，吳師長率部到達杭口，與敵接

觸。日軍仗著人多勢眾，輪番進攻。戰鬥又持續了約一個小時，我軍漸漸支持不住了，陣地被突破多處，吳守權只好率部隊後撤。杭口陷落。傍晚，第46團增援部隊趕到，當即向敵反攻，遭敵強大的火力殺傷，攻擊受阻。正酣戰間，日軍便衣隊潛入修水城中放火，與新16師城防部隊發生激戰。同時，日軍一部在南姑橋偷渡修水河，向朱砂坑迂迴。師部特務連及總部特務營一部之警戒陣地被敵突破，修水城四面受敵。半夜，修水城內外戰鬥均異常激烈。吳師長考慮到師部大多為非戰鬥人員，留在城中徒自損失，命令手槍連一個排掩護師部突出重圍，自己只率幾個必要的隨從留下來繼續指揮戰鬥。5日凌晨，第46團團長吳純煆奉命率第3營及第47團7連到達修水城。這時，日軍已佔領西門，其他情況不明。吳團長當機立斷，命令部隊立即投入巷戰。可是日軍已在城西站穩了腳跟，利用民房為掩護，充分發揮其火力優勢，向我軍射擊，使我軍傷亡慘重。機槍連連長任思民壯烈殉國。是日上午，由南姑橋偷渡之日軍繼續向前推進，吳守權怕本部後路被徹底切斷，親率師預備隊機槍連、第46團1個營和總部特務連急赴阻擊，在任家埠與敵激戰。雙方激戰到太陽西沉。新16師損失非常嚴重。其第46、47團與師部完全失去了聯繫，第78軍軍長夏首勳只好親自指揮該兩團。不過，吳師長還在指揮部隊苦苦支撐。此時，他已得知新13師已奉命趕來增援，指望著能堅持到該部到達。但新13師也在增援途中遭敵襲擊，被包圍在了安峰鎮。當晚，新16師實在支持不住了，只好後撤。6日晨，新13師亦奉命突圍，撤至山口

附近休整。修水失陷讓王陵基極為震驚，為了掩護贛北友軍側背，他讓第72軍退到修銅大道（修水-銅鼓）組織防禦，第78軍轉移至山口整理。

就在修水激戰之際，北面的渣津方面戰局出現了有利於中國軍隊的變化。4日，第3師攻克白沙嶺、苦竹嶺，而後又乘勝猛攻，連克沈家灣、八鏞嶺、桃樹港。6日，第140師、第82師和第3師在渣津西北一帶予敵沉重打擊，敵被迫退據渣津。薛岳看準時機，急令第27集團軍主力由南向北，第3師經渣津自西向東夾擊日軍。7日，薛岳又嚴令王陵基務必於9日前克復修水。於是，各部均積極向當面之敵攻擊。當天，位於朱溪廠的第133師奉命協同第3師向渣津攻擊，戰到次日，守敵不支向修水潰竄。同時，第140師幾經苦戰，攻克南樓嶺，將修水日軍向通城的退路完全阻斷。8日，新13、新16、第3師分路向修水前進。當天，第3師即克復馬坳。9日清晨，第3師向修水城及其東北地區攻擊前進，沿途未遇到日軍有力抵抗。該師師長趙錫田非常納悶：日軍都到哪兒去了？這時，隨從送來吳守權來的敵情通報。通報上說，據新16師事先派向修水游擊的兩個班報告，修水日軍已向三都、梁口退去。趙師長當即命部隊帶隊入城。10日，薛岳得知修水光復的消息，喜悅之情溢於言表，當即命第30集團軍以一個軍向武寧退卻之敵追擊，並乘勝收復武寧。11日，第78軍奉命乘勝分兩路追擊，12日追到三都。殘敵一部竄回武寧，一部向北逃去。第78軍跟蹤追擊，向武寧發起攻擊，並一度包圍了門巷之敵，但由於日軍憑堅固守，攻擊無效。

雙方形成對峙。

日軍從修水撤走，讓王陵基鬆了一口氣，但卻讓湘鄂贛邊區挺進軍總指揮樊崧甫緊張起來。修水從渣津的道路已被中國軍隊切斷，日軍已無法通過。日軍第33師團要從修水向鄂南撤退，必經九宮山返回通山。那裏存放著大量作戰物資。這批物資是整個湘鄂贛邊區挺進軍的重要補給來源，如果落在日軍手中，後果不堪設想。早在三都失守時，他就擔心日軍乘機北進，而調在湘北作戰的第197師回守九宮山，以備不測。三都失守的教訓就在眼前，他不能讓這些寶貴的資源再落入日軍手裏。於是，他電示第197師師長丁炳權，務必確保九宮山。丁師長得到指示後，有些犯難了。他知道日軍北犯的可能性極大。日軍來犯估計有數千人，敵強我弱，他一個師頂得住嗎？經過反覆斟酌，他最後決定，利用山地優勢，以一部在正面阻敵，主力對進攻之敵進行側擊、尾擊和伏擊，以收出敵不意之效。決心既定，部署自然很快就出來了：第1138團兼程馳赴小九宮山迎擊由三都北犯之敵，令第569旅星夜回寶石河待命，第1140團（欠第2營）及工兵連（欠兩個排）、幹部訓練班軍士隊在橫石潭附近集結。7日，第1138團抵達小九宮山，一面加緊構築工事，一面派一個營向咸寧游擊，以收牽制之效。9日上午，日軍以飛機和大砲向第1138團陣地猛轟。在幾十分鐘的火力準備完成後，又以800多名步兵向木皐攻擊。激戰至下午2時左右，木皐陣地全被摧毀，第1138團損失嚴重。這時第569旅僅先頭部隊到達寶石河，遂命第1140團第1營前去增援，仍無濟於事。10日，丁炳權急令第1137團（欠第3營）和第1139團前往堵擊由一天門北犯之敵，第1140團（欠第1、2營）附第1137團及工兵連（欠兩個排）、幹訓班軍士隊退到寶石河附近，在成下、雞子山、中門、菖蒲塘設伏，打擊北竄之敵。11日，日軍猛攻上蒼祺第1137團陣地。第1140團第1營與第1139團奉命乘機出擊日軍之側背，不意第1139團先頭營被敵包圍，損失慘重，但我軍仍奮力作戰。到當晚，戰鬥呈膠著狀態。日軍為打破僵局，便分兵三路，分別經成下、歸仁坑、船埠向橫石潭攻擊。12日，三路日軍分別突破我第1140團、第1139團和幹訓班軍士隊之防禦，侵入橫石潭，休息片刻後又分成兩股，一股經石壁下、富有向大畈前進，另一股則由寶石河向通山西逃。14日，向大畈撤退的一股日軍由於道路破壞，被迫折回富有，企圖轉向燕廈東遁。可是他們萬萬沒想到，我第1137團第3營已根據預訂計劃於富有一帶設伏，正等著他們。當日軍成行軍佇列通過時，第3營乘機予以奇襲，打得日軍措手不及，人馬墜入山谷者不計其數。一時間，富水河面上到處漂浮著侵略者的屍體。15日，日軍拼死衝破中國軍隊的阻擊線，撤回通山。九宮山倉庫安然無恙，為鄂南作戰畫上了一個圓滿的句號。

血灑新牆，浩氣長存

贛北和鄂南兩方面作戰雖然激烈，但此次會戰的主戰場仍在湘北。在方向，岡村投入了他手下最精銳的第6師團。該師團自淞滬會戰參加侵華戰爭以來，從上海一直打到

關麟徵——第15集團軍總司令

原名志道，字雨東，陝西戶縣人，1905年生。1924年春，因頂替一個叫吳麟徵的人參加黃埔軍官軍校第一期步科學習，改名關麟徵。黃埔軍校畢業後，歷任排、連、營、團、旅長。1932年底，他因在第四次圍剿鄂豫皖「蘇區」的戰鬥中作戰積極，被提升為第25師師長。1932年2月，日軍大舉進攻長城沿線。關麟徵奉命從鄂豫皖剿共前線開赴古北口參加長城抗戰。在接下來的兩個多月戰鬥中，他指揮部隊以劣勢的裝備頑強作戰，痛殲頑敵，立下赫赫戰功，獲得了國民政府頒發的青天白日勳章一枚。1936年10月，關麟徵晉升陸軍中將，並獲三等寶鼎勳章。「七七事變」發生後，時任第52軍軍長的關麟徵率部先後轉戰河北、河南、山東等地，屢挫敵寇。特別是在台兒莊戰役中，他率領第52軍協同友軍反擊進攻台兒莊和臨沂之日軍精銳第5和第10團，取得了重大勝利。是役，由於第52軍居功至偉，國內各大報紙送給關麟徵「關鐵拳」的美名（詳文見突擊特刊3—《52軍戰史》）。徐州會戰後，關麟徵被任命為第32軍團團長，參加了武漢會戰。武漢失守後，關麟徵率部退守湘北，不久即被任命為第15集團軍副總司令，代行總司令職權。關麟徵與日軍作戰多年，多次擊敗日軍精銳部隊，從而贏得了對手的尊敬。有日軍高級將領甚至承認，關麟徵的1個軍「應視為普通支那軍10個軍」。

武漢，攻無不克，渾身沾滿了中國軍民的鮮血。特別是他們在1937年底攻佔南京後，在當時的華中派遣軍司令官松井石根和師團長谷壽夫的指揮下屠殺了數十萬中國軍民，更讓全世界震驚。這次，他們仍然擔任主力，在上村支隊、奈良支隊的協同下實施主攻。擔負這一帶防禦的是第15集團軍所屬第52軍、第37軍（欠第140、第95師）、第70軍、第73軍等部，是日軍殲擊的主要目標。本來這支部隊名義上的總司令是薛岳，但薛岳在長沙指揮整個戰局，故由代總司令關麟徵指揮該部。

1939年7、8、9月，湘北我軍奉命積極向當面日軍進行襲擾，在打擊日軍有生力量的同時也收集不少日軍情報，以利於抵禦日軍的大規模進攻。9月13日，贛北戰事爆發以後，關麟徵命位於前沿的第25師積極向岳陽附近出擊，殲敵數百人，並攻克羊樓司等據點，基本摸清了當面日軍的兵力配置，為集團軍抵禦對付日軍進攻提供了重要的情報

依據。18日晨，日軍第6師團及奈良支隊集中砲火向新牆河北岸第15集團軍前線警戒陣地進行猛烈砲擊，湘北作戰的大幕正式拉開。

可是就在日軍進攻的消息傳到第九戰區司令長官部的同時，薛岳正因父親薛宗元於兩天前病逝而悲痛不已。薛宗元先生臨終前格外關心前線戰事，怕薛岳因喪事分心，專門立下遺囑，要求薛岳「在非常時期，國事為重，喪事從簡，勿泥常禮，應早回防服務」。薛岳拿著父親的電報，熱淚盈眶：父親在彌留之際仍不忘國家安危，其情操之高尚，可與日月爭輝。父命難違，他即向蔣介石請求暫緩發喪，以便自己戴孝出征。蔣介石當即覆電同意其請求，並勉其「移孝作忠」，留在軍中指揮。薛岳獲悉日軍在湘北前線開始進攻後，立即在長沙召開高級幕僚會議，決定：自己率軍務處長賀執圭、參謀處副處長趙子立、高參曾舉直、砲兵指揮官王若卿、蔡雨時等在長沙設立指揮所，指揮

■ 向敵軍猛烈掃射的重機槍手。

作戰；司令長官部其他非戰鬥人員則由參謀長吳逸志帶領，暫時轉移到耒陽。

　　9月18日上午7時前，日軍在對新牆河北岸中國軍隊陣地進行猛烈砲擊後，以步兵在飛機掩護下向守軍發起了衝擊。雙方在燕安、大橋嶺等地發生激戰。這一帶陣地尤以金龍山、斗篷山、筆架山、草鞋嶺最為重要。駐守在那裏的是第2師第8團胡春華營和第195師史思華營。兩營面對幾倍於己的敵人毫不畏懼，拼死抵抗，連續打退了日軍的多次衝鋒。20日中午，堅守草鞋嶺的史營方昌桂排排長以下全部陣亡，只剩下新兵任連子還堅守著陣地。史營長聽到草鞋嶺方向槍聲漸疏了，就派一個管姓排長前去察看，這才知道只剩下任連子一人了。管排長深為感動，撫著任連子的額頭說：「我一定陪你流

最後一滴血！」他們就收集陣地上的武器，打退了日軍三次衝鋒。到了當晚，炊事兵劉慶年送飯到來，看到了這個情形，立刻趕回去報告連長，請求增援。但援軍到達時，陣地已經失守。史營遂轉守筆架山。在此期間，九龍衝、姚梅洲、大橋嶺等地也多次失而復得。直到21日，幾千名日軍也沒能越過這道血肉築成的鋼鐵阻擊線。是日下午，守在金龍山、斗篷山陣地上的胡春華營長集合起全營官兵。一清點，他發現500多人的一個營只剩下不到50人了。此刻，胡營長已身負重傷，但他還是強忍著劇烈的傷痛，硬撐著站在了這群與自己出生入死的兄弟面前，心裏有一種說不出的滋味。他告訴大家：「按照上級命令，阻敵三天的任務已經完成，今天是最後一戰了，即使戰死也絕不投降！」「戰死也絕不投降」，胡營長帶領著剩下的官兵，就是懷著這最後的信念與侵略者又搏鬥了幾個小時。黃昏時分，日軍終於攻佔了金龍山、斗篷山陣地。胡春華營長率全營官兵與衝上陣地的敵人進行了殊死搏鬥，流盡了最後一滴血。日軍攻佔胡春華營陣地後，又集中兵力繼續向鹿角西北及筆架山一帶陣地猛攻。同時，以一部兵力佯攻下燕安、大橋嶺、馬家院，以牽制該方向之中

■張燿明，第52軍軍長。該軍是第15集團軍的攻堅主力。

國軍隊。

守衛筆架山的史思華營雖經連日拼殺，已筋疲力竭，但士氣仍然高昂，頑強抵禦著日軍的進攻。激戰到21日下午，全營500多人已傷亡大半。傍晚時分，史思華營長接到師長覃異之打來的電話：阻敵任務已經完成，如無法堅持，不得已時可向東撤退。可是史營長斬釘截鐵地答道：「軍人沒有不得已的時候！只要還剩下一兵一卒，都要與陣地共存亡！」覃異之顯然也被他激昂的情緒所感染，在電話中沉默了半晌，竟不知如何說才好，最後他顫著聲音說：「史營長，向全營官兵表達我的敬意！」放下電話，史思華召集起全體官兵，大聲說：「弟兄們，我們的任務已經完成，師座說我們可以撤退了。但是，我們有一大半的弟兄已經永遠撤不了啦，我身為一營之長，不想生還，決心

與陣地共存亡。你們中有願意撤的，現在可以走了，我不阻攔。」出乎史營長的意料，他說了這話過後，陣地上出現了好幾分鐘的沉默，大家都堅定地注視著自己的營長，誰也不肯挪一步。這時，不知誰喊了一聲：敵人又上來了。大家又拿起武器，飛快地回到自己的戰鬥崗位上去了。當天晚上，日軍調來騎兵，分兩路包抄到筆架山東西兩側發起攻擊。史營腹背受敵，仍與敵展開肉搏。一時間，喊殺聲、刺刀的碰撞聲響成一片。不時有雙方士兵倒在血泊之中。在戰鬥中，史營長身負重傷，當勤務兵將他背下陣地時，已奄奄一息。他掙扎著要勤務兵把他放下，並用盡最後的力氣命令道：「快速轉移，不要顧我。」聲音之大，讓勤務兵驚了一下。他知道營長生命垂危，擔心他再這樣喊叫會對他的傷口不利，便先讓他在路旁躺了下來。這時勤務兵發現營長已氣絕。儘管營長犧牲，但史營官兵仍抱定必死的信念，與敵又拼殺了一天。22日太陽落山後，筆架山陣地上的槍聲漸漸稀疏下來，最後歸於沉寂，史營全體官兵壯烈殉國。就在筆架山失守的同時，第195師與第2師主力也放棄了燕安、馬家院等據點，退守新牆河南岸陣地。

23日凌晨4時，日軍第6師團和奈良支隊集中80多門火砲向防守新牆河南岸的第2師陣地猛烈砲擊。一小時後砲火延伸，日軍從楊林街、七步塘附近開始強渡新牆河，企圖把第15集團軍壓迫至洞庭湖東岸進行圍殲。當渡河日軍行到河的中央時，幾乎被砲彈掀翻的陣地上的守軍官兵從覆蓋在身上的一層薄土中鑽出來，集中輕重火器一陣猛打。日軍措手不及，死的死，傷的傷。不多

時，河水即被大和武士骯髒的鮮血染紅了。日軍第一次強渡失敗。可是，日軍並不甘心，又在砲火和飛機掩護下重新組織強渡，戰鬥一直持續到中午。日軍八次渡河，均被中國軍隊打了回來，仍然毫無進展。午後，日軍再次悍然違反國際法，向中國軍隊陣地施放毒氣，致使第2師第12團官兵大部中毒（其中五街坊陣地上的守軍全部被毒氣燻死），喪失了戰鬥能力。殘暴的日軍佔領該團陣地後，用刺刀將陣地上剩餘官兵（全部中毒）悉數捅死。不久，新牆河南岸陣地被突破的消息傳到了第52軍軍部。軍長張耀明立即令第25師協同第2師一部進行反攻。於是，雙方在新牆河邊再度展開廝殺。到日落時分，雙方仍在新牆河一線對峙著。

就在中日兩軍主力在新牆河兩岸拼殺之際，日軍右翼開始進攻了。23日清晨，日軍上村支隊在海軍第11戰隊配合下，在九馬嘴、鹿角、營田強行登陸。我防守鹿角、九馬嘴之第12團一部與敵戰到下午3時，因傷亡太重，被迫放棄九馬嘴，專守鹿角。日軍上村支隊雖在九馬嘴、鹿角遭到頑強抵抗，但主要攻擊目標還是營田。由於日軍在營田附近上陸前施放了煙霧，守軍第95師守備不嚴，直到日軍上岸方才發覺，立即投入反擊，與上岸之敵展開白刃肉搏。戰鬥極其慘烈。不少陣地守兵死戰至全體殉國。駐三塘灣的第569團鍾學望連在友鄰陣地全被突破的情況下，違抗團部的撤退命令，與衝入陣地之日軍展開白刃戰，撤下陣地時，只剩下9人。第95師第570團營長苗振華率部死守陣地不退，最後為國捐軀。薛岳得到營田危急的消息後，急令第70軍軍長李覺派第19師協同第95師，對在荷葉湖東岸營田、推三嘴一帶上陸之敵實施反擊，並予以殲滅；新23師則加強湘江西岸之防禦，並封鎖湘江水道。然而，由於反擊兵力過於單薄，中國軍隊沒能阻止上村支隊前進。日軍在砲火和飛機掩護下，猛攻第95師陣地，並施放毒氣，迅速佔領了牛形山等陣地，而後向營田發展進攻。經過激戰，「營田鎮為之炸為焦土，營田附近村落亦被炸光」，部隊損失嚴重，第570團營長夏紹武殉國。到23日下午，營田實在無法守下去了，薛岳便令守軍後撤，伺機反擊。當晚，第70軍又組織部隊夜襲營田。日軍經過激烈的戰鬥，已疲憊不堪，戒備不嚴，致使第70軍得以攻入鎮內。可是日軍很快就清醒過來，在猛烈的火力支援下，以步兵發起反擊。第70軍不支，退出營田。

上村支隊在營田、九馬嘴、鹿角登陸成功，使第15集團軍側翼受到嚴重威脅。此時，日軍第6師團從新牆河正面攻擊，奈良支隊從右側壓來，營田上村支隊又由左翼包抄，第15集團軍有被圍殲的危險。有鑒於此，薛岳於當日晚令各部「於新牆、汨羅兩河間地區予敵徹底打擊，以耗減敵之戰鬥力」，「達成消耗目的後，轉移預定地區，續求消耗，不爭一地得失」。同時，薛岳指示第15集團軍根據以上決定，變更部署如次：一、第52軍以一部留駐陣地佔領據點，集結主力，乘敵進出新牆河南岸南犯之際攻擊之；二、抽調第37軍第60師控制於新市以南之橋墩附近；三、第73軍（欠第15師）向新開塘附近待命；四、第79軍（附第95師）主力在新市、歸義、河夾塘互虞公廟佔領陣地，一部在湘陰附近，任沿江沿湖之守

■ 陳誠。

■ 白崇禧。

備。24日，第15集團軍主力根據薛岳的命令，除第52、70、73三個軍留一部固守原據點、遲滯日軍追擊外，其餘撤到汨羅江第二線陣地。

砍了腦袋也要堅守長沙

正當第15集團軍主力奉命向汨羅江南岸轉移之際，薛岳在長沙召開緊急會議商討以後的作戰方略。最後，會議根據薛岳的意見，做出了誘敵至長沙郊區實行反包圍與敵決戰，進而將其殲滅的作戰方案。會後，薛岳將這一方案向蔣介石做了報告，以待裁定。同時，為了最大限度地集中優勢兵力於主要方向，薛岳再次要求羅卓英調第74軍趕赴湘北參戰，但仍遭拒絕。

就在薛岳摩拳擦掌，準備在長沙城下與岡村寧次一決雌雄的時候，陳誠和白崇禧奉派前來協助薛岳指揮作戰。這時，薛岳已將他的指揮所遷到了淥口以南一個小車站附近的小學內。陳誠和白崇禧到達那裏後，向薛岳傳達了蔣介石關於放棄長沙的決心。薛岳聽後，不以為然，當即向二人陳述了五條理由：一、北方為河南，南方為湖南，誰得二南，誰就得天下，今河南已失，湖南不守，則西南失去屏障，國家有滅亡之虞。二、長沙雖「四戰之地」，但湘北地形，山嶽、湖沼皆錯綜複雜，可戰可守，並可運用有利地形誘敵深入，予以殲滅。三、長期抗戰糧食至關重要，保有湘北與洞庭湖，乃能足食足兵，有利長期抗戰；如撤退到衡陽、邵陽，則不僅影響民心士氣，且今後兵源、糧食均有問題。四、長期抗戰必須遵照「以空間換取時間」的戰略指導原則，但自淞滬會戰以來，中國軍隊節節後退，迄今未能運用空間打擊敵人，民心士氣影響極大；因此，必須

掌握有利之空間，時時處處與敵戰鬥，消耗敵人，方能重創敵軍，重拾人心，達成「長期抗戰」之目的。五、第九戰區目前部隊士氣高昂，民心振奮，各地工事建築堅固，湘北所有道路均已破壞，使敵人之機械化部隊和重武器無法發揮作用，守住長沙有完全的把握。陳誠和白崇禧聽了薛岳的這番話，雖覺有一定道理，但還是認為保衛長沙風險太大，堅持要薛岳放棄初衷。可是薛岳仍然寸步不讓，表示：「長沙不守，軍人天職何在？」他要陳、白二人，轉告蔣介石：「戰勝，是國家及蔣委員長之福；戰敗，則我必自殺以謝天下蒼生。」白崇禧見薛岳的態度如此堅決，覺得他沒把自己放在眼裏，非常

不痛快，便強詞奪理地說：「武昌失守，南昌相繼淪落敵人之手，長沙孤立。因此，希望薛長官還是遵照上級指示，退守衡陽，免得作無謂之犧牲。」薛岳聽到這話，勃然大怒，拍案而起指著白崇禧的臉大罵道：「你對此地的地圖及戰略根本沒有深入研究，枉讀兵書，只是一知半解，這種亡國的論調，令人無法接受。武漢、南昌、長沙雖然可說是華中之一鼎三足，武漢雖失守，南昌也相繼陷落日軍之手，然長沙仍不孤立。因為長沙後面有廣西、雲南、貴州、四川，怎樣說是孤立呢？如今若不能固守長沙，則今後又如何能守重慶呢？」薛岳喝了一口茶，接著又說：「一般人對長期抗戰，間或有誤解為

■ 日軍佔領岳陽，正在岳陽樓賞景。

『以空間換時間』之戰略，而我認為時間固然重要，空間更重要。我的著眼點是『抗』與『戰』兩個字，必須要時時與敵人保持接觸，處處消耗敵人，這樣才能做到長期抗戰。如果只是向後撤退，放棄空間，那根本就談不上抗戰了。」一席話把白崇禧說得張口結舌，只好搬出蔣介石，要其服從命令。

這時，薛岳已經豁出去了，嚷道：「將在外，君命有所不受。就是砍了我的腦袋，長沙城我也絕不放棄！」好長時間沒吭聲的陳誠坐不住了——這樣爭論下去，只會有礙戎機。他問薛岳：「部隊狀況如何？」薛岳答道：「除少數部隊失去聯繫外，餘均英勇作戰，士氣極旺。」陳誠看他對戰事極有把握，就和白崇禧商量了一下，將薛岳的決心及當時情況上報蔣介石，以便重新做出裁決。當晚，蔣夫人宋美齡得知薛岳與白崇禧的爭論後，親自打電話給薛岳，以調解二人的關係。在電話中，薛岳聲淚俱下地向蔣夫人報告了約一小時。最後，他在電話中發誓：「我以個人生命作保證，一定以血肉保衛長沙，以死報效委員長。」作為第九戰區的最高軍事長官，為了保衛長沙，薛岳連自己的生命都可以貢獻出來，難道還有什麼比這樣的精神更高尚的嗎？

這樣的話怎能不讓蔣夫人感動？「將有必死之心，士無偷生之念」，從薛岳的話語中，蔣夫人看到了長沙軍民誓死保衛長沙的決心和勇氣。於是，她放下電話，將薛岳的話轉告給蔣介石。

正當中國軍隊高層為是否保衛長沙而爭論不休之時，日軍向南撤的第15集團軍猛追。然而，由於中國軍隊和當地民眾早已破

壞了道路，令日軍機械化優勢無從施展，只能在中國軍隊屁股後面徒步跟進。24日晚，日軍上村支隊一部200餘人擊破第70軍陣地，攻佔歸義；配合上村支隊行動的海軍第11戰隊陸戰隊亦進佔鹿角、九馬嘴，向磊石山攻擊前進。薛岳聞之，急令第70軍反攻歸義，以掩護第15集團軍進入預定陣地。於是，第70軍軍長李覺親率第107師反攻，於當晚12時克復歸義。25日晨，日軍迫近汨羅江北岸。第52軍向汨羅江南岸轉移。旋日軍開始在汨羅江上架設浮橋，進行強渡。但很快被中國軍隊擊退。於是，日軍改變戰術，派出一部分官兵偽裝成難民，在守軍的結合部的間隙偷渡過江，竄佔新市，企圖裏應外合，配合主力渡江。同時，日軍上村支隊主力也由營田向東進犯，在東塘、大路鋪、三星橋等地與第107師及第95師激戰。戰到當晚，我軍付出了驚人的代價，其中第25師自開戰以來傷亡已達4000餘人，第95師所餘戰鬥兵僅能編一個團，且各部均已疲憊不堪，急需休整。薛岳考慮到這一情況，同時也為了準備長沙地區的決戰，命令第15集團軍調整部署：第52軍（欠第195師，附第60師）除留置兩團於浯口、新市原陣地，節節抵抗，其餘於26日晚經瀏陽開醴陵，在新田、泗汾、鐵河口（含）一線，佔領主陣地，以一部在醴陵附近佔領陣地；第70軍（附第95師）留置兩團於新市、白泥湖，節節抵抗，其餘於26日晚經楓林港、渡頭市及石子鋪、仙人市開株洲、淥口附近，主力以鐵河口（不含）、石亭、淥口（含）線為主陣地，以一部在株洲及其以東附近佔領前進陣地；第73軍於26日晚開始在新開塘以南

地區設伏，乘敵南犯之際，予以沉重打擊後，轉移到瀏陽附近；第195師控置於白沙橋附近待命。

而岡村寧次此時對薛岳的部署一無所知。26日，他發現中國軍隊已有計劃地退到汨羅江南岸，以為他們仍會利用既有陣地進行抵抗，忙作出決定：「乘汨羅江左岸敵軍退勢尚未穩定之機，將戰鬥力集結於新市附近，將敵擊敗。」根據這個決定，他命令：第6師團擊敗新市以南地區重慶軍；上村支隊擊敗當面之重慶軍後，迅速向李家塅方向突進；奈良支隊改變追擊方向，向新市追擊。當日，日軍各部向南攻擊。我軍頑強阻擊，激戰竟日，日軍進展甚微。當晚7時30分，第15集團軍除留一部掩護部隊駐守原陣地外，主力開始南移。27日，岡村寧次發現第15集團軍主力南移，圍殲該部的計劃告吹，十分懊惱，只好命令部隊上村支隊、第6師團、奈良支隊向平江及其西南地區突進，在圍殲第27集團軍及第79軍的同時，打擊南退之中國軍隊。可是他萬萬沒想到，薛岳已佈好了一個大口袋等著與他決戰。

巧佈口袋，痛擊頑寇

26日，在宋美齡的建議下，蔣介石仔細考慮了陳誠與白崇禧的報告，而後電告薛岳，同意他的意見，並命令：「準備以六師兵力，位置長沙附近，由薛長官親自指揮，襲擊向長沙方面突進敵，予以嚴重打擊。」這時，贛北和鄂南戰場的中國軍隊經過節節抵抗，已經成功地阻滯了日軍第106師團、佐枝支隊及第33師團與湘北日軍主力會合，

薛岳覺得圍殲湘北日軍主攻部隊的時機成熟了，遂根據蔣介石的指示，制訂了《在長沙以北地區誘敵殲滅戰之指導方案》，確定：「戰區以一部埋

■ 蔣中正在宋美齡的建議下同意薛岳堅守長沙。

伏於福臨鋪、橋頭驛及其迤北地區，以有力部隊控制於金井及福臨鋪迤東地區，俟敵進入伏擊區域，突起包圍而殲滅之。」在這個作戰方案中，薛岳將部隊分為正面部隊和伏擊部隊兩種。正面部隊的任務是：「亟力誘致敵人於伏擊區域，爾後轉移於右側後方待機。」伏擊部隊的任務是：「俟敵進入伏擊區域，突擊奇襲敵人。」同時，為了發揮民眾力量，破壞敵人交通，確保決戰的勝利，薛岳又重申了戰前所制訂的民眾組織、交通、通信、城垣破壞及物資藏匿的方法。其內容大體分為組訓民眾、破壞交通通信城垣和物資疏散及儲藏三個方面。在民眾組訓方面：一、將戰地民眾，以保為單位，分別組成偵探、交通、救護、輸送、宣傳、慰勞等隊，並分別授以偵探、通信、道路破壞、修築、看護、擔架、輸送、宣傳、慰勞等常識；二、戰時，所有青年壯丁男女均分任偵探、交通、救護、輸送、宣傳、慰勞等工作，老幼者一律離開公路、鐵路、驛路30里

以外山中安全區內，使敵人深入後，不見一人，如盲人瞎馬，無從探悉中國軍隊情況及交通狀況。關於交通、通信及城垣破壞：一、將預定作戰區之公路、鐵路、驛路徹底破壞，使之通塘、通河、化田、蓄水、還山；二、部隊轉進時，將通信迅速撤收，或徹底破壞，使敵不能利用；三、將預定作戰區之城垣徹底拆除，使敵佔領後，毫無憑藉。關於物資疏散及儲藏：將預定作戰區之物資竭力向後方疏散，民眾之必需品也須藏匿至距公路、鐵路、驛路、水路30里以外之安全山中，使敵深入後，一無所獲。

27日，薛岳按照在長沙地區與日軍決戰的計劃調整部署：一、第52軍（欠第195師，另附第60師），留兩個團於汨羅江的浯口、新市一線遲滯敵人，軍主力於本日（即26日）19時向汨羅江以南金井以東轉移，在瀏陽西北的沙市街佔領面向西側之陣地，側擊南進之敵；二、第70軍（附第95師）留兩個團於汨羅江的新市、白泥橋陣地遲滯敵人，軍主力於本日19時向株洲以東地區轉移並佔領陣地；三、第73軍（欠第15師，另附第195師）在長沙東北的福臨鋪、長沙以北的橋頭驛及以北地區設伏，阻擊南進之敵；四、第4軍以第59師設伏於長沙及其東南地區，阻擊南進之敵，軍主力位於瀏陽河兩岸的根頭、渡頭市之間佔領陣地；五、第11師佔領嶽麓山及以北湘江西岸的穀山、新康、靖港、喬口陣地。

汨羅江前線各部奉令後，即向預定指定地域轉進。這時，日軍正乘第15集團軍退卻向南追擊。到27日下午，上村支隊進佔大娘橋，第6師團攻抵撈家。岡村寧次為圍殲第79軍，命令上村支隊、第6師團、奈良支隊向平江及其西南地區突進。28日，日軍奈良支隊經甕江向平江迂迴，準備策應第33師團作戰。但事情大大出乎岡村寧次的預料，奈良支隊除在渡頭以南遭轉移途中的第52軍第25師伏擊損失較重外，在平江地區竟未遭有力抵抗，兩天後很輕易地就在三眼橋與第33師團會合了。岡村寧次立刻明白過來，第79軍已跳出了日軍的包圍圈，消滅該軍的計劃泡湯了。於是，他將唯一的希望寄託在向長沙方向追擊的第6師團和上村支隊身上了。但這兩支部隊的進展同樣不令他滿意。27日下午，第6師團和上村支隊由汨羅江畔開始分路南下。28日，第6師團一部1000餘人突進到福臨鋪。這一帶是起伏不大的波狀地，無險可守，日軍認為中國軍隊不大可能在此阻擊，故而頗為大意。但正因為這個大意，這一個不起眼的小地方成為了他們墳場。當天一早，第195師師長覃異之來到福臨鋪，看過地形後，當即便令第566旅以一部在福臨鋪以南設置阻擊陣地，主力在羅家橋、高君　設伏待敵。同時565旅亦集結於檀樹灣、烏雅伏地，準備打擊金井之敵。上午9時左右，日軍大搖大擺地開進第566旅的伏擊地域。突然，四周槍聲大作，日軍當場被擊斃500餘

■1939年9月，中國軍隊與日軍在新牆河展開激戰。

人，倉皇退逃。下午2時，日軍援軍到達後，以猛烈的砲火開路，全力攻擊第566旅正面第1132團第2營陣地。我軍拼死固守，戰鬥激烈。當晚，覃異之發現進攻福臨鋪之敵增至2000多人，知道實力懸殊，乃命部隊乘夜向上杉市轉移。同日下午，第77師也在三姐橋、栗橋附近伏擊日軍上村支隊，予敵重創。隨後，雙方在福臨鋪等地展開了拉距戰。日軍為迅速突破中國軍隊防線，以猛烈砲火轟擊中國軍隊陣地，爾後，以全力攻擊中國軍隊防線之一點。中國軍隊在陣地被突破後，

且戰且退，雙方形成混戰。29日上午，日軍左翼第6師團一部3000餘人經金井南下時，在石門痕遭到第195師第565旅伏擊，激戰一天，被殲700餘人。同日，進佔福臨鋪之日軍乘第566旅後退之機，直插上杉市，不料途中即遭第195師和第60師攻擊，被阻於上杉市附近，無法前進。此時，日軍已數遭伏擊，損失嚴重，要繼續南進，已心有餘而力不足了。只有一部日軍200餘人於30日突破中國軍隊撈刀河陣地，佔領了長沙以北30多公里的永安市，到達了日軍此次南侵的最遠點。

但不久，該部日軍在第25師的反擊下，立足不住，被迫北退。當天，第60、195師奉命繼續向上杉市、石門痕日軍猛烈反攻，以消耗日軍實力。

湘北前線各路日軍進攻受阻的消息很快傳到了咸寧，讓在那裏坐鎮指揮的岡村寧次心虛起來。他發現連日來，中國軍隊雖不斷後撤，但損失並不大，並且紛紛向長沙和進攻日軍的側後方集結，有在長沙地區與其決戰的模樣。同時，進攻日軍的後勤補給線幾乎全被切斷，前線各部隊的糧彈都已快用完。再不撤退，第6師團和上村支隊將有被圍殲之虞。在這種情況下，岡村寧次只好於29日無可奈何地下達了全線撤退的命令：「華軍頑強，現仍潛伏於汨水、修河兩岸地區。本軍為避免不利態勢，應速向原陣地轉進，以圖戰鬥力之恢復，並應嚴密防備華軍之追擊……」對於這道撤退命令，岡村寧次一直引以為恥，幾十年後仍然不忘在回憶錄中掩飾自己的失敗：「軍的主力既已進入長沙平地，長沙又在眼前，如乘勢進攻佔領長沙並不困難。但根據本次會戰之目的，在大量擊潰敵軍後，不得不回師原地……」

乘勝追擊，收復失地

10月1日，日軍開始從湘北前線撤

■ 1939年10月底，中國軍隊在第一次長沙會戰勝利後返回長沙。

退。就在這一天，薛岳被正式任命為第九戰區司令長官，關麟徵也正式升任第15集團軍總司令。當天下午，身在前線的關麟徵發現了日軍撤退的跡象，乃將日軍的新動向報告給了薛岳。薛岳接到關麟徵的報告後，簡直不敢相信自己的耳朵：日軍還在節節前進，且主力未損，怎麼會突然撤退呢？難道這是岡村寧次耍的花招？他不敢確定。為保萬全，他於2日指示關麟徵做好兩手準備：一面命令第195師繼續猛擊上杉市之敵，第73軍、第59師以一部經社港市向平江、新市方向搜索，準備追擊；一面命令其餘各部仍按長沙決戰計劃向指定地點轉進。當天，第195師在第25師及第60師各一部策應下猛攻上杉市。戰到次日，守敵「死傷甚多，殘部向福臨鋪潰竄」，中國軍隊遂收復該地。3日，第15集團軍總部接到前方傳來各地日軍均後撤的消息。關麟徵猜測日軍不是佯退，便決定增加追擊兵力。具體部署是：第73軍以一部向平江方向挺進，並與第27集團軍聯絡；第52軍以第25師一個團經金井向甕江、平江方向搜索，第195師一個團經福臨鋪向長樂街方向搜索；第59師以一部向新市、汨羅車站、湘陰附近搜索。各部接到命令後，立即組織部隊遵命行動。3日，第25師、第195師挺進部隊追擊到福臨鋪、金井附近。日軍已向汨羅江北岸退卻。4日，第15集團軍各部尾隨日軍之後先後收復安定橋、長樂街、汨羅、營田、新市等地。此時，薛岳已斷定日軍

退卻企圖，迅速發布命令，要求「湘北正面各部隊以現在態勢立向當面之敵猛烈追擊，務於崇陽、岳陽以南地區捕捉之」，「對敵之收容部隊，可派一部監視、掃蕩之，主力力行超越追擊。」同時，要求已深入敵後的各挺進縱隊破壞日軍交通，阻礙其撤退計劃。

第九戰區各部雖接到「超越追擊」的命令，但害怕日軍是佯退，會突然反擊，所以沒有突擊到日軍前面，阻擊殲滅敵人，只是尾追。這使日軍的撤退計劃進行得十分順利。6日，第195師挺進隊渡過汨羅江，而敵第6師團已退向新牆河。8日，第195師到達新牆河南岸，佔領鹿角、榮家灣、新牆及楊林街等地，並「派一部渡新牆河搜索」，而正面日軍已先期渡河北逃。8日，覃異之派一個加強營渡新牆河，一直追擊到日軍據點外圍。當晚，該部又夜襲西塘、尖山一帶日軍據點，無奈日軍抵抗非常頑強，攻擊無效，只得撤回。在撤退過程中，擔負掩護任務的許崇辛班長被日軍包圍，他毅然拉響了栓在身上的集束手榴彈，與衝上來的多名日軍同歸於盡。到10日止，雙方在湘北地區恢復了戰前態勢。

就在湘北激戰正酣之際，日軍海軍陸戰隊為了策應第11軍主力之進攻，於9月23日向洞庭湖區襲擾。防守那一帶的第20集團軍奮起阻擊，並以第53軍第116師及洞庭湖水上游擊隊組成第6挺進軍，襲擊日軍盤踞之湖區據點。雙方激戰數日，終因水上交通為日軍艦艇

控制，中國軍隊增援困難，六姓山於27日失守。此後，日軍因兵力不足，沒有再進。雙方形成相持。10月5日，新23師便衣隊襲擊了經由洞庭湖區撤退的日軍上村支隊補給艦隊。上村支隊主力聞訊，便改從營田登船經洞庭湖退回岳陽。新23師便與由長沙追來的第4軍收復營田。隨後，新23師偵察隊又襲擊六姓山，守敵稍一接觸，即登船退走。12日，第6挺進軍襲擊白螺磯，不利退回。至此，洞庭湖區戰事隨著會戰主戰事的結束也告一段落。

大捷的尾聲

到10月15日，第一次長沙會戰以中國軍隊的勝利告終。在這次會戰中，第九戰區各部隊在薛岳的指揮下，頑強奮戰，粉碎了日軍圍殲中國軍隊主力的罪惡企圖，取得了抗日戰爭中城市保衛戰的第一次勝利。但關於這次戰役，中日兩軍公布的戰報大相逕庭。據中國方面統計，是役殲敵3萬餘人，中國軍隊則傷亡40293人，雙方物資損失均嚴重。而日軍公布的數字為：中國軍隊在戰鬥中遺屍44000餘具，被俘4000人，而日軍戰死約870人，負傷約2700人。不過，據第九戰區參謀處副處長趙子立和其他一些參戰的中國軍官在40多年後回憶，中國軍隊是抵抗，且有既設陣地可供利用，日軍是攻者，常暴露於我陣地前，其傷亡不比中國軍隊

少。從日軍的資料和將領戰後的回憶來看，他的說法應有一定依據。

由於在湘贛地區的作戰中表現不佳，1940年初，第101師團和第106師團被調回日本。4月，第106師團這支日本軍界公認的「弱旅」被解散。直到1945年戰敗投降，日軍也再沒有使用啟用這個令他們感到恥辱的番號。這支部隊的師團長中井良太郎也得到了個有名無實的獎章，被打發回家賦閒去了。即便如此，日軍及其將領後來在描述此戰時，大多仍然掩敗為勝。不過，中國軍隊在是役中所表現出的頑強卻是他們不得不承認的。11月14日，敵酋岡村寧次對軍部報告《關於迅速解決日華事變的作戰意見》中認為：「敵軍抗日勢力之中樞既不在於中國四億民眾，亦不在於政府要人之意志，更不在於包括若干地方雜牌軍在內之200萬抗日敵軍，而只在於以蔣介石為中心、以黃埔軍官學校系統的青年軍官為主體的中央直系軍隊的抗日意志。只要該軍存在，迅速和平解決有如緣木求魚。」他的作戰主任參謀宮崎周一也承認：此次作戰日軍的傷亡數字是戰前估計的三倍多，並且「敵退卻較早，敵將領似欲避免兵力消耗。結合一兩個月後敵發起的『冬季攻勢』來分析，證明敵之抵抗意志，不容低估。」日本防衛廳戰後編的《長沙作戰》中也說，會戰中重慶方面「將戰區直轄的第11師直接配備於長沙湘江

西岸嶽麓山，並命第4、第70、第87軍等的數師擔當長沙附近的防衛任務」，這實際上否定了重慶方面「決心放棄長沙」的說法，含蘊地承認日軍沒有達到作戰目的。

日軍撤退了，那個關鍵時刻試圖強迫薛岳退出長沙的白崇禧卻風風光光地回來了。薛岳一聽到這個消息，非常不高興，耷拉著臉對趙子立說：「敵人進攻時，他不來，敵人退卻時，他來了。我們幾夜沒有睡好覺了，剛睡好，他來打麻煩。」他在火車站見到白崇禧後，寒暄了幾句，就想讓白崇禧下不了臺，說：「這次作戰，兵力不夠用，我能力也不成，所以仗打不好，這個責任，我負不了，請主任（桂林行營）來親自指揮吧！」搞得白異常尷尬，一勁兒用手摩挲腦袋。還是身邊的桂林行營總參議王澤民出面替他解了圍。王澤民接過話頭，稱讚了薛岳這次指揮卓越，並說：「困難已經過去，還需要解決的問題，健公（白崇禧字健生）一定和中央商議解決。」薛岳不等白的列車開走，就向白告辭，與趙子立一齊下車回去了。白崇禧討個沒趣，就調轉車頭回桂林去了。

湘贛戰事結束，薛岳的親屬認為薛岳這下該有空了，便託人告訴他，薛宗元的安葬之日在11月29日舉行，請他務必參加。但此次湘贛戰事使第九戰區構築的前沿工事破壞嚴重，亟需修整，且統帥部決定即將對日軍發動大規模攻勢。薛岳權衡利弊，決心遵從父親遺命，以國事為重。11月初，為督促各部加強防務和攻勢作戰準備，薛岳親赴前線巡視。為此，薛岳特向蔣介石報告稱：「（子）、職於齊日（8日）趕赴湘陰、汨羅、新牆、通城、平江、九宮、武寧、修水、銅鼓、奉新、高安、上高、萬載、醴陵、瀏陽一帶巡視防務，校閱各部準備繫後之進攻，往返須步行1600餘里，約下旬始回長沙。（丑）、職本定豔日（29日）歸葬先考，因軍務羈身，盡忠未能盡孝，謹請鈞座恕職不孝之罪。」其情之真，其辭之切，讓蔣介石非常感動，當即覆電：「薛長官：虞（7日）電悉，據報告齊日趕赴湘陰等地視察防務，勤勞至堪表慰，尊翁之表，不克歸喪，墨絰從戎，禮法所許，移孝作忠，尚望努力。」後來，陳誠得知此事，也覆電薛岳表示嘉慰：「長沙薛長官伯陵兄：虞電敬悉。吾兄忠孝兼全，而盡忠即所以盡孝，尤以此次湘北之戰，賴兄指揮得力，達空前勝利，先伯當能含笑九泉也。派北衡兄代表親往致祭外，特覆。」由於薛岳係長子，巡視未歸，薛氏族人堅持不肯依期安葬，薛岳不得不將父親的安葬日期推遲到次年1月28日。

■ 中國軍隊接受檢閱。

第二次長沙會戰

1940年前後的湘贛戰局

日軍首次進攻長沙受挫後，由於其第101、106師團先後奉調回國，兵力減少，暫時停止了對第九戰區的大規模進攻，除出動部分兵力對個別地區進行掃蕩外，基本處於守勢。第九戰區則利用這個機會加緊整訓部隊，並進行了一系列攻勢作戰，以策應其他方面的作戰。

1939年12月，中國軍隊在北起綏西、南到桂南的長達數千公里的戰線上，全線出擊，發動了規模空前的冬季攻勢。當月12日第九戰區亦奉命對當面日軍發動進攻。這次作戰，第九戰區先後出動了30多個師，共進行大小戰鬥600餘次，打得日軍手忙腳亂，顧此失彼。到1940年1月20日攻勢結束，我軍雖未能完成戰前規定的作戰任務，但予敵以重大打擊，共殲滅日偽軍近萬人。連日軍也不得不承認：「敵人的進攻極為頑強」，各據點守備部隊「在敵重兵包圍中孤軍作戰，缺糧少彈，傷亡很大」。

冬季攻勢結束後不久，岡村寧次被調回日本任軍事參議官，遺職由圓部和一郎中將接替。圓部到任後，第11軍由於在冬季作戰中遭受重創，兵力不敷，在我軍的打擊下，被迫放棄了靖安、彎弓尖等地，集中兵力防守幾個重要據點。1940年4月，為反擊中國

軍隊的冬季攻勢，日軍對江北的第五戰區發動了進攻，以期攻佔宜昌，打擊中國軍隊的抗戰意志。為了策應第五戰區的作戰，從4月20日開始，第九戰區出動20多個師，向日軍各據點出擊，到6月27日，先後攻克奉新、西山萬壽宮等重要據點，擊斃日軍獨立混成第14旅團旅團長藤堂高英少將，取得了巨大戰果。

然而，儘管第九戰區在江南戰場上取得了很大的勝利，由於第五、第六戰區作戰不利，6月16日宜昌淪陷，日軍打開了長江三峽的門戶，其飛機轟炸戰時陪都重慶的距離縮短了一半。從此，日軍對重慶的轟炸更加猛烈了。中國軍民的抗戰意志受到了沉重的打擊。這時，中國方面亟需一場重大的勝利來鼓舞全國軍民的士氣，打擊日軍囂張氣焰。在此形勢下，第18集團軍（總司令朱德，中共部隊）在華北各戰區的協同下，於8月20日向日軍發起了全面進攻。國民政府軍事委員會委員長蔣介石得此消息後，大為振奮，命令各戰區以第18集團軍「在正太、同蒲、平漢各路之游擊破壞行動作為法則」，加強敵後之游擊戰鬥，積極打擊當面之敵，「破壞其10月間秋季攻勢」。遵照這個指示，第九戰區於8月開始，再次出擊鄂南、贛北之敵。到1941年3月止，各部先後攻克通城、武寧、天柱港等地，並打退了日軍對九嶺、奉新等地的反撲，殲敵偽軍數千人，又一次教訓了不可一世的圓部和一郎。

在受到第九戰區的連番打擊之後，惱羞成怒的日軍於3月下旬集中第33、34師團和獨立混成第20旅團4萬餘人，向上高地區進攻，圖殲中國軍隊第19集團軍主力。中國軍

阿南惟幾

日本大分縣人，陸軍大學第30期畢業。陸軍大學畢業後，被分配到步兵第45聯隊擔任留守隊擔任留守隊擔長。1929年8月，他被選拔為日本天皇的侍從。由於他特別狂熱地效忠天皇，深受天皇偏愛，成為日本皇室有意挑選培養的對象。因此，他後來在軍中青雲直上，先後擔任聯隊長、兵役事務局局長、第109師團師團長等職。1938年3月晉升中將。1939年10月，即升任陸軍部次官。

隊在薛岳和羅卓英的指揮下，採用「誘敵深入，各個擊破」的戰法，與敵激戰20餘日，擊潰來攻之敵，殲敵1.5萬人，取得了又一個重大勝利。這一慘痛的失敗終於讓日本軍部失去了耐心。4月，圓部和一郎被解除了職務，接替他的是陸軍部次官阿南惟幾中將。

1941年4月17日，阿南惟幾抵漢口上任後，很快就感到第九戰區的巨大威脅，即命參謀就「軍的次期作戰，尤其對第九戰區長沙方面的作戰」問題進行研究，又準備對長沙發動新的進攻了。

日軍的部署

從1940年下半年開始，日本與英、美關係惡化。因此，英、美加快了援華步伐。10月和12月，英國和美國相繼批准了對華巨額貸款。1941年3月，美國國會通過決議，決定向反法西斯國家提供作戰物資的

《租借法案》也適用於中國；同時中、英簽訂了軍事協定。這些都促使日本國內南侵、以奪取西方列強東南亞殖民地的「南進論」甚囂塵上。隨著6月22日蘇、德戰爭爆發，日本國內向北入侵蘇聯的論調雖一度抬頭，但「南進論」很快重新佔了上風。

8月9日，日本陸軍統帥部放棄了進攻蘇聯的計劃，準備對英、美作戰，但為保持中國戰場的穩定，仍繼續進行對華既定作戰方針。17日，參謀本部通知中國派遣軍，第11軍仍然進行夏、秋作戰。19日，中國派遣軍通知第11軍同意實施長沙作戰。而此時，第11軍已為此準備多時了。

7月中旬，第11軍在漢口組織參謀人員對長沙作戰進行了兵棋推演。而後，又通過多次實地偵察，對兵棋推演結果進行了反覆探討。到9月上旬，第11軍正式提出了攻佔長沙的「加號作戰計劃」，其要旨如下：

一、作戰目的：為摧毀抗戰企圖，予第九戰區重慶軍一次沉重打擊。

二、作戰方針：日軍於9月18日展開攻勢，擊潰新牆河、汩羅江間之重慶軍，同時做好由長樂附近向汩羅江下游一線進擊的準備。然後，攻擊汩羅江左岸地區之敵第4、第99軍，並沿新市-栗橋道路突破，以主力將重慶軍圍殲於該道路以西至湘江地區，力爭以一部（第6、第40師團）擊潰蒲塘方面山地內之敵。

開始攻擊汩羅江左岸地區的時間，預定為9月23日左右，至9月底以前完成作戰目的。

在日軍的集中末期，以部分兵力協同海軍支援部隊向常德佯動。南潯沿線警備兵力

適時發動攻擊，以牽制第九戰區部隊……

9月10日，阿南惟幾根據作戰計劃，下達命令：

一、決定於9月18日開始攻勢，擊潰新牆河岸地區之敵，由長樂附近進佔汩羅江下游一線，準備下一步攻勢。

二、第4師團（配屬坦克第13聯隊、野戰重砲兵第14聯隊、獨立山砲兵第52大隊、迫擊砲第1大隊、無線電報約1個小隊、中國派遣軍化學戰教育隊等）應在9月17日前，以一部部隊進至新牆河及沙港河右岸一線，18日晨突破該河左岸重慶軍陣地。其後，以主力進佔粵漢線方面，協助早淵支隊在該方面進行掃蕩後，迅速進佔汩羅江一線。

三、早淵支隊（由第26旅團長早淵四郎指揮的第13師團所屬步兵4個大隊、山砲1個大隊為基幹組成）繼第4師團前進，在攻勢開始時，應經由新牆南方向鹿角方向前進，掃清新牆河左岸之重慶軍，其後迅速向汩羅江一線前進。

四、第3師團（配屬獨立山砲兵第3聯隊、山砲兵第36聯隊第3大隊、山砲兵第52聯隊的1個中隊、無線電報約1個小隊等）9月17日前應與第4師團聯繫，以一部兵力進至沙港河右岸一線後，18日凌晨開始攻擊該河左岸之重慶軍，20日左右進佔蘭市河附近汩羅江一線，準備好以後的攻勢，特別是渡河的準備。

五、第6師團（配屬獨立山砲兵第2聯隊、野砲兵第34聯隊第3大隊、野砲兵第39聯隊第8中隊、迫擊砲第3大隊、無線電報約1小隊等）9月17日前應以一部兵力進至沙港河右岸後，18日晨突破沙港左岸重慶軍陣

1941年各戰區的編成

第一戰區

司令長官衛立煌（1939年1月9日任命），副司令長官馮欽哉（1939年10月21日任命），參謀長郭寄嶠，下轄第3、第4、第36集團軍，第9軍。至1941年底所轄部隊有第4、第5、第14、第36集團，第9、第14、第17、第27、第47軍，另有統帥部控制的砲兵1個團又6個營、工兵4個營等。

第二戰區

司令長官閻錫山，副司令長官衛立煌（以第一戰區司令長官兼）、朱德（1939年3月12日任命）、楊愛源（1939年3月13日任命），參謀長楚溪春，下轄第5、第6、第7、第8、第13、第14、第18集團軍。至1941年底所轄部隊有第6、第7、第8、第13、第18集團軍等部，另有機動砲兵5個團、工兵2個團、獨立騎兵1個團。

第三戰區

司令長官顧祝同，副司令長唐式遵、劉建緒（1940年7月30日任命），參謀長鄒文華、黃百韜（由冀察戰區參謀長職調任），下轄第10、第23、第25、第32集團軍，第49、第70軍。至1941年底所轄部隊有第10、第23、第25、第32集團軍，第86、第100軍，另有統帥部控制的砲兵1個團又2個營、工兵1個團又1個營等部隊。

第四戰區

司令長官張發奎（1939年11月4日任命），參謀長吳石，下轄第16集團軍、粵桂邊區總司令部。至1941年底所轄部隊有第16集團軍、高雷沿海守備區、廉欽沿海守備區，另有統帥部控制的工兵1個團又1個營等部隊。

第五戰區

司令長官李宗仁，副司令長官李品仙、孫連仲，參謀長王鴻韶，下轄第2、第15、第22、第29、第31、第33集團軍，豫鄂邊區游擊總指揮部，第30、第39軍等。至1941年底所轄部隊有第2、第21、第22、第33集團軍，另有統帥部控制的砲兵3個團又3.5個營、工兵1個團又2個營、通信兵1個營等部隊。

第六戰區

司令長官陳誠（1939年10月2日任命），副司令長官吳奇偉（1940年7月13日任命）、黃琪翔（1941年6月13日任命），參謀長郭懺，下轄第20、第26集團軍，長江上游江防司令部，湘鄂川黔邊區總司令部等。至1941年底所轄部隊有第20、第26、第29集團軍，長江上游江防軍，鄂湘川黔邊區清鄉司令部，另有統帥部控制的砲兵1個團又3個營、工兵2個團又4個營等部隊。

第七戰區

司令長官余漢謀（1940年8月7日任命），副司令長官蔣光鼐（1940年9月20日任命），參謀長王俊（1941年初由第12集團軍副總司令職調任），下轄第12、第35集團軍，閩粵贛邊區總司令部等（該戰區於1940年8月成立，原屬第四戰區廣東作戰區管轄的部隊均改隸該戰區指揮，負責廣東方向的作戰）。至1941年底除轄上述部隊外，還轄有暫編第2軍、瓊崖守備區、粵桂江防區，另有統帥部控制的砲兵1個團、工兵3個營等部隊。

第八戰區

司令長官朱紹良（1939年1月14日任命），副司令長官傅作義（1939年1月14日任命）、馬鴻逵（1939年2月28日任命），參謀長章亮琛，下轄第17、第34集團軍，晉陝綏邊區總司令部，第35、第81、第82軍，暫編第3、第4軍，騎兵第5軍等部隊。該戰區分為二個指揮系統：戰區長官部（朱紹良指揮）和綏西副長官部（傅作義指揮）。由綏西副長官部指揮的部隊有第35、第81軍，暫編第3、第4軍，騎兵第5軍和地方部隊之綏遠游擊軍（軍長馬秉仁，下轄4個旅）、五臨警備旅（旅長徐子珍）；其餘部隊由戰區長官部指揮。

第九戰區

司令長官薛岳（1939年10月2日任命），副司令長官王陵基（1939年10月2日任命）、羅卓英（1940年2月21日任命）、楊森（1940年4月29日由第六戰區副司令長官改任），參謀長吳逸志，下轄第19、第27、第30集團軍，第37、第99軍，湘鄂贛邊區挺進軍總指揮部。至1941年底所轄部隊有第19、第27、第30集團軍，第10、第26、第37、第79、第99軍，另有統帥部控制的砲兵1個團及2個團部共6個營、工兵1個團又4個營等部隊。

第十戰區

該戰區於1940年5月15日撤銷，戰區部隊和防地分別改隸第一、第八戰區。

昆明行營

主任龍雲，參謀長劉耀揚，下轄第1、第9集團軍，第6、第7旅。至1941年底所轄部隊有第1、第9、第11集團軍，新編第29師、第6、第7旅，另有統帥部控制的砲兵2個團又1個營、工兵1個團又1個營等部隊。

地，20日進佔長樂、汨羅江一線，準備好以後的攻勢，特別是渡河的準備。

六、第40師團（配屬獨立山砲兵第51大隊等）9月17日前，應以一部進至沙港河右岸一線後，18日晨突破楊林街西北高地重慶軍陣地，其後迅速向平江前進。

此時，控制荒木支隊（以第33師團步兵團長荒木正二少將指揮的步兵3個大隊、山砲1個大隊為基幹組成）作為第二線部隊，並在岳陽地區設特別警備區。

根據以上命令，日軍各部向指定地域集結，準備進攻。到9月中旬，日軍已集結完畢。14日，阿南惟幾在岳陽設立戰鬥指揮所。15日，他剛到這裏就召集各兵團參謀長及作戰主任參謀開會，對作戰指導方案進行了說明，以貫徹作戰意圖，同時商討實施細則。做完這一切後，阿南如釋重負，作戰計劃是如此周密，參戰部隊陣容又是如此強大，他已經是穩操勝券了。

第九戰區的大意

就在日軍加緊進行進攻長沙的各項準備時，第九戰區卻異常大意。8月中下旬，薛岳不斷接到前線部隊的戰報，得知湘北日軍在增加，贛北日軍在減少，但他看過後把這些報告扔在了一邊，根本沒當回事。他當然有自己的理由。

第一次長沙會戰後，薛岳對日軍進攻長沙就一直沒有放鬆過警惕。即便在當年3月的上高會戰中，他怕日軍乘虛再攻長沙，而一直不敢調位於長沙附近的戰區預備隊第4軍赴贛北增援。後來，他在確認日軍對湘北沒有企圖後，才命令第4軍趕赴上高，但到達戰場時戰役業已結束。同樣出於這方面考慮，第九戰區還針對日軍再度侵擾長沙進行了多次模擬演習。這些演習都是以第一次長沙會戰為藍本，基於日軍由湘北、贛北、鄂南三個方向上發動進攻的設想。根據兵棋推演的結果，薛岳認為第九戰區完全有能力擊退日軍的進犯。這不僅因為在兵力對比上，第九戰區佔據著優勢，還因為從上次日軍進攻長沙到現在，湘北地區的防禦體系已趨完善，第九戰區的部隊戰鬥力已有所提高。因此，薛岳對抵禦日軍的進攻已成竹在胸。3月，第九戰區依據薛岳的意見，制訂了《第九戰區反擊作戰計劃》，確定的作戰方針是：「在贛北、鄂南方面，對非主攻之敵，力求夾擊於崇仁、新淦（江西中部）以北，宜春、萬載、銅鼓、修水以東地區，及修水、長壽街、梅仙以北地區，予以各個擊破；在湘北方向，則誘敵主力於汨羅江以南金井、福臨鋪、三姐橋以北地區，反擊而殲滅之。」此後，第九戰區又組織了多次參謀視察、幹部演習、陣地攻防演練等工作，為這一計劃的實施進行了充分的準備。

另外，當年2月，第四戰區第3游擊區的部隊在珠海黃楊山擊落日軍南太平洋艦隊司令官大角岑生大將的座機，並繳獲了大量機密文件。通過這些文件，國府證實日軍已經著手準備「南進」。據此，薛岳判斷，日軍勢必從中國抽調大量兵力開赴南洋，而作為日軍精銳兵團的第11軍所屬部隊理所當然地首當其衝，兵力勢必大幅減少。薛岳不相信阿南惟幾會動用那麼大的兵力進攻第九戰區預先構築的堅固防禦體系。

基於以上原因，薛岳始終認為日軍最近在前線的調動僅是換防或轉用兵力，因而沒有採取積極的措施應對日軍可能發起的大規模進攻，使得第九戰區部隊在這次長沙會戰中處處被動，遭受重創。

初戰大雲山

大雲山橫亙湘鄂邊界，縱橫數十里，林木茂密，地形險要，又毗鄰通城、岳陽，是適宜開展游擊戰的天然根據地。武漢失守以來，中國軍隊各軍攻擊隊及各挺進軍常經此地出擊粵漢鐵路，打得日軍寢食難安。因此，日軍視之為眼中釘、肉中刺，必欲除之而後快。而從8月下旬起，正當日軍緊鑼密鼓地準備進攻長沙之時，中國軍隊之挺進第7、第8縱隊、第20軍攻擊隊等部先後經由此地，大舉出擊岳陽、通山、臨湘等地，破壞道路，嚴重妨礙了日軍的調動和集結。阿南惟幾得知這一情況後，坐臥不寧。他知道，大本營為準備東南亞作戰，急於從第11軍調兵。根據大本營的規定，此次作戰，日軍參戰的地面部隊只能使用到10月上旬，而航空兵部隊也可能在10月中旬他調，因此，任何延誤都可能使這次作戰難產。此外，日軍主力南下進攻長沙後，駐守大雲山的中國軍隊乘虛出擊，打擊日軍的補給線，這也非常棘手。經過這番分析，阿南惟幾認為，在正式作戰開始之前，必須剷除中國軍隊在大雲山的根據地，故而下令第6師團必須於軍

■ 日軍指揮官在地圖前策劃新的進攻。

第二次長沙會戰國軍作戰序列（1941.9～10月）

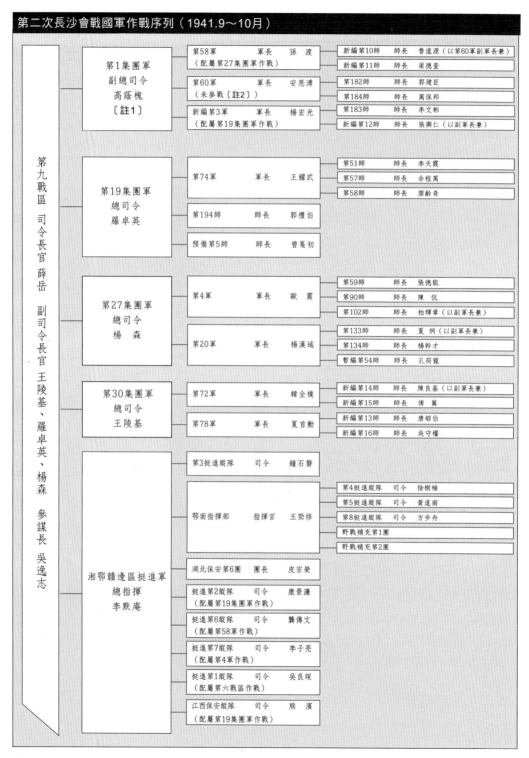

第九戰區 司令長官 薛岳 副司令長官 王陵基、羅卓英、楊森 參謀長 吳逸志

- 第1集團軍 副總司令 高蔭槐〔註1〕
  - 第58軍 軍長 孫渡（配屬第27集團軍作戰）
    - 新編第10師 師長 魯道源（以第60軍副軍長兼）
    - 新編第11師 師長 梁德奎
  - 第60軍 軍長 安恩溥（未參戰〔註2〕）
    - 第182師 師長 郭建臣
    - 第184師 師長 萬保邦
  - 新編第3軍 軍長 楊宏光（配屬第19集團軍作戰）
    - 第183師 師長 李文彬
    - 新編第12師 師長 張興仁（以副軍長兼）

- 第19集團軍 總司令 羅卓英
  - 第74軍 軍長 王耀武
    - 第51師 師長 李天霞
    - 第57師 師長 余程萬
    - 第58師 師長 廖齡奇
  - 第194師 師長 郭禮伯
  - 預備第5師 師長 曾戛初

- 第27集團軍 總司令 楊森
  - 第4軍 軍長 歐震
    - 第59師 師長 張德能
    - 第90師 師長 陳侃
    - 第102師 師長 柏輝章（以副軍長兼）
  - 第20軍 軍長 楊漢域
    - 第133師 師長 夏炯（以副軍長兼）
    - 第134師 師長 楊幹才
    - 暫編第54師 師長 孔荷寵

- 第30集團軍 總司令 王陵基
  - 第72軍 軍長 韓全樸
    - 新編第14師 師長 陳良基（以副軍長兼）
    - 新編第15師 師長 傅翼
  - 第78軍 軍長 夏首勳
    - 新編第13師 師長 唐邲伯
    - 新編第16師 師長 吳守權

- 湘鄂贛邊區挺進軍 總指揮 李默庵
  - 第3挺進縱隊 司令 鍾石磐
  - 鄂南指揮部 指揮官 王勁修
    - 第4挺進縱隊 司令 徐樹楠
    - 第5挺進縱隊 司令 黃道南
    - 第8挺進縱隊 司令 方步舟
    - 野戰補充第1團
    - 野戰補充第2團
  - 湖北保安第6團 團長 皮宗榮
  - 挺進第2縱隊 司令 康景濂（配屬第19集團軍作戰）
  - 挺進第6縱隊 司令 龔傳文（配屬第58軍作戰）
  - 挺進第7縱隊 司令 李子亮（配屬第4軍作戰）
  - 挺進第1縱隊 司令 吳良琛（配屬第六戰區作戰）
  - 江西保安縱隊 司令 熊濱（配屬第19集團軍作戰）

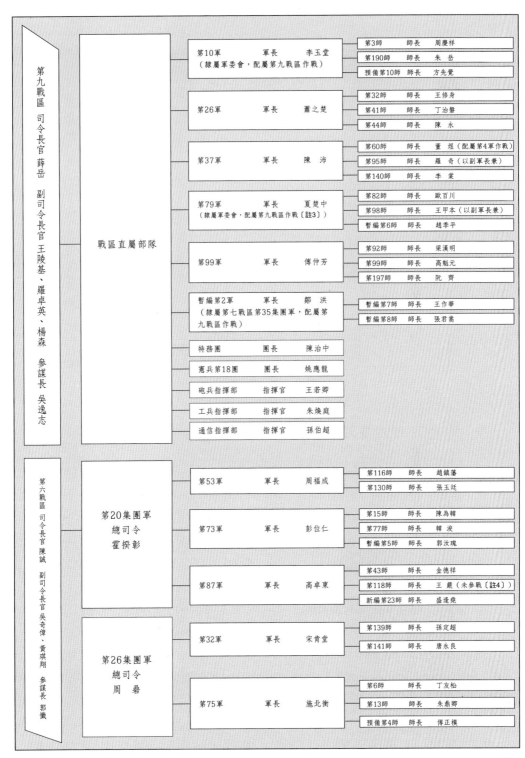

第九戰區 司令長官 薛岳 副司令長官 王陵基、羅卓英、楊森 參謀長 吳逸志

戰區直屬部隊

第10軍 軍長 李玉堂 (隸屬軍委會，配屬第九戰區作戰)	第3師 師長 周慶祥
	第190師 師長 朱岳
	預備第10師 師長 方先覺

第26軍 軍長 蕭之楚	第32師 師長 王修身
	第41師 師長 丁治磐
	第44師 師長 陳永

第37軍 軍長 陳沛	第60師 師長 董煜 (配屬第4軍作戰)
	第95師 師長 羅奇 (以副軍長兼)
	第140師 師長 李棠

第79軍 軍長 夏楚中 (隸屬軍委會，配屬第九戰區作戰〔註3〕)	第82師 師長 歐百川
	第98師 師長 王甲本 (以副軍長兼)
	暫編第6師 師長 趙季平

第99軍 軍長 傅仲芳	第92師 師長 梁漢明
	第99師 師長 高魁元
	第197師 師長 阮齊

| 暫編第2軍 軍長 鄒洪 (隸屬第七戰區第35集團軍，配屬第九戰區作戰) | 暫編第7師 師長 王作華 |
| | 暫編第8師 師長 張君嵩 |

| 特務團 團長 陳治中 |
| 憲兵第18團 團長 姚應龍 |
| 砲兵指揮部 指揮官 王若卿 |
| 工兵指揮部 指揮官 朱煥庭 |
| 通信指揮部 指揮官 孫伯超 |

第六戰區 司令長官 陳誠 副司令長官 吳奇偉、黃琪翔 參謀長 郭懺

第20集團軍 總司令 霍揆彰

| 第53軍 軍長 周福成 | 第116師 師長 趙鎮藩 |
| | 第130師 師長 張玉廷 |

第73軍 軍長 彭位仁	第15師 師長 陳為韓
	第77師 師長 韓浚
	暫編第5師 師長 郭汝瑰

第87軍 軍長 高卓東	第43師 師長 金德祥
	第118師 師長 王嚴 (未參戰〔註4〕)
	新編第23師 師長 盛逢堯

第26集團軍 總司令 周嵒

| 第32軍 軍長 宋肯堂 | 第139師 師長 孫定超 |
| | 第141師 師長 唐永良 |

第75軍 軍長 施北衡	第6師 師長 丁友松
	第13師 師長 朱鼎卿
	預備第4師 師長 傅正模

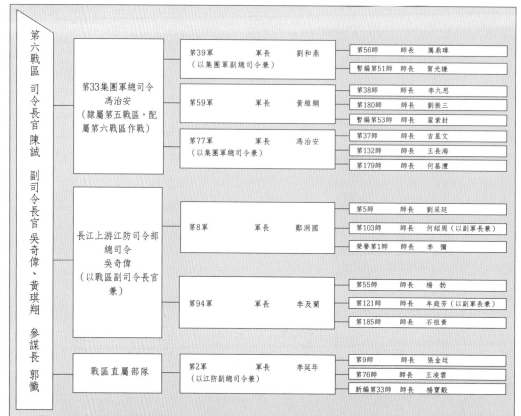

第六戰區 司令長官 陳誠　副司令長官 吳奇偉、黃琪翔　參謀長 郭懺

第33集團軍總司令 馮治安（隸屬第五戰區，配屬第六戰區作戰）
- 第39軍　軍長　劉和鼎（以集團軍副總司令兼）
  - 第56師　師長　厲鼎璋
  - 暫編第51師　師長　賀光謙
- 第59軍　軍長　黃維綱
  - 第38師　師長　李九思
  - 第180師　師長　劉振三
  - 暫編第53師　師長　翟紫封
- 第77軍　軍長　馮治安（以集團軍總司令兼）
  - 第37師　師長　吉星文
  - 第132師　師長　王長海
  - 第179師　師長　何基灃

長江上游江防司令部 總司令 吳奇偉（以戰區副司令長官兼）
- 第8軍　軍長　鄭洞國
  - 第5師　師長　劉采廷
  - 第103師　師長　何紹周（以副軍長兼）
  - 榮譽第1師　師長　李彌
- 第94軍　軍長　李及蘭
  - 第55師　師長　楊勃
  - 第121師　師長　牟庭芳（以副軍長兼）
  - 第185師　師長　石祖黃

戰區直屬部隊
- 第2軍　軍長　李延年（以江防副總司令兼）
  - 第9師　師長　張金廷
  - 第76師　師長　王凌雲
  - 新編第33師　師長　楊寶穀

註1：1941年時第1集團軍分成兩部分：由副總司令高蔭槐組建的副司令部指揮第58軍、第60軍和新編第3軍，隸屬第九戰區；其餘部隊由昆明行營指揮，駐防雲南。

註2：1940年8月，日軍侵佔越南，龍雲請調第60軍回防雲南，致使這支率先代表雲南出征的部隊從此離開了抗日戰場。

註3：第79軍隸屬軍委會，原配屬第六戰區作戰，第二次長沙會戰時調配第九戰區作戰。

註4：第118師配屬鄂湘川黔邊區清鄉司令部（司令郭思演）指揮，未參加會戰。

主力進攻開始之前佔領大雲山。

　　第6師團長神田正種中將接到命令後，當即命配屬的步兵第115聯隊（原隸第51師團）第1大隊，掃蕩岳陽對岸的聶家河、尺八口附近，驅逐當地中國的游擊隊，暫時解除了中國軍隊對岳陽的直接威脅。繼之，第6師團主力（配屬江藤支隊及獨立山砲兵第2聯隊）向大雲山開進。預定在9月5日開始攻擊。

　　到了9月5日，日軍第6師團各部在忠防、桃林、西塘集結完畢，並完成了攻擊準備。但因天氣惡劣，被迫推遲進攻時間。7日，日軍第6師團在飛機支援下，向南山、雁嶺、雞婆嶺、草鞋嶺的中國守軍發起進攻。第二次長沙會戰的序幕正式拉開。

　　就在日軍開始進攻的前一天，薛岳就得到有小股日軍向南山、雞婆嶺陣地騷擾的報告，即通知第4軍軍長歐震準備迎敵，同時命令第58軍預佔外圍，向敵側擊。歐震奉令後，立即命第102師及第4軍所屬之第4攻

第二次長沙會戰日軍作戰序列

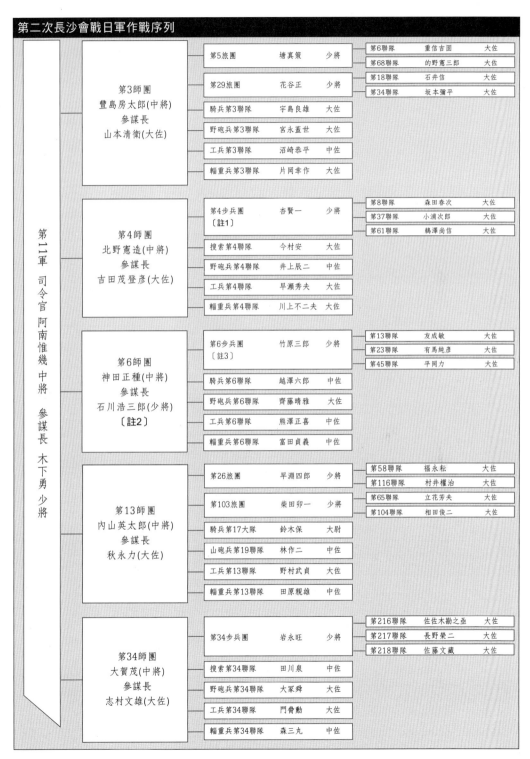

第11軍 司令官 阿南惟幾 中將 參謀長 木下勇 少將

第3師團 豐島房太郎(中將) 參謀長 山本清衛(大佐)

第5旅團	塘真策	少將
騎兵第3聯隊	宇島良雄	大佐
野砲兵第3聯隊	宮永蓋世	大佐
工兵第3聯隊	沼崎恭平	中佐
輜重兵第3聯隊	片岡幸作	大佐

第6聯隊	重信吉固	大佐
第68聯隊	的野憲三郎	大佐
第18聯隊	石井信	大佐
第34聯隊	坂本彌平	大佐

第29旅團 花谷正 少將

第4師團 北野憲造(中將) 參謀長 吉田茂登彥(大佐)

第4步兵團 〔註1〕	杏賢一	少將
搜索第4聯隊	今村安	大佐
野砲兵第4聯隊	井上辰二	中佐
工兵第4聯隊	早瀨秀夫	大佐
輜重兵第4聯隊	川上不二夫	大佐

第8聯隊	森田春次	大佐
第37聯隊	小浦次郎	大佐
第61聯隊	鵜澤尚信	大佐

第6師團 神田正種(中將) 參謀長 石川浩三郎(少將) 〔註2〕

第6步兵團 〔註3〕	竹原三郎	少將
騎兵第6聯隊	越澤六郎	中佐
野砲兵第6聯隊	齊藤晴雅	大佐
工兵第6聯隊	熊澤正喜	中佐
輜重兵第6聯隊	富田貞義	中佐

第13聯隊	友成敏	大佐
第23聯隊	有馬純彥	大佐
第45聯隊	平岡力	大佐

第13師團 內山英太郎(中將) 參謀長 秋永力(大佐)

第26旅團	早淵四郎	少將
第103旅團	柴田卯一	少將
騎兵第17大隊	鈴木保	大尉
山砲兵第19聯隊	林作二	中佐
工兵第13聯隊	野村武貞	大佐
輜重兵第13聯隊	田原親雄	中佐

第58聯隊	福永耘	大佐
第116聯隊	村井權治	大佐
第65聯隊	立花芳夫	大佐
第104聯隊	相田俊二	大佐

第34師團 大賀茂(中將) 參謀長 志村文雄(大佐)

第34步兵團	岩永旺	少將
搜索第34聯隊	田川泉	中佐
野砲兵第34聯隊	大冢舜	大佐
工兵第34聯隊	門脅勳	大佐
輜重兵第34聯隊	森三丸	中佐

第216聯隊	佐佐木勘之丞	大佐
第217聯隊	長野榮二	大佐
第218聯隊	佐藤文藏	大佐

突擊 叢書

第39師團 澄田賚四郎(中將) 參謀長 山崎正男(大佐)	第39步兵團	雨角業作	少將

	第231聯隊	尾浦銀次郎	大佐
	第232聯隊	堀靜一	大佐
	第233聯隊	吉川資	大佐

搜索第39聯隊	早川一郎	中佐
野砲兵第39聯隊	岩田英二	大佐
工兵第39聯隊	金原定一郎	中佐
輜重兵第39聯隊	田中舜二	中佐

第40師團 青木成一(中將) 參謀長 久保滿雄(大佐)	第40步兵團	石本貞直	少將

	第234聯隊	重松潔	大佐
	第235聯隊	仁科馨	大佐
	第236聯隊	龜川良夫	大佐

師團騎兵隊	佐伯靜夫	中佐
山砲兵第40聯隊	白石久康	大佐
工兵第40聯隊	鴨澤恒二郎	中佐
輜重兵第40聯隊	森川啟宇	中佐

軍直轄部隊：

戰車第13聯隊	江口藤作	中佐
獨立裝甲車第9中隊	鳥巢憲俊	大尉
獨立山砲兵第2聯隊	森戶隆三	大佐
獨立山砲兵第3聯隊	高森孝平	大佐
獨立山砲兵第51大隊	佐藤富太郎	少佐
獨立山砲兵第52大隊	中村秦三	少佐
野戰重砲兵第14聯隊	佐藤武明	大佐
獨立野戰重砲兵第15聯隊	東貞六	中佐
高射砲第22聯隊	齊藤壽惠雄	中佐
迫擊砲第1大隊	松浦覺	少佐
迫擊砲第3大隊	鬼塚義淳	中佐
第51野戰道路隊	濱田孚	中佐
第52野戰道路隊	片岡憲一	中佐
電信第13聯隊	齊藤勇	大佐
步兵第6、第7、第8、第12、第14師團的架橋材料中隊		
近衛師團，步兵第1、第16師團的第1渡河材料中隊		

工兵部隊	加藤憍三	少將

	獨立工兵第1聯隊	織田義重	中佐
	獨立工兵第2聯隊	小阪志郎	中佐
	獨立工兵第3聯隊	半田伊之助	中佐
	獨立工兵第8聯隊	千葉重太郎	中佐

第11軍 司令官 阿南惟幾 中將 參謀長 木下勇 少將

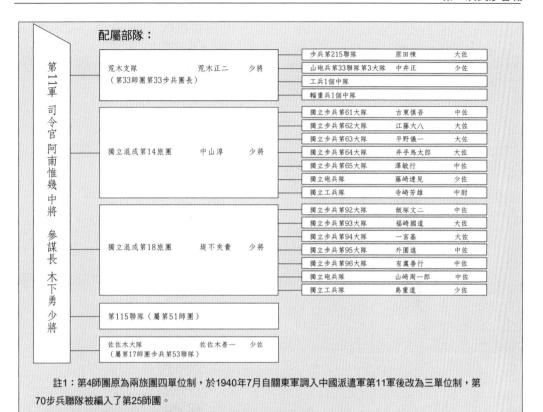

註1：第4師團原為兩旅團四單位制，於1940年7月自關東軍調入中國派遣軍第11軍後改為三單位制，第70步兵聯隊被編入了第25師團。

註2：第6師團參謀長1941年10月15日由山之內一郎大佐接任。

註3：第6師團原為兩旅團四單位制，1940年第47步兵聯隊被編入新設的第48師團後改為三單位制。

擊隊以死守活打方式與敵周旋。

　　7日拂曉，日軍以十餘架飛機對第102師前沿陣地進行了瘋狂的轟炸和掃射。接著，大量砲彈傾瀉在陣地上。陣地周圍的土壤全都被炸鬆了。在一陣猛烈的砲火準備過後，日軍以第13、45、23聯隊分兩路向大雲山包圍過來。一路由忠防經南山、詹家橋直指南衝（今毛田鎮）、孟城；一路由桃林、西塘向雞婆嶺、草鞋嶺進犯。我第102師在師長柏輝章指揮下，憑藉既設陣地，節節抵抗，遲滯日軍的進攻。到中午時分，日軍攻佔孟城、草鞋嶺，向南衝、長安橋、甘田突進。下午2時左右，第102師宋家坳陣地被敵突破，白羊田、八百市、甘田相繼淪入敵手。第102師及第59師一部在長安橋、甘田、南衝一帶與敵激戰。同時，第4攻擊隊亦奉命由東南沙團、彭家嶺一帶向詹家橋、雁嶺之敵截擊。戰鬥甚烈。此時，第58軍所屬新10師第30團和新11師第31團趕到，加入戰鬥，當即將長安橋之敵驅逐，並向冷水坑、茅田之敵攻擊，戰局出現轉機。但很快兵力佔優的日軍又重新奪回了主動權。8日晨，日軍數千人分由白羊田、八百市、南衝合擊大雲山的制高點960高地。兵力僅為一個加強營的第4攻擊隊雖然傷亡嚴重，但仍頑強堅守著這個被日

軍的砲火炸得體無完膚的陣地。當天傍晚，歐震鑒於日軍對960高地的合圍將成，即命令第4攻擊隊放棄陣地，由北港方向轉移。此後，大雲山大部落入日軍手中。

9日，大雲山南側包抄之日軍一部越過新牆河。經我第4軍一部竭力抵抗，終被逐回新牆河北岸。此時的鄂南、新牆河方向的戰局由已升任第九戰區副司令長官兼第27集團軍總司令的楊森主持。他和薛岳都認為日軍第6師團此次行動的主要目的只是掃蕩大雲山，另外不會有大的企圖，因而都把注意力放在了如何恢復大雲山陣地上了。楊森看到第4軍已血戰3天，付出了相當損失，沒有部隊增援難以完成反攻任務，遂請求薛岳，將鄰近的第37軍第60師劃歸他指揮。但根據對薛岳的瞭解，楊森知道他的請求很快會得到批准。為了不延誤戰局，當晚他不等薛岳的答覆，即作出反擊部署：第4軍竭力轉移外線攻擊；第58軍以新10師向珠港（今相思鄉）推進；新11師進到黃岸市，準備協同第20軍第133師自東向西截擊、側擊頑敵。10日凌晨，各軍開始攻擊。經數小時激戰，中國軍隊取得相當進展：新11師收復茅田、冷水坑，殘敵向北潰去；第102師也攻達甘田、石塘坳一帶，敵退守五龍橋、白羊田附近。捷報很快傳到了長沙，薛岳看到日軍連攻幾天都沒有取得多大進展，而且一遭到反攻就向後潰退，更加相信這次日軍的進攻是小規模掃蕩。結合前段時間發生的上高會戰及九嶺、通城、奉新等戰役的經驗，他認為，日軍的進攻即將結束，遂決心抓住戰機，再打一個「上高大捷」。於是，他接通了楊森的電話，命令道：「著第37軍之第60

師，即歸第4軍軍長歐震指揮，即以新10師、第59師、第60師聚殲該敵，限立即行動，於明日拂曉會攻。」

命令發出後，各部均奮力攻擊，試圖搶在總攻發起之前包圍甘田以南之日軍。10日中午，第60軍副軍長兼新10師（隸屬第58軍）師長魯道源指揮新10師及新11師第31團擊退日軍的頑抗，將紅旗插上了960高地，重新控制了大雲山制高點，隨後又乘勝追擊，一舉收復石塘衝、石壁橋，將守敵壓迫到石廟一線。而茅衝、和尚莊、鄧家橋一線日軍也遭到第59師和第102師之襲擊，損失嚴重。入晚後，第20、58軍所屬攻擊隊會同挺進第6縱隊之第8、第9、第10支隊分向大沙坪、羊樓洞、趙李橋、石城灣各地之敵夜襲，以牽制該方向之敵，掩護主力之攻擊。11日拂曉，新10、第59、第102、第60師合力攻擊甘田附近殘敵。戰鬥進展順利，天亮不久新10師第30團就攻佔了甘田。日軍第6師團步兵第13聯隊（聯隊長友成敏大佐）主力退卻不及，被圍困在甘田以南地區。得到這些令人振奮的消息，薛岳對戰局進一步樂觀起來，馬上向蔣介石報告：「湘北方面，如無敵軍繼續增加，敵第6師團一度進犯，經我痛擊後，有他調可能，故職督令歐、孫兩軍在新牆河北方猛烈圍攻，以粉碎敵南進或轉用企圖。」但是，薛岳很快發現他遠遠低估了進攻之敵的實力。

日軍第6師團10日的失利實際上是其所屬部分部隊與第40師團換防他調所致，而非真正實力不支。日軍自從佔領大雲山大部地區之後，由於山陡林密，部分部隊與師團部的聯絡中斷，神田正種在沒有完全掌握前

線戰局的情況下，先入為主地認為中國軍隊已受到沉重打擊，掃蕩大雲山的任務已完成，就按原定計劃，把現有防務交與剛在桃林附近集結完畢的第40師團後，向草鞋嶺周圍集結。為炫耀自己的功勞，神田在換防過程中曾向第40師團長青木成一中將吹噓：「第6師團已掃清大雲山之敵。」青木成一對他的這位陸軍士官學校第23期同學的話深信不疑，遂於11日命令所屬第234聯隊（欠第2大隊）、第235聯隊第3大隊（缺一個中隊）和一個山砲兵大隊組成重松支隊，由第234聯隊長重松潔大佐率領，向沙港河畔進發，以掩護師團主力做好攻擊準備。臨行時，青木告訴重松潔：「沙港河以北不會出現大量敵軍。」可是他萬萬沒想到，他對老同學的輕信卻讓重松支隊在接下來的戰鬥中吃盡了苦頭。

當天，重松支隊按照師團指示的「不會出現大量敵軍」的路線，沿沙港河向北進入了甘田北側地區。而這時，新10師已克復了大雲山。中國軍隊正猛攻八百市、南衝、茅田、茅衝等地。日軍友成聯隊困獸猶鬥，並不時發起反擊，戰鬥陷於僵持。當天下午，新10師第28、29團正猛攻甘田以北的八百市，其警戒部隊在沙港河方向發現敵大批援軍。正在前線指揮的新10師師長魯道源接到報告後，馬上命令新10師攻擊任務不變，同時仍應加派兵力側擊援敵。於是，雙方在甘田以北地區形成激戰。將近日落，新10師攻入八百市。守敵退據西北地區，一面拼死頑抗，一面試圖與重松支隊取得聯繫。晚10時，重松支隊終於突破新10師一部的防禦，向新10師側後包抄。魯道源急令部隊撤出戰鬥，向港口附近轉移。

到當晚，友成敏看到自己的部隊受到中國軍隊的連日圍攻，主力被壓縮在團山坡及港口附近的狹小區域，損失嚴重，已到四面楚歌的境地，再無援兵，可就要全軍覆沒了，遂接連向師團部去電求救。神田正種接到這些電報後，才知道他大大低估了他的對手。前一天他還對青木成一吹噓自己的戰果是如何的大，可是現在得到的情況實在讓他顏面盡失。不過，軍情緊急，也顧不得那麼多了，他馬上向阿南惟幾去電，稱：「擔任掩護青木兵團集中的友成部隊，自11日晨以來，在團山坡附近與從北方退卻之敵及從南方渡河來攻之敵交戰中。敵軍抵抗相當頑強」，並請求第40師團給予援助。由於線路問題，這份十萬火急的電報從午夜發出，到第二天早上才傳到第11軍司令部。阿南惟幾看過立即將這一情況通報給了第40師團。青木成一得知友成聯隊的危局後，急令重松支隊火速向港口推進，師團主力隨後跟進。

12日，重松支隊主力拼命向前攻擊。第58軍軍長孫渡親赴黃岸市，指揮新10師由東對其進行側擊，迫使其主力與預備隊步兵第235聯隊第2大隊（大隊長後藤壽文少佐）分離。當晚，重松支隊進抵港口附近，與友成聯隊取得了聯繫。可是，後藤大隊卻被抑於馬嘶墈一帶陷於苦戰。是夜，新10、第59師又對困守港口一帶的日軍發動了更為猛烈的反擊。友成敏連連向重松潔告急。重松潔當即命令支隊主力進佔團山坡，以為支援。但當其尖兵進入團山坡一帶時，突遭中國軍隊襲擊，大量迫擊砲彈和手榴彈傾瀉在日軍隊列中，日軍損失慘重，被迫於13日夜

間退至軸山嶺構築防禦陣地。

13日,第40師團主力到達戰場。當日晨,其前鋒步兵第236聯隊(聯隊長龜川良夫大佐)在涉渡白羊田河時突遭新10師伏擊,遭受很大損失,部隊一時陷於混亂。龜川良夫迅速調整部署,以所屬第1、第2大隊並列,向中國軍隊陣地猛撲。就在激戰之時,魯道源發現日軍進攻的兩個大隊之間出現很大的空隙,這簡直是一個難得的機會。他果斷組織部隊從這個空隙插入,直逼龜川聯隊本部,日軍陷入極度混亂。魯道源乘機將新10師預備隊第30團投入戰鬥,殲敵甚重。直到下午,第40師團主力陸續到達並投入戰鬥,戰局才穩定了下來。隨後,雙方在白羊田一帶的狹小地域內形成混戰局面。

當天早晨,在第59師和新10師一部的

■指揮第二次長沙會戰的第九戰區司令長官薛岳在察看地圖,制訂作戰計劃。

打擊下,苦守港口一帶的友成敏實在頂不住了,看到第40師團主力已到達,連招呼都沒給重松潔打一個,就丟棄陣地,向位於草鞋嶺周圍的第6師團集結地逃竄。中國軍隊乘勝追擊,新10師第29團馬營在第59師一部協同下,於上午11時收復港口。由於友成聯隊擅自退走,重松支隊調整不及,側翼完全暴露在中國軍隊面前。楊森立即抓住戰機,命令新10師及第59師各一部速向重松支隊側翼包抄。當晚,在中國軍隊的打擊下,重松支隊陷於混亂,就連重松潔本人也拿起手槍加入了戰鬥。這時,作為重松支隊後衛的後藤大隊也在馬嘶墩遭到新11師和第59師各一部的圍攻,與支隊主力失去了聯繫。迫擊砲彈和山砲彈鋪天蓋地,落在馬嘶墩北側的後藤大隊陣地上。一時間血肉橫飛,日本士兵屍體和被打壞了的武器隨處可見。一陣猛烈砲火過後,中國士兵衝了上來,雙方展開近戰。日軍損失嚴重,一夜之間,其重機槍就被炸壞了兩挺。

13日晚,正在白羊田北側高地督戰的青木成一得知重松支隊處於危急之中,一面將當面戰況報告給第11軍司令部,一面命令師團主力組織夜襲,以解重松支隊之圍。當夜,日軍組織多次夜襲,但均被新10師察覺,受到中國軍

隊強大的火力壓制，損失相當大。14日上午，日軍經過充分準備後，再度發起進攻。這次，他們以強大的砲火開路，在步兵衝鋒前將新10師在胡野溪西側的陣地炸得面目全非。他們衝上陣地時，才發現那裏空無一人。新10師早已主動轉移了。

為了策應集團軍主力在大雲山方面的作戰，第4軍和第37軍各一部向新牆河北岸的第3、第6師團的正面發動了牽制性進攻，對日軍的進攻準備起到了一定的干擾作用，並偵察到日軍在岳陽以南至青山驛地區已集結了數萬重兵。第二天，這個情報就報到了集團軍總部，楊森立即警覺起來。他判斷日軍有可能在湘北發動大規模進攻，連忙致電薛岳匯報了這一情況，並下令：守備新牆河的第4軍嚴加戒備，確實掌握當面敵情；駐通城的第20軍立即向新牆河方向移動，準備加入該線作戰。可是，楊森覺得，在如此有利的情況下，再不加把勁全殲重松支隊，未免

太可惜了，乃令第4軍軍長歐震和第58軍軍長孫渡指揮所部於17日拂曉發起進攻，務求全殲日軍。

而就在楊森調整部署的同時，日軍方面也在調兵遣將。第40師團的苦戰引起了第11軍司令部的不安，他們開始重新審視來自大雲山方面之敵了。但是，軍參謀長木下勇認為，新牆河方面仍是主攻方向，大雲山方面再重要也不能削弱主要方面的力量。基於此種考慮，第11軍司令部於15日晚下達命令，並將預計作為二線部隊的荒木支隊配屬給第40師團，並要求該師團獨力打退中國軍隊的反擊。坐在設於胡野溪西側的師團戰鬥指揮所裏的青木成一得到這個命令後，迅速擬訂出了下一步作戰計劃，並於16日下達了攻擊命令。一場惡鬥迫在眉睫。

16日半夜，荒木支隊搭乘汽車趕到前線，在到達甘田東側時，突然受到新11師襲擊，前進受阻。17日拂曉，中國軍隊各部按計劃發起猛攻。經激戰一天後，新11師第33團攻克鄧家橋，新10師克復胡野溪東端兩高地，第59師攻佔馬嘶塅、軸山嶺。可是太陽落山後，日軍反撲。漏更時分，重松聯隊在師團砲火掩護下夜襲團山坡，經半夜激戰，攻下了該地，並做好了18日的攻擊準備。同時，荒木支隊也以猛烈的砲火開路，向前推進，於18

■ 升任第九戰區副司令長官兼第27集團軍總司令的楊森（前排右四）。

日天亮前推進到馬嘶塅附近，解了後藤大隊之圍。

也就是在當晚，新10師第29團與第30團的結合部（田藍）被敵突破，大批日軍湧進突破口。新10師指揮所內落滿了日軍打過來的子彈。通訊連連長魯新建氣喘噓噓地跑過來找魯道源，請示道：「敵人已經到了總機附近了，可否將總機移向後面？」魯副軍長答道：「情況我明白，你死守總機，移動就殺你的頭。」魯新建見副軍長如此堅定，深受感動，轉過身就去組織通訊連阻擊敵人了。隨後，魯道源又要通了第30團副團長鄧禮的電話，指示道：「鄧四先，田藍右翼高地被敵佔領，你一定要攻克。」電話裏，鄧禮有些猶疑：「副軍長，這……」魯道源急了，大聲說：「攻不下也要攻，就是屍體堆成了山，攻不下也要攻。因為敵人從你這團正面突進的，你應負責。」鄧禮聽到這兒，也不好再說什麼了，掛了電話指揮部隊實施反擊去了。就在此同時，孫渡和歐震也先後命令各部死守陣地，打退敵人的反撲。經一夜激戰，雙方暫時形成了對峙。

就在大雲山激戰正酣時，日軍的全面進攻逐步準備就緒。17日，楊森得到消息：是日，日軍開始向新牆河北岸的中國軍隊警戒陣地發動進攻，其兵力在陸續增加。日軍大舉進攻新牆河的企圖已明。這讓楊森非常著急。他知道，由於第27集團軍主力被牽制在了大雲山地區，新牆河防線空虛。相比之下，還是長沙的前哨陣地新牆河方面重要。因此，楊森不得不下令調整部署：第58軍西移，暫54師接替第133師防務，第20軍集結待命。18日凌晨，日軍全面進攻新牆河防

線，昌水以北之中國軍隊被迫撤離大雲山，趕赴新牆河參戰，大雲山戰鬥結束。

是役，日軍受到了很大損失，其中第40師團的傷亡就佔了該師團在整個會戰中傷亡的一半。阿南惟幾對此大為不滿，他認為第40師團竟對付不了在前階段作戰中已打得精疲力盡的5個中國師，實在有「未以全力捕捉當前來攻之敵」之嫌，遂令作戰主任「加以督促」。

為了配合大雲山方面作戰，第六戰區命令駐監利一帶的第53軍（軍長周福成）以一部再次進入岳陽西北地區活動威脅岳陽。獲知這一情況後，日軍立即出動海軍陸戰隊一部向該地區掃蕩。10日，日軍千餘人在二洲到六洲一帶江岸強行登陸。該地中國守軍奮起反擊，戰至12日晨，日軍見屢攻不克，登上軍艦佯裝撤退，企圖麻痹守軍，伺機再攻。可是中國守軍並未被日軍的佯動所迷惑，仍嚴陣以待。果然，當天下午，又有敵艦20艘滿載日本兵，於新河口一帶強行登陸。第53軍官兵在新河口以西之三雙角與敵展開激戰，到13日晚，日軍傷亡甚重，被迫向城陵磯和岳陽逃竄。就這樣，第53軍在岳陽西北的江北地區站穩了腳跟，不僅有效地策應了第九戰區方面的作戰，還為不久以後參加第六戰區攻勢作戰、進攻岳陽西北地區創造了條件。

大雲山戰鬥是日軍為掩護部隊集中和緩解側翼壓力而進行的一次作戰，也是第二次長沙會戰的序幕。在這次作戰中，第27集團軍以5個師的絕對劣勢兵力先後與日軍兩個師團英勇戰鬥了10天，予敵重大打擊，粉碎了日軍攻佔大雲山以掩護其進攻側翼的企

圖，為後來第27集團軍保衛平江和尾擊進攻長沙之敵打下了良好的基礎。但是，大雲山戰鬥又是一次不成功的戰鬥。由於薛岳和楊森的判斷失誤，第27集團軍主力長期滯留於大雲山附近，不僅沒有完成預期的殲滅進攻之敵的任務，還導致了新牆河正面空虛，並使日軍在湘北地區從容集結，為接下來新牆河防線被輕易突破埋下了禍根。

失守新牆河

9月17日，新牆河北岸的日軍已完成攻擊準備，以三個師團和3個支隊一字排開，進攻意圖已十分明顯。對於一直將大部分精力用於指揮大雲山方向作戰的薛岳來說，這一情況讓他憂心忡忡。當天，有一股日軍渡過油港河深入到第102師的後方，第4軍軍長歐震獲悉後，擔心新牆河方向有失，急令第102師向沙港河南岸轉移，退守杉木橋、潼溪街、四六方一線既設陣地，原守新牆河以西的第90師撤至長湖、王伯祥之線既設陣地。

18日凌晨，日軍對新牆河的總攻開始。阿南惟幾在從楊林街到沙港河下游僅20公里的範圍內，就投入了45個步兵大隊，322門火砲和數十輛裝甲戰車。兩、三點鐘時，新牆河北岸的日軍40門大砲一齊轟鳴，一顆顆砲彈直砸向新牆河南岸，把中國軍隊陣地的土壤掀起老高。不久，數十架飛機又飛臨戰場上空，對新牆河南岸進行狂轟濫炸，不多時，我第一線陣地全被摧毀，防守官兵傷亡慘重。四時左右，日軍開始強渡新牆河，其步兵在騎兵和數十輛裝甲戰車的引導下，如潮水般湧過河

■ 第60軍副軍長兼新10師師長魯道源。

來。此時，第一線守衛部隊第90師和第102師剛經調整部署到達指定位置，來不及休整即遭受如此強烈的攻擊，倉促應戰，相當被動。而第59師主力仍在大雲山地區，其防地僅有一部防守。但即便如此，中國軍隊仍不怕犧牲，英勇苦戰。其中，尤以第102師最為頑強。他們連續打退了日軍數次強渡，並集中該師所有迫擊砲封鎖河橋通道，使日軍攻勢稍減。前線三個團在日軍連日進攻下奮戰抵抗，師長柏輝章則日夜坐守電話機旁，嚴令各團不得後退一步。第306團在遭受日軍騎兵穿插襲擊後，傷亡頗重，該團團長陳希周數次以電話向師長柏輝章告急，皆被柏輝章以「採取近戰肉搏，你如後退，就提頭來見」這句話頂回。打到天明，隨著日軍的攻勢加劇，守軍各部漸漸支持不住了。防守新牆河北岸警戒陣地筆架

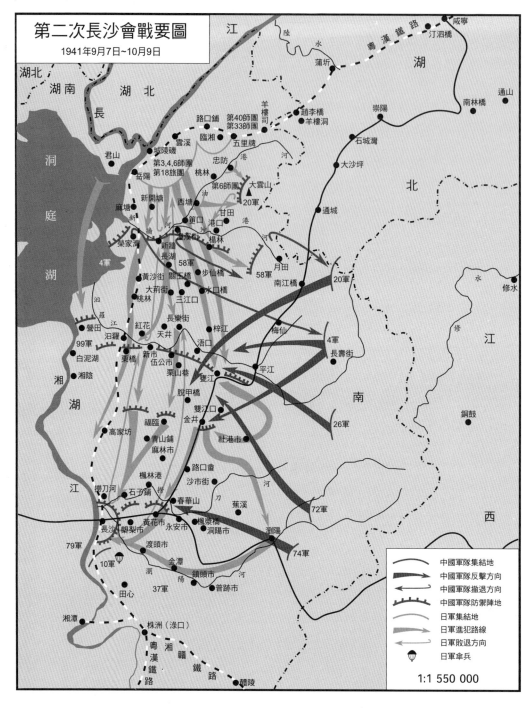

第二次長沙會戰要圖
1941年9月7日~10月9日

1:1 550 000

	中國軍隊集結地
	中國軍隊反擊方向
	中國軍隊撤退方向
	中國軍隊防禦陣地
	日軍集結地
	日軍進犯路線
	日軍敗退方向
	日軍傘兵

山的第102師工兵營共900多人，只剩下31人了，被迫撤至南岸的潼溪街附近。可是

他們退過新牆河後，發現日軍也尾隨而來，已突破了側翼第59師的陣地，正向側

後包抄。儘管第102師各部英勇抵抗，沿河防線仍然很快被突破。此時，第102師前進指揮所就在潼溪街附近，形勢萬分危急。師長柏輝章手裏已沒有其他機動部隊了，遂一面命令師指揮所轉移，一面親自趕到位於潼溪街以南的工兵營掩護陣地指揮。在柏師長到達工兵營後不久，日軍一隊騎兵就追到陣地前。他當即命令工兵營所有武器一齊開火，一陣猛射，當場打倒敵騎兩匹。敵騎見有阻擊，不敢深入，向東北方向退去。敵人退走後，工兵營營長楊炯非常疑惑地問師長：開槍顯露目標，豈不招引敵人騎兵上山搜索？怎麼打了之後日軍還退走了呢？柏輝章解釋道：「我以火力齊發，故作疑兵，使誤認為我有在部隊在山上埋伏，避戰退走，不然，敵人一定上山搜索。」聽了這話，楊炯佩服不已。隨即，柏師長告別了工兵營，率指揮所人員轉移到黃沙街繼續指揮戰鬥。

儘管防守新牆河第一線的第4軍各部奮勇抵抗，但由於兵力懸殊，仍然未能阻止日軍的前進。戰鬥僅持續了兩小時，第102師在沙港河南岸的陣地即被日軍突破。日軍第4師團迅速通過突破口向第90師後方包抄。同時，第6、第3師團亦擊破第90師和第60師之頑強防禦，攻佔長湖、白羊衝、大荊街。18日上午，新牆河陣地已全被突破。歐震不得不命令所部（含第60師）逐漸向關王橋以東轉移。日軍乘勢跟蹤追擊。當天傍晚，突破沙港河防線的第40師團右翼龜川聯隊攻佔胡少保，左翼重松聯隊進逼步仙

■ 強渡新牆河，向長沙進攻的日軍戰車部隊。

橋。戰鬥一直持續到深夜。

19日拂曉，日軍第40師團在砲兵支援下，向步仙橋以南高地發動猛烈攻擊。第4軍（附60師）依據堅固工事，拼死抵抗。戰鬥非常慘烈。在各部陣地中，歐震最擔心的是守衛王復泰的第102師。這個師在前幾天的作戰中損失太大，很可能頂不住。於是他打電話給柏輝章師長，要求他死守陣地。這時，第102師因傷亡和失散人員甚眾，加上部分部隊被隔在了敵後，所剩人員加起來已不足千人了。但當柏輝章得知軍長已無兵可派時，就用電話轉令各團：「守住陣地，絆住敵人，不得後退一步，直至最後犧牲。」隨後，就與副師長陳維光分頭到第304團和第305團前沿陣地上指揮戰鬥。師長親上前沿大大鼓舞了全師官兵的鬥志。他們憑藉既設陣地，堅決抵抗，堅持了一天後，才奉命將防務交給第59師一部，撤往長沙黃花市集中。在撤退途中，他們又奉命轉向瀏陽及株洲田心鎮集結。這時，柏輝章將全師集中在一起，清點了一下人數，僅剩下600餘人了。他站在隊伍前面，面對著這些同生共死的戰友，一種強烈的悲憤油然而生，以激昂的聲音向大家說：「此役戰鬥到現在，全師僅存官兵600餘人，犧牲損折九成人數。在歷次戰役中，先期出省的貴州士兵已傷亡殆盡，軍官生存的寥寥無幾。歷次新兵補充不久，未及訓練完就匆匆赴戰，在敵人的強大砲火下，軍官身先士卒，士兵負傷不下戰場，全都抱著誓死衛國的決心浴血奮戰，殺敵報國。殉戰的官兵弟兄是軍人的楷模，是我們大家的榜樣。現在在場的官兵都是久經戰場富有戰鬥能力的將士，我們要時時刻刻準備再赴戰場，為國獻身，努力殺敵，奪取抗戰的最後勝利。」一席話，說得在場的人莫不淚流滿面。正當第102師殘部趕往目的地的時候，柏輝章又接到軍部命令，說前線戰事緊急，要求第102師重返前線。柏師長二話沒說，又帶著剩下的官兵重上火線了。會戰後期，隨著滯留敵後的部隊和失散人員重新歸隊，戰區又為其補充了數千兵員，第102師才重新恢復了元氣。

19日，步仙橋附近的戰鬥持續了一天，在第4軍的頑強阻擊下，日軍第40師團儘管付出了包括重松聯隊第3大隊長古山常磐少佐戰死在內的慘重代價，仍一無所獲。同日，第20軍、新11師到達湘北戰場，協同挺進第7縱隊攻擊向南前進之日軍側後。為

■ 第58軍軍長孫渡。

策應各方作戰，第58軍命令挺進第6縱隊向趙李橋、羊樓洞、忠防、桃林等地出擊，打擊日軍後續部隊。

這時，日軍第40師團的不利態勢引起了第11軍作戰主任參謀島村矩康中佐的憂慮。他認為，該師團的主要任務是「掩護側翼」，不應在這種不利態勢下消耗過多的兵力，遂指示第40師團作戰主任參謀今村一二中佐，該師團「不要深入山地，儘量向靠近第6師團的平地進攻」。據此，今村一二未經師團長青木成一的同意，即命令重松聯隊放棄當前之進攻，向關王橋方向轉進。後來，青木得知此事後，極為不滿，認為是軍司令部有意與他作梗。從這時開始，青木對軍司令部產生了很深的成見。

20日拂曉，日軍在關王橋以南集結完畢後，開始向朱公橋發動進攻。先期到達那裏的第60師一部憑藉有利地形，節節抗擊，日軍進展緩慢。與此同時，第4軍第90師和60師主力奉命向日軍第40師團側翼攻擊，分別攻佔魯家蝦、張家園。可是好景不常，隨著第40師團的後續部隊到達，戰況漸趨不利，兩個師被迫撤往橫山橋東南山地和洪源洞地區繼續抵抗。但在撤退過程中，由於行動不協調，第90師與第60師之間出現了很大的空隙。日軍遂得以乘機由向家洞突入三裏橋，向第60師側背包抄，形勢危急。不過還算幸運，就在這時，第20軍和第58軍開始向日軍後翼發起猛烈攻擊。當天，第20軍第134師在第4軍第59師配合下攻佔胡少保、石塘。深夜，第20軍又襲佔關王橋，並在第4、58軍的協同下，打退了日軍重松聯隊的反撲。日軍為挽回不利局面，以重松聯隊第

1大隊（大隊長山中安太郎中佐）連續猛攻第60師據守之水口橋東北高地。戰到21日傍晚，第60師放棄該地退守朱公橋。第4軍亦退到東港、黃泥嶺和馬嘶洞，以及毛大申、風角尖之線。而第20軍則繼續攻擊登龍橋、關王橋附近之敵，以策應第58軍向歸義方向挺進，進窺進攻長沙日軍主力的後翼。

由於第40師團未能擊破在大雲山和幕阜山地區集結的第27集團軍，日軍始終無法解除來自側後方的威脅。

汨羅江阻擊戰

日軍主力突破第4軍防守新牆河第一線陣地後，向南直插。由於第4軍（附第60師）放開正面，向東撤退。日軍主力一路未遇到有力抵抗，即進到汨羅江北岸。19日上午，第6師團步兵第23聯隊（聯隊長有馬純彥大佐）與步兵第45聯隊（聯隊長平岡力大佐）第1大隊（大隊長松村辰雄少佐）已渡過汨羅江，在浯口、磨刀尖等處與第37軍發生了激戰。

當日軍正向汨羅江推進之際，薛岳已得悉此次會戰「敵兵力龐大，且取縱深梯次部署」，知道自己戰前判斷錯了，懊悔不已。面對這個局面，他感到以本戰區兵力不足以遏阻敵人，遂電請軍委會急調第六戰區第79軍歸第九戰區指揮。同時，他仍企圖在汨羅江兩岸與日軍決戰，乃於18日下令調整部署：第37軍軍長陳沛統一指揮第37軍（欠60師）及第99軍之第99、92師死守浯口-駱公橋-營田-湘陰一線；第26軍佔領汨羅江南岸金井-將軍壩一線陣地，準備與日軍決戰；

第72軍改調平江，支援汨羅江戰鬥；戰區砲兵指揮官王若卿率砲兵第1團開往金井，先協助第37軍拒止日軍南犯，而後支援第26軍作戰；第27集團軍總司令楊森指揮第4、20、58軍攻擊日軍側後盡可能消耗敵人；第10軍推進至東山、普跡市、瀏陽河南岸待命。19日，薛岳仍覺汨羅江方面兵力不足，乃命令：位於贛北的第74軍即開赴瀏陽、洞陽市一帶，隨時準備策應湘北方面之作戰；重迫擊砲第2團、第74軍砲兵團即開赴汨羅江南岸之主陣地，以支援第37軍和第26軍作戰。這一部署中，薛岳一改過去那種誘敵深入的戰法，在汨羅江一帶與日軍打起了陣地戰。雖然在主要方向上只投入了3個軍7個師的兵力，但由於最大限度地集中了戰區砲兵，使在主戰場上的火力並不居於劣勢。此外，他還以兩個主力軍作為預備隊，置於便於機動的地帶，可以隨時應付不利局面。而阿南惟幾的原來計劃也正是依據「重慶軍慣於使用退避戰術」這一經驗制訂的，根本沒有想到中國軍隊會在汨羅江南岸進行堅韌的抵抗。因此，如果會戰進程按照這個計劃發展下去的話，日軍正好鑽進了薛岳的圈套，鹿死誰手還很難說。但是，就是這樣一份重要的電令卻被日軍截獲並破譯，使阿南惟幾完全掌握了薛岳的意圖。

阿南惟幾獲悉薛岳的部署後，立即改變了作戰方針，決心「重慶軍的由更東方對之進行包圍」，「在撈刀河北方地區捕捉殲滅敵軍」，命令：「第40師團由平江經社港市向洞陽市迂迴，第6師團由甕江、三角塘方面向金井方向，第3師團由麻峰嘴方面，第4師團與其右翼連接向東南攻擊。」攻擊開始時間定於22日黃昏。

20日傍晚，阿南惟幾下達了準備攻擊命令。據此，第3、第6、第4師團繼續向汨羅江推進。當天，天降大雨，本來就被中國軍民破壞嚴重的道路更加泥濘不堪。日軍官兵苦不堪言，行軍速度非常緩慢。

面對強大的日軍，第37軍和第99軍嚴陣以待。官兵們都摩拳擦掌，準備與日軍決一死戰。第37軍軍長陳沛戰前的錚錚誓言充分代表了他們的心聲：「此時作戰要對得起全國同胞！要對得起蔣委員長！要對得起薛長官！」

20日午夜，第37軍第95師及第140師乘汨羅江南岸之敵立足未穩之際，夜襲興隆山、馬頭嶺、鴨婆尖、獅形山、新市等地。日軍第3、第4師團的先頭部隊猝不及防，損失嚴重，前述地點悉數克復。21日早晨，日軍穩住陣腳後，一面繼續向攻擊出發地集中，一面以一部向第37軍陣地反撲。我第37軍與第99軍頑強抵抗，前進之敵受到沉重打擊。其中，汨羅江北岸紅花山、天井山守軍死守據點，並相機出擊，打擊進攻日軍之側背，使其不得不由南岸抽兵增援。南岸第95師蔡挺起團乘機在砲兵的協同下，突然組織反擊，直攻到汨羅江邊，迫使日軍暫時停止進攻。一晝夜的不利戰況使阿南惟幾又擔心起來。在前階段作戰中，他發現戰前預計的以兩個大隊對付第九戰區一個師的方案並不合理，依現在汨羅江正面兵力，怕不足以圍殲當面之中國軍隊。因此，他決定，將第二線的荒木支隊和早淵支隊分別配屬給第6和第4師團，以加強該兩師團的攻擊力；同時，為了擊潰第40師團當面之中國軍隊，使

該部儘快投入汨羅江正面作戰，阿南惟幾命令第40師團「立即轉進梓江，向平江挺進」，務必於22日佔領平江。

青木成一接到第11軍的命令後，立即做出部署：江藤支隊（江藤大八大佐指揮的獨立混成第14旅團所屬獨立步兵第62大隊）留在三棗橋附近，掩護軍主力的左側背，以仁科聯隊為前衛，於次日開始向梓江轉進。但是，由於雨後路滑，行軍十分困難。22日晨，仁科聯隊出發，25公里路程竟走了大半天，當天下午4時許，才到達梓江。但此時，第60師已佔領了梓江東面高地，擋住了日軍的去路。於是，日軍全力向其攻擊，經徹夜劇戰，才於次日晨佔領該地。這時，青木成一收到了軍司令部發來的作戰命令，要他們「向甕江方面轉進」，參加汨羅江方面戰鬥。於是，第40師團立即轉變方向，開始南進。

20日，薛岳發現，以4個師的兵力在汨羅江南岸一字排開，在東面會留下很大的空隙，如果日軍從這裏包抄，第37軍和第99軍有被包圍的危險，遂決定將第26軍也拉上第一線，開赴甕江。當這個命令傳達到第26軍軍長蕭之楚那裏時，該軍正依照薛岳18日的部署，已在開赴汨羅江第二線陣地的路上了。這時，由於連日行軍，部隊已經疲勞不堪。蕭軍長只好命令部隊停下來休息。22日拂曉，蕭之楚為搶時間，親率第44師先期開往甕江，而命軍主力隨後跟進。經數小時急行軍後，第44師終於到達甕江，並進入了既設陣地。但還沒等他們緩過氣來，蕭軍長就得到報告，發現附近有日軍。軍情千鈞一髮，他也想不了許多了，當即命令第44師立即投入戰鬥。於是，汨羅江地區的決戰正式展開。

第44師在甕江附近遇到的是日軍第6師團的右翼友成聯隊（附獨立山砲兵第2聯隊第1大隊）。友成敏得知遇到中國軍隊的大部隊後，立即將這一情況報告給了師團長神田正種。這可讓神田發愁了。剛才，他接到軍司令部要求他「派一部兵力佔領平江」的命令，就派竹原支隊（由第6步兵團長竹原三郎少將指揮的步兵第23聯隊及獨立山砲兵第2聯隊第2大隊為基幹組成）向平江挺進。這支部隊一調走，他已沒有足夠兵力去圍攻第26軍了。如果不攻，讓第26軍站穩了腳跟就更不好辦了。左思右想，他決定命令友成敏盡力向甕江發動進攻，疲憊和打擊第26軍之有生力量。

22日晨，阿南惟幾得知日軍視為勁敵的第74軍已向瀏陽附近集結，而第九戰區的另一支主力第10軍也由衡山向金井開進，立刻緊張起來。他對他的前任圓部和一郎這年3月在贛北栽的那個大跟頭還記憶猶新。當時，就是第74軍固守上高10餘天，頑強頂住了日軍第34師團和獨立混成第20旅團之攻擊，使友軍完成了對日軍第34師團的合圍，從而取得了空前的「上高大捷」。如果再讓他們順利投入汨羅江戰場，後果將不堪設想。出於這種考慮，阿南惟幾決心趕在第74軍和第10軍到達戰場以前擊破當面之第37軍和第26軍。於是，他於11時命令各師團將原定是日傍晚開始攻擊的時間提前到日落前開始。當晚，為最大限度地集中兵力，第11軍司令部又命令第6師團放棄佔領平江的計劃，「在第40師團進入金井北側地區

後，應及時將主力向撈刀河上流河谷轉進，切斷金井方面敵軍向瀏陽方面的退路，並阻止敵第74軍從瀏陽方面前進」。

阿南惟幾的命令下達後，第3師團立即開始行動。但很快在栗山巷附近遭到我第37軍第140師的頑強阻擊。中國軍隊利用複雜的地形和茂密的松林為掩護，節節抵抗，寸土必爭。兵力佔絕對優勢的日軍猛攻了一天一夜，也沒有取得突破。其中，第140師防守的興隆山陣地失而復得達4次之多，戰鬥之激烈，可見一斑。到了23日中午，日軍截獲第140師師長李棠與陳沛的電報，得知該部「現已彈盡糧絕，全部兵力也使用殆盡」，乃集中兵力向其猛攻。可是出乎他們意料的是，第140師在彈糧俱缺且三面受圍的情況下，仍英勇奮戰。戰鬥進入白熱化。下午，日軍一部在砲兵的火力支援下直插第140師師部所在地——大地嶺，一度衝到離李棠指揮所只有四、五百公尺處。此時，擔任指揮所警衛任務的師部特務連已奉命增援一線。李師長身邊只有師軍士隊一隊人。眾參謀聽到附近不斷砲彈的爆炸聲，一個個嚇得面如土色。可是李師長面不改色，說：「此所謂山谷傳聲。」說完，他命令參謀組織軍士隊阻擊接近師部之敵。師長臨危不懼振奮了第140師的全體官兵，他們人人奮勇，打退了敵人的一次又一次進攻。

由於部隊尚未完成集結，第4師團未能在阿南惟幾規定的時間發起進攻，這令師團長北野憲造中將十分著急：眼看太陽即將落山，友鄰的第3、第6師團的進展不很順利，而中國軍隊的援軍又源源不斷地趕來，若自己的部隊再不開始進攻的話，可能使日軍受

到更大的損失，形勢已刻不容緩了。於是，他決定不待部隊集結完畢，命令部隊向前推進。到深夜時分，鵜澤部隊（以步兵第61聯隊長鵜澤尚信大佐指揮的步兵第61聯隊、師團砲兵第1大隊、迫擊砲第1大隊為基幹組成）和杏部隊（以第4步兵團長杏賢一少將指揮的步兵第8聯隊、師團砲兵第2大隊、獨立山砲兵第52大隊為基幹組成）在同樂橋、雙江口附近遭到第95師及第26軍第41師的英勇阻擊，進展遲緩。為了加快進攻速度，北野不得不命令配屬給他指揮的早淵支隊向神鼎山西側穿插，從第99師與第95師的結合部突破中國軍隊防線。但該部於23日中午到達密岩山時，遭到第95師一部頑強堵擊，進展緩慢。到24日下午，才到達北野師團長命令所指定的馬山神。

22日，第44師與第6師團之右翼隊激戰一整天，由於後繼砲兵未到，火力不敵，只得節節抵抗，步步後退。中午，甕江失守，日軍繼續南逼。到下午5時，第44師退到甕江以南1公里的喻家關附近，奉命停止退卻，死守待援。雙方遂在喻家關、風源洞、白源洞一線展開了激烈的拼殺。同日，為了緩解戰局，薛岳命令第32師反擊浯口。於是，該師急向浯口攻擊前進，在東坑嶺、386.6高地、高嶺坳一帶與日軍第3師團第29旅團遭遇。師長王修身當機立斷，命令部隊搶佔有利地形阻擊敵人。雙方展開激戰，傷亡均重。23日，第32師支持不住，被迫後撤。此時，薛岳發現第26軍各師有被分割包圍的危險，遂命蕭之楚將部隊撤到蒲塘一帶，各師靠攏，阻擊日軍。而這時，神田正種也沒閒著。為了圍殲第26軍，他命令即將

到達戰場的新配屬給他的荒木支隊由甕江向南攻擊，令剛解除攻佔平江任務的竹原支隊向金井突進。

22日上午10時左右，第10軍到達金井一帶。稍事休整，當晚即奉命接收第140師在金井及其北面的防地。通過第140師交防時的通報，第10軍軍長李玉堂瞭解到，金井北面的甕江、浯口一帶都有日軍。但浯口至金井間沒有大道，只有崎嶇的山路，且地形複雜，而沿甕江南下，交通便利。因此，李玉堂認為日軍大部隊不會從浯口直犯金井，而是從甕江沿大道南進，遂令：第190師防守檢石廠、麻峰嘴東側陣地，預10師據守金井、福臨鋪間既設陣地，第3師佔領福臨鋪、影珠山、栗橋、茅根壩一線陣地。次日上午，日軍即以騎兵向預10師陣地襲擾，均被擊退。當晚，由於預10師警戒不嚴，日軍

第6師團有馬聯隊第2大隊（大隊長福田環少佐）第1中隊由浯口偷襲了該師。其最前沿的一個營，於酣睡中被日軍攻入營房，措手不及，當場傷亡二、三百人。該師各部盲目射擊，亂作一團，於是，福田大隊乘機夜襲金井，一舉佔領之。幸好，第10軍指揮所已從金井向孫家橋移動，沒有受到損失。眼見日軍佔領了金井，方先覺急了。他知道，金井一失，第26軍的後路就被切斷了，後果不堪設想。因此，無論如何也要奪回金井。於是，他一面將情況上報軍部，一面指揮部隊反攻。於是，預10師官兵在砲火支援下與日軍搏鬥，在金井鎮內殺了個三進三出，戰鬥極為慘烈。24日下午，日軍向預10師側後迂迴，企圖切斷預10師後路。當夜，第29旅團亦向預10師左翼古華山、西鄉瑕攻擊。為避免被日軍包圍，預10師退守學士橋一

■日軍的砲兵陣地正向我軍開火。

線。日軍跟蹤追擊，第3師團在擊破第37軍後，於25日向該線發起進攻，經一天激戰，預10師新佔陣地全被突破，部隊處於混亂狀態，紛紛向萬家鋪、麻林市退卻。

24日拂曉，第190師奉命北上支援第140師。在花門樓與日軍第3師團第29旅團遭遇，當即佔領有利地形進行抵抗。戰鬥中，第190師損失甚重，師長朱岳負重傷，副師長賴傳湘殉國，被迫向福臨鋪突圍。當天黃昏，第190師剛退入福臨鋪既設陣地，日軍第5旅團就向他們發起了進攻。第190師官兵不畏強敵，在白刃搏鬥中，予敵很大殺傷。日軍旅團長塘真策少將不得不命令部隊暫時停止進攻，改於「明日拂曉展開攻擊，席捲敵右側背」。25日拂曉，日軍準時發動進攻。第190師已奉命向大道以西撤退了。福臨鋪失守使位於孫家橋的第10軍軍部暴露出來。當天晚上，第10軍指揮所在孫家橋附近被日軍包圍。面對這樣的險境，李玉堂軍長格外鎮定。他估計，當面日軍的兵力重點一定在包圍圈的他們的後方，防止中國軍隊突圍。而保衛第10軍軍部的只有一個特務營，兵力單薄，又要保護大量非戰鬥人員，不能與敵人硬拼。因而，決定率部向西北方向突圍。果然，他們沒有遇到敵人的阻擊就衝了出來，繞道青山鋪，安然脫離了戰場。

24日凌晨，第140師在敵軍圍攻下，已無法支持。李棠師長乃率殘部殺開一條血路，衝出日軍重圍，向南撤退。上午，第95師陣地被突破多處。日軍第29旅團已擊破190師進到第37軍背後，形成了對第37軍的包圍。為了避免被日軍圍殲，陳沛於中午命

令部隊向麻林市退卻。同時，薛岳命令，第92師和第99師仍據守粵漢鐵路以西（含粵漢鐵路）及王獅岩、雙獅洞一線，歸第10軍指揮。第37軍轉移之後，日軍第4師團及早淵支隊主力集中猛烈砲火，開始向位於高倉埠的第10軍第3師攻擊。第3師師長周慶祥面對優勢敵人，毫無懼色，率所部奮起抵抗，陣地多次失而復得，一直堅持到25日夜，始終沒有讓敵人突破陣地。26日拂曉，日軍再次發動進攻，第3師仍奮力阻擊，日軍步兵第61聯隊第1大隊大隊長井上良夫少佐也被擊傷。到當天中午，栗橋、影珠山相繼失守。日軍乘勢進攻新橋。在此種情況下，周慶祥接到李玉堂電報，受命以一部繼續阻擊當面之敵，主力向南截擊新橋之敵。但周慶祥率部在趕赴新橋途中，即在漢家山與進攻新橋的日軍遭遇，受到前後夾擊，被迫向唐里廟轉移。

就在日軍猛攻金井、福臨鋪之時，其第40師團加入戰鬥，協同第6師團向蒲塘攻擊，戰鬥更加慘烈。到25日，日軍突進至何家坪、五台洞，威脅到第26軍指揮所，幸有第140師一部前來支援，才穩住了局面。當天，薛岳電令第26軍向更鼓台、石灣轉進，協同第74軍夾擊三角塘向金井進攻之敵。第26軍遂遵命東進。至此，汨羅江防線完全解體。

孤木難支危樓

24日，薛岳見汨羅江戰事漸趨不利，認為日軍必將進攻長沙，遂率第九戰區司令長官部撤出了長沙，移往湘潭。到達湘

潭後，薛岳打算調第79軍和第74軍協同保衛長沙。但參謀處長趙子立反對這個計劃，他提出：「日軍是要先消滅我們的部隊，再佔長沙」，因此，應「將第74軍暫時停止在瀏陽東北，即瀏陽河上游東岸，俟第19、第30集團軍的部隊到達後，以第27集團軍之第20軍和第58軍、第30集團軍的一個軍、第19集團軍的一個師、第74軍、第4軍、第10軍等共約17個師的兵力確保外線同時進攻」。但薛岳考慮到，第10、26、37軍被擊破後，在一兩天內恢復戰鬥力的可能性不大，第27集團軍主力還在汨羅江以北活動，分別從第六戰區、第七戰區及贛北調來的第79軍（已於23日到達的第98師除外）、暫2軍還在路上，在長沙附近已無其他預備隊可調，如果日軍一味向南突進，長沙失守，他手裏沒有任何部隊能夠阻止其前進。因此，必須在長沙附近阻滯住日軍的攻勢，以待其他戰區的增援部隊到達。於是，他於25日命令第74軍以先頭部隊兩個師向黃花市前進，迅速於夏家塘、春華山、赤石河、石灰嘴一線，阻擊敵軍南進。

但是，薛岳萬萬沒想到，他的這道電令又被日軍破譯了。阿南惟幾得知薛岳的企圖後，當即決定改變先前發出的直接攻取長沙的命令，決定先消滅第74軍而後再攻佔長沙。25日下午3時，阿南惟幾命令第6師團擊破第74軍。

25日，第74軍軍長王耀武接到薛岳的命令時，他剛率軍先頭部隊第57師到達瀏陽。本來早在19日薛岳就要他率部開赴瀏陽，可是由於運輸和補給困難，延至21日才開始從贛西駐地開拔。因湘北戰事緊迫，該軍不得不在白天行軍，故而日軍飛機發現了其行蹤。24、25日，第57、58師

■ 中國軍隊一部開往前線作戰。

及軍部在通過瀏陽城西蕉溪嶺時，遭日機轟炸，損失嚴重，大大挫傷了部隊士氣。拿著薛岳的命令，王耀武知道情況相當不妙，當即命令第57師佔領春華山一線，掩護軍主力集結。

第57師師長余程萬得令後，立即於當天晚上率兩個團向春華山前進，到達春華山附近時，與日軍的小股偵察隊遭遇。第57師當即組織部隊將其殲滅，並迅速佔領了春華山。第二天拂曉，第57師全部到達春華山、赤石河一線，並佔領了陣地。上午9時，日軍第3師團的前鋒第29旅團所屬的步兵第18聯隊第3大隊（大隊長池邊實大尉）也開到，他們以為中國軍隊完全被擊潰，以行軍隊列，大搖大擺地向金潭方向前進。當他們行進到春華山附近時，突然遭到隱蔽在松林裏的中國軍隊的襲擊，損失慘重。起初，池邊實還以為僅遭到了部分潰敗的中國士兵零星的抵抗，但隨著戰鬥的進行，手下的士兵一個個倒下，他才發覺不對勁，乃率部向西迂迴。但由於中國軍隊陣線嚴密，池邊大隊仍然進展緩慢。到中午時分，第29旅團後續的兩個大隊也趕到並加入戰鬥。而此時，第58師也已趕到，向日軍發動反擊，一舉收復春華山至東林寺各要點。日軍三個大隊損失嚴重，被迫脫離戰場，繞道向撈刀河前進。同時，於傍晚到達的日軍步兵第6聯隊（聯隊長重信吉固大佐）對春華山西側和北側的陣地的攻擊也告失敗。

首戰告捷，讓王耀武信心大增。26日下午，他得知第51師也於當天中午到達戰場，更覺如虎添翼。為擊破當面之敵，保

衛長沙，他很快下達了於27日拂曉反攻的命令：第57師主力到達大壩至赤石河地區，佔領丁家山、黃獅渡、楓林港陣地，攻擊麻林市之敵；第58師向永安市、春華山前進，以一部接防春華山，準備進攻路口崙；第51師向楓漿橋、李家港一帶推進，攻擊沙市街方向之敵。可是他不知道，日軍第3師團主力已到達，第6師團和第40師團正在路上。26日下午，日軍步兵第18聯隊（聯隊長石井信大佐）渡過撈刀河，已於3時30分左右先於第58師主力搶佔了永安市。27日凌晨2時，第58師突襲永安市，石井聯隊措手不及，損失慘重，僅中隊長就有兩人被當場擊斃。第8中隊也打得只剩下48人。凌晨5時，第57師也開始攻擊。開始，日軍第3師團不知道中國軍隊有多少兵力，盲目抵抗，陷入極度混亂之中。但很快，他們就穩住了陣腳，於8時左右向我瘋狂反撲。其右翼第5旅團沿長（沙）平（江）公路向第57師陣地猛撲，第5旅團重信聯隊攻擊大橋寨一帶，同時第40師團一部亦側擊赤石河第57師左翼陣地。面對數倍於己的敵軍，眾官兵全無懼色，在余師長的帶領下英勇作戰，擋住了日軍的反覆衝擊。激戰中，為支援第57師正面作戰，王耀武命第57師步兵指揮官李翰卿親率軍預備隊第57師野戰補充團和第171團從春華山以北向東出擊。可是該部攻擊過程中，遭到了優勢日軍的包圍攻擊。李指揮官以下官兵千餘人以身殉國。一天下來，第57師傷亡高達3000餘人。與此同時，第58師也與日軍石井聯隊反覆爭奪永安市，予敵以重創。戰到中午，石井

聯隊所屬第7中隊中隊長西谷誠太郎以下幹部全部戰死。可是隨著日軍第29旅團的援軍不斷投入戰鬥，第58師也陷入苦戰。

就在雙方形成拉距的時候，日軍第6師團主力加入了戰鬥。在李家港、楓漿橋一帶與第51師發生激烈戰鬥。戰鬥中，神田正種將有馬聯隊及山砲第2聯隊的全部兵力和步兵第45聯隊（聯隊長平岡力大佐）的兩個大隊全部壓在了李家港到楓漿橋很窄的正面上，反覆攻擊。到了黃昏時分，第51師就有些吃不消了。師長李天霞看到部隊傷亡較大，竟沒有請示王耀武，擅自命令部隊向東撤往洞陽市。這樣一來，第74軍的右側背被撕開了一個大口子。日軍第6師團通過這個缺口像潮水般湧向永安市。此時，第58師正與日軍第3師團打得不可開交，猝不及防，被日軍切為數段，傷亡過半。此時，轉移到楓林港的第95師也因

頂不住早淵支隊的攻擊，退向　梨市。第57師側翼更加薄弱，很快被日軍突破。而後，日軍第4師團一部直插黃花市，夜襲第74軍軍部。第74軍直屬部隊當即被擊潰。親自指揮衛士排斷後的王耀武亦被包圍。面對數倍於己的日軍，衛士排的戰士雖英勇抵抗，但終因寡不敵眾，幾乎全部壯烈犧牲，排長被俘後，日軍為洩憤用軍刀殘忍地砍下了他的腦袋。此時，王耀武在兩名衛士的護衛下，就在距離這裏僅幾步遠的野地裏潛伏著，看到了這幕悲劇，不禁潸然淚下。等日軍退走後，他才由衛士護送，離開了那個讓他終身難忘的傷心之地。到27日夜間，日軍完全攻破了第74軍防禦陣地，全力向瀏陽河及長沙突進。第74軍被迫轉移至洞陽市、橫江、小埠港瓦瀏陽河南岸一線，而後又奉命開赴醴陵集合。28、29日，第74軍各部在轉進途中先

■ 在砲火掩護下，向我守軍發起衝鋒的日軍士兵。

後遭到第6和第40師團各一部圍攻，受到嚴重損失，到10月1日主力方才撤到指定地點。

26日，日軍早淵支隊在楓林港擊退第95師的阻擊後，進抵長沙北面的石子鋪。這時，第37、第26、第10軍已被擊敗，而第74軍又在春華山、永安市一帶遭到日軍攻擊，長沙附近只有23日到達的第79軍先頭部隊第98師了。師長王甲本鑒於形勢緊急，當即命令部隊在長沙北面的新河街、九尾衝、湖漬渡、楊家山一線佔領陣地。當天晚上，即與早淵支隊的搜索隊發生激戰。27日拂曉，第98師主動出擊。但由於早淵支隊主力到達，第98師受到了猛烈的反擊。戰到下午，第98師防線被敵攻破。17時，日軍步兵第116聯隊主力衝入長沙城東北角，攻佔了新開、經武兩門。第98師因傷亡太大，只好將主力轉移到撈刀河北岸的霞凝港互羅漢莊一線，僅留第293團在長沙城內與日軍周旋。此時，第九戰區已組織長沙軍民疏散完畢，司令長官部也由湘潭遷往淥口，日軍只佔了一座空城。當晚，暫2軍的先頭部隊暫8師抵達長沙市郊，奉薛岳之命佔領了楊家山至金盆嶺一線陣地，其先頭第1旅向市郊日軍展開進攻，但由於力量單薄，很快就受挫，退往打靶場、左家塘、東山一線。

28日夜，日軍第3師團分幾路向株洲追擊。此時，薛岳已獲知其企圖，命令暫8師一部前往馬鞍山、白田鋪一線佈防，阻擊南下之敵，同時要求株洲軍民緊急疏散。凌晨，日軍先頭池邊大隊在行至菱衝鋪時，突然遭到暫8師的伏擊，頓時陷於混亂。兩名中隊長當場斃命，大隊長池邊實被打成重傷。同時，在該地以東約4公里的油麻山附近，野砲兵第3聯隊一部也遭到中國軍隊的包圍襲擊，也受到了很大的損失，其第9中隊中隊長被擊斃。激戰兩小時後，第3師團的後續部隊趕來增援，企圖包圍中國守軍。暫8師官兵英勇阻擊，打退了日軍多次進攻。在戰鬥中，第1團團長劉世燄壯烈殉職。天亮以後，日軍不斷增加，暫8師師長張君嵩見再不後撤，部隊將有被圍殲的危險，而長官交給的掩護任務業已完成，遂下達了撤退命令。上午9時30分左右，日軍衝進了株洲這座無兵無民的空城。當天下午，第3師團奉命向金潭附近集結，遂撤出了株洲。

29日，日軍第4師團主力進入長沙城。村井聯隊（早淵支隊下屬）在長沙舊體育場舉行了軍旗奉拜儀式，宣告佔領長沙。洲追擊。此時，薛岳已獲知其企圖，命令暫8師一部前往馬鞍山、白田鋪一線佈防，阻擊南下之敵，同時要求株洲軍民緊急疏散。凌晨，日軍先頭池邊大隊在行至菱衝鋪時，突然遭到暫8師的伏擊，頓時陷於混亂。兩名中隊長當場斃命，大隊長池邊實被打成重傷。同時，在該地以東約4公里的油麻山附近，野砲兵第3聯隊一部也遭到中國軍隊的包圍襲擊，也受到了很大的損失，其第9中隊中隊長被擊斃。激戰兩小時後，第3師團的後續部隊趕來增援，企圖包圍中國守軍。暫8師官兵英勇阻擊，打退了日軍多次進攻。在戰鬥中，第1團團長劉世燄壯烈殉職。天亮以後，日軍不斷增加，暫8師師長張君嵩見再不後撤，部隊將有被

圍殲的危險，而長官交給的掩護任務業已完成，遂下達了撤退命令。上午9時30分左右，日軍衝進了株洲這座無兵無民的空城。當天下午，第3師團奉命向金潭附近集結，遂撤出了株洲。

29日，日軍第4師團主力進入長沙城。村井聯隊（早淵支隊下屬）在長沙舊體育場舉行了軍旗奉拜儀式，宣告佔領長沙。

第九戰區的反擊

日軍雖然進入了長沙城，但很快發現他們並沒有真正控制這座城市，城內外的中國軍隊還沒有完全肅清，各戰區開來的援軍還在源源不斷地開到長沙外圍，正積蓄力量，準備發起強有力的反擊。更為嚴重的是，早在汨羅江戰鬥之初，阿南惟幾就認為被擊潰的第27集團軍及湘鄂贛邊區游擊部隊仍然保持著很強的戰鬥力，並在進攻長沙的日軍側後方展開了強大的攻勢，對日軍構成了嚴重的威脅。

22日，第20軍趁日軍主力南下，後方空虛之機，一舉襲取了關王橋。次日該軍又擊破當面之敵，第133師攻至大荊街以北的界牌嶺，第134師攻抵渡頭橋北面的朱沙嶺附近。同日，第58軍經過激戰後也到達分水橋、羅公廟附近，並向洪橋、大荊街搜索前進。當晚，薛岳得知第27集團軍的進展後，電令楊森以第4軍向浯口、第20軍向新市、第58軍向長樂街進攻，以牽制南犯之敵。於是，各部遵命行動。

24日凌晨2時左右，第20軍第133師第399團（附工兵1個排）夜襲大荊街，一舉收復該地，並將日軍臨時建成的倉庫付之一炬。次日晨，日軍千餘人由新牆鎮出援，被中國軍隊預先埋設之地雷炸得人仰馬翻，之

■ 被日軍視為勁敵的第74軍已向瀏陽附近集結。

後又受到我第398團截擊，傷亡慘重。同時，第134師一部及第27集團軍總部特務營在關王橋附近擊退了企圖向第133師左翼包抄的日軍，有力地配合了大荊街方面的戰鬥。而後，第20軍除留一部在大荊街以東對峙外，主力乘勝向長樂街、渡頭橋方向攻擊，相繼攻克張湖衝、坑頭衝等地。是日晨，第4軍也向當面之日軍第40師團發起攻擊。此時，第40師團主力已向南進攻，僅留下臨時配屬給該師團的江藤支隊（由江藤大八中佐指揮的獨立混成第14旅團獨立第62大隊為基幹組成）掩護其左側背，兵力單薄，無法抵擋第4軍凌厲的攻勢，只得一再後退。當天，第58軍也進佔了哲陽橋。日軍在汩羅江以北的側背陣地岌岌可危。當晚，阿南惟幾不得不命令第40師團：「配置步兵約1個大隊於三角塘及平江方面，掩護軍的側背，並將1個大隊配屬江藤支隊。」青木成一接到這個命令後，即於25日令師團騎兵隊隊長佐伯靜夫中佐指揮所部及兩個步兵中隊（附山砲1門）向蒲塘、石灣前進，以掩護主力左側背，同時將步兵第235聯隊第3大隊（大隊長莊子長孝大尉）配屬於江藤支隊，留在汩羅江兩岸作戰。29日，阿南惟幾又命令剛由徐州開到的第17師團步兵第53聯隊佐佐木大隊（大隊長佐佐木善一少佐）也加入江藤支隊的戰鬥序列。可是，日軍的這些措施並沒有改變汩羅江戰場的兵力對比，戰局繼續惡化。

25日，楊森獲知汩羅江以南戰局不利，心急如焚，嚴令各部向當面之敵猛攻，勿稍觀望。於是，各部全力攻擊。到當日中午，第20軍第134師攻克長樂街以北一公里之赤

馬江、三里牌，擊毀往來於公路之敵汽車20餘輛。第58軍亦於大荊街附近襲擊日軍運輸隊，毀其汽車10餘輛。與此同時，防守洞庭湖東岸的第99軍也趁當面日軍兵力減少之機，以湘陰、大娘橋為支點，由西向東發動攻勢，以策應各方面作戰。這樣，中國軍隊開始逐步奪回汩羅江兩岸戰場的主動權。

26日，薛岳令第27集團軍以第58軍破壞敵後方交通通信，截奪其輜重，如敵一部南下，即向栗橋、新牆河攻擊前進，以第4、20軍進出金井，接受新任務。第27集團軍依令而行，當日即將第4、20軍全部渡過汩羅江。27日，長沙失守。薛岳的指揮所被迫由湘潭向淥口轉移。他怕指揮中斷，特命楊森統一指揮第4、20、58、26軍及剛到達平江的第72軍，側擊和尾擊日軍。於是，各部根據楊森的命令，積極行動，猛烈打擊日軍脆弱的運輸線。28日，第4、20軍由甕江、蒲塘及魯家橋、喻公橋向麻峰嘴、白沙橋及脫甲橋、金井發動進攻，切斷了日軍補給線。與此同時，第72軍協同重整旗鼓的第26軍向沙市街的日軍發起攻擊，第99軍（欠第197師）及第140師一部，向石子鋪攻擊，給日軍的補給造成了極大的困難。

打仗沒有補給怎麼能行？眼見所屬各部彈糧告罄，阿南惟幾急得坐立不安，當即命令後方兵站火速將彈藥和給養運往前線，並令裝甲部隊派50多輛裝甲車和1000多名步兵押送，以保障途中的安全。29日，他在得知中國軍隊鄂南指揮官王勁修所部襲擊了篁口並炸斷平水鋪的鐵路後，又感到後方兵力不足，調荒木支隊及步兵第8聯隊（聯隊長森田春次大佐）由沙市街及金井向湘陰及

神鼎山北麓方向前進，準備攻擊位於達摩山的第99軍。豈料，這些部隊均遭到了中國軍隊的痛擊。29日，第72軍及第26軍乘荒木支隊撤走，收復了沙市街，並以一部向沙子街前進。當晚，荒木支隊進到沙子街北側時，遭到第72軍新15師和第26軍第41師各一個團的頑強阻擊，陷入激戰，無法脫身。直到30日夜，第40師團重松聯隊趕來支援，荒木支隊才得以撤出陣地，繞道向新市方向前進。第26軍與第72軍乘機佔領蕉溪嶺、赤馬殿等地，向日軍重松聯隊攻擊。重松聯隊拼死抵禦。經過反覆爭奪，雙方終於形成對峙。不過，與阿南惟幾親自組織的運輸車隊相比，荒木支隊算非常幸運的了。30日，這個運輸車隊走到脫甲橋、麻峰嘴一帶突然遭到第4軍和第20軍的襲擊，經兩天激戰，護衛的1000多日本兵悉數被殲，那50餘輛裝甲車連同所裝載的輜重也全部報銷。至此，前線日軍的糧彈補給宣告中斷。

由於補給線被切斷，日軍主力舉步維艱。面對長沙附近數量並不佔優勢的中國軍隊，阿南惟幾也無可奈何。就在這時，第九戰區的部隊開始了對長沙的反擊。27日，第79軍暫6師到達嶽麓山。薛岳當即命令其強渡湘江，向長沙市區及其附近之敵進行反攻。28日晚，該師以一部由大西門、主力由猴子石強渡，次日拂曉，經過激烈戰鬥，先後攻克大西門、猴子石沿線，並向城東發展進攻。日軍鵜澤聯隊當即反擊。激戰竟日，暫6師被迫退守天心閣、小吳門、楊家山一帶，與敵相持。儘管如此，暫6師主力仍在湘江東岸站穩了腳跟。當天，中國空軍出動飛機轟炸了永安市、黃花市的日軍部隊。為

策應暫6師之行動，王甲本師長指揮第98師亦於當日在湖跡渡、石子鋪附近向進佔長沙之敵側擊。經激戰，雙方傷亡在千人以上。

30日，日軍第4師團參謀長吉田茂登彥大佐因師團糧彈供給不上，用信鴿向岳南兵站傳信催問：「輜重一中隊半，師團行李全部，及迫擊砲一大隊段列，於本（30）日七時，由梨市出發，往石灰嘴，目下該部與本部，因無法連絡，希望速將糧秣四五噸，迫擊砲彈約500，向石灰嘴輸送補給。不得已時，著該隊至羅家墩。」但信鴿在傳信途中，被第98師打落，這封重要的密信也落到了中國軍隊手裏。薛岳捏着這份重要情報，陷入了深思：第4師團2萬多人，四、五噸糧秣還不夠吃一天，500發迫擊砲彈一次戰鬥就可能用完，難道日軍兵站只能給一個師團提供這麼一點補給嗎？突然，他腦子裏閃出一個念頭：日軍的糧彈將盡，會戰的轉機來了！事不宜遲，他當即命令長沙周圍各部發起反擊。各部得令後均積極行動。第74軍一部由瀏陽西南山地及普跡市方面由東向西、第37軍由渡頭市方面自南而北、第10軍由楓樹河方面自西南向東北，對瀏陽河北岸之敵發起反擊。同時，第79軍（欠第82師）與第99軍（欠第197師）分別向長沙城東郊、東北郊之敵及楓林港、石子鋪之敵猛擊。長沙及其外圍日軍因糧彈不濟，戰到下午4時便抵擋不住了，紛紛後撤。阿南惟幾無奈，只好下令：第4師團主力向長沙東郊金盤嶺、第3師團向金潭、第6師團向鎮頭市集中，準備撤退。當日，暫6師主力趁長沙城內日軍兵力減少之機，由長沙東郊攻入市區。潛伏於城中的第98師第293團奮起響

應，戰到當晚，守城的日軍早淵支隊被迫撤出長沙。

湘北戰局急轉直下漸漸使阿南惟幾輕鬆的心情變得不安起來。屋漏偏逢連夜雨。恰在這時，中國的第六戰區反攻宜昌的消息又傳到了岳陽，更讓阿南惟幾的興致全消，開始考慮起自己的安危來了。

反攻宜昌

早在日軍突破新牆河防線時，第九戰區就判斷，日軍兵力龐大，「期在必取，如敗逃，有礙其國際體面，勢必再事增援，非達其目的不止」，並認為「敵如大事增援，則兵力懸殊，難以應付」，因此，電請軍令部「令第五、六兩戰區同時總攻，以期牽制」。據此，蔣介石於9月20日電令第三、第五、第六戰區向日軍發動進攻，以策應第九戰區。於是，各戰區均奉命向日軍發動了大規模攻勢。與此同時，第七戰區亦奉命調暫2軍北上增援長沙。由於地理原因，這些行動中，對戰局真正起關鍵作用的還是第六戰區對宜昌的反攻。

宜昌，古稱夷陵，位於長江北岸，三峽東口，向西溯流直達巴蜀，東連兩湖魚米之鄉，順江暢達寧、滬，自古便是鄂西、川東的物資集散地和交通樞紐，「上控巴蜀，下引荊襄」，素有「三峽門戶」之稱，戰略價值極為重要。1940年6月，日軍佔領宜昌，以素有「精銳」之稱的第13師團駐守這裏，妄圖使之成為套在重慶國民政府頭上的一副沉重的枷鎖。中國統帥部也念念不忘奪回這個戰略要衝，在宜昌附近部署了第五、第六

兩個戰區的三個集團軍，與宜昌守敵相持。1941年夏，在國民政府軍事總顧問、蘇聯駐華武官兼軍事顧問團團長崔可夫中將的協助下，國民政府軍委會制訂了宜昌反攻作戰計劃，準備在時機成熟時實施收復宜昌作戰。

自8月下旬以來，日軍第13師團抽出4個步兵大隊及2個山砲大隊（共7711人）組成早淵支隊開赴湘北作戰後，宜昌地區的守備兵力減少了三分之一。防守襄河以西的第4師團將防務交歸獨立混成第18旅團後，也奉調參加長沙會戰。因此，第六戰區當面的日軍兵力大大減少。中國統帥部抓住這一有利時機，於9月20、21、22日連續電令第六戰區司令長官陳誠，集中兵力攻克宜昌，並限於9月23日發起進攻。在蔣介石看來，這一行動既可策應長沙方面的作戰，又可解除日軍對大後方的巨大威脅，有一石二鳥的作用。為了加強第六戰區的力量，軍委會命令第五戰區司令長官李宗仁將位於遠安、南漳一帶的第33集團軍暫時劃歸第六戰區指揮。

陳誠接到命令後，立即召集幕僚開會，策劃作戰方案。在會上，陳誠將自己的設想和盤托出：先由右岸開始攻擊，以期吸引日軍第39師團主力南移，然後以第33集團軍主力攻擊荊門、當陽，把日軍第39師團隔離宜昌後，再用14個師的兵力圍攻宜昌日軍第13師團。很明顯，這一方案是經過深思熟慮的。它能夠最大限度地集中兵力於宜昌方面，在主攻方向形成絕對優勢的兵力，幾乎無懈可擊，所以得到了幕僚們的一致首肯。

9月23日，第六戰區下達作戰命令：以江防軍（轄第8軍第5師、第94軍，配屬第2

■ 日軍重新集結後，準備發起新一輪進攻。

軍）主力攻擊宜昌；以第26集團軍（轄第32、75軍，配屬第39軍）向當陽攻擊，主力控置於當陽以西，切斷漢（口）宜（昌）公路，阻止日軍第39師團向宜昌增援；以第33集團軍（轄第77、59軍，缺第39軍）向荊門方面攻擊，與第26集團軍協同攻擊牽制第39師團，並切斷漢宜公路；以第20集團軍（轄第53、73、87軍，配屬第8軍主力）向白螺磯、沙市、江陵方向攻擊，切斷漢（口）荊（州）公路西段，阻止日軍向西增援。各部不得晚於9月27、28日開始攻擊。整個作戰，第六戰區投入約15個師，火砲140門，無論在兵力還是在火力上都對當面

之日軍形成絕對優勢，可以說志在必得。同時，為了激勵部隊努力作戰，及時掌握戰場情況，陳誠於30日由恩施趕到秭歸，就近指揮作戰。

　　早在8月下旬，日軍就得到了中國軍隊可能在江北採取攻勢的情報。9月24日，阿南惟幾命令駐荊門的第39師團準備反擊。第39師團長澄田賚四郎中將得令後，立即從第232聯隊和第233聯隊各抽出一個大隊對荊門北面鹽地廟進行反擊。同時，駐宜昌的第13師團也根據第11軍司令部的命令加強了防禦。但由於大量兵力被抽走，宜昌外圍的防守態勢讓第13師團長內山英太郎中將坐臥

不寧；在第13師團防區的正北面，駐慈雲寺的步兵第104聯隊（聯隊長相田俊二大佐）和防守龍泉鋪地區的第65聯隊（聯隊長立花芳夫大佐）均為一線配置，第一線陣地後方直到宜昌都沒有任何兵力防守，不但如此，就是在重點防守的第一線陣地，兩個聯隊的結合部也出現了約2公里的防禦間隙，給了中國軍隊穿插的空間；在第116聯隊南部的防區，問題更嚴重，僅能在要點配備一個大隊，其餘地區的防禦形同虛設。可是，由於不知道中國軍隊進攻的規模和具體時間，第13師團和第39師團都沒有採取更多加強防禦的措施。

根據第六戰區的作戰計劃，牽制方向的部隊最早開始行動。9月28日，第20集團軍所屬第53軍第116師師長趙鎮藩率第348團渡江，並指揮江左之第130師第390團及洞庭挺進支隊向白螺磯發動推進，威脅岳陽、臨湘。30日，該部於檀木橋附近擊潰日軍一部，並於次日開始向白螺磯攻擊。10月4日，攻克姜家墩。5日，趙鎮藩率所部攻佔五家店，衝入白螺磯市區，擊毀日軍飛機數架。9月末，第73軍及第8軍亦發動進攻。9月28日夜，第73軍一部及第8軍第103師主力分由松滋、江陵、郝穴附近渡江。30日凌晨，榮1師及第103師一個團亦由郝穴悄悄渡江。10月2日，榮1師在暫5師協同下，以突然的行動襲擊了沙市，並包圍了沙河口。守敵第39師團步兵第231聯隊（聯隊長尾浦銀次郎大佐）措手不及，急忙收縮兵力退進沙市固守。第8軍趁機前進，第103師一舉攻佔後港，並以一部佯攻沙洋，主力乘虛將漢宜公路徹底破壞，斃敵甚重。10月3日，

攻克磚橋，切斷了宜昌日軍與武漢的聯繫，並使日軍位於鴉鵲嶺的第13師團所屬第103旅團部因與各方聯絡中斷而陷於癱瘓。此間，第8軍還襲擊了土門埡機場，擊毀日機2架，擊損10架。6、7兩日，又克魯家店、毛家店，進一步孤立了宜昌守敵。同時，第73軍亦對宜當公路進行了破壞。8日，日軍尾浦聯隊長親自率隊向嶺河口增援，被暫5師和榮1師打得灰頭土臉，狼狽逃回。為了策應第8軍和第73軍作戰，第87軍新23師第69團和挺進第1縱隊也先後在李埠、問安、資福寺、草市等地襲擊日軍，殲敵數百人，繳獲了大量軍用物資。擔任北面助攻的第33集團軍於9月29日開始行動。第59軍於當天進攻三陡坡、團山寺。是日晚，第77軍突襲當陽大墻坑、木匠店。日軍猝不及防，損失慘重。中國軍隊遂乘勝控制了當陽城外俯瞰城區的287高地。10月1日，第59軍襲擊荊門掇刀石飛機場，焚毀日軍倉庫後，向沙洋方向前進。而後，第33集團軍總司令馮治安指揮部隊對三陡坡、荊門一帶日軍據點反覆攻擊。6日，第59軍破壞了牌樓崗附近京（山）鐘（祥）公路橋樑及通信設施。8日，第59軍一部進攻胡家集、桐木嶺，日軍憑籍工事死守待援，損失非常大。而此時，防守當陽地區的日軍步兵第233聯隊（聯隊長吉川資大佐）正面的情況也相當嚴重，因大量兵力調出，防守力量受到削弱。各據點守備部隊多數處於第77軍的包圍之中，其中木匠店守備隊傷亡過半。9月30日，第39軍又投入戰鬥，其暫51師一度攻入清溪河。10月1日，該軍暫51師和第56師分向李家店、焦家堤攻擊。4日，澄田賚四郎為挽回敗

局，親自率部向當陽方向增援，但在清溪河遇到第39軍阻擊，無法前進，遂於次日退回。5日第56師攻擊當陽以西茶店子日軍據點。7日，軍長劉和鼎又指揮暫51師和第56師攻佔了當陽方觀山日軍據點，破壞清溪河至當陽鐵路橋兩座。經連日激戰，日軍的傷亡人數直線上升，兵力不敷，只得把衛生兵、勤務兵等非戰鬥人員甚至醫院裏的輕傷員都拉上了戰場。而此時，荊門的第39師團野戰醫院也已人滿為患，再沒有能力收容傷兵了。於是，阿南惟幾派了5架飛機把荊門和當陽的傷兵運往漢口。即便這樣，第39師團野戰醫院的床位也格外緊缺。

作為防禦中國軍隊攻勢的主要力量，堅守宜昌地區的日軍第13師團比第39師團的情況更慘。

9月28日中午，宜昌長江南北兩岸的中國軍隊中央砲兵團、江防要塞及參戰各軍之砲兵集中140多門重砲，猛轟宜昌外圍日軍陣地。新一輪的宜昌攻防就此拉開。

中國軍隊對宜昌的進攻是從長江南岸的五龍、磨基山、點軍坡、紫陽一帶開始的。防守這裏的日軍是步兵第58聯隊（聯隊長福永耘大佐）和山砲兵第1大隊（大隊長神森六郎中佐）。這一帶高地中，磨基山海拔300公尺，是隔長江瞰制宜昌市區的重地。這天，經過一陣砲火準備後，第94軍第185、121兩師和第5師第14團開始向這一帶日軍的正面攻擊。雙方混戰到30日半夜，戰鬥進入高潮。當夜，中國軍隊一個連突入日軍陣地，與敵肉搏。天亮後，由於攻擊部隊主力後撤，這個連陷入重圍。但當大量日軍

逐漸逼近，準備捕捉這幾十名中國士兵時，這些愛國勇士拉響了手榴彈，集體為國捐軀。此後，中國軍隊對這一帶進行了連續不斷的頑強攻擊，將敵陣地大部破壞，但始終未能攻克該地。

9月28日傍晚，守備鳳凰觀的日軍步兵第65聯隊第1大隊（大隊長山本義雄少佐）收到「在宋家嘴附近約200名敵軍正在集結中」的警報。該大隊第2中隊立即向破山口、板凳坳出擊。但在他們出動途中，很快遇到了第75軍補充團的圍攻，傷亡慘重。戰到29日晚，該部才突出重圍，退回原駐地。30日，第75軍補充團乘勝向鳳凰觀發起進攻，到10月1日拂曉也未取得進展，遂改取包圍態勢。

29日凌晨，第75軍強襲仙人砦、東煙墩包。日軍步兵第65聯隊第3大隊陷入苦戰。30日晨，第75軍一部奇襲雙蓮寺，將日軍的部分宿舍和掩蔽所燒塌。30日晚，駐龍泉鋪的日軍步兵第65聯隊長立花芳夫大佐得到鳳凰觀和雙蓮寺方面的戰報，仍然以為中國軍隊力量不大，企圖在其「發動進攻之初，予以扼制」，遂命令：第1大隊長山本義雄率第3、第4中隊主力及機槍兩個小隊向龍泉鋪以北3公里的辛家岩出擊，聯隊機槍隊於10月1日晚向龍泉鋪西南的良田畈出擊。可是，這些部隊全都遭到中國軍隊的痛擊。10月1日晚，第32軍第141師主力和第139師第417團分向龍泉鋪附近據點猛攻，先後在辛家岩、良田畈、豐寶山與援敵激戰。雙方傷亡均重。其中，進攻良田畈的第417團突擊隊700名戰士，只剩下百餘人了，該團副團長郭志新亦負傷。2日凌晨，第75

軍收復仙人砦，守敵被殲過半，殘部逃回雙蓮寺。3日夜，中國軍隊集中迫擊砲火力，圍攻臨江溪西岸之三孔岩附近及山本大隊之屋脊高地，全殲守敵，打了一個漂亮仗。4日凌晨，第75軍預4師和第6師1000餘人，集中砲火，再次猛攻雙蓮寺，在敵陣裏殺了個三進三出。但由於守敵兩個中隊的頑強抵抗，第75軍部隊在該地與之相持了10天之久。

第13師團的南部防區由於兵力薄弱，其形勢比立花聯隊的防區更糟糕。9月28日黃昏，第8軍第5師之第13、15兩團在紅花套附近北渡長江。次日凌晨，第13團（附第15團第3營及師偵察隊）率先向寶塔河、花豔附近日軍據點攻擊。戰鬥中，劉采廷師長親臨前沿指揮作戰，使士氣大振。戰士們不顧敵人強大的火力，奮勇衝殺，對寶塔河日軍據點進行了反覆攻擊，並將宜當公路花豔段的交通通信設施盡數破壞。但由於沒有重砲及缺乏火焰噴射器、爆破筒攻堅武器，攻擊了一晝夜，仍然無法攻破日軍據點。30日晚，第15團利用夜暗渡江奇襲古老背，經一晝夜激戰，攻克該地，並殲滅守敵及援敵大部。10月1日夜，內山英太郎親自組織三個半中隊的兵力向古老背反擊，但在遭到第15團的頑強阻擊，雖付出沉重代價，未有絲毫進展。3日，第5師主力向北突擊，進到鴉鵲嶺-土門埡間的公路附近，迫使日軍將反擊古老背的日軍一部調回，維護該公路暢通。

在此次進攻戰役中擔任主攻的第2軍於9月下旬分從建始、巴東東下，經長途跋涉，於10月2日進抵宜昌西北地區。到達當天，該軍所屬之新33師猛攻滑石垸、譚家臺

■ 第74軍軍長王耀武。

子。這時，第13師團參謀長秋永力大佐正在視察這裏的一線陣地。通過檢查，他發現，防守該地的日軍步兵第104聯隊（聯隊長相田俊二大佐）兵力單薄，陣地設施、彈藥準備等均不完善，飲用水缺乏。秋永力表現出極大的不滿，向前線各級軍官嘮叨個不停，要第一線各部加強工事，並突擊補充飲用水。日軍第一線部隊的軍官還沒有受到過這樣的訓斥，自然滿腹牢騷。不過，他是上司，也只能服從，按照要求進行作戰準備。可是還沒準備就緒，戰鬥就已打響了。防守第一線的日軍部隊因勢單力孤，對中國軍隊的攻擊的恐懼甚至達到了草木皆兵的地步。一有風吹草動，即盲目射擊，白白消耗了不少彈藥。3日，新33師猛攻小溪塔、茶店子，吸引了日軍注意力。同時，第2軍另兩個師（第76師和第9師）乘機向前推進。當晚，第76師進入煙墩堡、黑虎山一帶佔領了

警戒陣地,以掩護第9師繼續前進。

　　10月2日,前線的進展徹底打亂了日軍的防禦陣線,對日軍第13師團的包圍即將形成,這使蔣介石信心大增,於當晚向陳誠下達「不惜任何犧牲於3日內奪回宜昌」的命令。次日,陳誠下令以江防軍為攻城主力部隊,限於10月7日前奪取宜昌,其餘各軍也限於10月6日以前攻佔指定目標。但此時,日軍也從最初的混亂中清醒過來。3日,各部的告急電報不斷傳到第13師團部,內山英太郎頓感中國軍隊的這次攻勢不同一般,輕易出擊只會招致更大的損失,遂命令各部放棄次要據點,集中兵力,在主要方向「堅守各陣地,在陣地前最近處予以摧毀」。於是,戰鬥的激烈程度進一步升級。

　　10月3日開始,日軍各部均開始收縮陣地。宜昌附近的中國軍隊遂得以乘勝前進。

是日,第75軍第6師即進到鴉鵲嶺東北的王家店,並於次日以一部協同第33集團軍截擊由當陽向西出擊的第39師團一部,從而完全切斷了第13師團與第39師團的聯繫。當晚,陳誠看到中國軍隊對宜昌的包圍態勢已經形成,便電令江防軍總司令吳奇偉:「第2軍以第9師於10月5日晚上全部鑽隙突入宜昌,將飛機場焚毀,奪取宜昌。」同時他又令第75軍第13師、第73軍第77師加入宜昌方面作戰,以加強宜昌方向的攻擊力量。第2軍軍長李延年奉令後,當即命令第9師立刻出發,秘密向攻擊出發地分鄉場前進。為了配合該師行動,並完成對宜昌的嚴密包圍,各部繼續向宜昌周圍各據點發起猛攻。4日,新33師、第76師猛攻毛狗洞灣以東地區日軍步兵第104聯隊第2大隊(大隊長宇野修一少佐)的正面進攻,與敵激戰竟日,以掩

■ 國軍在長沙開始展開對日軍的追擊。

護第9師安全涉水渡過了小塔溪上游，經煙墩堡、黑虎山日軍外圍據點，鑽隙向宜昌城挺進。這一招果然靈驗。隨著戰鬥的激烈進行，日軍步兵第104聯隊的注意力全部被吸引到宇野大隊方面去了。當夜，相田俊二怕宇野修一頂不住，特令第10中隊自茶店子西南高地向南方羅漢包、托刀嶺構築預備陣地，以防不測。

隨著戰事的進展，日軍的傷亡不斷增加，加上與外界的聯繫中斷，本來防禦力量就不足的第13師團的兵力更是捉襟見肘。內山英太郎不得不將師團部的約388名非戰鬥人員編為臨時守備部隊，由師團衛生隊長鈴木善太郎大佐帶領，趕往東山寺、陳家灣到胡家大坡、閔家崗一線支援那裏的守備隊。同時，由日本東京剛抵達這裏慰問部隊的淺草藝術團和第11軍派來的軍樂隊也受命參加了對野戰醫院內傷病員的護理。血肉模糊的屍體和缺胳膊斷腿的傷兵讓這些慰問團員心驚膽戰，不敢去醫院，慰問演出也就停止了。不久，中國軍隊的進攻越來越猛烈，內山英太郎情急之下，又將藝術團的成員全都拉上前線，充當砲灰。

5日夜，第9師到達養兒河。日軍很快發現了該部，立即向其集結地進行了猛烈的砲擊，一時間爆炸聲此起彼伏，彈片橫飛。砲彈中夾雜著大量催淚性毒氣彈，黃煙起處，一股嗆鼻的氣味撲面而來。傷亡和中毒官兵們很多，僅第26團團部傳令兵和勤務兵就傷亡了10多人。戰鬥還未開始，即遭如此損失，第9師的士氣和戰鬥力大受打擊。天亮前，我軍的進攻開始，首先襲擊蜂子嶺日軍警戒陣地。日軍被迫退守東山寺主陣地。第

9師官兵奮勇追擊，於天明到達東山寺附近。日軍以猛烈的砲火進行攔截。我軍則充分利用砲火的射擊間隙和死角，向前進攻，多次突入日軍陣地，與敵肉搏。守敵漸漸不支。東山寺守備隊長鈴木善太郎看到形勢危急，竟無視手下正與中國兵拼刺刀的日本士兵的生死，命令砲兵「立即以山砲轟擊衝進陣地的敵軍」。很快，日軍前沿陣地上就響起了一陣陣砲彈的爆炸聲。正在進行殊死肉搏的中日雙方士兵相繼倒在了血泊之中。這時，內山英太郎看到東山寺守備隊力量單薄，擔心守不住，便命令工兵第13聯隊組織聯隊本部及部分工兵增援鈴木部隊北翼。同時，野村部隊（由工兵第13聯隊長野村武貞大佐指揮的工兵第13聯隊主力及神森討伐隊組成）也由楊岔路附近趕來增援。得到加強的日軍抵抗更加頑強，並不斷組織反擊，第9師漸漸陷入被動。激戰持續到翌日拂曉，第9師損失很大，僅第26團就有兩位營長負傷。天亮後，師長張金廷見部隊傷亡太大，已無力攻擊了，乃命部隊向蜂子嶺以東撤退。

就在第9師宜昌外圍與日軍血戰之時，在宜昌附近策應該部作戰的中國軍隊亦加緊進攻，打得日軍手忙腳亂。5日，第5師佔領了楊岔路-土門埡間的公路兩側山地，並將該公路完全切斷。這條公路是宜昌通往土門埡飛機場的重要通道，是被圍後的第13師團的生命線。因此，內山英太郎得到這條公路被切斷的消息後，焦急萬分，速令野村部隊打通並確保這條公路的暢通。但當這支部隊進到楊岔路附近時，突遭第76師第226團攻擊，當場被打死8人。此時，宜昌東側告

■ 在長沙市區追擊日軍。

急，內山英太郎十萬火急地命令野村武貞回援東山寺。日軍撤走後，第76師又乘勝攻佔了劉鼻子崗、楊岔路，完全切斷了這條重要通道。當晚，第5師第15團襲擊雷家衝，與守敵第13師團騎兵隊（隊長鈴木保大尉）戰鬥數小時，將該地完全包圍。同時，第32軍一部襲擊了吳家大包。6日凌晨，第141師襲擊了土門埡。駐守該地的日軍步兵、工兵、輜重各一個小隊陷入苦戰。日軍第103旅團長柴田卯一少將急忙調兵增援，才於次日晨保住了陣地。天亮後，第76師向豐寶山進攻。守敵第6中隊和援敵第10中隊陷入重圍，第10中隊長藤島鎌吉當場被擊斃。戰鬥進行到最激烈時，日軍一架「九七式」偵察機從宜昌鐵路壩機場趕來助戰，進行低空掃

射。王凌雲師長當即組織機關槍火力對空射擊。日機多處中彈，隨即在空中爆炸。7日凌晨，第2軍突擊隊300餘人突襲石板鋪南側日軍據點，打得日軍手忙腳亂，甚為狼狽。天亮後，第139師加入對豐寶山的攻擊，與援敵植山討伐隊（由第104聯隊機槍隊長植山正弘指揮的步兵兩個中隊，聯隊砲、步兵砲各一個小隊，聯隊機槍隊主力組成），斃、傷敵59人。是晚，第141師第423團第2營尖兵連再次夜襲豐寶山，攻佔敵陣地一部，繳獲60mm砲3門，輕機槍4挺。

7日，第2軍主力與第32軍第139師奉命穿過日軍北側據點，相繼攻到了宜昌東郊。當天凌晨，中國軍隊以兩個師開始了對東山

寺的第二次攻擊。我官兵在砲火的支援下，以10人為一組，反覆衝鋒，與日軍展開了長達5小時的手榴彈戰。激戰到天亮，中國軍隊衝入了敵軍部分陣地。這時，坐在距東山寺僅1公里之遙的內山英太郎有些坐不住了，一面命令砲兵傾盡全力對攻入日軍陣地的中國軍隊進行攔阻射擊，一面急電向正在岳陽指揮作戰的阿南惟幾告急：「敵總兵力為北正面9個師，西正面3個師，南正面2個師。敵的一部由配備的空隙潛入，內外響應，似在奪回宜昌。」不久，在日軍的猛烈砲火下，攻入日軍陣地的中國軍隊損失嚴重，只好再次退了回去。

第9師退去後，東山寺陣地上的日軍陷入了絕望，不知道覆滅的命運何時降臨在自己頭上。當晚，相田聯隊也將軍旗奉還給了師團部，以防落入中國軍隊手中。面對這種情況，內山英太郎也失去了往日的驕橫，在當天下午與柴田卯一旅團長通話時，一反常態地命令他將立花聯隊第2大隊（大隊長鈴木忠少佐）和獨立野戰重砲兵15聯隊第2大隊（大隊長小原文雄中佐）一部調入宜昌。內山英太郎這樣一個剜肉補瘡的措施讓第103旅團方面本來就十分困難的戰局雪上加霜。當天晚些時候，第75軍攻克雙蓮寺。8日晨，第73軍第77師兩個團衝入鴉鵲嶺、安福寺，第103旅團陷入苦戰。當天傍晚，第77師一部攻克太和場，殘敵退入鴉鵲嶺陣地。8日，鈴木大隊在趕赴宜昌的途中，於土門埡附近連續遭到第5師頑強抵抗，無法突破，只得繞道小路通過。

對東山寺的第二次攻擊失敗以後，中國軍隊轉而攻擊宜昌外圍的其他據點。7日下午，第9師師長張金廷決定於當晚發動夜襲，遂召集各團、營長到師部開會，下達作戰命令：以第25、27團擔任第一線攻擊隊，直撲宜昌北面的大娘子崗和土城日軍主陣地，第26團為預備隊，訂於黃昏後開始進攻。太陽落山後，我軍主攻部隊利用夜幕掩護，迅速接近了敵陣地，師工兵營協助第一線部隊破壞了日軍前沿的鐵絲網和鹿砦。8日凌晨，第9師突然發起攻擊。第25團一個排當即攻佔煙墩堡，守敵一個小隊幾乎被全殲，僅5人逃出。接著，我軍又乘勝攻佔了煙墩堡北側的東嶽廟。同時，第9師又對東山寺發起了第三次進攻，曾一度衝到日軍陣地前山谷地帶，但又遭到日軍側防山砲的密集射擊，正面的攻擊再度陷於停頓。另一方面，相田俊二聯隊長命第9中隊抽調一個小隊反撲東嶽廟，我軍頑強阻擊，將日軍小隊長今野一雄以下大部殲滅。而後，日軍又相繼投入兩個小隊和一個中隊，仍未奪回東嶽廟。

為策應東山寺正面作戰，李延年軍長又組織奮勇隊百餘人，於8日晨在濃霧的掩護下，突襲葛洲壩，全殲了那裏的偽警察。內山英太郎得到這個消息大吃一驚。他萬萬沒有料到中國軍隊會在這裏登陸，逼近宜昌市區。看來形勢危殆，他立即命令相田俊二臨時組成以聯隊機槍隊長石母勇中尉指揮的一個中隊（配屬重機槍1個小隊及工兵），在飛機和宜昌西岸砲兵的配合下，向葛洲壩襲來。第2軍奮勇隊英勇抵抗，終因寡不敵眾，除5名船工泅水逃生外，其餘百餘名戰士和20名船工為祖國流盡了最後一滴鮮血。隨後，日軍以「搜索化裝便衣的重慶軍」為

名，血洗葛洲壩，屠殺手無寸鐵的和平居民逾百人。

第9師第三次撤出東山寺後，轉攻土城日軍主陣地，戰鬥進行得非常艱苦，屢攻不下，僅第26團就有兩個營長負傷，連長以下軍官傷亡三分之二以上。在此期間，中日兩軍也對煙墩堡陣地進行了反覆爭奪，形成膠著。而同時，奉命由龍泉鋪增援宜昌的立花聯隊第4中隊（中隊長松崎正吉中尉）也在半路上遭到第32軍一部的攻擊，舉步維艱。面對接二連三的挫折，松崎中隊長心灰意冷，一度產生自盡的想法。

聽著四周越來越近的槍砲聲，內山英太郎已經開始絕望了。這是他有生以來第一次體驗四面楚歌的感覺。他覺得死神已一步步地向他走來。難道自己真的就這麼完了嗎？第13師團就這麼完了嗎？不！不能就這樣白白走進墳墓，自己手下是「皇軍」的精銳，阿南司令官不會扔下他們不管的。於是，他四處求援。果然，支援很快就到了。8日晨，駐漢口的第3飛行團團長遠藤三郎少將應內山英太郎的請求，攜帶一挺重機槍乘坐一架輕型轟炸機趕到宜昌，與內山英太郎在他的師團部會面。在會談中，內山英太郎聲淚俱下，說：「已經下定決心，連醫院的患者也派到戰線去了，司令部內人員也不斷出現傷亡，士氣影響甚大。但願在機場沒能使用的期間內即使是1個分隊的兵力也可，希能給予空運。」其實，遠藤三郎通過他在宜昌降落時受到砲擊的情況已經大體知道了第13師團的狀況。內山英太郎的這番話更讓他覺得形勢緊迫。可是宜昌機場被中國軍隊的砲火所控制，使用困難，空運談何容易。不

過，第13師團已危在旦夕，他也顧不得那麼多了，遂答應了內山英太郎的要求。事不宜遲，遠藤三郎很快結束會談，馬上乘飛機飛往荊門機場，找第39師師團長澄田賚四郎搬兵。當他到達那裏時，第39師團參謀長山崎正男大佐和阿南惟幾派來協調行動的第11軍參謀八木東中佐已等候在跑道旁了。於是，三人商討了戰局。在會談中，山崎正男告訴遠藤三郎：第39師團已接到阿南惟幾要他派兩個步兵大隊和一個山砲大隊開赴宜昌，援救第13師團的命令。可是這時，該師團因不斷受到中國軍隊的攻擊，損失嚴重，已自身難保。7日根據軍司令部的命令，又將師團唯一的機動部隊步兵第233聯隊第3大隊（大隊長大守忠俊少佐）派往宜昌，已幾乎無兵可調了。遠藤三郎聽了這話，知道第39師團不願派兵，便把他在宜昌體驗到的危急情況全部告訴了山崎正男。山崎得知宜昌的情況後，大為震驚，立即提議在師團部護衛中隊（步兵第233聯隊第6中隊）中抽出1個小隊和機關槍1個分隊空運宜昌，並在機場用電話報請澄田賚四郎批准。澄田賚四郎接到電話後儘管不十分情願，可是救兵如救火，經過反覆斟酌，還是同意了參謀長的請求，命令從師團部護衛中隊中抽出45名官兵組成福島小隊攜輕重機槍若干，火速空運宜昌。90分鐘後，福島小隊到達荊門機場，隨即分批乘坐一架「九七式」運輸機空運宜昌。當這架運輸機第三次著陸宜昌機場時，被中國軍隊地面砲火擊毀，空運即告中止。而這時，福島小隊僅運抵了三分之二。但即便是這30來人在已沒有預備人員可調的內山英太郎眼裏，已如一根救命稻草了。當天傍晚，福島

小隊完成集結後，內山立即將其投入新部署的右地區隊（主要由師團經理部勤務班組成），但仍無濟於事，這支部隊很快就頂不住了。福島小隊長也被擊斃。

此時，奉命於7日乘載重汽車從荊門趕來援救第13師團的第39師團的大守大隊在向宜昌前進的途中連續遭到中國軍隊第77軍、第77師、第5師等部的攻擊，戰死達50多人，曾一度後退。大守忠俊少佐也被打成重傷，送往後方，由第9中隊長瀧澤勇雄大尉暫代其職。

當陽日軍的不斷增援，讓坐鎮秭歸的陳誠警惕起來。這時，他已知道湘北日軍已大部歸巢，大舉援宜只是時間問題了。第39師團的不斷增援很可能是這個行動的先兆。時不我待，必須儘快解決宜昌之敵。8日，陳誠嚴令各軍：「著令各部行果敢之攻擊，到11日晚，務期獲得預定戰果。」命令既下，各部均積極行動，準備向日軍發起最後的攻擊。

9日凌晨，中國軍隊對宜昌的總攻開始。第2軍三個師全部壓上了東山寺，主攻方向直指直接沿通往東山寺道路突角佈防的日軍第13師團兵器勤務隊和經理勤務班的結合部。在攻擊中，中國軍隊以連為單位實施小集群躍進。各連多為連長領頭，連長以下軍官次之，士兵繼後，對日軍陣地反覆衝鋒。在第一次衝鋒中就衝垮了日軍兵器勤務隊左翼的第2小隊陣地。在白刃格鬥中，日軍第2小隊佐藤准尉被當場刺死。月落後，中國軍隊乘勝從左翼衝入敵陣。日軍高橋代理隊長率指揮班進行反撲，也被擊傷。中國士兵趁機繼續攻擊，突破了東山寺日軍左翼陣地。

坐在桃花嶺師團部裏的內山英太郎驚悉中國軍隊已攻佔東山寺左翼陣地，指揮所受到威脅，當即命令剛於上半夜到達的鈴木大隊投入戰鬥，同時進一步加強師團部的防衛。不久，中國軍隊又衝入兵器勤務第1小隊陣地。小隊長佐藤少尉率小隊的半數士兵進行逆襲，也被打死。夜半過後，緊急奉命加入戰鬥的鈴木大隊主動向進攻中的中國軍隊攻擊。雙方展開激戰。天亮後，日軍的側防山砲以熾烈的火力向突入鈴木大隊陣地的中國官兵轟擊。由於沒有工事掩護，中國官兵傷亡甚大，只得稍稍後撤，鈴木大隊遂得以鞏固陣地。中國軍隊退去後，日軍士兵在一位為國捐軀的中國連長的衣服口袋裏發現了一本日記簿。這位無名英雄當天的日記中，充滿了對部下士兵的無限信任和明天（10）必將佔領宜昌的決心。9日下午和晚上，第39師團瀧澤大隊（即大守大隊）和立花聯隊松崎中隊先後到達宜昌。內山這才總算有了一支可用的預備隊。

10日凌晨，中國軍隊再次對宜昌周圍發起猛烈的總攻。140餘門火砲一齊向日軍各據點猛轟。一時間，長江西岸的二郎廟、石榴河，城北的西陵山、慈雲寺，城東的東山寺等地，血肉橫飛、硝煙彌漫。在猛烈的砲火掩護下，中國軍隊的步兵開始了衝鋒。在當陽-鴉鵲嶺-宜昌公路方面，第75軍第6師壞道路18處，切斷電線達4公里，完全切斷了宜昌與當陽間的聯繫，打亂了日軍的反擊計劃。在宜西方面，第94軍集中兵力對日軍福永耘聯隊陣地實施了反覆攻擊，打得日軍幾無還手之力。在慈雲寺方向上，第75軍一

■ 第九戰區司令長官薛岳與參謀人員在研究作戰方案。第二次長沙會戰開始後，薛岳讓參謀長吳逸志帶戰區大部分人員南移至耒陽，自己則率少數參謀人員留在長沙。

部於10日晨集中20餘門火砲向310高地發射砲彈數百發，將該高地的地面障礙悉數摧毀，而後，又以200餘人進行頑強衝鋒，戰鬥極為激烈。

決定當天戰鬥勝負的關鍵還是對東山寺的爭奪。凌晨2時30分，第2軍集中迫擊砲、山砲等進行了空前猛烈的火力準備後，開始反覆衝鋒。其中，日軍經理勤務班防守的陣地曾三次被中國軍隊突破，危如累卵。拂曉前，第9師的突擊團（第27團）一度佔領東山寺以南大娘子崗主陣地，攻入宜昌市區，在距日軍師團部不到1000公尺的聖母堂一帶與守敵展開巷戰，但日軍施放大量毒氣，使第27團官兵大批中毒，被迫再度後撤。日軍得以封住了突破口。

在中國軍隊的凌厲攻勢下，日軍的防禦變得越來越脆弱，宜昌市區防禦崩潰只是時間問題了。內山英太郎已徹底絕望。他預計就算是最頑強的抵抗，也只能撐到11日，因而於9日夜命令參謀長秋永力燒毀機密文件，做好自殺準備。10日，又擬就了一份給阿南惟幾的訣別電稿，交給電報班準備在最後時刻發出。但是，出乎預料的事情出現了。向新店、王家店、濟店出擊，破10日傍晚，陰雲密佈。不久，豆大的雨點從天而降，密密麻麻地傾瀉在屍骸成堆的戰場上。

很快，雨水就將鮮血匯成的無數小水坑變成了一條條淡紅色的小溪，流進附近的河流。整個戰場變得泥濘不堪。在這樣惡劣的天氣中，中國軍隊被迫停止了進攻。

8日晚，鑒於第13師團方面的嚴重態勢，阿南惟幾決定增援宜昌，「以捕捉殲滅潛入宜昌東方地區的有力敵軍」。其具體部署如下：第13師團應確保宜昌及長江左岸地區的第一線；第39師團應確保現佔據地區的要地（沙市方面留守最小限度的兵力），並以其餘兵力向宜昌開始進攻；早淵支隊、佐佐木大隊、一宮支隊歸第39師團長澄田賚四郎指揮；第3師團以一部參加襄西地區的攻勢作戰，其首先到達的運輸部隊集結於孝感附近；第4師團以參加襄西地區的攻勢作戰為目的，應向沙洋鎮急進。9日晨，阿南親率參謀長木下勇及參謀人員乘飛機趕往開門機場，組織實施攻勢作戰計劃。下午，由於

■在第二次長沙會戰中，中國軍隊從長沙天心閣向敵衝擊。

宜昌戰局進一步惡化，阿南惟幾緊急命令澄田賚四郎「儘量以可能掌握的兵力迅速擊滅宜昌東側之敵」。這道命令讓澄田非常為難：第39師團正受到中國軍隊四、五個軍的攻擊，也很吃緊。上次宜昌告急，他甚至把師團部的護衛部隊都調過去了，而新調歸他指揮的三支部隊又尚在集結中，手裏已沒有更多的兵力了。可是他又不好掃司令官的面子，只好委婉地向阿南提出，自己「只要掌握了3至4個大隊即開始向宜昌前進」。對這個建議，阿南未置可否。就這樣，關於第39師團何時開始進攻的問題被擱置起來。

日軍增援部隊的集結速度異常緩慢。到9日晚，新調歸第39師團指揮的部隊中僅有佐佐木大隊的1個中隊到達，其餘均在路上。10日晨，澄田率領他的師團部由荊門向當陽前進，在行至清溪河附近時，突然遭到第39軍一部攻擊。澄田率部且戰且走，費盡周折，到下午4時才到達當陽。到達當陽後不久，步兵團長兩角業作少將就向澄田告急：「9日夜，木匠店（當陽西南8公里）及玉泉寺（當陽西南偏西12公里）情況緊迫，10日夜如不增加兵力，恐難保持。」澄田原本就認為以第39師團的現有兵力，不足以完成軍司令部在8日晚規定的任務，部隊要前進必須待新配屬的部隊集結完畢後，方可前進，遂決定於11日待部隊集中後才開始進攻。但是，由於新配屬部隊隸屬關係複雜，協調困難，集中速度極為緩慢。10日傍晚，淅淅瀝瀝的秋雨籠罩了襄西大地，道路變得泥濘難行，在向當陽行進中的日軍官兵苦不堪言。

第39師團行動的遲滯讓第11軍司令部大為不滿。10日晚，阿南惟幾剛返回漢口司令部就發電催促澄田賚四郎，希望該師團於10日開始前進。次日凌晨，澄田接到軍司令部的電報，無奈之下，將部隊開始進攻的時間提前到11日上午9時。具體部署是：以步兵第233聯隊長吉川資大佐指揮該聯隊兩個中隊及佐佐木大隊的1個中隊，組成右翼隊，由玉泉寺方面向宜昌攻擊前進；以早淵支隊為左翼隊，由木匠店方面向前進攻；砲兵隊以主力協助早淵支隊作戰。本來，攻擊預定於上午9時開始，但第39師團一直拖延到中午12時25分才開始攻擊。可是，他們在進攻中遭到了當面中國軍隊的英勇阻擊，進展遲緩。日軍一刻不停地進攻，到當天午夜，吉川聯隊仍在玉泉寺附近的山中與第39軍激戰。進展稍快的早淵支隊也才進到木匠店西南約9公里的王家店。而第39師團的戰鬥指揮所在11日夜間到達新店後，更是與兩翼部隊失去了聯繫，處於孤立無援的危險境地，到12日午後後續部隊到達，澄田這才鬆了一口氣。

正當日軍手忙腳亂地增援宜昌時，在秭歸指揮所裏的陳誠格外沮喪。10日傍晚，他正準備對第13師團發動最後一次打擊，不想天公不作美。一場大雨打亂了他的計劃。稍後，他又得到日軍在當陽大規模集結，準備增援宜昌的情報。本來，宜昌日軍已成強弩之末，只要咬牙再堅持一下，勝利就在眼前。可是此時，他還不知道這場大雨什麼時候會停，如果日軍援軍到達，大雨還沒停，自己的部隊會腹背受敵，處境將十分危險。經過反覆考慮，他當晚即下令參戰各部停止攻擊，迅速利用夜暗和大雨撤離戰場。11日下午5時，日軍第3飛行團出動大批飛機，對宜昌城外中國軍隊陣地進行狂轟濫炸，並投擲毒氣彈多枚，中國軍隊官兵中毒、受傷甚多。蔣介石得知這一情況後，也命令陳誠中止宜昌作戰，恢復原態勢。

12日上午，內山英太郎得知第39師團前來增援，知道自己得救了，一種劫後餘生的感覺油然而生，當即命令所屬各部轉入攻勢，企圖於黑虎山一帶圍殲攻城之中國軍隊，以出出他被圍這麼多天來的惡氣。當天下午，在楊岔路北側集結的鈴木大隊為策應第39師團之行動，向南進攻。但出乎意料地遭到中國軍隊第5師的頑強阻擊，第5中隊長山本健吉中尉以下多人被擊斃。等大隊長鈴木忠少佐調整部署準備再次進攻時，第5師早已主動撤退了。同時，早淵支隊以3個大隊向臨江鋪攻擊，同樣撲空。這天，日軍第3飛行團出動飛機143架，對宜昌城外中國軍隊陣地進行狂轟濫炸，但由於中國軍隊已先期撤退，攻擊效果不大。13日上午，澄田賚四郎進入土門埡，當得知中國軍隊已先期退走，怕阿南惟幾怪罪，隨即向軍司令部去電稱：「錯過攻擊時機，實感歉疚。」阿南也知道其難處，不便責怪，只命其歸原態勢。而後，日軍又集中第4、39師團及獨立混成第18旅團各一部對尚在沙市方面作戰的暫5師、新23師、第15師和第8軍進行了掃蕩。戰鬥持續到10月26日，中國軍隊奉命主動退回江南。由於中國軍隊機動靈活，日軍戰果非常有限。戰後，據第8軍統計，在整個反攻宜昌的作戰中，其所屬的榮1師和第103師僅傷亡300餘人。

此次反攻宜昌作戰，中國軍隊功敗垂成讓很多人扼腕歎息：因為這是抗戰以來，中國軍隊奪取日軍重兵設防的重要城市的最好機會。究其原因，固然有日軍頑強和陳誠指揮失誤的因素。但是，中國軍隊在部隊建設上的缺陷也不容忽視：首先，由於抗戰中中國軍隊多是被動防禦，部隊在訓練和裝備供應上多是立足於防守，難於適應進攻作戰，特別是攻堅作戰。在本次作戰中，擔任主攻的第9師竟連攻堅的基本武器——炸藥包都嚴重缺乏，由此可見中國軍隊對攻堅作戰瞭解和準備之缺乏。其次，步兵對砲兵火力依賴心理過重，期望砲火將日軍工事全部摧毀，限制了步兵的行動。第三，部隊建制不健全，很多團投入實戰兵力不過400多人，還因後勤動力不足，需派相當兵力幫助運輸作戰物資，大大降低了部隊的戰鬥力。戰後，第六戰區雖然通過總結，認識到了這些問題，但在以後的作戰中仍沒有著力克服，以致於該戰區在1942年和1944年先後兩次組織反攻宜昌的作戰仍舊無功而返。

湘北追擊

10月1日，駐防襄西方面的日軍第13和第39師團的告急電報像雪片一樣飛到第11軍司令部。看到這些告急電，阿南惟幾頓感大勢不妙，遂於是日黃昏向各部隊下達了反轉命令。其要領如次：第40師團先行，然後以第4、第3、第6師團並列北撤，於5日左右退到汨水一線。其中，第40、第6師團為右縱隊，沿永安市-麻峰嘴-長樂大道撤退；

第4師團為左縱隊，沿長沙-湘陰大道北退；左右兩縱隊之間為第3師團的後撤地帶。隨後，日軍各部相繼開始後撤。

而就在這天中午，薛岳判斷日軍彈糧將盡，很快就會撤退，也令各部奮勇追擊。其具體部署如次：第58軍超越泗口市以北，由長樂街、關王橋方面，自東向西截擊；第4、20軍由福臨鋪、長樂街及栗橋、新市方面，自東向西截擊；第99軍之第92、99師由石子鋪、福臨鋪及栗橋方向，自東向西截擊；第72軍速經平江西北山地向楊林街方向，超越截擊；第26軍由瀏陽西北方自東向西清掃撈刀河兩岸戰場；第74軍由普跡市方面，自東向西清掃瀏陽河兩岸戰場；暫2軍一部沿株洲到長沙大道東西地區，自南向北清掃戰場；第79軍以一師守備長沙，主力向新市、長樂街銜尾追擊敗退之敵；湘鄂贛邊區挺進軍鄂南指揮官王勁修親率所屬3個挺進縱隊，於咸寧、蒲圻間截擊日軍；挺進第6、第7縱隊於新牆、楊林街、忠防之間截擊；同時申令各部編組便衣隊以伏擊、側擊之戰法疲憊和打擊後撤之敵。命令既下，一場大規模的追擊戰隨即展開。2日，軍委會又進一步傳令給第九戰區：「立即開始追擊，相機收復岳陽」，「使五、六戰區作戰有利。」這樣，第九戰區的追擊又負有策應第六戰區宜昌作戰的職責了。

在撤退過程中，日軍最先受到打擊的是第4師團（附早淵支隊）。10月1日中午，從長沙撤出來的早淵支隊到達撈刀河北岸。可是他們怎麼也不會想到，中國軍隊的第98師早已在那裏佈下了天羅地網，等著他們。等到日軍進入了第98師的包圍圈之後，王甲

■ 中國軍隊在發動反擊。

本師長一聲令下，撈刀河北岸槍聲大作。一顆顆復仇的子彈從槍口中射出。日軍猝不及防，走在前面的步兵第116聯隊第1大隊長川崎進少佐當即飲彈身亡，他身邊的日軍官兵也死的死、傷的傷，紛紛向南逃竄。一時間，日軍隊形大亂。第98師乘機猛擊，日軍傷亡慘重。次日上午，步兵第116聯隊第2大隊長橫澤三郎少佐也被第98師的狙擊手打死。隨著傷亡的不斷增加，早淵支隊陷入困境。不久，由金盤嶺撤退的第4師團主力到達這裏，並向第98師反擊。同時，日軍飛機也趕來助戰，終日對中國軍隊陣地進行掃射、轟炸。第98師傷亡劇增，漸漸支持不住，被壓縮在湘江東岸，陷入背水作戰的窘境。王甲本不得已率師指揮所撤到霞凝港。

而後，日軍全力向該師陣地猛攻。雙方在各要點反覆激戰，尤以鶴羊山的爭奪戰為最。防守該地的師搜索連連長余應勇以下官兵幾乎全部犧牲，僅剩下排長鄭昌言及15名戰士。但他們仍然頑強地堅守著陣地，打退了日軍一次又一次的衝鋒。是夜，第98師副師長向思敏親率10名戰士衝過石子鋪日軍據點，到湘陰附近與第99軍一部取得聯繫，並督率部隊趕回來救援，才使第98師轉危為安。就在第98師於撈刀河北岸苦戰之時，第4師團的後衛部隊也受到了暫6師的猛烈攻擊。2日晨，日軍鵜澤聯隊第11中隊在長沙北站以東約2公里處被暫6師包圍，處境危急。鵜澤尚信連忙調第3大隊緊急回援，同時日軍第1飛行團也出動16架飛機進行支

■ 日軍騎兵部隊正向前線開進。

援。雙方激戰到3日正午，方才把被圍部隊救出來。而後，暫6師乘勝向霞凝港追擊。日軍圍攻第98師的部隊的南面受到威脅，被迫解圍，繼續北撤，到5日才到達汨羅江南岸。2日夜，暫時脫離師團主力單獨行動的森田聯隊也在麻峰嘴東南遭到第20軍第134師兩個團的堵擊，受到相當損失。

與左路的第4師團相比，日軍的其他部隊在撤退途中受到的打擊也不輕。10月2日晨，荒木支隊在進到麻峰嘴東北地區時，突遭第20軍主力襲擊，陷入激戰。不久，第20軍軍長楊漢域得知日軍兵站運輸隊一部正向麻峰嘴方向開來，大喜：兵站部隊戰鬥力較弱，又有輜重及傷病員拖累，若打擊該部可以用很小的代價取得巨大的戰果。於是，他當機立斷，命令部隊放過荒木支隊，迅速南

下，攻擊北撤的日軍兵站運輸隊。當天中午，第20軍一部在金井-麻峰嘴之間的道路上截住了日軍的這支兵站部隊。同時，第4軍也趕來支援。雙方激戰到深夜，中國軍隊形成了對敵人的包圍。日軍兵站部隊危在旦夕，連連向第40師團求救。第40師團參謀長久保滿雄大佐得知此事後，立即緊張起來：該兵站運輸隊運送著約1200名傷病員，若被全殲，損失將難以估量。基於這種考慮，他向師團長青木成一建議以師團主力圍攻當面中國軍隊。面對這個建議，青木猶豫了。他知道，師團彈糧將盡，若再去攻擊戰鬥力不弱的第4軍及第20軍一部，很可能形成僵局，而在中國方面，第20、58、72、99軍等部又距此不遠，一定會前來增援，到那時，第40師團弄不好會偷雞不成蝕把米，

不但圍殲不了當面之敵，反會遭到中國軍隊的合圍。於是，他命令部隊擊退當面中國軍隊後，掩護兵站部隊前進。戰到3日下午，第6師團的先頭部隊也到達金井附近，楊森見日軍不斷增加，擔心手下的兩個軍陷於不利，便命令楊漢域和歐震放開大路，轉至道路兩旁，待敵通過時進行側擊。各部遂向道路兩側轉進。第40師團得以掩護運輸部隊通過第20軍和第4軍的阻擊線。但當他們通過時，由於受到20軍和第4軍的側擊，日軍運輸隊急於逃命，慌亂中竟衝垮了後面第6師團先頭部隊的行軍隊列，秩序極為混亂。4日晨，楊漢域得知日軍第6師團主力向福臨鋪、檢市場開來，立即命令副軍長夏炯率第133師前往阻擊。第133師趕到福臨鋪、檢市場附近，剛準備好，日軍第6師團主力就開到了。雙方結結實實地打了一仗。日軍費了九牛二虎之力才擊退第133師。此時，第37軍第60師已趁日軍撤退之機收復了金井，向日軍後尾夾擊。神田正種怕腹背受敵，不敢戀戰，率部繼續北進。夏炯遂迅速收攏部隊，跟在他們後面進行尾追，繳獲了不少戰利品。5日，第6師團才到達長樂附近。

在中國軍隊的整個追擊行動中，戰果最大的要數第99軍了。1日夜，傅仲芳軍長探知第6師團一部在路口畬附近宿營，當即組織有力部隊奔襲該地，斃敵人馬700有餘。2日，第99師與第92師一部在楓林港截住了日軍第3師團。豐島房太郎師團長當即集中所部主力進行猛攻，可是打了一晝夜也未能突破第99軍的防線。3日黎明，第99軍主力主動後撤到影珠山，繼續抵抗。3日晨，第3師團主力在飛機掩護下向影珠山第92師陣地發動進攻。第99軍沉著應戰，予敵重大殺傷。日軍石井聯隊的隊旗也一度遭到危險。第3師團拼命攻擊，戰鬥到午夜時分，才衝破第99軍陣地北逃。4日，他們行至栗橋附近時遭到第60師的阻擊，又付出了傷亡百餘人的代價才突破該師防線。

10月3日，阿南惟幾得知宜昌方面的第13師團完全陷入中國軍隊的包圍之中，岌岌可危；而自己只有儘快把湘北的部隊撤下來，才有兵力向宜昌增援。但部隊的情況實在令人憂慮：損失不斷增加，撤退速度如蝸牛爬行，運送傷兵的兵站部隊不斷遭到襲擊——必須採取有效措施解決這些問題。於是，他命令在洞庭湖區作戰的平野支隊攻佔湘陰，企圖讓一部分部隊和傷兵通過這裏進入洞庭湖向北撤退，以避開中國軍隊的堵截。3日，平野支隊在湘陰北面的白泥湖岸登陸，開始進攻湘陰。守衛湘陰的是第99師第295團曹克人營。該營自9月24日進駐湘陰以來，積極破壞日軍交通，並收復了縣城附近之烏塘，給日軍交通造成了很大的妨害。此次，日軍前來，志在必奪，一則企圖打通撤退道路，二來也為前階段在湘陰城外的作戰不利報復湘陰軍民。可是他們怎麼也想不到，防守這個小城的中國一個營正規軍和少數警察，早已眾志成城，用堅定衛國的信念築成了一座堅不可摧的堡壘。戰前，曹克人營長的父親知道敵人強大，怕兒子遭遇不測，專門寫信含蘊地勸他「勿強求功名」，急流勇退。但曹營長看後，立即回信，說：「古人云：『養兵千日，用在一朝』」，值此國家存亡之際，匹夫尚且有責，我作為軍人，怎能臨陣退縮，望雙親體諒時

艱，顧全大局，善自頤養天年……我願抗戰
到底。」這錚錚誓言不僅表達了曹營長本人
對國家的赤膽忠心，更代表了湘陰保衛者的
心聲、全國抗日軍民的心聲。正是抱著「抗
戰到底」的信念，湘陰軍民誓與湘陰共存
亡，在曹營長和第99師朱志席副師長、縣長
謝寶樹的帶領下，與優勢的敵人浴血奮戰。

3日凌晨，日軍平野支隊500餘人在白
泥湖附近的箭毛嶺、馬頭嶺登陸，向御洗溝
陣地猛攻。從飛機上投下的炸彈和敵軍軍艦
上射來的砲彈雨點般地傾瀉在守軍的陣地
上，中間還夾雜著毒氣。一時間，塵土飛
揚，爆炸聲此起彼伏。而在充滿著硝煙和嗆
人的氣味的陣地上，曹營長指揮若定，組織
部隊進行還擊。由於中國官兵上下一心，寸
土不讓，打退了日軍多次衝鋒。同時，謝寶
樹一面命令縣國民兵團和警察協同曹營守
城，一面組織民眾向前線運送糧彈，並抬下
傷員。入夜，槍砲聲仍未有絲毫減弱。朱志
席副師長擔心敵由湘陰南面北攻，乃不顧個
人安危，親赴湘陰城南的南泉寺東端，指揮
特務營、砲兵營等部支援曹營作戰。半夜，
日軍因死傷太眾，只得暫停攻擊。次日晨，
平野支隊增兵800餘，再次猛攻湘陰城。曹
營長等敵人接近後，高喊一聲「打」。全營
官兵紛紛躍出戰壕，與敵肉搏，打得日軍狼
奔豕突。

3日深夜，阿南惟幾得知平野支隊攻擊
湘陰不利，急得像熱鍋上的螞蟻。這時，中
國第六戰區的部隊已攻抵宜昌城下，被圍在
那裏的第13師團危在旦夕，必須儘快把湘北
的部隊投入宜昌作戰。可是同時，這麼一個
小小的湘陰城卻像一顆釘子卡釘在了日軍撤

■ 嚴陣以待的中國軍隊，隨時準備投入戰鬥。

退的道路上，如不能在一、兩天內拔掉，湘
北的部隊撤不下來，宜昌失守、第13師團被
殲，中國第五、六戰區很可能乘勝兵臨武
漢。而在江北的第39師團、獨立混成第18
旅團等部隊都已被打癱，他拿什麼來守武
漢？阿南惟幾不敢再往下想了，沒有其他辦
法，只有死攻湘陰一途了。於是，他命令剛
於當日到達新市的荒木支隊火速西進，協同
平野支隊攻佔湘陰。荒木支隊接到命令後，
即於4日向湘陰方向急進，上午10時左右，
已進抵湘陰東南周家橋一帶，陷守軍於腹背
受敵的不利境地。但朱志席仍然鎮定自若，
指揮部隊頑強抵抗。午後，日軍以飛機空投
數十名傘兵於北城、八甲一帶，與平野支隊

夾擊曹營。曹營利用城內的房屋和工事，與敵展開血戰。副營長陳錦龍、連長鄧先覺，先後壯烈犧牲。戰事進入最緊張的階段，曹營長一面指揮部隊與優勢的敵人展開慘烈的巷戰，一面用電話向朱志席報告，並慷慨陳詞，以明其志：「某當守土禦侮，效命祖國，城存與存，城亡與亡，誓與湘陰共休戚！」又經數小時激戰，陣地上官兵犧牲殆盡，僅剩下曹克人和兩名饑困不堪的士兵了。他們仍然用手中的武器抗擊著漸漸逼近的敵人，終因彈盡糧絕，落入了日軍手中。曹克人被俘後，大義凜然，痛罵敵寇。日軍羞惱之餘，用鐵釘將曹營長釘在牆上，剖開胸膛，將其活活燒死。4日下午，荒木支隊衝進湘陰，朱志席、謝寶樹率守城軍警突出重圍轉到城外繼續抵抗。

4日晚，薛岳分析戰局後認為，宜昌形勢緊張，阿南惟幾必然急於從湘北抽兵援宜，而水路運力有限，因此，湘北日軍主力「必迅渡汨羅、新牆北潰」。基於此判斷，他下令調整部署：第4軍應速由長樂街北渡、協同第58軍自東向西截擊；第20軍由伍公市、新市渡河尾敵窮追；第99軍第92、99師及第79軍即速分頭向新市、歸義、營田、湘陰之敵進逼。各軍奉令後，均積極行動，於5日晚到達指定位置。

5日，日軍主力均抵汨羅江南岸，不敢久留，除以一部經洞庭湖水路「反轉」外，主力仍渡汨羅江由陸路北退。第99師乘機猛擊經湘陰北撤之日軍第4師團及荒木、平野兩支隊後尾，擊沉敵艇3艘。同時，第197師步兵指揮官胡大任亦率第590團及第591團（欠一部）投入湘陰方面戰鬥。戰鬥中，胡大任身負重傷，仍堅持指揮不下火線，終因體力不支而昏迷，方被抬下火線送往後方醫治。6日凌晨，中國軍隊的勇猛攻擊終見成效，日軍後衛部隊因消耗過大，向北撤退。湘陰遂告光復。6日，由平江超越追擊之第72軍亦趕到楊林街、黃岸市，第58軍則早已在胡少保、洪源洞及其以西地區嚴陣以待，準備痛擊來犯之敵。當天子夜，新10師以主力分為若干襲擊組，並且選編官兵多組設伏於日軍撤退道路兩旁。後半夜，日軍通過這裏時，伏兵四起。日軍措手不及，自相踐踏，慌亂異常。拂曉，日軍增援反撲。新10師官兵前仆後繼，奮勇拼殺，殲敵600餘人。與此同時，新11師也趕到王復泰支援新10師作戰。這時，日軍所攜帶的糧彈已所剩無幾，不敢戀戰，只得在遺棄大量輜重後北遁。中國軍隊乘勝追擊。7日，第72軍開始猛攻新牆、筻口，將日軍第4師團的杏部隊堵在了新牆以南，脫身不得。已撤過新牆河的北野憲造得知杏部隊陷入困境的消息，驚恐萬狀。他知道楊漢域的第20軍已渡過汨羅江，向新牆開來，杏部隊有被夾擊的可能，所以必須盡快打退第72軍。於是，他急令剛於昨天深夜退到新牆的森田聯隊擊退第72軍，南下救出杏部隊。森田春次得令後，立即南進，費了九牛二虎之力才打退第72軍，救出了杏部隊。當晚，第20軍第133師和第4軍第90師追到大塘衝、東岸一帶，在當地農民的帶領下，偷襲了杏部隊後衛部隊的宿營地。不少日軍士兵還在夢中就上了西天。次日晨，殘敵在飛機的掩護下，丟下大批武器、輜重和

■ 1941年10月，在第二次長沙會戰中，中國軍隊渡過汨羅江追擊北撤日軍。

馬匹，退回新牆河北岸。

7日，各方面的捷報不斷傳到第九戰區司令長官部，但薛岳並沒有因此高興起來。他非常清楚，日軍主力已退回老巢，而宜昌附近的戰事還沒有取得突破性進展，蔣介石交給第九戰區策應第六戰區反攻宜昌的任務眼看就要告吹了，必須採取斷然措施，拖住日軍主力。於是，薛岳向各部下達了追殲殘敵並乘機攻略臨、岳的命令。其具體部署如下：王勁修率挺進第4、第5、第8縱隊及補1、補2團確實切斷咸寧、蒲圻間交通，斷敵歸路，務使日軍不能退過陸水東北岸，並阻敵援兵；挺進第6、第7縱隊分向羊樓司、五里牌截擊日軍，並確實切斷鐵路和公路交通，斷敵歸路，同時打擊敵之增援；第78軍新16師向崇陽攻擊；第20軍暫54師以主力攻擊大沙坪，同時以有力一團攻佔羊樓洞，並確實切斷該附近鐵路航公路交通，並打擊援敵；第72、58、20、4各軍速向新牆河以北攻擊，務將由湘北後退之日軍壓迫於岳陽附近而殲滅之，以期一舉攻克岳陽、臨湘；第26軍及第79軍第98、暫6兩師推進到關王橋、三江口、大荊街等地，策應新牆河北岸各軍；第99軍迅速肅清歸義、河夾塘、營田一帶殘敵後，除以第197師擔任湖防外，主力在新市南方及湘陰一帶集結，以應付不測情況。

8日，第九戰區各部均積極行動，分向指定目標前進。9日，第72軍越過新牆河向忠防、臨湘急進，第4、58軍猛攻桃林、西塘之敵。但日軍已歸巢，憑藉堅固工事，頑強抵抗。各軍攻了4天，也未取得突破，只得停止進攻。12日，雙方恢復戰前態勢。

兩個次要戰場

為了策應湘北作戰，日軍先後動用了大量兵力在洞庭湖區和贛北實施了牽制作戰。

洞庭湖區是湘北戰場的重要側翼，也是日軍進攻長沙的一條重要運輸線。因此，阿南在策劃長沙作戰時，格外重視洞庭湖區這個次要戰場。當日軍強渡新牆河之初，其艦艇亦同時在洞庭湖面蠢動，妄圖乘隙竄入湘江，配合其陸軍主力作戰。

早在8月初，即有敵艦出沒湖面，向我青山、華豐垸、增福垸、靈官嘴等地搜索。9月14日，日海軍集中軍艦28艘、汽艇200餘隻，加配飛機24架，在洞庭湖上進行佯動，以掩護主力向新牆河、沙港河北岸集結。16日，日軍平野支隊（由平野儀一大佐指揮的獨立第14旅團之獨立步兵第63大隊為基幹組成）攻佔了岳陽對岸的君山後，集結於城陵磯，準備向湘江進犯。

17日下午16時，平野支隊及海軍陸戰隊一部在海軍艦艇第1遣華艦隊（司令長官小輝久中將）5艘軍艦的護衛下，搭乘50餘隻汽艇、5輛浮游戰車，並強征了大批民船，從城陵磯出發，經洞庭湖向湘江方面開進。18日子夜，敵竄入石湖包，突然襲擊我青山陣地，我守軍第197師第589團奮力抵抗，激戰數小時，敵未得逞。乃以一部繞至東湖及沈家湖，攻擊守軍側背，守軍猛力迎擊，敵稍卻。接著又由下青山正面強行登陸。上午7時許，

敵機數十架，輪番轟炸，投彈700餘枚，守軍第590團劉虞卿營傷亡慘重。9時許，電話線被炸斷，湖面滿佈敵艦艇，第197師主力無法增援。面對無論在火力上還是在兵力上都處於絕對優勢的敵人，劉虞卿營長毫無懼色，率領官兵死戰不退，直到與全營官兵一起捐軀沙場。當地胡保長率壯丁10餘人支援劉營作戰，也不幸被俘。在敵人的威逼利誘面前，他堅貞不屈，高呼：「要殺就殺，誓不投降！」從容就義。佔領青山後，日軍大開殺戒。島上2000餘無辜民眾慘遭屠殺。

日軍的暴行更擦亮了抗日軍民的眼睛。他們利用一切機會，運用各種有效手段打擊侵略軍，湧現出了許多可歌可泣的英雄事蹟。當青山支阜嚴家山失陷時，守軍全體陣亡，僅餘一名士兵。這位英雄在日軍衝上陣地之前帶著兩枚手榴彈，游泳到湖畔一叢草中隱蔽下來，不多時見有一日軍汽艇駛來，當即將所帶手榴彈向敵艇投去。艇上幾名日本兵當場斃命。日軍隨即警覺，正在周圍搜索的日軍汽艇全部開過來，並向這邊盲目射

■ 第二次長沙會戰中，國軍部隊一部在羊樓司伏擊戰中越牆活捉日軍。

擊。這位中國士兵頸部中彈負傷,所幸他水性很好,利用茂盛的水草掩護,伏在水中未被搜出。在那裏他以湖水為食,捱過了兩天,終於在第三天夜裏,乘敵不備,悄悄通過敵警戒線,游到中國軍隊陣地。歸隊後,他又主動請纓,於次日帶傷重返前線,打擊敵人。在登陸青山前後,日寇因屢次受到中國軍隊地雷的打擊,頗有傷亡,為了避開埋有地雷的道路,他們到處抓當地民眾,充任嚮導。村民王吉生就是其中之一。他對敵人殘殺我同胞的行徑義憤填膺,乃故意將一隊鬼子兵,誘進雷區,並自動撞線,與侵略者同歸於盡。僥倖逃生的鬼子對這位英雄恨之入骨,慘殺了他的全家,藉以洩憤。

其時,新牆河南岸陸戰正酣,敵水陸並進,企圖南犯長沙。薛岳命第197師務必確保蘆林潭、錫江口各要點,以固江防。

19日拂曉,日軍攻佔嚴家山。中午,日艦數十艘又經橫嶺湖進犯錫江口。守軍以戰防砲猛轟,擊沉敵艦2艘,斃敵數百人。接著又有敵艦數艘,竄入楊林寨湖,砲擊錫江口左側。另有敵艦10餘艘,駛入團林港,圍攻我畎口陣地,均被守軍擊退。當晚,為防止日軍深入湘江航道,第197師奉薛岳之命星夜將通往湘江的各湖汊要口,以木筏、樹木、亂石、沙土等物嚴密封鎖。20日上午,日艦10餘艘再襲畎口、老龍潭、團竹寺,其中一部再次進入楊林寨湖、神湖、橫嶺湖,第197師集中火力,予

以猛擊,擊沉日軍艦船數艘。儘管如此,日軍還是不顧損失,反覆向湖岸衝擊,然終以灘水過淺而無法登陸。

21日上午7時,日艦7艘,汽艇10餘隻,自青山來犯團竹寺,並企圖援救受傷軍艦,守軍集中迫擊砲及戰防砲猛攻敵艦,鏖戰時許,擊毀日艇3隻,斃、傷敵百餘人,受傷敵艦亦著火下沉,日本兵紛紛投水逃竄。守軍以輕重機槍掃射,殲敵二、三百名,並繳獲大砲2門及槍彈軍用品無數,敵鋒頓挫。中午,橫嶺湖面日艦5艘,集中火力轟炸我湖防要點蘆林潭,掩護其陸軍分乘汽艇10餘隻及帆船8隻登陸,守軍一個排浴血抵抗。激戰約一小時,日軍未能得逞,遂另以汽艇10餘隻繞至斗米嘴附近,同時猛攻錫江口,至此蘆林潭四面受敵。下午5時許,守軍傷亡殆盡,陣地失守。為了確保湘江江防安全,晚9時許,第590團李佐才團長親率步兵兩連和一個機槍排,乘夜反攻。日軍在艦砲支援下,拼死頑抗。兩軍短兵相接,反覆肉搏,激戰徹夜。至22日凌晨,中國軍隊終

■ 日軍涉水撤離長沙。

於擊退殘敵，收復蘆林潭。未幾，日機6架飛臨蘆林潭上空，與三、四十艘艦艇配合再次猛攻第590團陣地，守軍一個連英勇阻擊，奮戰竟日。日軍幾次強行登陸，均被擊退。但陣地幾乎全被摧毀，守軍的彈藥也告用盡。下午3時許，蘆林潭終於再度失守。晚7時許，日軍又集中步兵、砲兵700多人，分乘20餘隻汽艇，猛攻斗米嘴，並以一部分兵力進犯錫江口、團竹寺。是時，恰逢第197師援軍趕到，進行反擊，遂將敵壓至斗米嘴東北隅。23日凌晨，橫嶺湖、東湖敵艦7艘，以大砲射擊，阻我前進。日機6架也再次飛臨我陣地上空轟炸，守軍傷亡甚眾。中午，中國空軍大隊飛臨湖面上空，轟炸日軍艦艇，擊沉部分船隻，才暫時壓制了日軍的攻擊勢頭。

24日凌晨3時許，第197師再度增援反攻蘆林潭、斗米嘴，先以野砲擊毀敵砲1門，殲敵甚眾。接著，步兵乘勝挺進，再將斗米嘴日軍壓至東北一隅，蘆林潭敵軍亦動搖，接著日軍20餘艘汽艇和數架飛機趕到，向第197師反攻部隊發起攻擊。中國軍隊無法前進，乃以一部據守斗米嘴，主力返回錫江口。25日子夜，我軍組織對日軍陣地進行夜襲，但未能成功。中午，日軍以4門大砲掩護其步兵進攻錫江口，守軍奮起迎擊。下午5時許，6架日機凌空投彈，守軍付出了傷亡，終於保住了陣地。同時進犯靈官嘴、畎口之日軍艦艇，亦為第197師砲兵擊退。晚7時，10餘隻敵艇再次來犯，守軍頑強抵抗，激戰達旦。26日晨，日軍乘晨霧彌漫，猛攻老鼠夾，企圖佔據斗米嘴。經守軍全力反擊，敵又未得逞。27日中午，敵大小艦艇10餘艘，突然駛至虞公廟江面，對守軍陣地猛攻。28日晨，敵艦再來侵犯，並施放毒氣，企圖進入湘江。

29日下午5時，第197師集中大砲開始反攻斗米嘴、蘆林潭，全體官兵以猛虎下山之勢，勇猛衝殺，日軍傷亡慘重。晚9時許，斗米嘴和蘆林潭宣告克復，殘敵大放毒氣，掩護其艦艇逃走。這次戰役擊沉敵汽艇2隻，斃敵100餘人，繳獲軍用品及文件甚多。30日早晨，日艇4艘由虞公廟江面南犯，經守軍砲兵還擊，日艇退走。

10月1日，長沙近郊之日軍開始後撤。為了策應主力後撤，平野支隊也奉命轉攻湘陰。為牽制第197師，日軍仍然不時以飛機及汽艇四處騷擾，出擊洞庭湖沿岸，小戰鬥不斷。可是，日軍的目的並沒有達到，第197師仍然以相當兵力參加了湘陰方面作戰。5日，日軍大部經湘陰、營田北逃，湖上日艦亦遁去。7日正午，我軍遂全部收復失地。

與洞庭湖戰鬥比較起來，贛北、鄂南戰場雙方雖然都投入了很大兵力，但戰鬥並不激烈。8月底，贛北中國軍隊得知駐防鄂南的日軍第40師團有移動跡象，遂在贛北和鄂南地區發動了凌厲的攻勢，以牽制日軍兵力轉用。

8月底開始，湘鄂贛邊區挺進軍及第20軍攻擊隊首先行動，對通山、石城灣、大沙坪、臨湘等地日軍進行襲擾，殲敵百餘人，摸清了日軍的防禦情況，為下一步作戰打下了良好的基礎。

9月初，大雲山烽火燃起。薛岳當即命令贛北、鄂南各部向當面之敵攻擊，以策應

第27集團軍主力殲敵。於是，第19、31集團軍（總司令湯恩伯）及湘鄂贛邊區挺進軍在第27集團軍一部的配合下，向當面之敵發起了攻勢。9月5日，新3軍攻擊隊在永修以南50公里處擊壞日軍火車一列，斃、傷50餘人。6日，該軍第183師猛襲宋埠，經一晝夜激戰，一度攻入鎮內，但遭到日軍砲火殺傷，損失甚大，被迫退到奉新附近，與敵對峙。10日晚，第20軍攻擊隊夜襲白螺磯，殲敵10餘人，奪獲電線60公斤。

10日晚，大雲山戰事進展順利。薛岳為擴大戰果，除命第27集團軍主力繼續圍攻大雲山之敵外，命令第30集團軍和湘鄂贛挺進軍協同第27集團軍一部，分別向通山、咸寧、崇陽等地出擊。各部奉命後，均積極出擊，打擊當面之敵。

11日，第30集團軍總司令作出部署：第72軍向通山攻擊；第78軍以新13師積極牽制箬溪（位於武寧東北）附近之敵，新16師速抽一個團佔領石艮山北麓既設陣地，掩護第72軍作戰。命令下達後，第72軍一路西進，勢如破竹，很快就打到了通山城郊。15日，新15師攻入城內。守敵被迫退守城北羅漢山、馬鞍山。雙方形成膠著。新14師乘機向寺下、南林橋進攻，將通山至南林橋間公路截斷。為策應第72軍作戰，各部均積

■ 日軍每次作戰前，為了表示對天皇的效忠，都要舉行跪拜儀式，祈求天皇庇護。但這並不能挽回他們失敗的命運。

極行動。挺進第8縱隊於16日攻克官埠，並協同挺進第4、第5縱隊及邊區總部獨立團、補充第1、第2團向咸寧、賀勝橋、蒲圻方向擴展戰果，將汀泗橋附近公、鐵路及賀勝橋至蒲圻間交通全部破壞，切斷了粵漢鐵路北段。同時，第78軍也向箬溪進攻，頗有斬獲；挺進第2縱隊在洪山街、彎公尖一帶擊退出擾之敵，保障了第72軍的側翼安全。

18日，日軍主力突然攻破新牆河防線，形勢急轉直下。為集中主力與日軍決戰，薛岳於18日和19日先後命令贛北、鄂南戰場的第72軍和第74軍先後奉命開赴湘北，參加主戰場作戰。阿南惟幾很快得到了這一情報。他擔心這兩支生力軍特別是他視為精銳的第74軍加入湘北戰場，會對長沙方面的作戰不利，遂不顧參謀長木下勇的強烈反對，於22日命令第34師團（師團長大賀茂中將）和獨立混成第14旅團（旅團長中山淳少將）主力向贛北方向出擊，以牽制該兩部西調。於是，贛北戰局開始緊張起來。

9月25日，日軍獨立混成第14旅團率先開始行動，由箬溪出發，沿修江南北兩岸西犯。第78軍新13師針對敵強我弱的情況，不計較一地之得失，憑藉既設陣地，節節抵抗，以消耗日軍兵力。由於修水兩岸地形複雜，日軍進展遲緩，於10月初進到武寧附近。此時，王陵基看準該敵已成強弩之末，即調集第78軍主力進行反擊。而日軍主力已撤離長沙，中山淳認為已無繼續作戰之必要了，便下令部隊退回原防線。第78軍乘機追擊，於10月中旬相繼收復中橫、津口、波田河等地，恢復了戰前態勢。

第34師團的進攻是從9月27日開始的。

是日中午，該師團步兵團長岩永旺少將指揮步兵第216聯隊（聯隊長佐佐木勘之丞大佐）從安義向西攻擊。此時，駐守高安、奉新一帶的新3軍「防廣兵單，又無機動部隊」。針對敵強我弱的情況，第1集團軍副總司令高蔭槐指示新3軍不計較一城一地之得失，採取靈活的戰術與日軍周旋。於是，新3軍節節阻擊，逐步後撤，於10月1日退入奉新堅守。與此同時，於9月27日由石岡市出發沿錦江向西進攻的步兵第217聯隊（聯隊長長野榮二大佐）也突破贛保縱隊的防禦，進到奉新以南。於是，兩部合攻奉新。但新3軍據城固守，日軍數次衝鋒都被擊退。當天下午2時左右，岩永旺看奉新急切難下，而久攻堅城於己不利，便命令部隊撤退。當天晚上，日軍就退回了安義城。此次奉新作戰，中國軍隊機動靈活，不與日軍死打硬拼，日軍沒能捕捉到新3軍主力，最後兩手空空而回。大賀茂師團長對這個結果極不滿意，又命令步兵第218聯隊（聯隊長佐藤文藏大佐）向據守贛江兩岸的預5師發起進攻，同樣一無所獲。10月7日完全恢復原態勢。20日，佐佐木聯隊又奉命以第2大隊（大隊長光岡均少佐）向項坊街東側、橫嶺山之中國軍隊反擊，但遭到新3軍一部的頑強反擊，被打死多人，被迫於22日退回原地。

日軍集中大量兵力進攻贛北的時候，正值日軍由長沙敗退之際。為了堵擊由長沙敗退之敵，同時策應贛北及其他各方面作戰，湘鄂贛邊區挺進軍各部積極攻擊粵漢鐵路北段，打擊由鐵路北撤之敵，取得了相當戰果。

■ 山區行進的日軍部隊。

至10月中旬止,湘北及鄂西方面恢復戰前態勢,贛北戰事也告一段落。與洞庭湖區作戰相比日軍的這次贛北作戰可謂一無是處:洞庭湖戰鬥日軍好歹還維護了湖上交通,起到一定的策應作用;而在這次贛北作戰中,日軍出動了一個師團又一個獨立混成旅團的強大兵力,既未能牽制贛北第72軍和第74軍的西調行動,又沒有給予當面之新3軍、第78軍及第19集團軍各部以重大打擊,還消耗了不少兵力,可謂「賠了夫人又折兵」。

從總體上來說,由於中國軍隊各級將領指揮得當,士兵作戰英勇,在贛北-鄂南和

洞庭湖這兩個次要戰場上築起了兩道銅牆鐵壁,讓侵略者碰得頭破血流。

其他戰區的策應行動

9月20日,蔣介石下達策應第九戰區作戰的命令後,各戰區均積極行動策應長沙和宜昌方面作戰。

第三戰區最早於9月23日開始行動。在贛東方面,部署於都陽湖南側擔任湖防的第100軍(軍長劉廣濟)兵分兩路對南昌周圍日軍第34師團各據點出擊:一路越過贛江,向樂化、牛行一帶襲擾,一路向黃溪渡及南

昌近郊碉堡攻擊，先後攻佔樓前市、黃溪渡，並打退了日軍多次反撲。在閩東方面，第25集團軍（總司令陳儀）對廈門、南日島和閩江口等發起攻擊，先後攻佔平潭縣及南日、琅琦各島。在浙東，第10集團軍（總司令王敬久）向日軍第22師團（師團長太田勝海）所據守的富陽、餘杭、曹娥、紹興、餘姚、奉化、溪口附近各據點多次襲擊，數度襲入各該據點。其中，10月10日第88軍（軍長范紹增）一度攻入餘杭，以傷亡千餘人代價，重創守敵，影響甚大。在皖南、蘇南，第23集團軍（總司令唐式遵）和第32集團軍（總司令上官雲相）對日軍第116師團（師團長筱原誠一郎）和第15師團（師團長酒井直次）駐守的湖口、馬當、貴池、蕪湖、溧水、武進、長興等地等據點進行了廣

泛的襲擊，破壞公路，並多次突到江邊佈雷。戰鬥一直持續到10月20日，第三戰區才奉命停止進攻。

第五戰區於9月25日開始向當面日軍發動廣泛的破擊戰。其大別山兵團以大別山為基地，向廣濟至武漢間由獨立混成14旅團和第40師團留守部隊防守的長江北岸各據點以及第3師團留守部隊守備的平漢鐵路南段各據點襲擊。同時，位於皖東的第171師（師長漆道徵）亦配合游擊隊向津浦鐵路南段襲擾，破壞敵軍之運輸。第31集團軍於9月27日開始出擊，以第85軍（軍長李楚瀛）一部向武勝關以北進攻，襲敵側背，主力向信陽攻擊，到10月3日止，光山、遊河、長台關、出山店、母豬河、馮家莊各據點大部為我克復。在鄂北方面，第2集團軍（總司令

■ 指揮官檢閱即將開赴前線的中國軍隊一部。

147

孫連仲）以桐柏山為基地，向平漢鐵路花園至孝感間及隨縣、應山附近各據點發起攻擊，攻克獨崇山、徐家店、擂鼓墩、土城等地，並一度攻入隨縣城；第29集團軍（總司令王纘緒）以大洪山為基地，向京山、鐘祥附近日軍據點進攻，破壞了京鐘公路；第22集團軍（總司令孫震）猛攻洋梓附近，攻克高堰埂，並打退了日軍多次增援。在皖北，騎2軍（軍長徐梁）及第92軍（軍長李仙洲）各以一部向義門集出擊，先後攻克吳橋寺、趙旃橋，並一度攻入板橋集，殲日軍一部，斃俘偽軍千餘人。到10月11日奉命停止進攻為止，第五戰區共殲敵4000餘人，將鄂北、皖北及信陽附近日軍交通破壞殆盡，有力地策應了

第六、第九戰區方面的作戰。

第二次長沙會戰期間，為策應正面作戰，新4軍（軍長葉挺，中共部隊）第5師積極進行反掃蕩作戰。9月中旬，第43團一部在京山北部擊潰進犯李家衝一帶的日偽軍300餘人，殲敵數十人。同時，第14旅第40團在黃陂長軒嶺伏擊日軍一汽車隊，斃敵偽10餘人，俘19人，繳獲汽車3輛。而後，地方武裝及第37團在群眾的配合下，連續襲擊京山縣城、李店、王家店，破壞漢宜公路，牽制了鄂中的一部分日偽軍。

與以上的游擊作戰相比，日軍為策應長沙和宜昌作戰在廣東和河南發動的攻勢更為猛烈。

廣東方面的第七戰區緊鄰湖南，擔負著

■日軍一部正在集結，準備開往前線。

掩護第九戰區南翼和維護內地與抗戰的重要物資來源地香港的交通的任務。9月20日，日軍第23軍為切斷香港到四邑運輸線和策應長沙作戰，以第104師團（師團長　本喜三郎）主力及第18師團（師團長牟田口廉也）一部掃蕩四邑。守軍第156（師長王德全）、第159師（師長官偉）在地方團隊和抗日群眾的大力協助下，先後在學堂山、赤坳、三埠等地與敵激戰，殲滅敵偽軍甚眾，到9月底終將敵擊潰。9月下旬，第七戰區的暫2軍奉命北調。為牽制第七戰區部隊北援，日軍第23軍以第38師團（師團長佐野忠義）一部於9月下旬發動了對清遠、花縣的進攻。26日，日軍攻佔石角。27日晨，日軍以主力1500餘人，經西沙岡向清遠攻擊。我第151師（師長林偉儔）第451團一個連在正江口依據有利地形，奮勇抵抗，無奈寡不敵眾，到中午時分，清遠失守。第451團退到飛水河、風吹羅、虎頭等地繼續抵抗。28日，日軍繼續向三兜松、風吹羅、虎頭進擾。我第451團憑藉堅固的工事，與敵激戰3晝夜，終於在10月1日收復清遠，將敵擊潰。在此期間，日軍另一部約四、五百人，也於9月28日由龍翔向花縣攻擊。我第151師第452團一部勇猛阻擊，逐步將日軍誘到百步梯預設陣地後，於10月1日組織反擊，日軍潰退。到3日止，雙方恢復戰前態勢。是役，日軍出動2000多人僅吸引了我相等數量的留守兵力，完全沒有達到牽制的目的。同時，為了策應廣東及長沙方向作戰，第四戰區也以一部越過國境，向越南高平出擊，破壞交通，以牽制該方向日軍。

日軍華北方面軍為策應第11軍作戰，於8月下旬制訂了進攻河南的作戰計劃，希望通過攻佔鄭州來牽制平漢線南段之中國軍隊，並在黃河南岸建立前進據點。10月2日，經過一番精心準備之後，日軍第35師團（附騎兵第26聯隊及方面軍配屬的一個工兵集成大隊）約2萬人，在第35師團長原田熊吉中將的指揮下，分三路偷渡黃河，鄭州戰役正式開始。中國軍隊防守鄭州地區的是孫桐萱指揮的第3集團軍和孫蔚如擔任總司令的第4集團軍。2日凌晨，日軍開始渡河，被位於中牟附近的第22師（師長張測民）哨兵發現。該哨兵立即上報給營部。營部以為是「奸民走販私貨」，未加重視。幾十分鐘後，大批日軍已登陸，向守軍第一線陣地猛攻。守軍才緊急應戰。由於準備不足，第一線陣地守備薄弱，很快就被日軍突破。到2

■慘烈的戰鬥過後，一名中國士兵俯身察看陣地上陣亡的戰友。

■ 日軍傷亡慘重，人困馬乏。

日中午，日軍主力渡過新黃河河道，進入賈魯河一線；而步兵第219聯隊（聯隊長湯口俊太郎大佐）也攻佔霸王城及滎澤（今鄭州市古滎鎮）以北高地。孫桐萱接到日軍開始進攻的報告時，第一線電話已不通了，當即命令：第20師（師長周邁時）和第22師竭力阻止日軍擴張前進，不得已時退守第二線陣地；第81師（師長賀粹之）迅速由新鄭北開，增援第20師及第22師；重追擊砲團和山砲營立即進入預定陣地，砲擊花園口北岸日軍陣地，並為前線部隊提供火力支援；補充第1、第2團迅速佔領鄭州外圍預備陣地，以備不測。同時，孫蔚如也命令第38軍（軍長趙壽山）攻擊滎澤以北之日軍。隨後，第20師和第22師一面集結部隊，一面竭力憑藉現有陣地抗擊西進日軍。每一個據點的守軍都不顧傷亡，與優勢日軍短兵相接。一些未及撤走的民眾也主動參戰，拿起劈刀、斧頭與敵肉搏。可是即便這樣，日軍的進攻勢頭仍未能被遏止。3日，日軍突破賈魯河沿岸陣地，攻佔中牟。守軍不得不向鄭州退卻。鑑於日軍無論在兵力和火力上都居於優勢地位，孫桐萱命令部隊主動放棄鄭州，撤

至鄭州以南、東南及西南密縣附近，利用有利地形，以逸待勞，打擊追敵，並伺機反攻。4日上午，日軍第35師團步兵團長鯉登行一率該部主力進佔已是空城的鄭州。當晚，湯口聯隊亦攻佔滎澤。而後，日軍繼續追擊，到6日止，須水鎮、張山、張溝等相繼淪入敵手。當天，原田熊吉獲知「敵第3集團軍主力正在逐漸向鄭州東南方地區集結兵力」，當即以主力向鄭州附近集結，準備殲滅反攻之中國軍隊。針對這一情況，中國軍隊未以主力反攻，而是以小股部隊對敵實施游擊戰，予敵以很大打擊。11日下午，第4集團軍所屬第101團在地方團隊的配合下，一舉收復須水鎮，斃敵10餘人。13日，第20師突襲鄭州，一度攻入城內，殲滅日偽軍數百人。14日，第22師一度克復中牟。面對中國軍隊的突襲，日軍不勝其擾，多次出擊，但均被擊退。21日，日軍千餘人，攻佔廣武。到10月底，鄭州日軍已呈疲憊之勢，而消耗和牽制平漢線南段的中國軍隊的目的無法實現，對鄭州周圍佔領也始終無法鞏固。為避免發生不利情況，華北方面軍司令官岡村寧次命令第35師團除以一部分兵力留守霸王城外，主力返回原駐地。31日，日軍開始從鄭州撤退。為隱蔽其企圖，第35師團以進為退，於當日晨以萬餘人分多路向張莊街、南曹、十八里河、黃崗寺、須水、石佛、漢王城等地猛攻。但日軍的進攻遭到了第3、第4集團軍的頑強阻擊，傷亡慘重。到中午，孫桐萱發現日軍有後退跡象，當即命

令部隊全線出擊。是日晚,第20師攻入鄭州,經數小時激戰,收復該城。而後,第3、第4集團軍分向中牟、廣武方向追擊。在撤退中,日軍受到嚴重打擊。鯉登行一也一度被圍,在傘兵的支援下,才得以逃脫。戰到11月中旬,除日軍仍佔據中牟、霸王城外,雙方大致恢復戰前態勢。中國方面的戰報稱,中國軍隊傷、斃日軍第35師團步兵團長鯉登行一少將、步兵第221聯隊長小林忠雄大佐以下3000餘人。(而日軍公布的傷亡數字為,戰死94人,負傷176人。)

日軍第35師團在從鄭州撤退時遭到了中國軍隊強有力的追擊,讓日本中國派遣軍司令官 俊六大將揪心不已。根據他的命令,從長沙回駐信陽不久的第3師團於11月1日向北出擊,2日陷正陽,3日佔汝南並掃蕩周圍地區。第31集團軍所屬第85軍協同豫南挺進軍節節抵抗,予敵很大消耗。日軍不得不停止前進。3日晚,汝南即告收復。同時,第五戰區司令長官李宗仁急調鄂東之第84軍(軍長莫樹傑)北援,以支援該方面作戰。4日,日軍續佔確山、駐馬店,並西犯瓦岡等地。駐駐馬店附近之第31集團軍一部向敵反擊,殲敵400餘人。日軍退竄新安店。中國軍隊乘勝追擊,5日克復正陽、新安店。日軍主力不得已渡淮回竄,其掩護部隊一部被圍殲於瓦岡、毛集等地。6日下午,信陽日軍為掩護北犯之敵回竄,向大山口、明山頂、申陽臺等地進犯,遭到阻擊。8日,出犯日軍被迫退回信陽,雙方恢復原態勢。

在第二次長沙會戰和鄭州戰役期間,第18集團軍(總司令朱德)冀魯豫軍區部隊發動了猛烈的攻勢,破壞了武安至安陽間公路橋樑,攻襲機場據點。同時,冀察戰區所屬第24集團軍(總司令龐炳勳)也向平漢線出擊,以「切坡、填土、人梯、攀登、架橋」等5種辦法,突破日軍在平漢鐵路西側的壕溝封鎖線,破壞鐵道多處,使平漢線一度中斷,這些行動都大大支持了各方面作戰。

以上各戰區的行動打破了日軍策應長沙和宜昌作戰的企圖,牽制和消耗了日軍大量有生力量,不僅對粉碎日軍1941年秋季攻勢起到至關重要的作用,而且極大地支援了華北中國軍隊的反掃蕩行動。

會戰的總結

第二次長沙會戰結束後,中國軍政當局借日軍未能攻佔長沙這一事實,大肆宣揚所謂「第二次長沙大捷」,以鼓舞抗日軍民的士氣。於是,大批記者和慰問團再次湧向長沙,慰問抗日將士,並將他們的英雄事蹟傳遍神州大地。

然而,宣傳歸宣傳,中國軍隊各級將領對會戰的全過程都心知肚明。特別是薛岳,他對因自己的判斷失誤而造成的巨大損失愧疚萬分。10月19日,薛岳向蔣介石去電請求懲處:「此次長沙會戰,倭寇孤突冒進,予我軍以可乘之機……鈞座洞察狀況,指示周詳,諸將士冒險犯難,浴血苦戰,而卒收殲敵之功……且貽各將領處置失當之過,此皆職指揮無方所致。職責所在,咎無可辭,擬懇從嚴議處,以明賞罰為禱。」對於這樣一位戰功卓著的虎將,蔣介石怎麼捨得處罰

呢 ？ 因此，蔣介石接到這份電報後，立即批示：「……慰勉長沙恢復，功過相稱，毋庸議處；惟望以後努力戒慎，莫自負使命可也。」

■ 日軍華北方面軍司令官岡村寧次。

10月16日到21日，國民政府軍事委員會在南嶽召開軍事會議，對這次長沙作戰進行了深刻的總結。與會將領在討論中大都認為：由於兵力部署和戰場準備不相配合，尤其是將主力——第4、第10、第37、第74軍（多為調整師）先後投入正面，逐次參加戰鬥最為不利，造成了很大的損失。此外，在部隊建設、部隊教育等方面的嚴重缺陷，造成了很多問題，如：友軍彼此不信任、部隊運動遲緩、師以下軍官指揮能力薄弱、部隊紀律太壞等等。

在會議進行過程中，國民政府軍委會還宣布了此次會戰的賞罰令：通令嘉獎趙季平暫6師作戰積極，收復長沙；通令嘉獎以身殉職的第190師副師長賴傳湘、第57師步兵指揮官李翰卿、第197師第590團第2營營長劉虞卿、第99師第295團第1營營長曹克人等；私自脫離戰場、回家探親的第58師師長廖齡奇以臨陣脫逃罪處以死刑；指揮失誤致作戰失利的第10軍軍長李玉堂、作戰失利率先逃跑的預10師師長方先覺撤職。

在中國方面積極總結會戰得失的同時，日軍卻無視會戰中的教訓，大肆吹噓其在長沙取得了重大勝利，甚至宣稱：「通過陣地攻擊、追擊、遭遇戰等擊敗敵軍總數30個師，並將其大部在戰場上捕捉消滅。」在虛誇的戰果鼓舞下，日本第11軍上上下下一片歌舞昇平，滋生了嚴重的輕敵思想，為日後的慘敗埋下了禍根。

由於中日雙方戰後的反應迥異，現在大陸的大多數抗戰研究者都認為中國軍隊在這次會戰中遭到了慘敗。這種看法當然也有一定的道理。就損失而言，第六和第九戰區在

■ 蔣介石在南嶽接見第九戰區將領。

這次會戰中傷、亡及失蹤近10萬人，其中：第74軍第58師傷亡55％，第57師傷亡40％；第37軍第60師傷亡50％，第140師傷亡30％；第4軍第102師傷亡45％；第10軍第3師傷亡35％；第75軍第6師傷亡50％。此外，第九戰區在作戰中的物質損耗也十分驚人，共損失軍米2萬大包，彈藥25發萬以上。而日軍自認其傷亡為：戰死1670人，戰傷5184人。（而何應欽所著《八年抗戰之經過》一書中則稱，第九戰區殲敵41806人，第六戰區殲敵3677人，共計45483人。）由於中日雙方虛報戰果都是出了名的，雙方的公布數字未必準確，因而，我們沒有必要過分在乎這個傷亡數字。不過，從作戰的效果來看，日軍未必達到了目的。第三次長沙會戰後，日軍在總結中就不得不承認：在第二次長沙會戰中，「沒有給予重慶軍以應有的打擊」。另外，會戰中，中國軍隊沒有一支部隊完全喪失戰鬥力，以至於其中大多數部隊都在會戰後期的湘北追擊作戰及接下來的第三次長沙會戰中發揮了給予進犯之敵以很大打擊的作用。而從全局來看，中國軍隊保存了相當實力，對整個抗戰是非常有利的。因此，第二次長沙會戰雖不能稱為「大捷」，但也應當視為中國軍隊在戰略上的勝利。正如後來第九戰區編的《第二次長沙會戰紀實》中說的那樣，通過第二次長沙會戰，「我們已經奠定最後勝利的基礎，敵人無論如何集結重兵、孤注一擲，已無法再進一步，無法摧毀我們堅強的堡壘」。

這次會戰之所以能夠反敗為勝，除了廣大愛國官兵的英勇奮戰和湖南人民的大力支持外，國民政府軍委會和第九戰區在指揮上也有其可圈可點之處。

首先，國民政府軍委會有計劃地組織各戰區之間的戰略和戰役協同，特別是第六戰區發起聲勢浩大的宜昌反攻作戰，促使了日軍加速從長沙撤退。這種積極有效的協同在整個抗戰中是少有的。

其次，第九戰區沒有受會戰初期因判斷失誤和密碼被破譯而受到嚴重失利的影響，堅持在長沙地區進行持久抵抗的同時，重點突擊日軍薄弱的後方運輸線，使日軍主力因補給中斷而戰力銳減，以至於到追擊階段出現了日軍一個師團竟無法擊敗中國軍隊一個軍的現象。

正確地吸取過去的經驗和教訓是一切成功的基石。第九戰區正是正確地吸取了第二次長沙會戰的經驗和教訓，「吃一塹，長一智」，才取得了第三次長沙會戰的輝煌勝利。

■ 薛岳對因自己的判斷失誤而造成的巨大損失愧疚萬分。

第三次長沙會戰

中國對日宣戰

　　1941年12月7日夏威夷時間早晨6點，日本東京時間8日凌晨1點30分，日本聯合艦隊偷襲珍珠港，重創美國太平洋艦隊。此後數小時之內，關島、菲律賓、威克島、香港等地都先後遭到日軍攻擊。太平洋戰爭正式爆發。

　　8日凌晨，熟睡中的蔣介石被急促的電話鈴聲驚醒了。當他拿起電話，聽到日軍偷襲珍珠港的報告，憂鬱的臉上立刻流露出欣喜的笑容。他也顧不得梳洗，立即吩咐召集高級幕僚開會。上午8時，會議開始。到會人員一致通過決定：對日宣戰。

　　9日，國民政府主席林森召開記者招待會，正式發布對日宣戰布告。在布告中，中國政府莊嚴宣告：「茲特正式對日宣戰，昭告中外；所有一切條約、協定、合同，有涉及中日間關係者，一律廢止，特此布告。」隨後，國民政府宣布與德國和義大利處於戰爭狀態。這樣，中國人民在進行對日作戰四年以後，終於加入到世界反法西斯陣營中來了。從此，中國不再孤軍奮戰，抗日戰爭也進入了一個新的階段。

　　就在珍珠港事變發生的當天夜裏，日軍為了鞏固其在廣東的基地，以第38師團（師團長佐野忠義）在海空力量的支援下，向香港發動進攻。保衛香港的英、印軍僅有約

7500人，兵力單薄。無奈之下，英國政府只得向中國政府求援，希望中國軍隊配合英軍作戰。他們的這個請求得到了中國政府的認可。9日，國民政府軍委會命令各戰區發起攻擊，牽制日軍，策應友邦作戰。特令第四戰區（司令長官張發奎）攻擊廣州方面日軍，策應香港英軍作戰；並以第5、6、66軍由廣西、四川向雲南集結，作好進入緬甸協同英軍作戰的準備。同時，從湖南調第74軍進入廣西，調第4軍南下廣東與於8日先期回調的暫2軍共同支援第七戰區（司令長官余漢謀）在廣州、九龍附近的攻勢作戰。

命令既下，第七戰區遵命於12日先令獨立第9旅（旅長容幹，隸屬第12集團軍惠淡守備區）出擊九龍，主力第65軍（軍長黃國樑）、暫2軍（軍長鄒洪）及第154師（師長張浩東）等部向惠陽集中，準備於27日夜開始大規模進攻。第74軍（軍長王耀武）和第4軍（軍長歐震）亦均於9日向指定地域開拔。

中國軍隊的行動引起了日軍的極度不安。日本天皇多次詢問參謀總長杉山元大將：「圍繞進攻香港對於廣州和九龍半島方面，有無中國軍隊反攻的憂慮。」得知湖南中國軍隊南下後，日軍參謀本部第七課和第11軍更為關注。12日，第11軍參謀長木下勇少將向第23軍（軍長酒井隆中將）發出照會，詢問是否需要採取牽制行動。在得到肯定的答覆後，阿南惟幾於13日正式向中國派遣軍總司令官畑俊六大將提出應對江南地區採取牽制性攻勢的意見。畑俊六當即批准，並決定從華北增調獨立混成第9旅團（旅團

長池之上賢吉少將）給第11軍，以避免因不久前第4師團及第33師團荒木支隊等部調走後造成的兵力不足。但同時，畑俊六要求此次作戰大致到汨羅江一線即止。

天爐戰法

第二次長沙會戰結束後，第九戰區積極休整，並對暴露出來的問題進行了整改，以提高部隊的戰鬥力。11月7日，薛岳在長沙召開戰區官兵代表會議，就有關訓練、作戰等問題作了指示。而後，在瀟湘大地上掀起了全面防禦的熱潮。

在這期間，薛岳通過總結前兩次長沙會戰及其他各次作戰的經驗教訓，認真分析了敵我優劣。他發現：日軍作戰「依其部隊之機動、裝備之優越、兵力之集注，期於要點而發揮之，以收勢險節短之效」。根據日軍的這一戰略特點和敵強我弱的形勢，中國軍隊應「以先求與敵均力，次化敵劣我優，再以我之優勢而破敵之劣勢」，最終取得勝利。為實現此目的，中國軍隊應當「依星羅棋佈之縱深據點陣地，以均敵勢；加大空間，節節抵抗，以均敵力；張羅四維，形成天爐，以熔解之」。這就是著名的「天爐戰法」。

薛岳在「天爐戰法」中，對作戰指揮、作戰準備、兵團部署、戰鬥實施、交通通訊、補給衛生等八個方面作出了詳盡的規定。

對各級指揮官，薛岳要求他們在作戰發起前，制訂好自己的作戰計劃，並對各機關之各業務予以必要的指示；在作戰時，應處

■ 1941年12月7日，日本聯合艦隊偷襲珍珠港，重創美國太平洋艦隊，9日中國正式對日宣戰。

於「能觀察全般之情況、指揮便利及受領通報報告等之適宜地點為宜」。

在戰場佈置方面，薛岳強調須依敵情、作戰企圖、地形，劃分伏擊地帶、誘敵地帶和決戰地帶，並按照地形設置不同的據點和防禦設施。

根據任務的不同，薛岳將部隊劃分為挺進兵團、警備兵團、尾擊兵團、誘擊兵團、側擊兵團、守備兵團和預備兵團。挺進兵團以一小部分兵力擔任，主要任務是破壞敵佔區內的主要交通通信設施，阻敵增援。警備兵團與尾擊兵團由一部分兵力充任，主要在第一線作戰，敵人進犯時，在遲滯和消耗敵軍的任務後，轉向兩側；待敵通過後，銜尾猛擊，斷敵補給。戰役前，佔領第二、第三線陣地的部隊為誘擊兵團，在予敵一定的打擊後，轉為側擊兵團之一部參加決戰。側擊兵團為主力之一部位於戰地側前方，適時側擊敵軍而殲滅之。守備兵團擔任決戰地帶之守備任務，抵禦和反擊敵之進攻。在各參加部隊中須留一部為預備兵團，必要時參加決戰，擴張戰果，或在失利時掩護主力部隊轉移。

在戰役實施過程中，薛岳認為，敵人進攻時，在伏擊地帶內之部隊應堅決抗擊敵之攻擊，以保證主戰場部署就緒；在誘擊地點各部隊應節節抵抗，逐次消耗敵軍戰力，而後作離心退卻，力圖將敵主力誘向支戰場，以使主決戰容易，如敵不顧側翼，逕向我主決戰場突進，則實施尾擊和側擊，以援應主力作戰；決戰地帶主戰場以大量殲敵為主旨，支戰場以牽制敵之大部或主力為著眼

點，集中火力打擊敵人。在追擊過程中，主戰場各部應極力實施追擊，誘擊地帶和伏擊地帶之兵團則擔任堵擊退敵的任務。

在交通通訊和補給衛生兩方面，薛岳對利用和破壞交通設施、通信工具的運用和保密、彈藥糧食的補給以及傷病員的收治等方面都做了非常詳盡的規定。

在第二次長沙會戰後的兩個月中，薛岳將「天爐戰法」的作戰思想貫徹到備戰過程中，根據以前作戰經驗和地形，對湘北地區的防禦體系進行了調整：以新牆河為伏擊地帶，由第20軍第133師及第58軍守備；汨羅江為誘擊地帶，部署了第37、99軍主力；撈刀河與瀏陽河之間為決戰地帶，配置第26軍；第10軍警備長沙。同時，在各防禦地帶，依需要構築了大量據點，並加修了長沙城防工事。

在作戰方案形成後，薛岳令各部制訂相應的作戰計劃，並大力充實各部隊，並加強各村的保甲制度，動員民眾，全面加強戰備。同時，鑒於前次作戰命令被竊取的慘痛教訓，第九戰區在長沙以南的黃土嶺設立了通信中樞，以有線通信為主，以圖保密。

12月初，一切準備就緒，薛岳躍躍欲試，等著阿南惟幾來鑽他佈下的「天爐陣」。

阿南惟幾的作戰設想

12月13日，阿南惟幾得知第23軍已於前一天夜裏攻佔九龍的消息，非常著急。這些天，日軍很多官兵被太平洋戰場上的勝利沖昏了頭腦，全軍上下充斥著一種中國方面已成為次要戰場的議論。這樣一來，他阿南惟幾不就成了僅指揮一個次要兵團的普通將領了嗎？作為天皇重點栽培的心腹將領，他萬萬不能接受這樣的嘲諷。這時，阿南的心頭又想起了另外一件事。早在11月下旬，在他到南京參加中國派遣軍總司令部召開的軍事會議時，日軍上層對第二次長沙會戰的結果提出非議，軍中流傳著「長沙作戰，反而給予敵人以反宣傳的材料，很為不利」的言論。阿南對此極為不滿，於25日夜找到中國派遣軍總參謀副長野田謙吾中將，喋喋不休地抱怨到深夜。但口說無憑，第11軍必須用一場令人信服的勝利來證明一切。他要用這次作戰的輝煌勝利來證明，中國戰場不是次要戰場，第11軍仍然是「皇軍」中最精銳的兵團，他依舊是值得天皇信賴的傑出戰將。因此，他不等中國派遣軍總司令部批准第11軍關於在湘北發動新一輪進攻的請示就作出決定：以第6師團主力、第3及第40師團的半數和獨立混成第14旅團一個大隊，共計23個步兵大隊和8個山砲大隊，向湘北進攻；獨立混成第14旅團和第34師團在贛北發動牽制性作戰，策應湘北主戰場。此外，為防止中國第五、第六戰區的反攻，阿南又命江北各部分別作好防禦準備。

15日，阿南又制訂了會戰指導方案，規定本次作戰於12月22日開始進攻，限於兩週內「擊潰當面之敵，以策應第23軍攻取香港以及南方軍的作戰」。在這個指導方案中，阿南還設想：首先以第6、40

■ 蔣介石接見第九戰區司令長官薛岳。

師團擊潰新牆河附近的第20軍,並於關王橋附近捕捉之;然後隨著第3師團的到達,投入第6師團的右翼,擊潰汨羅江南岸的第37軍。

儘管阿南求戰心切,中國派遣軍卻比較謹慎。17日,畑俊六怕阿南過於輕敵,特派中國派遣軍總參謀長後宮淳中將來到漢口,表示同意阿南的作戰計劃,但要求第11軍將開始時間推遲到24日,以便各部作好進攻準備。面對上司的壓力下,阿南無可奈何,只得按照派遣軍的要求更改了進攻時間。

但是,中國派遣軍高層的努力並沒有得到應有的回報。由於第二次長沙會戰後第11軍內對第九戰區產生了嚴重的輕敵思想,全軍上下都要求向長沙方向進攻。在後來的作戰過程中,阿南正是受到了部下的情緒感染,作出了向長沙進攻的命令,這是後話了。

阿南惟幾的作戰準備命令下達後,各部於16日開始向岳陽附近集結。可是集結行動並沒有阿南預想的那樣順利。由於交通設施不斷遭到中國游擊隊的破壞,各部向岳陽的開進速度不一。24日進攻前,第6師團及第40師團主力已在新牆河、沙港河北岸完成攻勢準備了,由獨立第14旅團調來的澤支隊(由澤敏行中佐指揮的獨立步兵第65大隊)卻才剛趕到岳陽。而第3師團和第40師團後續步兵第236聯隊第3大隊(大隊長吉松慶久少佐)甚至還在趕往岳陽的途中。

23日夜,日軍還未集結完畢。可是急

■ 阿南惟幾叫囂要到長沙過新年。

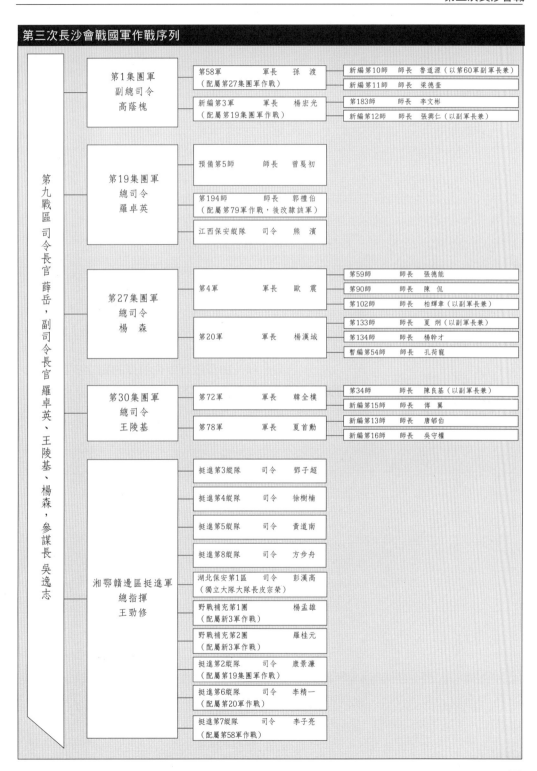

第三次長沙會戰國軍作戰序列

第九戰區 司令長官 薛岳，副司令長官 羅卓英、王陵基、楊森，參謀長 吳逸志

第1集團軍 副總司令 高蔭槐	第58軍　軍長　孫渡 （配屬第27集團軍作戰）	新編第10師　師長　魯道源（以第60軍副軍長兼） 新編第11師　師長　梁德奎
	新編第3軍　軍長　楊宏光 （配屬第19集團軍作戰）	第183師　師長　李文彬 新編第12師　師長　張興仁（以副軍長兼）
第19集團軍 總司令 羅卓英	預備第5師　師長　曾戛初	
	第194師　師長　郭禮伯 （配屬第79軍作戰，後改隸該軍）	
	江西保安縱隊　司令　熊濱	
第27集團軍 總司令 楊森	第4軍　軍長　歐震	第59師　師長　張德能 第90師　師長　陳侃 第102師　師長　柏輝章（以副軍長兼）
	第20軍　軍長　楊漢域	第133師　師長　夏炯（以副軍長兼） 第134師　師長　楊幹才 暫編第54師　師長　孔荷寵
第30集團軍 總司令 王陵基	第72軍　軍長　韓全樸	第34師　師長　陳良基（以副軍長兼） 新編第15師　師長　傅翼
	第78軍　軍長　夏首勳	新編第13師　師長　唐邠伯 新編第16師　師長　吳守權
湘鄂贛邊區挺進軍 總指揮 王勁修	挺進第3縱隊　司令　鄧子超	
	挺進第4縱隊　司令　徐樹楠	
	挺進第5縱隊　司令　黃道南	
	挺進第8縱隊　司令　方步舟	
	湖北保安第1區　司令　彭漢高 （獨立大隊大隊長皮宗榮）	
	野戰補充第1團　楊孟雄 （配屬新3軍作戰）	
	野戰補充第2團　羅桂元 （配屬新3軍作戰）	
	挺進第2縱隊　司令　康景濂 （配屬第19集團軍作戰）	
	挺進第6縱隊　司令　李精一 （配屬第20軍作戰）	
	挺進第7縱隊　司令　李子亮 （配屬第58軍作戰）	

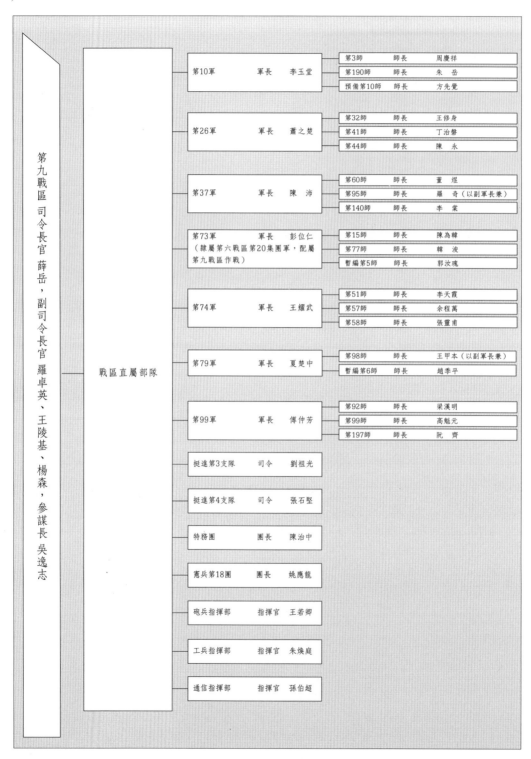

第九戰區 司令長官 薛岳，副司令長官 羅卓英、王陵基、楊森，參謀長 吳逸志

戰區直屬部隊

第10軍	軍長	李玉堂	第3師	師長	周慶祥	
			第190師	師長	朱岳	
			預備第10師	師長	方先覺	
第26軍	軍長	蕭之楚	第32師	師長	王修身	
			第41師	師長	丁治磐	
			第44師	師長	陳永	
第37軍	軍長	陳沛	第60師	師長	董煜	
			第95師	師長	羅奇（以副軍長兼）	
			第140師	師長	李棠	
第73軍 軍長 彭位仁（隸屬第六戰區第20集團軍，配屬第九戰區作戰）			第15師	師長	陳為韓	
			第77師	師長	韓浚	
			暫編第5師	師長	郭汝瑰	
第74軍	軍長	王耀武	第51師	師長	李天霞	
			第57師	師長	余程萬	
			第58師	師長	張靈甫	
第79軍	軍長	夏楚中	第98師	師長	王甲本（以副軍長兼）	
			暫編第6師	師長	趙季平	
第99軍	軍長	傅仲芳	第92師	師長	梁漢明	
			第99師	師長	高魁元	
			第197師	師長	阮齊	
挺進第3支隊	司令	劉祖光				
挺進第4支隊	司令	張石堅				
特務團	團長	陳治中				
憲兵第18團	團長	姚應龍				
砲兵指揮部	指揮官	王若卿				
工兵指揮部	指揮官	朱煥庭				
通信指揮部	指揮官	孫伯超				

第三次長沙會戰日軍作戰序列

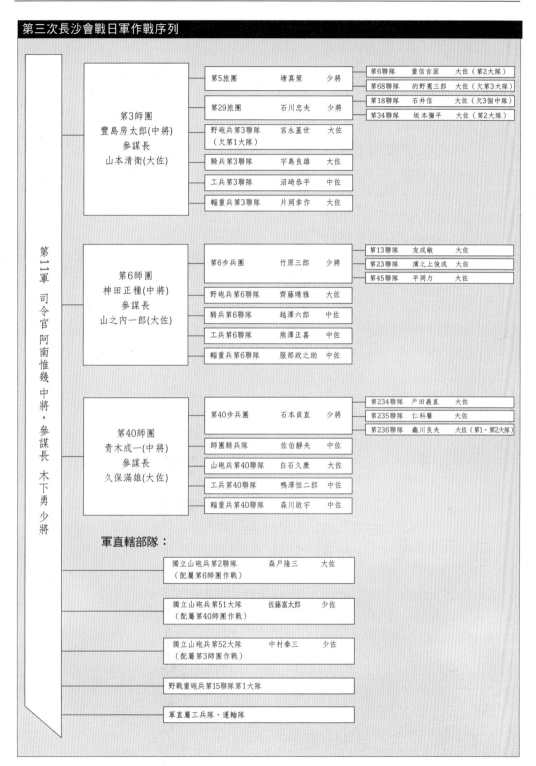

第11軍 司令官阿南惟幾 中將，參謀長 木下勇 少將

第3師團
豐島房太郎(中將)
參謀長
山本清衛(大佐)

- 第5旅團　　塘真策　　少將
  - 第6聯隊　　重信吉固　大佐（第2大隊）
  - 第68聯隊　　的野憲三郎　大佐（欠第3大隊）
- 第29旅團　　石川忠夫　少將
  - 第18聯隊　　石井信　大佐（欠3個中隊）
  - 第34聯隊　　坂本彌平　大佐（第2大隊）
- 野砲兵第3聯隊　　宮永蓋世　大佐（欠第1大隊）
- 騎兵第3聯隊　　宇島良雄　大佐
- 工兵第3聯隊　　沼崎恭平　中佐
- 輜重兵第3聯隊　　片岡幸作　大佐

第6師團
神田正種(中將)
參謀長
山之內一郎(大佐)

- 第6步兵團　　竹原三郎　少將
  - 第13聯隊　　友成敏　大佐
  - 第23聯隊　　濱之上俊成　大佐
  - 第45聯隊　　平岡力　大佐
- 野砲兵第6聯隊　　齊藤晴雅　大佐
- 騎兵第6聯隊　　越澤六郎　中佐
- 工兵第6聯隊　　熊澤正喜　中佐
- 輜重兵第6聯隊　　服部政之助　中佐

第40師團
青木成一(中將)
參謀長
久保滿雄(大佐)

- 第40步兵團　　石本貞直　少將
  - 第234聯隊　　戶田義直　大佐
  - 第235聯隊　　仁科馨　大佐
  - 第236聯隊　　龜川良夫　大佐（第1、第2大隊）
- 師團騎兵隊　　佐伯靜夫　中佐
- 山砲兵第40聯隊　　白石久康　大佐
- 工兵第40聯隊　　鴨澤恒二郎　中佐
- 輜重兵第40聯隊　　森川啟宇　中佐

軍直轄部隊：

- 獨立山砲兵第2聯隊　　森戶隆三　大佐（配屬第6師團作戰）
- 獨立山砲兵第51大隊　　佐藤富太郎　少佐（配屬第40師團作戰）
- 獨立山砲兵第52大隊　　中村秦三　少佐（配屬第3師團作戰）
- 野戰重砲兵第15聯隊第1大隊
- 軍直屬工兵隊、運輸隊

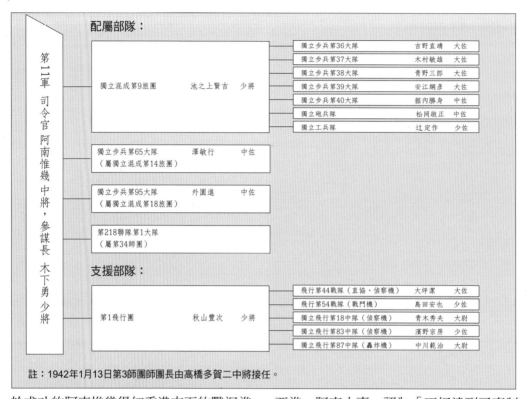

配屬部隊：

獨立混成第9旅團	池之上賢吉	少將	獨立步兵第36大隊	吉野直靖	大佐
			獨立步兵第37大隊	木村敏雄	大佐
			獨立步兵第38大隊	青野三郎	大佐
			獨立步兵第39大隊	安江綱彦	大佐
			獨立步兵第40大隊	掘內勝身	中佐
			獨立砲兵隊	松岡敏正	中佐
			獨立工兵隊	辻定作	少佐

第11軍 司令官阿南惟幾中將，參謀長 木下勇少將

獨立步兵第65大隊　澤敏行　中佐
（屬獨立混成第14旅團）

獨立步兵第95大隊　外園進　中佐
（屬獨立混成第18旅團）

第218聯隊第1大隊
（屬第34師團）

支援部隊：

第1飛行團	秋山豐次	少將	飛行第44戰隊（直協、偵察機）	大坪潔	大佐
			飛行第54戰隊（戰鬥機）	島田安也	少佐
			獨立飛行第18中隊（偵察機）	青木秀夫	大尉
			獨立飛行第83中隊（偵察機）	濱野宗房	少佐
			獨立飛行第87中隊（轟炸機）	中川範治	大尉

註：1942年1月13日第3師團師團長由高橋多賀二中將接任。

於求功的阿南惟幾得知香港方面的戰況進展順利，怕被奪了功勞，便下達了進攻部署：第6師團於24日夜發起攻擊，在新牆河以西地區突破中國軍隊防線，捕捉該地中國軍隊，進入關王橋西南5公里的三江口附近；第40師團於24日夜開始進攻，在潼溪街以東突破中國軍隊防線後，捕捉該地以西之中國軍隊，進到關王橋附近；第3師團於25日拂曉，以一部砲擊潼溪街附近中國軍隊陣地，協助第40師團攻擊，主力轉到第6師團右側，在新牆渡河，捕捉守軍，進入歸義（今屬汨羅市）附近。

24日晨，阿南收到航空兵送來的情報稱，大批中國軍隊正在北上。同時，情報部門也得到消息，薛岳已令第37軍堅守汨羅江南岸陣地15天，並令第78軍從平江西進。阿南大喜，認為「正好達到了牽制目的」，並能夠捕捉第37軍和第78軍，遂命令各部按計劃發起進攻。但他高興得太早了，由於武昌以南粵漢鐵路遭到襲擊，第3師團的行期延誤，三天後才全部到達戰場，給日軍的作戰行動蒙上了一層陰影。

慘烈的前哨戰

21日晨，新牆河北岸日軍砲兵為掩護日軍主力集結，集中20餘門火砲向油港河東岸、新牆河南岸猛轟，第三次長沙會戰自此開始。

21日晚9時，日軍第40師團一部300餘人向三港嘴集結，準備強渡油港河。第134

師師長楊幹才得知這一情況後，當即派第401團前往襲擊，打死打傷敵20餘人。日軍遭此意外打擊，並不甘心，於次日晨再度以步兵200餘強渡油港河，仍被擊退。23日，日軍第40師團之步兵第234聯隊（聯隊長戶田義直大佐）和步兵第235聯隊（聯隊長仁科馨大佐）分向尖山、望歌亭、梅樹灘、三港嘴等地攻擊，均遭到第134師的有力抵抗，死傷百餘人後退回。24日晨，集結於後山坪之敵在十餘門火砲的掩護下，突然向新牆河南岸陣地攻擊，相繼佔領羅袁壋、余沙場、清水坑、王街坊、八仙渡等地。守備這些陣地的中國軍隊第20軍所屬第133、134師與敵激戰數小時後，逐步退到相公嶺、傅家垸、榮家灣、長湖、洪橋等據點，嚴陣以待。半夜，日軍第6、40師團主力開始渡河。25日晨，日軍第6、40師團及第3師團的先頭部隊分頭渡過新牆河、沙港河，向縱深發動進攻。

戰前，第20軍領受了依據現有陣地遲滯日軍主力10天的任務。要以兩師之力去擋住日軍主力的多次打擊，軍長楊漢域感到責任之艱鉅。他知道，以兩個師的兵力與日軍三個師團

對壘，堅守10天不大可能（新牆河正面防線寬達70多公里，僅由第20軍一個軍來防守，並且要面對日軍的主力。在這樣的情況下，第九戰區還要第20軍堅持10天，實在有點強人所難）。不過，他仍然堅信他親自設計的防禦體系能給予來犯之敵以重創。在第20軍接過新牆河兩岸的防務後，第20軍就根據「天爐戰法」的要求，在防區建立了以據點工事為骨幹，輔之以縱深配備的野戰工事（一般有三線）的網狀陣地。這些工事非常堅固，能在一定程度上抵消日軍的火力優勢。依據其進行逐次抵抗，能有效地遲滯日軍的攻勢。

24日，楊漢域接到日軍主力即將開始進攻的報告，當即命令各部迅速進入陣地。為

■長沙會戰中的中國軍隊，青天白日旗下列隊。

使部隊儘快進入陣地，他特別向師長夏炯和楊幹才強調：各師應以一部兵力分置於連排據點，盡力死守；以一部佔領野戰工事，利用陣地縱深進行抵抗；將主力放在最後一線機動使用。這樣，佔領野戰工事的部隊可以與野戰工事前方據點守軍相互配合，打擊進攻之日軍。一旦日軍進攻受阻，發生混亂，師主力能夠不失時機地發起反擊，消耗敵有生力量。當天夜裏，戰鬥打響後，楊漢域親臨前線視察，以掌握敵情。軍長親臨前線使軍心大振，官兵們誓死抵抗，戰鬥相當激烈。

防守第20軍左翼陣地的是第133師。面對日軍有名的精銳主力第6師團，該師官兵誓與陣地共存亡，以簡陋的裝備和優勢敵人展開了殊死的搏鬥。戰鬥開始後，第133師右翼的第398團擔任龍鳳橋到下高橋之間的防守，抵禦日軍步兵第23聯隊（聯隊長濱之上俊成大佐）的進攻。在接下來的戰鬥中，該團打得英勇頑強。守衛傅家橋一帶陣地的王超奎營奉到「自開戰時起死守三天」的命令後，在彭澤生營的配合下，與日軍第6師團的左翼步兵第23聯隊血戰不退，最後在肉搏戰中，全營陣亡。彭澤生營在凌頭嘴到傅家橋間來回增援，亦損失嚴重。日軍突破傅家橋、相公嶺一線陣地後，向洪橋、龍鳳橋突進。向有餘營死守洪橋，與敵激戰至天黑，全部壯烈犧牲。第一線陣地被突破後，第20軍副軍長兼第133師師長夏炯見形勢不利，立即調預備隊第397團在南嶽廟、大荊嶺一帶佈防，遏止日軍的突進勢頭。第397團在那裏與日軍戰鬥到深夜，才奉命向關王橋撤退。擔任右翼進攻的日軍步兵第45聯隊（聯隊長平岡力大佐）也在熊家嘴、嶠武、

■ 在中國軍隊反擊中繼續向長沙深入的日軍部隊。

歐陽廟、黃沙街等地遭到了第399團的頑強抵抗，進展極緩慢。到當晚，仍未能突破黃沙街陣地。戰鬥持續到半夜，第133師傷亡很大，但士氣仍然非常旺盛，各團均利用一切可能的機會打擊敵人。當晚，楊漢域將在關王橋一帶佈防的第401團撥歸第133師指揮。26日中午，日軍第6師團主力進到龍鳳橋附近，在那裏遭到了第133師的頑強阻擊，到當晚9時佔領了該地。是役，第398團與第399團官兵大部壯烈犧牲，第397團團長周炳文和398團團長徐昭鑒身負重傷。同日，第3師團第一線部隊加入第6師團右翼，沿舊粵漢線兩側南下，於傍晚逐次進入歸義附近的汨羅江北岸。

日軍左翼第40師團不顧前幾天在沙港河北岸受到的頑強抵抗，於24日傍晚開始強渡沙港河，但同樣遇到了第134師的有力抵抗。雙方在楊家衝、仙安橋、任克敬、大元方、潼溪街一線激戰徹夜。到翌日拂曉，第40師團在第3師團一部的支援下，突破第134師所屬第400、402團的陣地。隨後，第134師奉命實施運動防禦，逐次向關王橋一帶轉移。第40師團乃分兩路向南急追。可是由於第134師的小股掩護部隊的襲擾，進展甚緩。其左縱隊步兵第236聯隊（聯隊長龜川良夫大佐）更是於當晚迷了路，到26日下午，才到達陳家橋。這時，右縱隊步兵第234聯隊（聯隊長戶田義直大佐）也才剛到達關王橋。當天傍晚開始，戶田聯隊和龜川聯隊先後向關王橋、陳家橋攻擊，第134師據既設陣地頑強抵抗，「其激烈程度為前所未有」。關王橋守軍面對優勢敵人，死戰不退，悉數殉國。不久，陳家橋亦告失守。第

20軍退守富貴洞、斗南尖、女丫橋、王家坊一線。很快，日軍追擊到此線。雙方展開肉搏，槍砲聲徹夜未息。由於夜深天冷，第20軍戰士們在戰鬥中有人凍僵了，當即以火烘暖，復甦後又持槍射擊。就這樣，中國軍隊硬是以劣勢的兵力與簡陋的裝備頂住了日軍兩個聯隊的多次衝擊。同日，第58軍趕到楊林街、胡少保附近，側擊第40師團。這樣，就使第40師團陷入兩面受敵的危境。第40師團長青木成一不得不命令擔負掩護師團左側背任務的步兵第235聯隊（聯隊長仁科馨大佐）加入戰鬥，向黃伏淑附近前進，配合第6師團作戰，以便盡快擊退第20軍。可是仁科聯隊的進展也不能如意。

作戰之初的進展，兩個師團的主力打了兩天，竟不能擊敗中國軍隊的一個雜牌軍。阿南惟幾對此實在不能滿意。25日傍晚，他得到香港英軍投降的消息時，頓足捶胸，認為自己立功的希望快破滅，遂決定於次日上午乘飛機返回漢口。但到了26日晨，天降大雨並伴有大風，飛機無法起飛。阿南只得推遲返回時間。就在等待飛機期間，情報部門送來了敵情通報。從這份命令通報中，阿南得知薛岳已命第37軍和第99軍（欠第197師）在汨羅江南岸嚴陣以待，並將第78軍和新15師調用於平江。他立即判斷中國軍隊企圖在汨羅江南岸進行持久抵抗，當即決定粉碎中國軍隊的這一企圖，遂下達了命令，要求：第3師團應在29日天亮前，渡過汨羅江，準備攻擊歸義以南高地之中國軍隊；第6師團應於27日以後，於新市附近渡過汨羅江，29日天亮前完成對該處守軍之攻擊準備；第40師團應適時以主力向長樂街東南前

■ 使用蘇制火器進攻的中國部隊。

進，以一部向浯口對岸附近移動，於29日天明前準備對當面之守軍發起進攻。

日軍前線各部得令後，均留下部分兵力與第20軍鏖戰，主力乘夜向汨羅江畔進攻，企圖按命令要求到達指定位置。27日凌晨，薛岳覺察到日軍主力可能正在南移，乃以電話命令楊森：「楊軍即向南移，左翼務截斷陳家洞至花橋道路，毋使敵再東竄，爾後即向長樂街攻擊；孫軍與楊軍確取連繫，遞向南移，以尾擊南竄之敵。」楊森遂遵命轉告楊漢域，要求第20軍放開正面，放日軍主力南下，而後協同第58軍側擊敵軍。此後，雙方爭奪的焦點轉到了汨羅江兩岸。

汨羅江兩岸的消耗戰

就在新牆河兩岸激戰之時，第99軍（欠第197師）和第37軍已完成在汨羅江南北兩岸的佈防，準備予進犯之敵迎頭痛擊。根據薛岳的命令，汨羅江防線以第37軍為右翼，第99軍為左翼。其中，第37軍以第60師守備長樂街、秀水、浯口、黃棠、張家渡一線，第95師防守駱公橋、新市、馬家潼、長沙嶺、伍公市、顏家鋪之線；第99軍以第92師布防於歸義、朱沙橋、駱公橋一線；第99師據守湘陰、營田、河夾塘、歸義之線；第37軍第140師為預備隊，集結於金井一線，隨時準備支援前線作戰。從12月中旬開始以來，這兩個軍就在防地積極備戰，隨時準備打擊進攻之敵。26日傍晚，日軍先頭部隊到達青龍崗、冷水井、青石橋等地。第99軍與第37軍警戒部隊奮起抵抗，一場惡戰隨之展開。

27日上午，日軍第3師團以步兵第29旅團（旅團長石川忠夫少將）為左翼，步兵第68聯隊（聯隊長的野憲三郎大佐）為中路，步兵第34聯隊第2大隊和騎兵第3聯隊（由騎兵第3聯隊長宇島良雄大佐）為右翼，在

大砲和飛機的掩護下，分三路向第99軍陣地發動猛攻。當天拂曉，第3師團第一線部隊向汨羅江南岸之南渡、河夾塘據點攻擊，被據守該地的第92師擊退。上午9時，中路日軍的野聯隊首先開始行動，冒雪向汨羅江急進。將近中午，日軍的野聯隊到達舊粵漢鐵路汨羅江廢橋遺址，隨即向附近的第99師陣地發起攻擊。但在第99師的頑強阻擊下，攻擊沒有成功。中午，的野聯隊（附獨立山砲兵第52大隊）分兩路在歸義附近渡河。可是堅守對岸陣地的第99師第296團已偵知了敵人的企圖，早已在對岸埋伏好了，日軍一進入槍砲的射程，即以密集的火力射擊。日軍猝不及防，傷亡甚眾。到當晚，的野聯隊的第一線兩個大隊才擊退守軍的抵抗，全部渡過汨羅江。到半夜，的野聯隊主力到達歸義西南7公里的靜塘坪。

這時，第3師團長豐島房太郎中將接到了一個令他毛骨悚然的消息：的野聯隊警衛馱馬的一個小隊，在追趕主力的過程中，遭到位於敵後的中國游擊部隊的攻擊，幾被全殲。開戰之初，即有如此不利的消息傳來，

■ 第三次長沙會戰時的中國守軍陣地。

徵兆不祥啊！難道這次進攻真的又會像上次那樣，因後路被切斷而功敗垂成嗎？不過，這種預感在豐島的腦海中像閃電一樣，瞬間消逝了。他認為，第九戰區經受了上次打擊，要在兩個月內恢復戰力，似比登天，因此無須擔心。於是，他決定仍然根據阿南司令官的指示行動，力求在汨水南岸圍殲第37軍。當天深夜，他向各部隊下令：「師團迅速突破當面敵陣地，首先進入大娘橋東西一線，爾後準備迂迴攻擊第37軍。」同時，由於數日來，風雪交加，汨羅江水不斷上漲，徒涉困難，豐島師團長命令工兵第3聯隊（聯隊長沼崎恭平中佐）在汨羅江上架橋，以保證師團主力順利渡河。

28日凌晨，第3師團各進攻部隊即遵命展開渡河準備。天剛亮，宇島部隊就在河夾塘渡過汨羅江，而後以步兵第34聯隊第2大隊（大隊長伊藤浩少佐）為前衛，向歸義以西約10公里的葛家坪前進。但防守該地的守軍第92師的兩個連事先在日軍前進的道路兩旁的預設陣地準備就緒了。中國軍隊先放過開路的伊藤大隊，等日軍後續的騎兵第3聯隊到達時，突然以猛烈的火力進行奇襲。日軍騎兵被這突如其來的攻擊打懵了，陣腳大亂。聯隊副官當即中彈倒地，64匹戰馬也同時被打死。不久，該聯隊後尾第6中隊趕到，在猛烈的砲火支援下向守軍據點攻擊，才逐步壓制住了守軍的火力。隨著參加攻擊的日軍人數不斷增加，雙方的力量對比越來越懸殊。但守軍官

■ 雨中泥濘的道路上轉移陣地的中國軍隊，他們擔負著切斷日軍補給線的任務。

兵仍然頑強地堅守著自己的陣地，直至全部戰死。

　　宇島部隊在河夾塘附近受到了打擊，他們左側的部隊進展也不順利。28日晨，的野聯隊以一部攻擊滁塘鋪，主力向大娘橋前進。中午，薛岳探知日軍第3師團主力已全部渡過汨羅江，為避免第99軍陷於不利，遂令該軍以一部固守石子澗、大路鋪、盤龍橋、高泉山、歸義一線，主力撤至牌樓鋪、栗橋附近嚴陣以待。日軍即乘勢前進。當天下午，的野聯隊主力到達牌樓鋪附近，此後遭到了第99師的頑強抵抗，進展緩慢。經一夜激戰，到次日拂曉才到達大娘橋附近。而此時，其左翼的石川部隊也在第99軍頑強的抵抗下，僅前進到密岩山、大娘橋附近。不過，日軍第3師團的深入引起了薛岳的憂慮。此時，第37軍主力還在汨羅江兩岸與日軍第6和第40師團對峙。如果第3師團向東包抄第37軍的後路，後果將不堪設想。於是，薛岳於28日深夜命令汨羅江防線預備隊第140師即歸第99軍指揮，由金井連夜西開李家壋、馬山神、沙塘基、傅家洞一線，阻敵東進。第140師師長李棠接到命令後，知道情況緊急，當即命令部隊以急行軍開赴指定地點。29日拂曉，日軍石川部隊和的野聯隊開始向第37軍側後包抄。不久，石川忠夫指揮的步兵第18聯隊（聯隊長石井信大佐）佔領了新開市。但還沒等他們站穩腳跟，第140師就趕到了。李棠師長當即命令部隊向新開市攻擊。該師是生力軍，士氣正旺。一個衝鋒就將新開市奪了回來。這時，李棠得到消息，第99軍主力正在大娘橋附近與日軍

激戰，立即命令部隊向敵側擊，以支援第99軍作戰。經一天激戰，日軍損失甚重，攻勢頓挫。

就在第3師團與第99軍激戰的同時，日軍第6、40師團也向第37軍發動了猛烈的進攻。27日上午，第6和40師團向位於汨羅江北岸的第37軍警戒陣地天井山、蘭市河、團山鋪進攻，企圖進到汨羅江北岸，準備渡河。守軍第60師和第95師英勇阻擊。激戰一天，日軍沒有取得任何進展。兩個師團各一部雖進到汨羅江邊，但由於河水因連日雨雪而上漲，渡河失敗。28日，日軍調來大量工兵強行架橋，準備強渡，但由於中國軍隊的襲擾，進展遲緩。同時，第40師團仁科聯隊以一部在長樂街附近強行渡河。守備長樂街的兩個連傷亡殆盡，而太子河附近的中國軍隊1個排更是全體殉國。日軍遂得以在南岸建立了橋頭堡。29日晨，日軍架橋完畢，主力在飛機的掩護下，開始渡河。第37軍憑藉既設陣地，節節抵抗。日軍以猛烈的砲火開路，集中優勢兵力連續猛攻，但第37軍有效地利用了地形掩護，與敵展開近戰，

使日軍的重砲火力無法發揮，被迫以步兵進行慘烈的陣地爭奪。到當晚為止，第37軍仍將敵人阻止在清江口、灘頭鋪、余家洞、秀水　一線及伍公市、顏家鋪等地。

作戰進行到此，儘管日軍渡過了汨羅江，可是由於中國軍隊的頑強抗擊，仍然沒有像阿南惟幾預期的那樣打垮中國軍隊的防禦。此時，由於香港已經淪陷，中國第七戰區也於26日停止了在東江地區的進攻。如果按照戰前，日本中國派遣軍的指示，第11軍策應香港作戰的目標已經達成，無需再將這次作戰繼續下去了。然而，這不是阿南的想

■日軍騎兵部隊一部在行軍中。

法。在上次長沙會戰後，阿南以為第九戰區已受到重創，在短期內難以恢復戰力。但這幾天的作戰大大地出乎了他的預料，第37軍這個曾經被他認為已經遭到毀滅性打擊的部隊，竟表現出了如此驚人的戰鬥力。假以時日，難保第九戰區不會像1939年底冬季攻勢後那樣，再次給日軍造成巨大的威脅。因此，有必要再次給予該戰區以沉重的打擊，以便「給予蔣政權以無聲的威脅」。於是，他不顧他的作戰主任參謀島村矩康中佐的反對，向中國派遣軍提出了進攻長沙的作戰方案，並命令剛從華北調來的獨立混成第9旅團投入戰鬥。可是，他的頂頭上司、中國派遣軍總司令畑俊六大將卻給他潑了一瓢冷水。畑俊六認為，上次長沙作戰並未能殲滅第九戰區主力，中國軍隊的戰鬥力還非常強，而第11軍這次進攻投入的兵力又比上次減少了三分之一，在這時進攻已預有準備的

堅城凶多吉少。因此，他提醒阿南要謹慎。但血氣方剛的阿南哪裏聽得進去？在他眼裏，經過上次的打擊，第九戰區已不堪一擊了。而飛機偵察得出的「敵軍正向長沙退卻」的結論，更使他堅定了自己判斷。於是，他在未得到中國派遣軍批准的情況下，於29日傍晚下達了進攻長沙的命令，其具體部署是：第3師團應迅速由近路向長沙追擊；第6師團擊潰麻石山、鴨婆山附近之中國軍隊後，應向金井急進；第40師團以一部在涺口附近，主力進入麻峰嘴附近後，應向金井急進；獨立混成第9旅團應向關王橋前進，到達後一併指揮澤支隊在汨羅江以北，掩護主力左側背安全；獨立混成第18旅團抽調獨立步兵第95大隊（大隊長外園進中佐）緊急調到湘北，以支援該方向作戰。

不過，日軍要向長沙前進的話，必須先擊潰和圍殲位於汨羅江以南的攔路虎——第

■ 中國軍隊的砲兵陣地向日軍進攻。

37軍和第99軍。因此，從29日晚起，日軍向第37軍和第99軍陣地發動了更為猛烈的進攻。

30日晨，日軍第6師團左翼第6步兵團（步兵團長竹原三郎少將）在飛機的配合下，向鴨嘴尖、飄風山發動猛烈進攻。第95師憑據險要地形頑強抵抗。其中，守衛茶頭嶺的一個營營長以下大部傷亡。當天下午，第95師以一部穿過日軍左右兩翼空隙直插敵後，包圍了日軍步兵第23聯隊本部，迫使該聯隊聯隊長濱之上俊成大佐調回第一線部隊進行援救。戰鬥中，日軍野砲兵第6聯隊第1中隊長木村敏大尉被子彈打穿頭部，當場斃命。日軍攻擊受阻。就在日軍第6師團在與第95師苦戰之時，第3師團主力向長沙方向攻擊。30日拂曉，該師團所屬石井聯隊在

20餘架飛機的支援下，由新開市向蘇溪塅、沙溪塅、雙江口、李家塅等地進犯。第140師與敵反覆肉搏，雙方傷亡均重。午後，該敵以一部包抄山頭源東南地區。第95師師長羅奇見本師側後方受到威脅，而自己的機動兵力又已用完，不得已令工兵營趕赴依華山迎敵。與此同時，第60師也在清江口、牙尖、天荊廟、基隆山等地與日軍第40師團激戰與日軍對峙。由於守軍巧妙利用了地形，日軍的火力優勢無法發揮，儘管多次組織強攻，仍一籌莫展。後來，日本防衛廳戰史室所編的戰史《長沙作戰》裏就這樣形容當時日軍的困境：「……部隊過於接近敵陣地，從正面的火力支援，已不可能。因此，火砲只能從兩翼壓制，第一線部隊只得靠自己一點一點地攻擊；但連重機槍都無法到達陣

■日軍用火焰噴射器進攻長沙城門。

地，只有信賴輕機槍和擲彈筒。像這樣大量使用手榴彈的戰鬥，是前所未有的。雖然這樣不斷強攻，但戰鬥仍完全陷入膠著狀態。」當晚，薛岳得知，日軍第3師團除留部分兵力繼續攻擊第95師外，主力已鑽隙南進，判斷汨羅江戰鬥已近尾聲，繼續與後衛部隊日軍進行消耗戰已沒有意義，遂打電話給陳沛，要求第37軍（欠第140師）「應即轉進至金井東南地區，準備側擊南進敵之左側背。陳沛聽到薛岳的命令後，感到有些為難：第37軍主力正面受日軍壓迫，金井東南地區較遠，掩護轉進困難，且金井無良好地形利用，敵追擊壓力大，不易立足，會失去爾後側擊之作用。權衡利弊後，他給薛岳回電話，表示執行命令有困難，並提出了自己的看法：「金井西南地區距敵南進路線較近，位置在敵側，轉進後行動自如、安全，伸縮性亦較大，若就近進據此地區之龜山，位置敵後，爾後雖艱險，但轉進容易且有利於攻擊敵後。」薛岳聽後，對陳沛的建議大加讚賞，立即命令他著手實施。於是，陳沛下令調整部署：軍直屬部隊進據龜山，並以龜山附近連山地帶為中心構築陣地；第95師除以一部據守麻石山、飄風山、桃花山、鴨婆山等地、牽制當面之敵外，主力乘夜轉移到望湖尖、旨泉嶺、芭蕉洞、嘯天獅子、蝦蟆嶺一線陣地，轉向西南擊敵；第60師守備望湖尖、大頭嶺、鴉雀嶺、張家山、浯口、張家陂之線側面陣地，轉向西北，繼續戰鬥。同時，第99軍亦奉薛岳電令，讓開正面，轉向西面側翼陣地。

29日傍晚，第3師團長豐島房太郎接到司令官的命令後非常高興。攻佔長沙，他又

可以搶頭功了。於是，他傳令各部隊，停止向第37軍側後迂迴，「迅速由捷徑，向長沙追擊敵人」。次日天剛亮，石川部隊開始行動。由於第99軍已向湘陰方向轉移，該部幾乎沒有受到阻礙，即於31日下午在磨盆洲附近渡過瀏陽河。中路的的野聯隊在追擊過程中，於大娘橋附近與第140師一支數百人的小部隊遭遇，當即命令鬼頭大隊攻擊，主力則向楓林港方向急進，於31日傍晚到達槊梨市。與這兩支部隊相比，第3師團右翼的宇島部隊遇到了麻煩。他們在王思岩地區遭到第92師的圍攻，到5日才突出重圍，到達楓林港附近，趕上了主力。最為倒霉的要數輜重兵第3聯隊的先遣隊了。30日夜，由輜重兵第3聯隊第3中隊和第1中隊一個小隊在麻石山西麓的大橋附近遭到第140師的圍攻，受到相當損失，不得不暫時退回新市。等中國軍隊走後，又重新前進，追趕主力。

30日傍晚，正在長嶺、麻峰嘴附近指揮作戰的日軍第6師團長神田正種中將接到軍司令部的命令。命令中，阿南要求該師團「以主力向槊梨市追擊，另以一部向長沙追擊的命令」。捏著這份電報，神田鐵青著臉，半天沒說話：司令官在開什麼玩笑啊？！本來，第3師團是配合他們圍殲第37軍，作戰目的達成首功在他們第6師團。現在第37軍沒殲滅，軍司令部又改變主意要去佔長沙。這樣一來，本次作戰的首功不就白白給了第3師團了嗎？這時，情報官又來通報，說第3師團已接近瀏陽河。神田終於按捺不住了，拍著桌子，大聲指責司令官不公平。不過，氣歸氣，命令還是要執行的。當天午夜，神田命令師團主力編成兩個縱隊，

以平岡聯隊為前鋒，於次日黎明開始追擊。

31日凌晨，第40師團根據軍司令部下達給該部的「一旦進入麻峰嘴後，應向金井附近急進」的指示，再次向當面之守軍發起了猛烈進攻。此時，第95師和第60師已根據陳沛軍長的命令，調整部署，主動放棄了天荊廟、魚口灣、基隆山等陣地。第40師團主力遂得以南進。當天深夜，其主力進到金井附近。但就在當天，該師團右翼的戶田聯隊卻仍然在牙尖、余家洞、烏石尖、孫家山等地遭到第60師的頑強抗擊，傷亡慘重。下午，日軍集中數十架飛機又對第60師陣地實施低空掃射、轟炸。孫家山一帶工事相對薄弱，陣地全部被毀，守軍傷亡嚴重。而援軍也因日軍砲火和飛機的攔阻射擊，無法到達。這樣，堅守了兩天多的第60師陣地被日軍突破。至此，汨羅江兩岸的戰鬥宣告結束，

在汨羅江兩岸酣戰之時，第九戰區副司令長官兼第27集團軍總司令楊森指揮第20軍和第58軍在新牆河敵後積極出擊，以配合第37軍和第99軍之作戰。28日深夜，新11師第33團先後在長湖、洪橋與數百日軍遭遇，當即將該敵擊潰，繳獲戰馬10匹，輕機槍1挺，步騎槍20餘枝。29日，第134師第401團和第400團先後在三江口及黃旗與日軍激戰，殲敵數十人。30日拂曉前，新10師第31團夜襲陳家橋，攻佔敵左翼據點。天亮後，日軍組織反撲。該團張運柱營在左翼友軍攻擊不利，援軍受阻的情況下，死守陣地。到該營奉命撤出陣地時，全營只剩下112人，其餘官兵全都壯烈犧牲。是日夜，第20軍一部在長湖附近突襲日軍輜重兵第40聯隊，擊斃其聯隊長森川啟宇中佐。由於第20軍與第58軍的積極作戰，阿南惟幾如芒刺在背，不得不調剛抵達武漢的獨立混成第9旅團支援留在汨羅江以北作戰的澤支隊，以保障其左側背安全。這樣，楊森非常順利地實現了其牽制日軍兵力的意圖，有力地支援了正面主戰場的作戰。

喋血星城

12月30日，日軍漸漸逼近長沙。薛岳知道長沙保衛戰迫在眉睫了。早在23日，即日軍在新牆河發動總攻的前一天，第九戰區就組織長沙市民進行了疏散。到這時，長沙除了軍隊駐守外，已沒有任何市民了。薛岳無須顧慮民眾的安全，完全可以放心地以長沙作為殲敵的戰場了。於是，他於30日中午向蔣介石發出了卅午忠電，表達對自己在長沙與敵決一死戰的決心。電報中稱：「第三次長沙會戰，關係國家存亡、國際局勢至鉅；本會戰，職有必死決心、必勝信念。」發出這份電報後，薛岳又下達了在長沙決戰的命令，具體部署如次：

1、戰區副司令長官楊森指揮第20軍和第58軍，分由長樂街經、清江口合擊石子鋪。第一次攻擊須到達湯家塅、安少、戴家園一線；第二次攻擊到達線為傅家衝到周婆塘一線。

2、戰區副司令長官王陵基率領第37軍（欠第140師）和第78軍，攻擊望仙橋、長橋之敵。第一次攻擊到達線為戴家園、春華山到東林寺一線；第二次則應到達大灣港到長橋一線。

3、第4、26和79軍（附第194師）歸戰區副司令長官羅卓英指揮，分別向榔梨市、東山及長沙以南攻擊前進。第一次攻擊務必到達東林寺、白田鋪至大托鋪一線；第二次攻擊進至榔梨市、東山、金盆嶺之線。

4、第99軍（附第140師）以第197師擔負湘江西岸及洞庭湖南岸防禦任務；第99師固守雙獅洞、柳溪橋、花石岩、湘陰、營田各要點，並以有力一部向栗橋、福臨鋪出擊，打擊日軍之側背，務必截斷其連絡補給線；第92師和第140師向撈刀河攻擊，第一次攻擊應到達白沙洲東岸、橋頭驛到官橋一線，第二次攻擊須到達撈刀市附近。

5、第10軍和第73軍堅守長沙、嶽麓山一帶陣地，待各兵團到達第二次攻擊目標附近後，即行反擊。

在命令中，薛岳重申「各集團軍總司令、軍長、師長務確實掌握部隊，親在前線指揮」，並規定「岳如戰死，即以羅副長官代行職務，按照計劃，圍殲敵人；總司令、軍師團營連長如戰死，即以副主官或次級資深之軍師團營連長代行職務」，如有作戰不力者，一律實行連坐法。正人先正己，薛岳在發出這道命令之前，就率先身體力行，不顧個人安危，按照命令的要求將自己的指揮所設置於與長沙僅一江之隔的嶽麓山上，以全面掌握敵情，就近指揮。

命令發出後不久，薛岳又得到了各部相繼發來的正按計劃行動的報告。不過，他心裏仍然對長沙地區的防務沒把握，在指揮所裏坐立不安，吸了兩口菸後，竟一口氣爬上的嶽麓山，望著大戰將臨的長沙城，自言自語地說：「關鍵就看李瑤階（李玉堂字）

了。」

他的擔心不是沒有道理的。第10軍號稱「泰山軍」，是第九戰區數一數二的主力軍。但在上次會戰中，因使用不當，指揮失誤，遭到了重

■ 第九戰區主力軍第10軍軍長李玉堂。

創。加之，在戰後不久的南嶽軍事會議上，軍長李玉堂被以「作戰不力」罪名撤職查辦，軍心不穩，戰鬥力難以讓人放心。11月中旬，為了儘快恢復這支精銳部隊的戰力，軍委會決定派鍾彬接替李玉堂的職務。可是薛岳深知李玉堂治軍有方，深受官兵愛戴，要讓第10軍重振旗鼓，非他莫屬。因此，他得知此事後，立即以戰事緊急為由，報請軍委會同意，暫緩交接。但軍委會依然決定，俟戰局一緩和下來，立即交接。李玉堂得知此事後，情緒一直不高。因此，當薛岳為第10軍擔任長沙城防一事親自來找他時，他一臉苦笑，說：「職都撤了，怎麼指揮打仗？」薛岳說：「你打嘛，我擔保你不撤職。」李玉堂聽了這話，臉色立刻多雲轉晴，回去後將薛岳的話原原本本告訴了全軍官兵。官兵們聽後個個摩拳擦掌，一定要齊心協力打退敵人的進攻，幫助他們景仰的軍長保住職務。於是，全軍馬上投入了緊張的備戰中。在備戰過程中，長沙市民有力出力，有錢出錢，全力協助軍隊在長沙城內建

■ 堅決不當預備隊的第10軍預10師師長方先覺。

立了堅固的城防工事體系。城防工事西面依託湘江，對北、對東、對南形成一個半圓形的地堡群。工事由長沙外圍向裏，一層一層地構築，愈向裏愈堅固，大致在市區中山路西段-黃興路-八角亭-南正街-坡子街一線以南的核心工事最為強固，各街道口都有鐵絲網拒馬封鎖，各街道上均能被地堡和建築物內發射的槍砲彈所覆蓋，沒有留下任何射擊死角。在工事的修築期間，李玉堂整天在工地上修正地堡位置和射擊孔方向，規定火網的編成，餓了就在工地上啃饅頭，渴了就喝點水，沒有半點怨言。經過長沙軍民的共同努力，到12月30日日軍逼近長沙近郊為止，長沙城防工事已全部竣工。

30日下午，李玉堂得知日軍已接近瀏陽河，即遵照戰區電令作好戰鬥準備：第190師佔領楊家山、湖跡渡、復興市、河正街一線，主力置於鞍子山、湖跡渡附近，阻擊南犯之敵，並派便衣隊（約一個連）在楓林港附近埋伏，阻滯敵之前進；第3師以主力佔領長沙城垣，以一個團集結於城東南地區，並派便衣隊（約一個連）設伏於安沙、沙坪附近，阻滯敵人。同時，根據薛岳命令暫歸李玉堂指揮的戰區直屬砲兵，全部集中於嶽麓山一帶陣地，定好砲位和射擊諸元，準備對攻擊長沙之敵進行阻攔射擊。本來，李玉堂打算讓預10師擔任軍預備隊，但因該師師長方先覺求戰心切，堅決不當預備隊，要求軍長給予固定任務，表示完不成願受軍法制裁。李玉堂遂將半邊山、左家塘、林子衝、黃土嶺、金盆嶺、猴子石、水陸洲一線的守備任務交給了預10師，令方先覺將主力控置於黃土嶺，並派便衣隊潛伏於東山附近，阻敵前進，但須待第73軍到達後才可開赴指定陣地。在預10師沒有到達前，黃土嶺等地防務暫由第3師一個營承擔。

31日，薛岳獲悉日軍第3、第6兩個師團已到達長沙附近，知道長沙決戰即將打響，當即命令正趕赴長沙途中的第73軍加快行軍速度，並令各攻擊集團向當面之敵攻擊，限於1月4日晚到達第一次攻擊線。這時，第10軍參謀長蔡雨時得知，第73軍將先敵一天到達嶽麓山，與李玉堂商議後，未經薛岳同意，即令預10師渡過湘江，佔領戰前指定的陣地。薛岳知道後，直接打電話給蔡雨時詢問此事。蔡雨時報告了敵軍和友軍的情況，說：「友軍先期到達長沙，可接嶽麓山陣地；預10師過江接防第3師之一部，長沙可以確保……」薛岳覺得他的話有理，就沒有再追究了。方先覺在部隊過江後，下令將船隻調走，連一隻通信用的船都不留，以示破釜沉舟，奮戰到底的決心。

第二天早晨，長沙城在濃霧中迎來了1942年。第10軍已全部進入了陣地，火力點都已部署完畢，每一挺機槍、每一門迫擊砲都定好了射擊方向。全軍官兵都明白，一場血戰就在眼前。而與他們形成鮮明對照，正向長沙城開進的日軍第3師團主力卻精神

■ 預10師第30團團長葛先才。

百倍。由於師團長豐島房太郎輕敵，對前進道路上的偵察過於馬虎，未能掌握當面敵情，日軍上上下下都處於盲目樂觀之中。他們還幻想著像上次那樣，不經過激烈的戰鬥就進入長沙。阿南還特命航空兵給該師團空投太陽旗，以慶祝在新年伊始攻佔長沙。

元旦中午，一顆信號彈劃破了霧氣尚未散盡的天空。日軍石井聯隊對長沙城外的獅子嶺高地發動進攻。稍後，第3師團擔任主攻的的野聯隊未等部隊集結完畢，即開始向長沙南側進攻。固守這一帶的正是前一天從嶽麓山上調過來的預10師。該師到達後，以第29團為第一線，佈防於南大十字路-左家塘-阿彌嶺-雨花亭-金盆嶺-東瓜山一線；以第30團為第二線，控置於加龍山-小林子衝-仰天湖-小冬瓜山一線；第28團（第1營）為師預備隊，隱蔽在大椿橋及杏花園一帶待命；師砲兵營（8門

81mm迫擊砲）在天鵝塘進入陣地，工兵連守衛軍部所在地湖南電燈公司，並沿鐵路向東南警戒。

日軍攻擊一開始並沒有遇到強有力的抵抗。擔任警戒任務的預10師便衣隊抵抗了一下後，很快就退到了第一線主陣地。但當他們攻到阿彌嶺陣地時，遭到了第29團曹建業營頑強抵抗。日軍在飛機的掩護下，向守軍陣地反覆衝鋒。曹建業營傷亡很大，曹建業營長壯烈殉國。陣地也於下午4時左右失守。攻陷阿彌嶺後，日軍兩個聯隊乘勢向鄒家莊、小林子衝等處猛攻。第29團奮戰半天，仍未能抵擋住日軍攻勢。陣地接連丟失。團長張越群仍然率部死守不退。

這時，在岳陽指揮所裏滿懷信心地等待攻佔長沙的消息的阿南惟幾接到了情報部門送來的關於前一天薛岳限令各軍於4日前到達第一攻擊線的命令。看過這道命令，他高興得手舞足蹈——以中國軍隊不堪一擊的戰

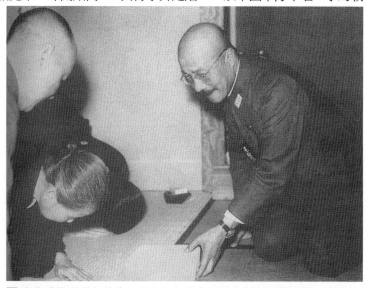

■ 東條英機慰問加藤素一家人。加藤大隊是日軍的王牌部隊，在長沙的戰鬥中幾乎全軍覆沒，他本人也命喪黃泉。

鬥力，怎能跟大日本皇軍的精銳主力決戰？來得越多，自己功勞簿上的戰果就越大。他把這份情報扔在了一邊，吩咐參謀長木下勇少將率外國記者團乘飛機視察戰地。傍晚，木下勇回來報告：第3師團已突入長沙東南角。這個報告無疑又給阿南打了一針強心劑。他相信攻克長沙的消息不久就會傳來，便給大本營和中國派遣軍總司令部去電報捷，說第3師團已攻入長沙，並祝賀太平洋戰場上日軍的勝利。

可是前線的戰局遠沒有阿南想像的那樣樂觀。到當天傍晚，守軍第29團仍在頑強抵抗。剛到達長沙近郊吉祥坡的豐島房太郎急了，當即將師團預備隊、以夜襲聞名的步兵第6聯隊第2大隊（大隊長加藤素一少佐）火速投入戰鬥。此時，第29團正處於勉強維持的狀態，防線隨時都可能崩潰。日軍新投入了生力軍，他們就頂不住了。當晚9時左右，軍儲庫、鄔家莊一線陣地相繼失守。守備軍儲庫的第3師第8團陶開化排全體陣亡。日軍乘勢突入白沙嶺，形勢岌岌可危。張越群見實在無法組織有效的抵抗了，便命副團長陳新善率殘部盡力遲滯日軍前進，自己帶著一名隨從來到師部。

張越群來到師部後，先找到他的好友、師政治部代主任楊正華。在交談中，他為自己未能完成任務深為愧疚。方先覺知道後，明白他已經盡力了，也沒有過多地責怪，就安排他到副官處休息。而後，方先覺拿起電話，叫通了第30團團長葛先才（原第28團團長，第三次長沙會戰前夕臨時調任第30團團長），說道：「藝圃（葛先才字），現在看你的了！我全力支持你，第29團立即收容

整理，統歸你指揮，第28團隨時可以調用，你一定要頂住呀！」葛先才以洪亮的聲音答道：「報告師長，請您放心，我們不能在薛長官面前丟臉！」放下電話，葛先才就趕到前線，組織部隊，對突進之敵實施逆襲。同時，根據李玉堂的命令，第190師派一個營向左家塘附近攻擊。為配合該兩部作戰，岳麓山上的砲兵也集中火力對白沙嶺方向實施猛烈轟擊。一時間，日軍陣地上硝煙彌漫，血肉橫飛。將近午夜時分，經過慘烈的白刃搏鬥，中國軍隊終於收復了左家塘、軍儲庫等地，並包圍了突入白沙嶺村落的日軍加藤大隊本部。

這天深夜，薛岳又打來電話詢問戰況。方先覺以十足的把握向薛岳保證：「我能守一星期。」薛岳感到十分驚異，便問：「如何守法？」方答道：「我第一線守兩天，第二線守三天，第三線守兩天。」薛岳聽了這話，對他深表讚許。方先覺放下電話後，立即寫了一封信叫副官主任張廣寬派人傳遞給他的家眷，要求無論如何明天要送到。張廣寬感到這事很蹊蹺，就拿著信來找楊正華。楊正華拆開一看，原來竟是方將軍的遺囑，內容是：「蘊華吾妻：我軍此次奉命固守長沙，任務重大。長沙的存亡，關係抗戰全局的成敗，我決心以死殉國，設若戰死，你和五子的生活，政府自有照顧。務令五子皆能大學畢業，好好做人，繼我遺志，報效黨國，則我含笑九泉矣！希吾妻勿悲。夫，子珊。」

看著這封沉甸甸的家書，楊正華心裏酸酸的。寥寥數語，正是師長為國奮戰，視死如歸的真實寫照啊！於是，他迅速擬就了一

■ 嶽麓山德制150mm榴彈砲發揮極大的功能。

向據守白沙嶺村落的加藤大隊殘部發動了猛烈進攻。不久，第28團劉正平營長也親率一個連參加了戰鬥。加藤素一指揮部隊以民房作掩護，拼死抵抗。中國軍隊幾次衝鋒都沒有成功。葛先才遂下令火攻，熊熊的大火很快蔓延開來。日軍在民房內待不住了，紛紛跑出來，正好成為了中國士兵的靶子。在中國軍隊猛烈的火力射擊下，日軍傷亡嚴重。加藤大隊長也被中國狙擊手射來的子彈打穿腹部，旋即斃命。天亮後，中國軍隊在清理戰場時，在加藤的身上搜出了有關日軍行動發動以來的全部計劃和命令，裏面說明了日軍第3師團的作戰目的及攜帶彈藥的數量，清楚地表明日軍彈藥不足的情況。第10軍得到這份重要情報後，不敢怠慢，迅速上報長官部。薛岳讀後，興奮之情溢

篇新聞稿連夜送到《長沙日報》社。次日，《長沙日報》頭版以《方師長誓死守土，預立遺囑》為題，將遺囑連同新聞稿全文登出。廣大抗日官兵和民眾讀過此文後，痛哭流涕。一些士兵和學生含著熱淚立下了「成則以功勳報祖國，死則以長沙為墳墓」的錚錚誓言。

2日凌晨0點左右，葛先才指揮第30團

於言表，拍著桌子說：「雖僅一張薄紙，然較萬挺機槍尤重。」隨後，他又打電話給李玉堂，問道：「南門外出擊者，是哪一個部隊？」李玉堂回答：「預10師葛先才團。」薛岳高興地說：「攻得好！攻得好！葛團長了不起！」

正當白沙嶺酣戰之際，日軍的野聯隊主力再次向楓樹山、鄔家莊、小林子衝一帶進

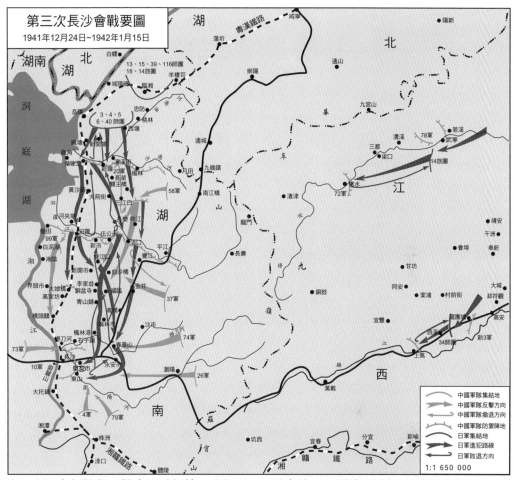

第三次長沙會戰要圖
1941年12月24日～1942年1月15日

攻。守軍奮起抗擊，雙方短兵相接，殺聲震天，其中鄔家莊、小林子衝陣地易手竟達8次之多。戰到天色將明之時，堅守小林子衝的第30團阮成營因損失過重，陣地被敵突入。葛先才得知後，當即命令第3營營長阮成組織反擊，務必恢復所失陣地。阮成遂親率80餘人，乘敵立足未穩之機，突然殺入敵陣，與日軍肉搏。日軍被打得措手不及，慌忙丟下多具屍體，向後潰逃。所失陣地得以恢復。拂曉，日軍再次向第30團陣地猛撲過來。這時，一直關注著預10師方面戰局的李玉堂軍長擔心第30團頂不住，親自命令張越

群率第29團殘部馳援。第29團到達後，與敵激戰一個小時左右，終於將敵人打退。這次戰鬥，敵我傷亡均重，第29團副團長陳新善、團附曾友文均壯烈殉職，而日軍橫田大隊第2中隊的所有幹部也全部傷亡。次日上午，捷報傳到長官部，薛岳對張越群的表現頗為激賞，下令晉升他為少將，並獎大洋萬元。

2日晨，豐島師團長看到自己的部隊打了一夜也未能擊破守軍的頑強抵抗，甚為惱火，遂親自來到前線觀察情況。可是他一到砲兵觀測所，嶽麓山上的中國砲兵就用猛烈

179

的砲火來歡迎他。8門火砲一齊向長沙南門及東門日軍陣地猛烈轟擊。這時，第九戰區砲兵指揮官王若卿在高處觀察敵情，發現了日軍的砲兵觀測所，立即調動兩門德制150mm榴彈砲向該處射擊，將日軍的觀測設備悉數破壞，使日軍第3師團的砲兵成了瞎子，重火力優勢無從發揮。與此同時，進攻長沙南門的日軍的野聯隊也受到了砲火火力的嚴重殺傷，進攻再次受挫。這樣的情況讓豐島大為吃驚。他萬萬沒有料到中國軍隊的火力如此之強，乃調來工兵第3聯隊（聯隊長沼崎恭平中佐）主力，命其破壞長沙外圍已成為中國軍隊防守據點的所有磚瓦建築物。

稍後，日軍石井聯隊即在沼崎聯隊的協同下，向長沙城東門發動了猛烈進攻。防守該地域的第190師利用每一座可以利用的防禦物與日軍展開反覆爭奪。日軍進展遲緩，

■ 長沙城前破壞鐵絲網的日軍敢死隊員。

每前進一部都要付出沉重的代價。當天午夜，日軍石井聯隊由新軍路向陸軍醫院、茅衝塘、陳家山、杜家山一線進攻。這一線以這一地段的制高點陳家山最為重要。該地位於小吳門和興漢門之間，若失守，則小吳門、興漢門這一開闊地帶將全部為於日軍的火力所控制。因此，第190師師長朱岳在這裏部署了第570團一個團的兵力，憑藉居高臨下的地勢，以輕重機槍組成嚴密的火網，日軍幾次衝鋒都被壓了下來。天亮後，日軍又使用大砲狂炸陳家山，砲彈像雨點一樣落在陣地上。第570團被壓得抬不起頭來。硝煙尚未散盡，日軍的步兵又攻了上來。雙方展開白刃戰。第190師師長朱岳怕第570團頂不住，親自率領警衛前往督戰。嶽麓山的砲兵亦以猛烈的砲火給予支援。在這種情況下，官兵們士氣高漲，李芝團長身先士卒，帶領與日軍拼刺刀，陣地兩度失而復得。3日天微明，日軍以飛機、火砲向瀏陽門進行攻擊，發射了大量毒氣彈和燒夷彈。一時間，瀏陽門北側的民房燃起熊熊大火。守軍第3師第9團王德興營官兵大部中毒暈迷。稍後，日軍即乘機突入瀏陽門，形勢危殆。第3師師長周慶祥看到這種情況，急忙親率師特務連前往堵截。這樣一來，第3師官兵士氣大振，與敵展開多次肉搏，終將日軍對瀏陽門的衝擊打退。

與此同時，日軍的野聯隊向南門東瓜山、修械所一帶防線發起進攻。第30團官兵按照方先覺師長的「三不打」要求（即「瞄不准不打，看不見不打，打不死不打」），等日軍進到射程以內時，才以交叉火力向敵射擊。面對著由機槍和迫擊砲組成的強大火力，日軍舉步維艱。而戰前建立的地堡火力更是讓日軍吃盡了苦頭。為了盡快攻克第30團陣地，日軍飛機投下了大量燃燒彈，將中國軍隊陣地變成了一片火海。趁著蔓延的火勢，日軍開始了新的衝鋒。但很快就受到地堡中的火力壓制。第2大隊長橫田莊三郎當場被打死，部隊前進不得。於是，日軍組織幾十個士兵，全身綁滿了烈性炸藥，逕直向地堡撲去。不久，隨著一聲聲劇烈的爆炸聲，幾處地堡飛上了天，陣地被敵突破。葛先才看到這種情況，也組織起幾十支敢死隊，在20多挺機槍掩護下，趁著日軍進入新佔陣地秩序混亂之機，直衝向日軍陣中，拉響身上的炸彈，與敵同歸於盡。而在第30團發起強有力的反擊的同時，嶽麓山上的重砲也向東瓜山方向轟擊。日軍傷亡累累。在第一線擔任聯絡的的野聯隊副官神一郎大尉、第8中隊長黑岩巽中尉及第5中隊所有軍官全部死傷。在左家塘方面，第28團與日軍自是日凌晨3時一直激戰到天亮。其中，機槍連排長張鐵山被子彈穿腹而過，腸子都流出來了。可是他仍忍著劇痛，繼續用手裏的機槍向敵人掃射，直到流盡最後一滴血。當天上午，左家塘陣地失守。為策應第28團作戰，剛於前一天將水陸洲防務交給第77師的第28團一部在團迫擊砲連的支援下強渡湘江，側擊的野聯隊，在湘江東岸全殲該聯隊第2中隊丸山信一大隊長以下全部官兵。

2日，第73軍的先頭部隊第77師到達湘江西岸。這時，日軍第6師團已佔領了進到長沙外圍，傍晚又根據阿南的命令向長沙城北急進。薛岳得知此事後，擔心第10軍勢單力薄，決定將第77師投入戰場。於是，他親自接見了該師師長韓浚，勉勵他努力作戰，表示相信他能完成任務。面對長官的信任，韓浚深受鼓舞，暗自下定決心：「不打勝仗，決不去見長官！」隨後，他們遵照薛岳的指示，以一個營接替預10師水陸洲一個營的防務，使該部能夠全力參加長沙保衛戰鬥。次日，暫5師到達湘江西岸。薛岳當即命第77師將現有防務交與暫5師，而後渡過湘江，作為第10軍總預備隊，直接參加長沙保衛戰。過江後，李玉堂即命韓浚以一個團佔領湘春街東西大街，主力位於南門口附近，集結待命。這樣，長沙的防禦力量得到了很大加強。

3日拂曉，第6師團向長沙城東北發起攻擊。第190師一部奮勇阻擊，但終因寡不敵眾，下麻園嶺、下姚家巷等地相繼失守。日軍遂得以佔領湘雅醫院等地，進逼漢興門、經武門。堅守兩地的第3師第7團廖茂堂營和王新營在嶽麓山上的砲兵大力支援下，據工事死守。日軍始終未能攻破這些陣地。下午，日軍步兵13聯隊（聯隊長友成敏大佐）加入陳家山、杜家山方向戰鬥。第570團寡不敵眾，陳家山、杜家山失守。隨即，日軍轉向南華女校及49標猛攻。第190師第568團團長陳家垕親赴一線指揮迎擊，打退日軍多次衝鋒。同時，陳家垕團長又派一部官兵攜輕重機槍多挺迅速佔領日軍進攻側後方之

房屋，對進攻之敵後援部隊進行火力奇襲，打得日軍措手不及，傷亡甚眾，當即回竄。第568團乘勝追擊，於天亮前相繼克復陳家山、杜家山。當日晚，日軍步兵第23聯隊（聯隊長濱之上俊成大佐）之一部數百人夜襲第190師第569團防守之湘春路陣地，經反覆爭奪，敵佔領該團陣地一角。李玉堂當即決定讓第190師派有力一部以火攻圍殲突入陣地之敵。第569團遂遵命縱火，將日軍所佔房屋燒毀。日軍被迫棄屋逃竄。

到3日下午，日軍第3師團的彈藥已全部用盡，仍未能攻入第10軍核心陣地。但是，豐島房太郎卻無視這些危險的情況，仍然堅信長沙的防禦即將崩潰。當天下午，他通過飛機向阿南報告說：「敵有四道防線，在街道上設有碉堡，同時又憑據永恒工事，防禦極為頑強，目前在師團右翼方面，已展開巷戰，不久，可以取得戰果。」看到這個報告，阿南有些心動了。不過，軍參謀長木下勇可沒他這麼樂觀。這時，木下勇已得知，長沙外圍的中國軍隊已從四面八方向長沙周圍匯集，在金井周圍的第40師團受到了相當打擊，再不後撤的話，有被包圍的危險。因此，他堅持第3師團於當夜「反轉」。最後，阿南經過反覆考慮，採納了木下勇的意見。當「按原計劃反轉」的命令下達到第3師團時，豐島還在指揮所裏作著在長沙慶功的迷夢。他看了司令官的命令後，大發雷霆，嚷嚷著司令官奪去了他這次立功的機會。於是，他馬上給軍司令部去電，說：「我第一線部隊現已衝進長沙敵陣地，繼續展開巷戰中，現在只差一把勁，希望把反轉時間再延期一日。」隨後，他又派作戰參謀

石井國男中佐到第6師團部聯繫，轉達了他的意見，希望第6師團共同行動。可是，神田正種卻遠沒有豐島那樣激動。他已看到攻取長沙無望，冷冷地扔給石井一句話：「我們的意見，應按軍的命令行動。」而在第3師團內部，豐島的意見也遭到了師團部所有參謀和各部隊長的一致反對，他們認為：師團已付出很大傷亡，所攜彈藥幾乎消耗殆盡；而師團各部隊及師團部，不斷遭到來自嶽麓山的重砲攻擊，官兵的精神受到極大威脅；因此，即使再這樣繼續戰鬥下去，也不能攻克長沙，應即迅速反轉。但豐島哪裏聽得進去？他仍一意孤行，以奪回已失掉聯絡一晝夜的加藤素一的屍體為藉口（當時日軍尚未完全確定加藤已死），又向阿南發去了一份要求緩期一天反轉的電報。但第二天凌晨，豐島得到的答覆是：「仍然按昨夜的命令執行，應即反轉。」然而，司令官的答覆仍然沒有動搖豐島的決心。翌晨，他仍舊和參謀長山本清衛大佐一起制訂出了新的攻擊計劃。

4日，日軍向長沙發動了最後的攻擊。拂曉，第6師團率先在城北發動攻擊，以隱蔽其撤退企圖。不久，濱之上聯隊即攻到湘春路附近。固守這一地域的第569團在團長符志豪帶領下，憑藉地堡和建築物的火力點，以嚴密的火力網封鎖道路，日軍前進困難，只得後撤。符團長當即率部向北出擊，收復了北大馬路，並攻入湘雅醫院。為策應第569團作戰，第570團團長李芝率部出擊當面之敵，一舉收復留芳嶺。第570團有個雅號叫「留芳團」，因此「留芳團收復留芳嶺」一時傳為佳話。同時，為了彌補兵力的

不足，朱岳師長親自率領師直屬隊及非戰鬥人員投入第一線，以支援兩個團的作戰。中午，第6師團主力再次向湘雅醫院、瀏陽門、興漢門猛攻。為振奮士氣，第3師參謀長孫鳴玉親赴興漢門督戰。

在第6師團發起進攻後不久，第3師團主力也向陶家衝、修械所、小吳門等地發起猛烈進攻。在這最後的進攻中，的野聯隊傾盡了全力。預10師和第3師第9團儘管經連日激戰，損耗極大，仍抱定必死之決心頑強堅守陣地。在保衛識字嶺的戰鬥中，第9團士兵唐永祥和賈兵在全班陣亡的情況下，仍堅持戰鬥，最後拉響手榴彈與衝上陣地的四、五名日軍同歸於盡。堅守東瓜山的第30團在葛先才團長的帶領下，面對嚴重的傷亡和陣地大部失守的不利情況，仍堅守不退，與敵肉搏3次，陣地失而復得達5次之多。後來，由於兵力消耗嚴重，不敷使用，葛先才甚至親自衝上一線陣地，拿起機槍向敵人掃射。為了支援第30團作戰，方先覺將傳令兵、勤雜兵、擔架兵、輸送兵等非戰鬥人員編為一個連，歸葛先才指揮，向東瓜山陣地逆襲。到下午1時，日軍彈藥不濟，被迫撤出東瓜山。這時，第30團官兵僅剩下8個人了。就在東瓜山苦戰的同時，的野聯隊第2大隊一部攻入長沙南門，被趕來增援的第77師第231團在砲火支援下擊退。當天中午，日軍石井聯隊最後一次攻擊迴龍山。方先覺怕那裏有失，特派副師長孫明瑾趕到第29團陣地上督戰。副師長的到來使第29團士氣大振，官兵們個個奮勇，打退了日軍對迴龍山的一次又一次衝擊。

中午時分，由於前線戰事緊急，三個師的正副師長均在前線，只有李玉堂和參謀長蔡雨時在軍部裏對坐吃飯。忽然，一顆流彈穿破玻璃，擊碎了飯桌上的菜碟，並打斷李玉堂的一枝筷子。李玉堂連眼皮都沒抬，伸手去抓撒在飯桌上的大頭菜吃。蔡雨時生怕再打來一顆子彈，軍長受傷，便問：「是不是變換一個位置。」李玉堂面不改色地說：「不動，不動。」蔡又問：「那我們就快點吃。」李答道：「不用，不用。」在場的人聞之大為歎服：軍長遇險不驚，雖古之名將也莫過於此。

傍晚，外圍各軍到達長沙附近的消息不斷傳到第10軍，已奮戰四天的官兵群情激昂，喊出了「苦戰一夜，打退敵人，守住長沙，要回軍長」的口號。這時，李玉堂也根據日軍到處放火的情況，判斷日軍即將退卻，遂命令第77師和第3師第8團準備出擊，其餘各部仍固守原陣地，防敵回竄。

日落時分，日軍一小股工兵竄到預10師師部附近。李玉堂當即命令第190師副師長彭問津統一指揮軍直屬工兵及第190師兩個步兵營加以圍殲。由於中國軍隊人多勢眾，日軍工兵很快就被打垮了，大部被殲，餘下的落荒而逃。午夜時分，長沙城內的槍聲漸漸沉寂下來。是晚，李玉堂接到長官部指示，得知日軍已開始撤退，第10軍已無追擊任務，遂命第77師歸還第73軍建制參加追擊，第10軍部隊進行休整，長沙作戰至此結束。

合圍的達成

就在第10軍死守長沙城之時，第九戰區主力各部從湘北和株洲向長沙合圍過來。

在日軍的後方，第40師團最先倒霉。元旦清晨，第40師團主力到達金井附近。由於中國軍隊已切斷了日軍的補給線，日軍吃光了攜帶的全部糧食後，便四處尋找糧食。可是附近的村民根據長官部的要求，空室清野做得非常徹底。日軍費了九牛二虎之力，才找到兩個白薯。正當青木成一師團長為部隊的給養發愁時，阿南發來指示，要求第40師團「必須把甕江方面山區之敵擊退到浯口-甕江-金井道路以東地區」。對阿南的命令，青木不敢怠慢，當即命令師團主力以龜川聯隊為前鋒於第二天一早開始向甕江方面前進。

2日天亮前，龜川聯隊正緊張地進行著出發前的準備，突然遭到第95師一部襲擊，金井東北約1公里的大山坡高地當即被佔。這一突如其來的攻擊打亂了第40師團的行動計劃，青木不得不命令戶田聯隊投入戰鬥，在砲兵主力的掩護下，奪回該高地，並佔領金井東南的將軍衝，以掩護龜川聯隊繼續前

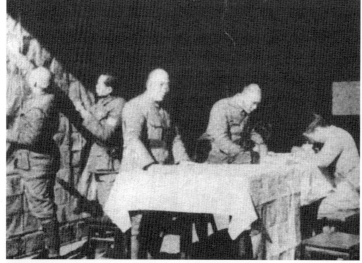

■ 第26軍軍長蕭之楚在指揮作戰，包圍日軍第3師團。

進。戶田聯隊投入戰鬥後，龜川聯隊趁機脫離戰鬥以第1大隊（大隊長中山左武郎少佐）為前衛，向蒲塘前進，在官家橋以北與南進的第37軍另一部遭遇。中國軍隊迅速佔據有利地形，集中火力向日軍猛烈射擊。此時，日軍的彈藥供應告罄，砲彈缺乏，被迫以步兵火器與中國軍隊對抗。經兩天激戰，日軍損失嚴重，龜川聯隊第2機槍中隊長明神祥典中尉陣亡，第7中隊長真鍋輝正中尉負重傷。陣地大部失守，彈藥也所剩無幾。

3日，青木成一接到阿南要求他們「應以一部兵力佔領金井北方隘路口，掩護軍側背，同時，為以後的行動做好準備的命令」，乃決定待日落後，將部隊集結在金井以西4公里的打鼓嶺一帶。但日軍在轉移和集結過程中，遭到第37軍的圍攻，傷亡不斷增加，處於極度混亂的狀態。

4日晨，青木奉到阿南「應以一部兵力留在金井附近，掩護軍的側背，主力應立即向春華山前進，以使軍主力順利反轉」的命令。儘管第40師團陷於傷亡慘重和彈盡糧絕的絕境，但青木仍然不顧部隊已處於難於集中的混亂狀態這一現實，幻想在轉進途中重創第37軍。可是還沒等他把命令傳達下去，壞消息接踵而至：仁科聯隊在朱鄰市周圍陷於重圍；戶田聯隊在大山塘一帶與優勢的中國軍隊苦戰，無法集中；龜川聯隊的

彈藥告罄，且傷亡慘重……正當他無計可施之際，他的參謀長久保滿雄大佐發表了他的看法：依目前部隊的狀況，白天難於突破中國軍隊的包圍，師團應於「日落後，突破大山塘南北敵防線，向春華山轉進」。青木雖然並不甘心這麼窩囊地撤退，可是當前的危局形勢也讓他沒法顧及自己的面子了，不得不採納了久保的意見，命令部隊夜間開始行動，並指示龜川聯隊留在原地，掩護已人滿為患的野戰醫院。

可是命令下達以後，第40師團各部隊都在激戰，無法集中。到當天傍晚，戶田聯隊費了好大力氣才攻佔了大山塘，並完成了集結。隨後，龜川聯隊向大山塘周圍的高地進攻。但第37軍的抵抗依然頑強，到半夜才主動撤出了這些陣地。稍後，第40師團才在龜川聯隊的掩護下，利用夜暗向春華山進發。而這時，第40師團補給已絕，彈藥也只剩下開戰時的20%，其中步槍子彈每人只有10～15發，而手榴彈則更少，每一分隊才1～2枚。

第40師團在前進途中，不斷遭到第37軍與第78軍的襲擾和追擊，痛苦莫名，到6日晚才進抵春華山以北地區。此時，軍司令部發來電報，通知第40師團，將向戶田聯隊空投一批的彈藥補給。終於有彈藥接濟了，青木得到此消息後，臉上的愁容頓時一掃而去，滿懷希望地等待著飛機的來臨。不久，隨著隆隆的轟鳴聲，一架運輸機從岳陽方向飛來，投下了一個降落傘。青木當即命令戶田聯隊派人去接收。可是把箱子搬回來一看，在場的人都像洩了氣的皮球——只有10發山砲彈。一種不祥的預感從青木心裏升

起。可是令人不可思議的是，他的參謀長久保滿雄到這時依舊異常樂觀。他堅決主張，師團應當繼續向南進攻，擊潰當面之中國軍隊。青木理所當然地拒絕了這個不切實際的想法，命令主力就地待命，只派一部兵力進入春華山西側高地。

在此期間，為配合軍主力作戰，第140師奉薛岳之命，向岳陽之敵出擊，先後襲擊了日軍在新牆河北岸及岳陽東郊部分據點，擊落敵機一架，嚴重干擾了日軍向進攻長沙的部隊運送補給品，並牽制了岳陽日軍向南增援。

就在日軍第40師團陷入窘境之時，在長沙附近日軍的處境也漸趨不妙。1月3日，根據薛岳的命令，第79軍、第26軍及從廣東回援長沙的第4軍到達長沙外圍。對於這些部隊的到來，日軍根本沒有當一回事，繼續全力進攻長沙。

就在日軍向長沙城不顧一切地攻擊的同時，長沙外圍各軍也開始向日軍背後反擊。3日晚，第79軍突襲第3師團瀏陽河渡河點——東山渡口。日軍守軍寡不敵眾，被迫放棄渡口潰逃。不久，日軍第6師團友成聯隊第3大隊大隊長鷹林宇一少佐從潰兵口中得知中國軍隊已到東山渡口，感到情況不妙，當即制訂了反攻對岸中國軍隊的作戰計劃，命令12中隊首先發起進攻。4日晨，該中隊開始向東山渡口、磨盤洲前進，但很快就被把守渡口的第98師第292團和第194師第581團發現。兩部當即以步兵火力封鎖日軍的前進道路，同時以猛烈的砲火切斷了日軍的退路，使得日軍進退不得，只得利用一個射擊死角藏身，等待日落。但日落前，第

581團發現了12中隊的藏身地，以迫擊砲向該中隊猛轟。12中隊不斷出現傷亡，已無法藏身了，只得放棄陣地。太陽落山後，中國軍隊的砲火漸漸稀疏了。日軍遂得以薄暮為掩護開始繼續向東山渡口前進。可是當他們剛到達河邊時，轟的一聲，河上的渡橋被中國軍隊炸斷。日軍無法過橋，只得會同第3師團沼崎聯隊守橋的一個小隊，乘小船分別向對岸東山及磨盤洲的中國軍隊陣地進攻。第581團和第292團以熾烈的火力還擊。日軍的衝擊均被打退，小隊長中島少尉以下多人戰死。雙方形成膠著。

就在第79軍主力攻佔東山渡口的同時，第26軍也控制了東屯渡，並以一部在第79軍暫6師協同下，向槷梨市出擊。3日，第26軍前鋒進至槷梨市附近，與日軍第6師團擔任後衛的平岡聯隊接觸，首先擊潰了該聯隊的第7中隊，於日落前攻佔了131高地。而後，第26軍一部及暫6師乘勝向康思嶺、梨市等地攻擊。當天深夜，暫6師攻克康思嶺周圍陣地，平岡聯隊第2大隊（大隊長高橋種一少佐）被迫丟下大量日本士兵屍體後撤。同時，輜重兵第6聯隊（聯隊長服部政之助中佐）的警戒陣地也遭到攻擊。守備槷梨市東南馬鞍塘的第7中隊被包圍，陷於苦戰。

經過一晝夜的激戰，蕭之楚軍長已摸清了當面日軍的配備情況，據此於4日晨命令各部向當面之日軍服部聯隊發起全面攻擊，希圖摧毀槷梨市渡口的軍用橋樑，切斷第6師團退路。於是，一場驚心動魄的爭奪戰就此展開。

上午10點左右，服部政之助正在聯隊本部訓話，突然聽到前線槍聲大作，副官慌慌張張地前來報告，說「敵人來襲」。服部當即命令部隊立即佔領周圍陣地。於是，雙方在槷梨市附近展開了激戰。同時，拱守衛梨市東北方陰山北側陣地的平岡聯隊第1大隊（大隊長松村辰雄少佐）也遭到圍攻，傷亡達50餘人。當晚，日軍輜重兵第3聯隊（聯隊長片岡幸作大佐）突然與第26軍第41師遭遇。片岡幸作很快意識到情況嚴重，當即下令停止前進，緊急在茶塘附近構築工事，準備頑抗。果如他所料，第二天一早，中國軍隊就集中第41師全部向其進攻，雙方展開激戰。

第26、78、79軍在瀏陽河兩岸與日軍後衛和輜重部隊打得難分難解之際，第4軍也由株洲步行開到長沙外圍。4日，第4軍趁日軍主力全力向長沙進攻之時，向長沙南面出擊，先後收復阿彌嶺、金盆嶺、黃泥塘，並向日軍的野聯隊進攻部隊的背後發起攻擊，在第77師第231團和嶽麓山上砲兵的配合下一舉收復黃土嶺。黃昏，的野聯隊腹背受敵，被迫奉命後撤。

到4日晚，長沙外圍中國軍隊各部均已到達指定位置，對日軍第3、第6師團的合圍之勢形成。長沙日軍已成釜中之魚了。

百里大追殲

1月3日，進攻長沙的日軍已成強弩之末，而長沙外圍的中國軍隊均按預定計劃向長沙順利開進。會戰的勝利已指日可待，為了不使進犯之敵逃脫。蔣介石於當天中午電示薛岳：「長沙外圍各軍其速向敵人圍擊，

確實截擊敵之歸路，期一舉包圍捕捉敵人於戰場內而殲滅之，萬一敵突圍北竄，即以彭軍（即第73軍）由長沙下游渡江，另以一部由金井附近分向汨水北岸超越追擊，封鎖江岸各渡口阻敵退卻，主力向敵跟蹤猛烈追擊，務徹底盡殲之。」這時，他已下定了在長沙地區進行大規模圍殲戰的決心。

4日黃昏，長沙外圍中國軍隊各部均按計劃到達第一次攻擊到達線，而進攻長沙之日軍也開始後撤。根據阿南的命令，日軍撤退的具體部署為：第3師團沿麻林市-福臨鋪-伍公市道、第6師團沿麻林市-栗橋-新市道後撤，兩師團作戰地界為㮶梨市-牌樓鋪-羊鹿嘴-黃土壩一線（線上屬第6師團）；第40師團以一部留在金井附近，以掩護軍主力側背，主力立即向春華山前進，擊潰那裏的中國軍隊以利於軍主力反轉；獨立混成第9旅團向麻林市前進，以利於軍主力反轉；外圍支隊（以外圍進中佐指揮的獨立混成第18旅團獨立步兵第95大隊為基幹組成）到達岳陽後，迅速向界頭市附近前進，擊潰從西面側擊軍主力撤退的中國軍隊。

鑒於日軍開始退卻，原定在長沙附近的圍殲戰已無從實施，薛岳遂決定將圍殲戰的改為追擊戰，並據此下達了作戰命令：「進犯長沙之敵，已被我擊敗，開始潰逃。我軍決心將其徹底殲滅於汨羅江以南撈刀河以北地區，特部署如次：1、羅副長官為南方追擊軍總司令，指揮蕭、歐、彭三軍，於5日拂曉開始，以蕭軍由牌樓鋪經楓林港、麻林橋、梁家橋、麻峰嘴、栗山巷、長樂街道向長樂街、伍公市追擊；歐軍由阿彌嶺、左家塘，經東屯波、石灰嘴、青山鋪、福臨鋪、

李家塅、雙江口道，向新市、蘭市河追擊；彭軍由長沙經石子鋪、馬鞍鋪、新橋、栗橋、武昌廟、駱公橋道向駱公橋、歸義追擊。2、楊副長官為北方堵擊軍總司令，指揮楊、孫兩軍在象鼻橋、福臨鋪、栗橋，自北向南堵擊。3、王副長官為東方截擊軍總司令，指揮陳、夏兩軍在楓林港以北長樂街以南地區自東向西截擊。4、傅軍長仲芳為西方截擊軍司令官，指揮該軍在石子鋪以北、新市以南地區自西向東截擊。5、李棠師為挺進軍向黃沙街、新牆攻擊、截擊……」為使各部奮勇作戰，不失戰機，薛岳還在命令中勉勵各軍「務絕對快速機敏、勇猛果敢索敵而殲之，立功報國，千載良機，其各勉旃」。同時，第九戰區還指示湘北各縣組織民團、自衛隊破壞道路，襲擊退卻之敵。於是，一場大規模的追擊作戰開始了。

1月4日太陽落山後，日軍第3師團開始撤退：師團部先行，由長沙以東約1公里的周家灣向東山開進，而後的野聯隊和石川旅團相繼開始行動。次日凌晨2時，第3師團部到達東山附近。這時，豐島房太郎才得知這裏唯一可供部隊撤退的橋樑已於日落前被中國軍隊炸斷。豐島無奈，只得命令工兵第3聯隊冒著中國軍隊的猛烈砲火，在瀏陽河上強行架橋。但由於中國軍隊第79軍所屬兩個團的猛烈攻擊，工兵第3聯隊多次組織架橋，均未成功。豐島無奈，只得命令部隊向磨盤洲轉移。這時，師團部已與的野聯隊失去了聯繫，引起了豐島的擔憂：的野聯隊可能遇到了麻煩。

豐島猜中了，的野聯隊自日落時分開始撤退後，受到了第4軍的尾追，處境異常痛

苦。當晚，張德能師長指揮的第59師向梨市迂迴，與撤退途中的的野聯隊的兩個大隊遭遇。經激烈戰鬥，第59師成功地切斷了日軍聯隊部與鬼頭聯隊的聯繫。深夜11時，當日軍聯隊部進到清水塘以北地區時，突然遭到第59師一個營的伏擊。的野憲三郎大佐聽到四周密集的槍聲，知道聯隊本部已陷入中國軍隊的包圍，便急令第7中隊向衝上來的中國軍隊發起反衝鋒。面對人多勢眾的中國軍隊，已彈藥告急第7中隊很快就頂不住了。中國軍隊突破了該中隊的防線，進逼聯隊本部軍旗。手榴彈不斷在軍旗周圍爆炸，日軍頓陷恐慌之中。在這樣的緊急關頭，的野拔出戰刀，親自率領聯隊本部軍旗小隊（鬼頭大隊第1中隊）和傳令小隊組成圓陣，與衝上來的中國士兵肉搏。一時間，喊殺聲、手榴彈的爆炸聲、短兵相接時的兵器碰撞聲響成一片。雙方不斷有士兵倒在血泊之中。這樣的情景讓當時在的野聯隊負責毒氣的田中象二中尉後來想起都不寒而慄：「重慶軍的手榴彈投擲距離如果再延長10公尺，人和軍旗就都被炸飛了。」可惜，沒過

■ 中國軍隊以砲火阻擊日軍的進攻。

多久，日軍橫田大隊又趕了上來，中國軍隊腹背受敵，不得不稍稍後退。橫田大隊遂得以與聯隊本部會合。爾後，的野即以第2大隊為前衛，向第59師縱深陣地發起猛烈反擊，同時命令聯隊本部的徒步部隊、駄馬部隊和衛生隊，各自編組突擊班，在前頭開路，掩護輜重及傷員，強行突圍。在前進的過程中，日軍不斷遭到中國軍隊的襲擊，經過竟夜的戰鬥，的野聯隊主力才終於衝破了第59師的阻攔，進到東山鎮渡河點附近的李家灣子。不久，與聯隊部失去聯繫的鬼頭大隊也突破了第59師第175團的層層阻擊，在途中救出獨立山砲兵第52大隊後，於5日拂曉到達東山鎮附近與聯隊部會合。

4日夜23時，擔負第3師團後衛任務的石川部隊開始後撤。與的野聯隊相比，該部最初的撤退要順利得多，他們沿途排除了第4軍小部隊的阻擾，於5日凌晨2時在東山鎮渡河點附近完成集結。這時，步兵第18聯隊長石井信大佐得知師團部未能過河，仍滯留在瀏陽河西岸，便派第7中隊作為先頭部隊先進到渡河點，掩護工兵架橋。可是當該中隊進到瀏陽河畔向磨盤洲發起攻擊時，突遭對岸第681團的火力急襲，松本中隊長以下7人即刻傷亡。接近黎明時，石井信將第1大隊（大隊長森脅常市少佐）投入攻擊磨盤洲的戰鬥。不久，森脅大隊即由下游迂迴渡過了瀏陽河，隨即與聯隊部失去了聯繫。天亮後，第79軍主力開到瀏陽河畔，完全控制了東岸陣地。而石川忠

夫少將率領的步兵第29旅團部及擔任護衛的步兵第2中隊等部隊陸續開到。石井信當即奉命從這些部隊中選出一個分隊，留下保護軍旗，自己則帶領一個分隊在飛機的掩護下進攻磨盤洲。可是當他們從磨盤洲下游強渡過河後，遭到了中國軍隊的頑強阻擊，前進受阻。此時，第79軍軍長夏楚中偵知日軍第3師團指揮所，當即命令砲兵對之進行猛轟，同時又組織敢死隊過河向這個日軍指揮所發起攻擊，迫擊砲彈不斷在石井聯隊軍旗周圍爆炸。守衛軍旗的哨兵上半身也被炸飛。豐島房太郎師團長不得不「親自擔負保護軍旗的任務」。看到師團部受到襲擊，已經過河的石井信不得不抽兵回援，並命令步兵砲中隊調轉砲口，向進攻師團部的中國軍隊開砲射擊。稍後，野砲兵第4中隊的先頭小隊（由於前期作戰損失嚴重，該小隊僅剩下兩名砲手了）也加入了砲擊的行列。而後，的野聯隊也衝破重重阻擊後，也趕到了東山渡河點，從背後向圍攻師團部的第79軍發動攻擊。第79軍抵擋不住，被迫退回河東岸。經此打擊，第3師團疲憊不堪。而此時，第4軍已突破在東山以南掩護第3師團渡河的第6師團鷹林大隊陣地，向東山渡口猛撲過來；第73軍暫5師也由長沙方面追來。為避免遭受更大的損失，豐島只得於5日下午3時下令部隊改向仍由第6師團控制的梨市方向撤退，同時令石川部隊在磨盤洲渡河後集結於康思嶺附近、的野聯隊佔領金盆嶺東側高地，以掩護部隊轉進。

■ 作戰中，沿著田埂向長沙推進的日軍。

儘管中國軍隊追擊作戰初期的打擊重點在第3師團方面，第6師團最初的撤退仍然舉步維艱。4日晚11時，第6師團主力開始向槳梨市方向退卻。途中遭到第73軍的追擊，師團直屬隊受到很大損失，輜重兵第1中隊全部被殲，衛生隊運送的相當一部分傷員丟失。5日天明前，日軍抵達槳梨市時，神田正種師團長接到阿南的命令。命令中稱：第3師團方面的渡河已完全停滯，已受命轉向槳梨市方面渡河，因此第6師團必須確保槳梨市軍橋，以掩護第3師團轉進。這時，槳梨市附近，第26軍及暫6師正與第6師團的後衛部隊展開激烈的渡橋爭奪戰。暫6師攻佔了步兵45聯隊第2大隊（大隊長高橋種一少佐）把守的康思嶺一帶陣地，並打退了日軍的一再反撲。同時，第26軍也突破日軍警戒陣地，攻到槳梨市渡口附近，與服部聯隊展開了肉搏戰。

槳梨市方面的戰鬥漸趨不利，讓神田憂心忡忡。為此，他在5日晚間會見從東山鎮來到第6師團部的豐島房太郎時，提議與第3師團協同攻擊第26軍。豐島一聽這個建議，腦袋搖得跟撥浪鼓似的。他認為，第3師團彈藥已所剩無幾，沒有力量再進行這樣的戰鬥了。神田聽到一向驕橫的豐島竟然說出這樣的洩氣話，知道第3師團情況不妙，只好打消了殲滅第26軍的念頭。

6日晨，第6師團與第3師團合力北上。第26軍依據既設陣地，節節阻擊。日軍進展遲緩。而在日軍的後尾，第4、79、10軍等部尾隨發起攻擊。在 梨市南側擔負掩護任務的濱之上第2大隊（大隊長阿部政太郎少佐）很快就被擊潰。第3師團不得不派加藤

大隊（大隊長加藤素一少佐戰死後由染谷大尉暫代其職）前往收容。同時，第41師也對位於茶塘附近的日軍片岡聯隊進行了反覆圍攻。日軍撤退十分混亂。兩個師團主力經一天苦戰，才在7日凌晨抵達撈刀河北岸、楓林港地區。同時，擔負後衛任務的平岡聯隊完成任務後，放棄 梨市。第79軍乘勝前進收復了該地。7日上午，在茶塘附近死守數日的片岡聯隊，實在頂不住了，向北潰逃，直到午後1時才被的野聯隊收容，他們所攜帶的一部分輜重就成了第41師的戰利品。（瀏陽河畔的渡口爭奪戰是第三次長沙會戰的追擊階段最激烈的渡口爭奪戰。在這次作戰中，中國軍隊獲得了重大戰果。但是，就整個第三次長沙會戰追擊階段作戰而言，中國軍隊對渡河點的爭奪是不得力的。後來，在蔣緯國先生擔任總編的《抗日禦侮》中就對此提出了中肯的批評：「作戰當時，天雨水漲，汨水及瀏陽河之障礙力均增強（不能徒涉），該兩河之各渡河點，實為日軍退路上之要害，但因追擊部隊，未能超越日軍及時加以控制，致使日軍大部退去。」）

在第3、第6師團在瀏陽河畔苦苦掙扎、尋機逃命之時，在日軍主力側後方作戰的第40師團的處境也好不到哪兒去。5日晨，作為第40師團的後衛，龜川聯隊在師團主力南進春華山以後，仍然固守大山塘一帶陣地，迎擊著第37軍主力一次次衝擊。到當夜，龜川聯隊幾乎彈盡糧絕。6日拂曉，第37軍向仙姑殿陣地發動攻擊。日軍第3中隊第3小隊長弘田哲男少尉當場被擊斃。隨後，雙方陷入混戰。戰鬥一直持續到後半夜。7日天亮

前，第37軍在大霧的掩護下，向雙華尖和仙姑殿發起了總攻。龜川聯隊第2大隊損失慘重，在15分鐘內，該大隊大隊長水澤輝雄少佐、第5中隊長三宅善識中尉、第6中隊長關田吉中尉戰死，另外12名軍官及130多士兵非死即傷。早晨7時左右，龜川良夫看到雙華尖和仙姑殿兩處主陣地均岌岌可危，遂急電師團長青木成一，請求補充彈藥。電報中稱：「7日黎明，判斷約有敵兩個師，重點指向雙華尖及仙姑殿開始奇襲攻擊⋯⋯各處正在近戰格鬥，才勉強確保現有陣地，但彈藥十分缺乏，所剩砲彈聯隊砲只有3發，機槍子彈3～5連，步槍子彈不過5～15發，手榴彈每分隊只有1～2個，迫切希望空運彈藥。」青木讀過這份電報後，立即向軍司令部去電，請求給龜川聯隊空投彈藥。中午時分，兩架輕運輸機飛臨龜川聯隊陣地上空。陣地上的官兵頓時歡呼起來。可是他們萬萬沒想到，飛機上空投下來的步槍、手榴彈和豆醬粉等軍需物資大部分落進了附近的池塘。片刻後，中國軍隊又開始進攻了。雙方又激戰一天。龜川聯隊第一線部隊傷亡高達90%。

日軍第40師團主力抵達春華山後，遭到第78軍的攻擊。雙方戰鬥到7日晚。當天下午，青木得知第3師團到達春華山附近，認為自己的掩護任務已完成，乃令部隊於晚間開始反轉。夜幕降臨後，日軍利用濃霧與第78軍脫離接觸，經羅家衝向學士橋方向退卻。但途中遭第37軍和第78軍的節節阻擊，損失慘重。到午夜，第40師團一部在麻林市附近與第58軍一部遭遇。雙方激戰一陣後，中國軍隊主動後撤，日軍方得以繼續前進。

日軍主力突破瀏陽河的阻擊線令蔣介石懊惱萬分。他原以為，經長沙一戰日軍已成強弩之末了，中國軍隊集中優勢兵力，一定能在瀏陽河一帶取得殲滅性戰果，如今卻讓日軍逃脫，實在難以讓他滿意。7日，他打電話給薛岳，以嚴厲的口氣指示第九戰區「長官以福臨鋪東側的古華山為界，西面由楊森副司令長官負責，東面由王陵基副司令長官負責，督率各軍務須阻止、切斷敵軍。如敵從某軍正面逃走，即將其軍長槍斃」。根據這一命令，薛岳除令追擊部隊排除一切困難向北猛進外，命位於日軍側後方的第73、58、78、99軍向青山鋪、影珠山、大荊街、長樂街、黃谷市、新市等地攻擊，以截擊敗退之敵。此後，中國軍隊又著手準備對第3、第6師團進行第二次圍殲了。

7日，日軍第3、第6師團繼續從撈刀河北岸向岳陽退卻。當日中午，第6師團先頭部隊進到福臨鋪以南地區，接著就在數十架飛機的掩護下，向福臨鋪攻擊。在這一帶佈防的第20軍和第58軍因背後受到剛趕到戰場的獨立混成第9旅團威脅，兩面受敵，無法抵擋第6師團的猛烈衝擊。當天下午，福臨鋪、關爺壩、蕭家衝等要點一度失守。但不久，第60軍副軍長兼新10師師長魯道源（新10師隸屬第58軍）即督率部隊奮勇反攻，於當天深夜收復福臨鋪。8日晨，第6師團主力進到青山鋪附近到觀竹塘、姚家衝、漢家山一線，第3師團收容潰兵完畢後，也開始北進。這時，第20、58、73軍已在影珠山、福臨鋪一帶完成布防，而在南面尾追之第4、26軍等部也逼了過來，將日軍第3、第6師團包圍在了青山鋪、福臨鋪、影珠山

一帶。

這樣的不利形勢讓日軍岳陽戰鬥指揮所裏的參謀們憂心如焚，他們知道前線部隊的大難將至。可是他們的頂頭上司卻不這樣認為。兩天前，阿南獲悉奉命南下接應軍主力反轉的獨立混成第9旅團已到達麻峰嘴附近，正與那一帶的中國守軍激戰。而現在，第3、第6師團主力又到了青山鋪附近，第40師團也處於有利攻擊位置，不正好與獨立混成第9旅團夾擊福臨鋪南北地區的中國軍隊嗎？於是，他用巴掌一拍桌子，高聲叫道：「堅決包圍殲滅青山鋪北部地區之敵。」聽到這話，他的幕僚們簡直不相信自己的耳朵：在部隊彈糧補給不上的情況下，還作出這樣不顧後果的決定，司令官簡直瘋了！在場的人都驚異地看著司令官。阿南連

看都沒看他們一眼，就下達了作戰命令：於正面以第6師團，從栗橋向正北方突破銅盆寺；第3師團應迅速進入福臨鋪東北地區；第40師團一部應向西北方向迂迴切斷中國軍隊退路。

隨後，各師團遵照阿南的命令，向青山鋪附近之中國軍隊發起猛攻。8日晨，第6師團開始力攻漢家山-青山鋪一帶陣地，遭到第20軍和第58軍各一部的節節阻擊，進展緩慢。為策應青山鋪一帶之作戰，第73軍以主力側擊青山鋪之敵，其先頭部隊搶先佔領栗橋，堵住了第6師團的退路。其中，側擊漢家山之敵的第77師師長韓浚親臨前沿陣地指揮，僅花了半天時間即將敵擊潰。傍晚，第6師團到達栗橋。第73軍一部死據既設陣地，打退了日軍多次衝鋒，形成膠著。而在後面尾追的第26軍和第4軍亦於掃蕩麻林市以北地區後，也猛擊第6師團後尾。激戰中，第26軍第41師趙克昶連竟孤軍插入日軍陣地縱深，殲敵300餘人，給日軍以沉重打擊。同日，位於新市的日軍澤支隊奉命向新開市攻擊前進，企圖接應第6師團突圍，但在新開市一帶遭到第99軍截擊，無法南進。到當天晚上，中國軍隊對日軍第6師團的合圍圈完全形成。

8日傍晚，岳陽日軍戰鬥指揮所收到第6師團遭到包圍的報告。參謀們都急

■ 第三次長沙會戰中俘獲的日本兵。

了，紛紛來找阿南惟幾，提出「突破栗橋需要時間，應從福臨鋪方面突破敵薄弱地區北進」。這時，儘管戰場形勢危急，阿南仍然信心十足，還認為：「必須相信我軍、特別是皇軍師團，擁有軍旗的步兵聯隊，有極大的戰鬥力」，完全可以擊敗當面的中國軍隊。因此，他堅持原定的圍殲青山鋪以北中國軍隊的作戰計劃。可是他的幕僚們仍然據理力爭，終於迫使司令官放棄了自己的意見。就在這時，獨立第9旅團發來的一份戰報引起了日軍戰鬥指揮所裏不小的震動。

為了掩護第3、第6師團的後方，獨立混成第9旅團奉命於3日晨開始南下。4日晨，該部在長嶺以南的林塅、銅鑼坪與第58軍新10師第28團遭遇。第28團在新11師一部的支援下，節節阻擊，在完成掩護軍主力在影珠山南麓陣地集結的任務後，主動後撤。日軍乃得以繼續南下。5日，日軍進到麻峰嘴時，被在那裏設防的第20軍第133師發現。軍長楊漢域和副軍長兼第133師師長夏炯親率軍、師直屬隊，繼續發揚初戰新牆河時英勇頑強的精神，利用居高臨下的地利優勢，將登山之敵包圍殲滅；同時，楊漢域又調第134師第400團截斷日軍後路。經第20軍一晝夜前後夾擊，來犯之敵受到沉重打擊。接著，日軍又向古華山、希古台發起猛攻。第20軍防線開始動搖。楊森急令剛從汨羅江以北敵後開到戰場的第133師第399團火速增援古華山，與日軍展開反覆爭奪。該團第8連連長蔡炳雍負傷不下火線，帶領全連戰士與敵肉搏。在他的影響下，全團官兵人人奮勇，連續打退了日軍多次衝鋒，守住了陣地。到8日止，獨立混成第9旅團始終不能突破第20軍的防禦。這時，旅團長池之上賢吉已接到了阿南「獨立混成第9旅團從外線擊破中國軍隊包圍圈」的命令，阿南看到戰事無法進展，心中著急。不久，他接到了第6師團已由青山鋪向北進犯的消息，不禁眉開眼笑：這樣一來，福臨鋪南北地區的中國軍隊就受到南北夾擊，陷於極其不利的境地，只要再加一把勁就可以殲滅當面的中國軍隊了。因此，當他得知中國軍隊一部集結在影珠山山頂後，迫不及待地於當天下午下達了夜襲影珠山的命令，以爭取戰場的主動權。

為了實施這次夜襲，池之上臨時抽調獨立步兵第40大隊第1、第4中隊、大隊直屬砲兵小隊、通信班一部及部分衛生兵約300人組成的集成大隊，由獨立步兵第40大隊第1中隊長山崎茂大尉擔任大隊長。其任務是「於8日日落前後，從西衝東南側森林附近出發，於明（9）日拂曉前，奪取影珠山山頂附近要地，以後竭力確保之」。可是此前，獨立混成第9旅團對戰場情況偵察不力，連當面的中國軍隊兵力都沒有弄清，影珠山一帶的地形完全不明。池之上在這種條件下，冒然讓不足一個大隊的兵力組織夜襲，其結果可想而知。

8日夜，山崎大隊趁著良好的天氣，向東影珠山東北地區之第20軍與第58軍結合部奔襲。這時，新10師第29團和第30團正在換防，防備不嚴，致使山崎大隊竄到希古台附近，距第29團團部僅咫尺之遙。第29團正副團長魏沛蒼、常正學聞變不驚，率部沉重抵抗，與敵搏鬥3小時左右，終於使團部轉危為安。山崎大隊見攻擊沒有收到成效，也不敢久留，率部繼續前進。可是由於

地形和中國軍隊的部署情況均不清楚,山崎大隊只能依據戰場觀察來確定進攻方向,而夜間觀察難免出差錯,結果誤打誤撞,打到了新10師師部。9日4時,新10師特務連連長羅用顏發現陣地前沿出現日軍,立即趕到師部報告魯道源。魯道源當機立斷,命令特務連迅速投入戰鬥,但終因寡不敵眾,師部被日軍突入。魯道源以特務連死守陣地,自己率師部突圍而出,師參謀數人重傷。第58軍軍長孫渡聞訊,立即組織第58軍及新10師直屬營、連奮力反擊,打退了日軍對影珠山頂的多次衝鋒,迅速穩住了陣地,同時又調附近的第30團尹然營前來增援。凌晨5點,日軍攻上山頂,特務連仍然依據殘餘陣地,以旺盛的火力向敵射擊,日軍傷亡嚴重。天明後,孫渡軍長下令集中迫擊砲火力向山崎大隊陣地猛轟。而第29團、第30團也趕到山下,將山崎大隊團團圍住。此時,第20軍軍長楊漢域得知影珠山的戰況後,立即抽調第134師第400團李懷英營和軍部騎兵連趕來增援。上午10點左右,山崎大隊彈盡糧絕。突然,一顆迫擊砲彈落在了山崎茂身旁。山崎當即被炸死。他手下的士兵見大勢已去,都用刺刀和手榴彈自殺身亡。第20軍和第58軍協力全殲山崎大隊後,立即組織兵力發起反擊,打退了獨立混成第9旅團的進攻,並包圍了日軍的一個中隊。就這樣,兩軍順利地渡過了危局。而後,兩軍又乘勝向南攻擊,在馮家墩地區包圍了第6師團右翼的友成聯隊和服部聯隊。

9日凌晨,山崎大隊攻入新10師師部的消息傳到日軍第11軍岳陽指揮所,阿南惟幾高興壞了,眉飛色舞,似乎勝利伸手可及

了。他手下的參謀很多也改變了看法,開始佩服起司令官的「遠見卓識」來。可是天亮後,第6師團主力被圍的消息傳來,他們臉上的笑容開始減退了。不久,池之上賢吉又報告說,山崎大隊在影珠山全軍覆沒。阿南愕然失色。自開始從長沙撤退以來,阿南始終泰然自若。但這時,嚴峻的形勢讓他焦慮不安起來。不過,阿南並不認為這樣的局面是自己的冒失所致,反而埋怨部下「在指揮作戰中經常產生的膽怯及謹小慎微的弊病」使前線部隊陷入了這樣的困境。次日,阿南又瞭解到了更為確切的戰場情況:第40師團雖然救出了龜川聯隊,但仍被第37軍堵在象鼻橋一帶,無法脫身;防守福臨鋪一帶的第20軍與第58軍,又協同由瀏陽河方向追來的第26軍和第4軍包圍了充當第6師團前衛的友成聯隊;第6師團的另外兩路縱隊平岡聯隊、竹原部隊也分別在福臨鋪、栗橋分別遭到第20軍、第58軍各一部和73軍的阻擊,無法前進。很明顯,第6師團已被中國軍隊分割包圍在了栗橋西側及福臨鋪、麻林市以南地區。「目前當務之急是解救第6師團」,阿南很快意識到這一點,遂於10日下午向第3師團和第40師團下達了救援第6師團的命令。兩部隨即開始行動,向福臨鋪方向前進。

正當第3師團和第40師團向福臨鋪附近開進時,第6師團正遭到中國軍隊的圍攻,痛苦萬狀。後來從日軍魔掌中逃回來的中國被俘士兵是這樣形容當時日軍慘狀的:「……前有阻截,後有追兵,處處都是埋伏;行軍鍋都撂了,米也沒有了,地方又找不到米,有時找到一點,只好用飯盒來炊

爨，有的連飯盒也丟了，只好用鋼盔來作炊具，後來夜間走，找不到老百姓帶路，有時找到一個，不是裝聾，就是作啞，不給他好好帶路，他生氣，就把老百姓殺了，只好靠地圖和指北針定位，摸著走。有時捏一下電筒看看地圖，一陣槍聲打來，手一哆嗦，在圖上的指北針掉在地上，再不敢捏電筒照了，彎著腰多半天摸不到指北針。」在這樣艱難的處境下，步兵13聯隊長友成敏大佐也絕望了，甚至下令將所有軍事文件全部焚毀，以防止被殲時這些重要資料落入中國軍隊手中。雙方一直戰鬥到11日清晨，第6師團才突出重圍，與趕來救援的第3師團石井支隊和第40師團龜川聯隊會合。儘管如此，日軍仍遭到中國軍隊的不斷側擊，行軍隊形依然混亂。11日深夜，友成聯隊進入白沙橋

附近，突遭第95師攻擊，經反覆肉搏，才於次日天明後殺開一條血路，衝了出去。可是擔負掩護任務的鷹林大隊卻陷入了重圍。中國官兵利用有利的地形，以猛烈的火力，對暴露於陣地前的日軍進行射擊。大批日軍官兵倒在血泊之中。眼看鷹林大隊就要全部覆滅了，遠方傳來飛機的轟鳴聲。不一會兒，十餘架日軍飛機飛臨戰場上空，對第95師陣地進行了狂轟濫炸。正當中國軍隊忙著應付日軍的飛機時，鷹林大隊趁機衝破了第95師的包圍線，向北突進。但第95師仍然從後緊追不捨，日軍損失慘重，大批官兵掉隊。可是令他們感到萬幸的是，奉命擔任後衛的平岡聯隊依然堅守著飄風山一帶陣地，收容了友成聯隊的官兵。12日上午，第37、99軍等部尾追而來，與平岡聯隊在飄風山、麻石

■ 我軍戰士在第三次長沙會戰結束時捕捉殘敵。

山一帶展開激戰。傍晚，平岡聯隊陣地被突破，只得放棄陣地繼續北撤。但在撤退過程中，他們遭到中國軍隊尾追。其第8中隊被截斷，直到翌日清晨方突出重圍。中隊長平原中尉在戰鬥中被打死。

由於中國軍隊的注意力被吸引到了第6師團方面，第40師團和第3師團企圖借機擺脫困境，可是仍遭到中國軍民的不斷打擊。

渡過瀏陽河後，第3師團各部在撤退途中不斷受到第99軍及湖南地方民團的襲擊。10日，師團部與所屬的野聯隊的聯繫中斷。到下午，的野聯隊撤到雙江口以北地區時，聯絡才告恢復。次日清晨，的野聯隊根據阿南的命令，向大橋進發，當進到麻石山附近時，與第99師第296團遭遇。該團在當地民眾的支持下，頑強奮戰一整天後，才主動撤出陣地。的野聯隊長遂忙不迭地向軍司令部報捷，吹噓說第296團幾乎遭到全殲。這是從長沙撤退以來阿南聽到的最好的消息了。他如同打了一劑強心針，頓時來了精神，當即命令該部南下到界頭市附近去收容處於潰散邊緣的第6師團。這時，配合作戰的第1飛行團長秋山豐次少將向第11軍司令部報告，界頭市附近有中國軍隊大部隊集結，「第3師團南進，反而會惹起激戰，對我軍不利」，並建議取消的野聯隊南下的計劃，改以「飛機壓制敵軍」的辦法來實現第6師團的收容。這時，阿南已全然沒有了開戰之初的那種傲氣，很快同意了秋山的意見。第3師團遂於次日凌晨3時再次開始轉移。天亮後，石井支隊即在麻石山附近遭到第92師襲擊，第1大隊長森脅常市少佐以下多人戰死。13日，第3師團師團長豐島房太郎中將

奉調回國，帶著他軍事生涯中一個終生難忘的恥辱離開了戰場。接替他的高橋多賀二中將到達新市，隨即開始行使指揮權。在他的指揮下，第3師團各部在新市地區進行了整理。

第40師團於11日突破了第37軍的阻擊線，冒著中國軍民不斷從道路兩旁射來的冷槍，繼續北上，當晚即在第6師團松村大隊的掩護下通過了飄風山東側高地，並於13日在汨羅江兩岸集結完畢。同時，獨立混成第9旅團也到達汨羅江以北地區。

12日，阿南得知各師團已接近汨羅江南岸時，就開始考慮起部隊下一步撤退行動了。自1942年元旦以來，中國軍隊第140師和暫54師奉命向岳陽、臨湘地區發動牽制性攻擊，打得日本守軍疲於奔命。現在，這兩支部隊已有向南截擊日軍主力的跡象。同時，第20軍和第58軍向黃柏墩、第78軍向大荊街急進，第4、26、73、37等軍也從後面尾追，到達新市，新的合圍又將形成。當天，阿南下達命令：各師團於14日由汨羅江北岸出發，向向原防轉進；澤支隊、外園支隊進到陳家橋一帶構築陣地，掩護軍主力左側，並收容撤退部隊。

14日上午9時，日軍各師團一齊由汨羅江北岸出發，開始北進。此時，根據第九戰區長官部命令，第37軍自顏家鋪、第4軍由伍公市、第73軍從新市繼續向北追擊；暫54師從洪橋、長湖，第140師自黃沙街，第78軍由大荊街從北向南展開堵擊；第20、58軍從黃谷市、關山一帶自西向東截擊。新的合圍圈又告形成。由於日軍已接近巢穴，官兵們歸心似箭，因而攻擊甚烈。而中國軍隊

依仗優勢兵力進行猛烈攻擊。經兩天激戰，日軍再次突出重圍，退回新牆河以北。中國軍隊繼續追擊。到16日止，第78軍追到四六方，暫54師及第140師掃蕩了忠防、桃林、西塘等地的日軍殘部。中日雙方基本恢復了戰前態勢。

贛北之戰

太平洋戰爭爆發後，贛北日偽軍虛張聲勢，大造準備出擊假象，以圖牽制當面中國軍隊兵力，策應各方面作戰。12月10日開始，偽軍數千人佩帶「靖安隊」標誌，四處騷擾。同時，南昌城附近日軍也頻繁調動，準備出擊。面對日偽軍的頻繁活動，主持贛北戰局的第九戰區副司令長官羅卓英命令各部嚴陣以待，打擊日軍一切可能之進犯。

19日，蓮塘日軍第34師團所屬步兵第218聯隊（聯隊長佐藤文藏大佐）一部200餘人襲擊贛江東岸的預5師警戒陣地，贛北戰事打響。這個消息很快傳到了長沙。薛岳當即判斷這是日軍的牽制性攻擊，因此其調第30集團軍大部參加湘北作戰的決心仍然不變。這也就提前決定了贛北日軍的牽制行動的結局。

日軍第34師團這次進攻的仍然像上次一樣以贛江以西

為主要進攻方向。在這一方向上，日軍投入了步兵第216聯隊（欠第2大隊）、步兵第217聯隊（欠第5中隊和第3大隊）及部分偽軍組成的岩永兵團，由第34師團步兵團長岩永旺少將統一指揮。20日，該兩部分別開始向雷王殿東南麓及安義以南的上板劉集結。為掩護主力集結，日軍一部300餘人於當日凌晨向大城附近發動襲擊，被第183師一部擊退。22日，日軍步兵第216聯隊（聯隊長佐佐木勘之亟大佐因病住院，由聯隊副金海中佐代行指揮權）和步兵第217聯隊（聯隊

■軍民同仇敵愾。

長長野榮二大佐）集結完畢，一齊向錦江方向進攻。24日中午，日軍佐佐木聯隊先頭部隊400餘人攻陷干州。守軍第183師一個連遭受重大傷亡。25日，日軍主力進到奉新及馬奇嶺一帶，當即向蓮花山、豬婆大丘、馬奇嶺發起進攻。新12師守備第一線的第35、36兩團憑堅死守，戰鬥從早晨一直打到傍晚。戰鬥異常激烈，蓮花山附近陣地曾兩度失而復得。這時，薛岳得知贛北前線戰況緊急，怕影響湘北主戰場之作戰，連忙命令預5師以有力一部渡贛江參加第19集團軍正面作戰，並電請第三戰區司令長官顧祝同命令防守鄱陽湖南岸及撫河東岸的第49軍（軍長王鐵漢，1941年12月17日繼任）進出豐城以西，協助第19集團軍作戰。但還沒等這些措施發揮作用，前線戰局發生了重大變化。當晚，日軍組織兩個中隊利用夜幕掩護，突入馬奇嶺陣地。經過一晝夜慘烈的白刃戰，新12師第一線陣地終於在26日下午被敵突破。師長張興仁被迫率部退守大王嶺、獅子山、馬鞍嶺一線，並連連向第1集團軍副總司令部告急。第1集團軍副總司令高蔭槐聞訊後，急令第183師火速救援。但第183師師長李文彬誇大當面敵情，坐視不救，致使日軍於27日突破新12師第二道防線。是日中午，高安失守。新12師被迫撤往街嶺附近據守。高蔭槐無奈，只得急派總部特務團趕赴棠浦佈防，阻敵西犯。28日，日軍猛攻街嶺。新12師與敵激戰竟日，終因力不能支，只好再次後退到龍團墟、斜橋、樟樹嶺一線與日軍相持。

新3軍作戰失利讓羅卓英揪心。他生怕贛北陣地被日軍突破，影響戰區在湘北的殲敵計劃，乃調整部署：新3軍確保龍團墟、斜橋、樟樹嶺一線；駐守贛江東岸的預5師主力限於當夜將防務交給第三戰區前來接防的第100軍（軍長劉廣濟）後，火速渡江西援；位於日軍進攻路線側後方的挺進第2縱隊和贛保縱隊向日軍尾擊。

各部得令後，均依令而行。28日中午，挺進第2縱隊乘虛進入奉新城。當晚，贛保縱隊所屬保1團於祥符觀、司公山一線與日軍一部遭遇，當即向敵攻擊。日軍不支後退。贛保縱隊遂乘勝向高安猛攻。經一夜激戰，保1團攻克高安。可是不久，日軍即增援反攻。保1團抵擋不住，不得已再次退出高安城。稍後，位於虎形山、龍團墟、樟樹嶺一線的新12師乘當面日軍部分回援高安、兵力減少之機，對敵實施猛烈反擊，並派保4團由大禾嶺、會埠間向豬婆大丘游擊。但在日軍優勢火力的阻擊下，攻擊受挫。30日拂曉，第183師在高蔭槐的嚴令下經急行軍，進抵南山何、樟樹嶺，而後即一部向龍團墟、牛子圍之敵攻擊，以策應新12師之作戰。可是日軍火力甚猛，該部攻擊失利，只得退據村前街。日軍乘勝攻擊村前街、南山何、樟樹嶺等地，但未得逞。30日，贛保縱隊再度猛攻高安城。日軍據城死守，攻擊未果。次日晨，日軍向該部反撲，三次強渡錦江，都被擊退。當夜，新3軍主力乘贛保縱隊在高安城附近與日軍主力激戰之機，重新調整部署，在棠浦、官橋街、泗溪一線完成了反攻準備。

12月31日，正當第19集團軍和新3軍所屬各部積極反攻高安之際，羅卓英接到了薛岳調他趕赴湘北指揮殲敵的命令。羅卓英捏

著這份沉甸甸的電報，心裏像打翻了五味瓶。他已掂量出電報中那句「岳如戰死，即以羅副長官代行職務，按照計劃，圍殲敵人」的份量了。這句話表達了薛岳對他這個摯友的無限信任啊。他感到了一種無形的壓力。沉思了許久，羅卓英叫來第19集團軍副總司令劉膺古，向他傳達了薛岳的命令，命他在自己走後繼續指揮錦江方面的作戰，並語重心長地要求他一定要頂住日軍第34師團的進攻，確保湘北作戰的側翼安全。聽了羅總司令的一席話，劉膺古當即表示堅決完成任務。隨即，羅卓英將工作向劉膺古作了移交，而後迅速帶著總部部分人員奔赴湘北。劉膺古接過部隊的指揮權後，下的第一道命令就是限令贛保縱隊於1942年1月2日前克復高安。

就在羅卓英向劉膺古移交指揮權的當天夜裏，岩永旺接到了阿南惟幾的反轉命令，準備於1942年1月3日開始撤退。可是日軍的撤退準備工作很快被打亂了。中國軍隊在1942年元旦按原訂計劃向高安城發起了反擊。早晨，第183師和贛保縱隊同時向湖城墟、村前街一線及青潭嶺、黃沙岡一線日軍陣地猛攻。日軍拼死抵抗。戰鬥異常激烈，雙方傷亡均重。下午，劉膺古見雙方相持不下，又命挺進第2縱隊投入戰鬥，主力出擊大禾嶺以北敵之側背，一部向奉新

附近游擊，以遮斷日軍退路。這一招果然奏效。岩永旺怕部隊撤退道路被堵，立即從高安抽調部隊向側後方增援，使高安防禦力量減弱。贛保縱隊遂得以於2日晨突破日軍陣地，攻克高安南城。中午，第183師再次向高安西北發起猛攻。日軍陣地出現動搖。而預5師一部也推進至黃沙岡，適時協同贛保縱隊圍攻高安北城。3日晨，日軍開始反轉。贛保縱隊乘其兵力減少之機攻入高安北城。日軍後衛部隊寡不敵眾，棄城東走。贛保縱隊乃乘勝沿湘贛公路東追，挺進第2縱隊亦向退卻之敵主力進行截擊和側擊。中午，挺進第2縱隊在米峰附近與日軍遭遇，當即予以攻擊。日軍歸心似箭，且戰且退。挺進第2縱隊乘勢猛追，斃、傷日偽軍200

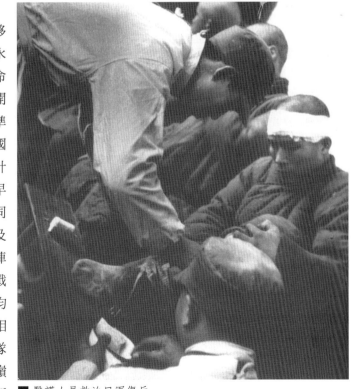

■醫護人員救治日軍傷兵。

■ 中國軍隊軍官在前線督戰。

餘人，俘偽軍1人。到日落時分，保4團攻克豬婆大丘。當晚，第183師在龍團墟一帶擊破日軍後衛之一部後，也加入追擊。4日，贛保縱隊及預5師一部進抵祥符觀以東地區。挺進第2縱隊追到奉新。5日晨，日軍佐佐木聯隊因受挺進第2縱隊追擊，感到威脅甚大，便向其反擊。激戰中，雙方互有傷亡。同日，第183師追到蓮花山、馬奇嶺、獅子山一帶。6日，贛保縱隊收復西山萬壽宮，挺進第2縱隊進入靖安。7日，第183師進抵宋埠、干州以東地區。至此，雙方完全恢復戰前態勢。

在錦江作戰期間，日軍第34師團又以佐藤聯隊及偽軍一部向市汊街方向出擊，以策應岩永兵團之進攻。但由於第三戰區第100軍及第49軍各一部的頑強阻擊，該部的行動既未能打擊中國軍隊之有生力量，又沒有牽制住預5師西調，白忙活了10多天。

由於第30集團軍主力4個師有3個師參加了湘北作戰，中國軍隊在武寧方面僅剩下第72軍軍部及第34師（師長陳良基，原新編第14師改），防禦十分薄弱。為壓制第30集團軍，不讓其轉用於湘北方面，日軍獨立混成第14旅團（旅團長中山淳少將）集中4個大隊向武寧方向發起了進攻。23日下午，日軍600餘人及偽軍一部，由箬溪南渡修水，以偵察中國軍隊的防禦部署。入夜後，日軍主力開始行動，沿修水兩岸西進。由於第34師兵力有限，在箬溪附近沒有配置有力部隊，日軍進展迅速。24日上午，日軍在北岸的掩護部隊三、四百人攻達加白老一帶，牽制住了第100團。南岸的主力則乘機一路

向西進抵中橫。25日拂曉前，南岸日軍突然向楓樹腦到老塔下一線發起進攻，守備該地的第101團誓死抵禦，與敵鏖戰竟日，終因寡不敵眾，陣地失守。該團被迫退到荷山、柳山一帶繼續抵抗。可是日軍仍然不顧天黑，連夜緊追。第101團步步苦撐，損失很大。第72軍軍長韓全樸看到日軍有進攻三都的可能，急令工兵營之一個連在澧溪、石口渡間修水北岸佈防，並抽調任九宮山守備之第102團一部馳援三都。可是還沒等援軍到達，第101團的防禦已經崩潰。28日，荷山、柳山、石口渡、石鼓范、官田等地相繼被日軍突破。29日傍晚，日軍主力突進到三都附近的修水南岸，其一部掩護強渡修水，於半夜攻佔三都。

30日，在湘北指揮作戰的王陵基接到韓全樸的告急電，得知三都失守，焦急萬分，連忙請示薛岳，要求抽出準備參加湘北作戰的新13師第38團由長壽街調返修水。薛岳很快批准了王陵基的請求。當天，第38團團長楊幹就奉命率該團及補2團趕回修水。31日，中國軍隊向三都方向之敵發起了全線出擊：挺進第3縱隊所屬保15團向瑞（昌）武（寧）公路北段攻擊，並破壞交通通信；第38團突入梁口市區與日軍展開巷戰；第34師也攻克三都附近的小山。當夜，中山淳接到「旅團應中止攻擊，適時反轉」的命令。日軍遂於1942年1月1日晨，開始撤退。中國軍隊乘機再興攻勢，於當夜擊潰日軍後衛部隊，攻佔三都。而後，各部又乘勝追擊於

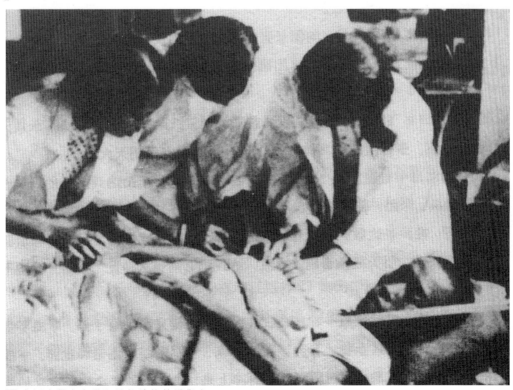

■ 中國女學生自發組織赴前線救護傷患。

3日上午進駐武寧。4日,日軍退回箬溪。戰線回復到了戰前態勢。

贛北作戰是日偽軍為配合進攻長沙的一次輔助性作戰,在中國軍隊的頑強抵抗下,日軍沒有達到牽制贛北中國軍隊西調的目的。

輝煌的勝利

1942年1月16日,日軍敗退回岳陽附近,第三次長沙會戰告終。不久,第九戰區公布了戰績:是役,中國軍隊以傷亡29217人的代價,擊斃日軍33941人,打傷23003人,俘虜139人,繳獲步騎槍1122枝,輕重機槍114挺,山砲11門,戰馬268匹。日軍雖然仍舊宣稱取得了重大勝利(日軍戰報稱,在湘北方面,日軍戰死1591人,戰傷4412人;贛北的第34師團戰死70人,負傷154人;再加上獨立混成第14旅團的傷亡,日軍傷亡總數不超過7000人,而中國軍隊竟陣地遺屍高達28612具),但也不得不承認:「我軍完全跳入了重慶軍事先設置的陷阱……作戰始終在極為困難的情況下進行」,「這次以策應香港作戰為目的的作戰的損失竟為香港作戰的2.5倍」,「部分將士的必勝發生了動搖,需要年餘始能恢復」。由此可見,第三次長沙會戰確實以巨大的戰果,沉重打擊了日軍的囂張氣焰,使倭寇不敢再小視我堂堂中華了。

在這次作戰中,中國軍民以簡陋的裝備,取得了這樣的戰果,不能不說是一個奇蹟。作為這個輝煌的締造者之一,薛岳針對敵我力量的對比情況,充分利用湘贛邊界的有利地形,合理選擇決戰戰場,以游擊戰、

■1942年1月,第三次長沙會戰後,中國軍隊清理戰場上的日軍屍體。

運動戰和陣地戰相結合，靈活機動地打擊敵人。同時，他還充分發動群眾，破壞道路，打擊日軍補給線，並徹底實行「空室清野」，使敵人重武器沒法用，彈藥運不上，糧食找不到，陷入了全民抗戰的汪洋大海之中。因此，第九戰區廣大愛國軍民用生命和鮮血鑄就的輝煌，也使他們的指揮官薛岳贏得了日軍的敬畏，成為令侵略者聞之而膽寒的「長沙之虎」。

隨著大量西方戰地記者來到戰場實地考察，長沙的捷報很快傳遍了全球。這是日軍偷襲珍珠港以來，同盟國在亞洲和太平洋戰場上取得的唯一的勝利。這時候，優勢的歐美軍隊在日軍的重擊下節節敗退，日本軍國主義的鐵蹄已踏碎了西方國家在東南亞及太平洋地區的整個防禦體系。正是長沙的勝利才讓他們真正看清了中國和蘊藏在中華民族內部的無窮的力量。英國倫敦每日電訊報在社論中以優美的筆調稱頌道：「際此遠東陰霧密佈中，惟長沙上空之雲彩，確見光耀奪目。」美國記者福爾門氏在報導中甚至認為：「中國第三次長沙大捷，證明了一個原則，那就是中國軍隊的配備，若能與日軍相等，他們即可很輕易地擊敗日軍。」自此，西方媒體與政界以極大的熱情關注中國抗戰。英國和美國政府開始認真考慮援助中國來牽制日軍主力這一戰略計劃來了。從這以後，中國抗日戰爭才真正與同盟國協同作戰，成為世界反法西斯戰爭的一個重要組成部分。

當第三次長沙大捷的消息傳遍大江南北、長城內外之時，全國抗日軍民沉浸在一

■ 1942年6月，第三次長沙大捷後，盟軍將領視察戰場。

■ 被俘的日軍官兵在收容所接受早點名。

片歡呼聲中。早在長沙大捷戰局初定的1942年1月5日，蔣介石就在總理紀念週的講話中自豪地說：「當此反侵略各國戰事初期失利之時，我們在長沙方面獲得如此空前的勝利，不僅可以告慰全國民眾，而且可以告慰世界友邦。」1月11日，重慶《新華日報》更發表大版篇幅社評，稱：「我三湘健兒，我神鷹隊伍，在此次長沙會戰中，誓死保衛家鄉，有效擊退敵人。這表明反法西斯戰爭的東方戰場上，有著偉大的中華民族的抗日生力軍，有決心、有實力，不讓在敵人在太平洋戰場上得逞的時候，同時進攻中國。它配合了友邦作戰，使盟軍在香港陷落、馬尼剌失守、馬來亞危急之際，有著中國戰場上的勝利，以鼓舞友邦，以打擊敵人……所以此次長沙之捷，是有著國際意義的。」在長沙大捷的影響下，舉國上下抗戰決心更加堅定。在《陣中日報》1月31日的社論中，就以這樣的評論表達了全國人民高漲的抗日情緒：「此次長沙會戰，可使全國將士心理上為之一變。因為過去一般人都有這樣錯誤的心理，都是說敵人箭頭畫向誰，誰就倒霉，如像是敵人主力進攻，誰都擋不住的。此次可以證明你只要有卓越之指導，必死的決心，一樣地也是攻不動的。」全國軍民正是懷著這樣的信心投入了新的戰鬥。

後記

終於寫完了三次長沙會戰。在寫作過程中，當寫到薛岳將軍出征前給妻兒的臨別贈言時，當寫到史思華營長「與陣地共存亡」的錚錚誓辭時，當寫到第10軍士兵唐永祥、賈兵拉響手榴彈與衝上陣地的日軍同歸於盡時……令人熱淚盈眶。這只是一些片段。在八年抗戰中，真不知道還有多少這樣的英雄。他們為了中華民族的獨立和自由，為了子孫的前途和幸福，前仆後繼，不惜拋頭顱、灑熱血，留下了許多可歌可泣的故事。儘管歷史書中找不到他們中間絕大部分人的名字，但正是他們以他們的生命和鮮血喚醒了沉睡的雄獅，才使我們的民族在那場歷時八年的生死決戰中，歷盡劫難而不亡，走上了復興之路。

榜樣的力量是巨大的。在前線將士英雄事蹟的感召下，人民群眾也行動起來，積極投入到抗日救亡的行列中來。當地群眾響應第九戰區的號召，主動放水淹沒自家耕種的良田，挖斷所有的鐵路和公路，並運糧上山，堅決實行堅壁清野。同時，他們還以更積極的行動打擊敵人。一方面，他們自發組織自衛隊、游擊隊，襲擾敵人的交通線，打擊和疲憊敵人。在這方面第二、三次長沙會戰時的湘陰縣長謝寶樹表現尤為突出，受到了戰區的多次嘉獎。在1942年1月13日，第九戰區副司令長官楊森在給他的嘉獎電中稱：「貴縣長努力發動民眾協助國軍殲敵，深堪嘉尚。」另一方面，各地民眾踴躍參加各地組織的運輸隊、擔架隊、衛生隊，承擔了搬運彈藥、運送和護理傷員的任務。據統計，僅在第三次長沙會戰中，長沙、瀏陽、平江、湘潭四縣參加「支前」的民眾就高達16萬餘人。可以說，長沙會戰的勝利也是軍民合作的勝利、全民族團結抗戰的勝利。

其實，長沙會戰是抗日戰爭的一個縮影。正如長沙會戰一樣，抗日戰爭也正是靠著前線將士的英勇作戰和全民族的精誠團結，才將物質上的劣勢逐步轉化，變被動為主動，並取得最後的勝利。這是從鴉片戰爭開始後的一百年多來，中華民族抗禦外侮所取得的第一次重大勝利。在這一百多年裏，中華民族備受外族的欺凌和奴役，可是中國人民不願做奴隸。為了自由，他們團結一心，奮起抗爭，終於以自己的力量打敗了強

■ 1942.6.18，第九戰區司令部召開記者招待會，回答記者提問並安排參觀戰場事宜。

■ 第三次長沙會戰中繳獲的日軍武器。

大的敵人，雪洗了百年恥辱。

長沙第一、二、三會戰主要參考書目：

《長沙會戰紀實》，第九戰區司令長官部編纂組編印，中國國民黨中央委員會發行，1976年影印初版。

《第二次長沙會戰紀實》，第九戰區司令長官部編纂組編印。

《衛國血史》，賀聖遂、陳麥青編選，復旦大學出版社出版，1995年版。

《抗戰紀實》，趙曾儔等編，臺灣商務印書館發行，1961年版。

《抗日戰爭正面戰場》，第二歷史檔案館編，鳳凰出版社出版，2005年版。

《中國事變陸軍作戰史》，日本防衛廳防衛研究所戰史室著，田琪之譯，中華書局出版，1980年版。

《長沙作戰》，日本防衛廳防衛研究所戰史室著，天津政協編譯委員會譯，中華書局出版，1985年版。

《湖南四大會戰：原國民黨將領抗日戰爭親歷記》，全國政協《湖南四大會戰》編寫組編，中國文史出版社出版，1995年版。

《武漢會戰：原國民黨將領抗日戰爭親歷記》，全國政協《武漢會戰》編寫組編，中國文史出版社，1989版。

《長沙會戰——血灑汨羅江》，潘澤慶編著，團結出版社出版，2005年版。

《岡村寧次回憶錄》，稻葉正夫編，天津政協編譯委員會譯，中華書局出版 1981年版。

《日本軍國主義侵華資料長編》，日本防衛廳防衛研究所戰史室著，天津政協編譯委員會譯，四川人民出版社，1987年版。

《步兵第216聯隊戰史》，步兵第216聯隊戰史編集委員會編，日本大阪東和書林出版，1977年版。

《日軍侵華戰爭》，王輔著，遼寧人民出版社出版，1990年版。

《中國抗日戰爭正面戰場作戰記》，郭汝瑰、黃玉章主編，江蘇人民出版社出版，2002年版。

《守土日記》，湘陰政協文史資料研究委員會編，1995年版。

《史證——日本戰犯侵華罪行懺悔錄》，公安部檔案館編，中國人民公安大學出版社出版，2005年版。

《第二次中日戰爭史》，吳相湘編著，

綜合月刊社出版，1974年版。

《壯志千秋——魯道源將軍回憶錄》，魯道源著，1985年版。

《宜昌抗戰紀實》，宜昌市政協文史資料委員會編，1985年版。

《薛岳抗戰手稿》，路家榜、吳敬模編，中國新光印書館出版，1948年版。

《抗日戰爭時期的湖南戰場》，羅玉明著，學林出版社出版，2002年版。

《中華民國史叢書——西北軍將領》，張憲文、黃美真主編，河南人民出版社出版，1989年版。

《中原抗戰：原國民黨將領抗日戰爭親歷記》，全國政協《中原抗戰》編寫組編，中國文史出版社出版，1995年版。

《抗日戰爭的正面戰場》，張憲文主編，河南人民出版社出版，1987年版。

《抗日戰爭中的第十七路軍》，姚傑著，中國文史出版社出版。

《國民黨軍簡史》，曹劍浪著，解放軍出版社出版，2004年版。

《中國抗日戰爭史》，軍事科學院軍事歷史研究部編，解放軍出版社出版 1994年版。

《中華民國重要史料初編——對日作戰時期》，秦孝儀主編，中國國民黨中央委員會編印，1981年版。

《抗日戰爭》，章伯峰、莊建平主編，四川大學出版社出版，1997年版。

《薛岳將軍與國民革命》，陳壽恒、蔣榮森等編著，臺灣中央研究院近代史研究所編印、發行，1988年版。

《郭汝瑰回憶錄》，郭汝瑰著，四川人民出版社出版，1987年版。

《我的戎馬生涯——鄭洞國回憶錄》，鄭洞國著，團結出版社出版，1992年版。

《文史資料存稿選輯，抗日戰爭（下）》，中國人民政治協商會議文史資料委員會編，中國文史出版社出版，2002年版。

《中華民國史檔案資料彙編，第五輯第二編軍事（三）》，第二歷史檔案館編，江蘇古籍出版社出版，1998年版。

《中華民國史史料長編》，第二歷史檔案館整編，南京大學出版社，1993年版。

《第九戰區兵站總監部第二次長沙會戰兵站業務檢討會議紀錄》，第九戰區司令長官部編纂組編印。

《11·13長沙大火》，梁小進、陳先樞著，湖北人民出版社出版，2005年版。

《長沙大火》，曹鐵軍主編，岳麓出版社出版，1997年版。

《抗日禦侮》，蔣緯國總編，黎明文化事業公司印行，1978年版。

鳴謝：長沙會戰共分第一、二、三次連三期刊登，本篇寫作過程中，著名抗戰史專家王輔老先生、華東師範大學楊奎松教授和臺灣真理大學葉泉宏教授提供了大量資料，並精心指導。同時，上海周明先生、胡博先生、成都鄭金輝先生、營口張慶東先生、北京王戡先生、王仕豪先生、廣州王學本先生等朋友也給予了大力支持。在這裏，對以上專家和朋友表示衷心的感謝。

第一次碰撞
——蘇日張鼓峰衝突

背景

在遠東由於利益衝突，日本與俄國的矛盾由來已久，1904年的日俄戰爭是兩國矛盾的一次大規模爆發，此後雖然俄國將注意力放在了日趨緊張的歐洲局勢上，而在亞洲有所收斂，使兩國的關係趨於緩和，但從1907年開始，日本就一直在「國防方針」中把俄國作為頭號假想敵。即使是第一次世界大戰中日本與俄國同在協約國陣營期間，

這一方針也依然沒有改變。直到俄國十月革命之後，革命與內戰使蘇俄國力大大下降，已無力在遠東與日本爭奪。直到1923年日本才把蘇俄從假想敵名單中刪去，但兩國之間的利益衝突卻並未消除，只不過暫時緩和下來而已。

此後多年，兩國關係一直保持著冷淡而又平緩的狀態，但這種安寧是建立在蘇聯不願也不能在遠東威脅到日本利益前提上的。隨著蘇聯經濟逐漸恢復、國力日益增強，莫

斯科的目光也開始更多地投向遠東。1929年的中東路事件顯示了蘇聯保護自己在遠東利益的決心，而日本通過這次衝突驚訝地發現，蘇聯軍隊的戰鬥力已經相當強大，在某些方面甚至超過了日本陸軍。日本軍方認為，隨著蘇聯國力的增強，紅軍的戰鬥力也將進一步增強，這就使日本國內，尤其是日本軍方產生憂慮：擔心自己在中國東北的種種特權和利益將受到日益強大的蘇聯的威脅。

「九一八」事變及之後日本侵佔東北過程中，蘇聯出於自身利益考慮，採取了「不干涉主義」。這一舉措在短時間內博得了日本的好感，兩國的關係也進一步改善，甚至一度開始討論簽訂互不侵犯條約的可能性。然而，日本佔領中國東北使兩國從互不接壤變為擁有漫長接觸線的近鄰，同時日本控制中東鐵路也意味著蘇聯外貝加爾地區和濱海地區之間的最主要交通要道掌握在別人手裏，這尤其讓蘇聯感到如芒在背。兩個都無比崇尚實力外交的鄰居當然不可能真正互相放心，也更加不可能坐下來心平氣和地談判。因此，「九一八」事變後，蘇聯開始提防東方這個侵略成性的鄰居，著手加強其在遠東的兵力。僅在1932年間，在遠東的蘇聯陸軍數量

就增加了近一倍，並開始在邊境修築防禦工事，同時成立了遠東海軍，開始重建符拉迪沃斯托克（海參崴）的港口設施。此外為預防一旦蘇日之間爆發衝突導致中東鐵路無法使用，從1932年起，蘇聯開始著手改建不經過中國東北的西伯利亞鐵路線，將長達4000公里的單線鐵路改成了複線，運輸能力大大提高。除了加強軍備之外，蘇聯還加強了遠東的經濟建設，1933年開始的第二個五年計劃中對濱海地區的投資額達到80億盧布，同時還採取種種措施向遠東移民，以保證一旦發生戰爭，遠東能在一定程度上自

■ 日俄戰爭中旅順口的俄軍鎮守府。

■ 九一八事變日軍佔領瀋陽。

給。蘇聯的種種舉措後來被證明是十分必要和有遠見的。

北方鄰居加強戰備的行動引起了日本的注意，日本當然不是什麼善男信女，他們從一開始就沒有把目光局限於中國東北。佔領東北並扶植起傀儡的「滿洲國」之後，日本士兵便打著「日滿共同防衛」的幌子出現在中蘇邊境線上。對於橫貫東北北部的中東鐵路，日本更是作為最重要的目標來處理。為維護自己在遠東的利益，避免與日本發生衝突，蘇聯首先承認偽滿洲國對中東鐵路的主權，並宣稱「蘇聯政府和滿洲國政府之共同經營中東鐵路為繼續經營的企業，同意作開發之貢獻。」甚至還允許通過中東鐵路轉運日軍。但日本並不知足，他們繼續通過經濟、政治上的手段對蘇聯施壓，中東鐵路受到關東軍武力威懾、「滿鐵」的經濟壓迫和

偽滿官員的刁難，逐漸讓蘇聯感到無法接受，並在1935年3月23日以低價把這條具有戰略意義的鐵路賣給了偽滿洲國（實際上是賣給了日本）。攫取了中東鐵路之後，日本覺得蘇聯也不過如此，於是膽子更大，對遠東地區的想法也越來越強烈，與之成正比的就是邊境衝突不斷增加。1932年至1934年間，中蘇、朝蘇邊境糾紛共發生152起，而1935年一年就發生了176起，1936年糾紛次數減少到152起，1937年由於中日戰爭全面爆發僅有113起，1938年為166起，但糾紛的規模和強度都逐漸增加，有不少發展成武裝衝突。1936年6月，日本修訂「國防方針」，把一度從假想敵列表中拿掉的蘇聯再次提到與美國相並列的第一「目標」的位置上[註1]其中蘇聯為陸上第一目標，美國為海上第一目標。實際上這也是日本陸海軍矛盾

■ 中東鐵路管理局。

的表現，雙方對第一目標的確定各不相讓，最後形成了這個妥協的結果。

種種跡象不斷加深了史達林對遠東的擔憂，他進一步加強了遠東方向的軍事力量，新型坦克和火砲、重轟炸機、潛艇等重要裝備源源不斷地運往遠東，軍隊數量也進一步增加，僅1933年，駐遠東的蘇聯軍艦數量就增加了10倍。同時，他還開始修補與中國的關係，並於1932年12月12日與中國恢復了邦交，試圖利用中國來牽制日本。這一方針一直貫穿整個第二次世界大戰，也成功地達到了預期的目的，尤其是在抗戰初期，拖住了日本陸軍的主力。此外，蘇聯大量收容在東北境內難以立足的中國抗日武裝，這些人後來成為越境襲擾的重要力量。

面對日益增多的邊境糾紛，1935年蘇聯、日本和日本操縱下的偽滿洲國聯合成立了邊境糾紛處理委員會，當然，在這個委員會裏面偽滿洲國代表只是擺設而已。但從一開始蘇日雙方的看法就差了十萬八千里：日方認為發生邊境糾紛的原因是中蘇邊境線不明，因而主張首先重新劃定邊境線；而蘇方代表則認為邊境線根據過去俄國與清朝政府所締結的各項條約及其附件早已確定，沒有必要重新劃定，只要對各次邊境糾紛單獨處理即可。兩方意見本來就相去甚遠，雙方代表又一口咬定自己的意見不肯動搖，這樣的委員會自然解決不了什麼問題，於是該糾紛的繼續糾紛、該衝突的仍然衝突。

幾年之間，兩國之間的關係日益惡化，直到1936年11月25日，日本與德國簽署了《反共產國際協定》，這一看起來直接針對蘇聯的舉措大大激怒了蘇聯，於是連只有象

徵意義的邊境糾紛處理委員會也宣告解散。蘇聯和日本間的火藥味越來越濃。

導火線

1936年蘇聯開始了席捲全國的「大清洗」。此後幾年裏，整個蘇聯從上到下陷入動盪和不安，連遠離政治中心的遠東也不可避免地受到影響。1937年大清洗之風捲入軍隊，以圖哈切夫斯基案件為開端，大批紅軍指揮員以莫須有的罪名遭到鎮壓。在遠

■ 史達林1936年發動「大清洗」使蘇聯上下陷入動盪不安。

東，大規模清洗從1937年5月就開始了，遠東特別集團軍的參謀長、2名副司令、空軍司令和3個師長在第一波「清洗」中被捕，此後一年多時間裏，大量的指揮員和政工人員被捕，尤以中高級指揮員為多。第34砲兵團5營的紅軍戰士薩莫伊洛夫說：「剩下來的只有史達林、伏羅希洛夫和莫洛托夫，其餘的人全是托洛斯基分子。」而該營1連的軍事技術員巴季列維奇說：「帶菱形章[註2]當時蘇聯紅軍實施的軍銜制規定，旅級及以上級別的軍官領章上面以菱形表示軍銜。的軍官百分之七十五都成了間諜。」海軍也未能倖免，剛上任3個月的太平洋艦隊司令基雷耶夫、艦隊參謀長索洛尼科夫和軍事委員沃爾科夫悉數被捕——整個太平洋艦隊軍事委員會被一鍋端了。從1937到1938年，遠東地區共有約二十萬軍人和平民被逮捕，其中有數千人被處決，而1938年遠東地區總人口也不過五百萬。

如此大規模的清洗對社會和軍隊帶來了巨大的影響，人們惶惶不可終日，軍隊中也出現了思想動搖的情況。這種巨大的動盪自然也反映在邊防部隊和邊境糾紛的處理上，1937年蘇聯邊防部隊在與日軍的邊境糾紛中，表現越來越克制，蘇聯官方對於邊境糾紛的態度也一改以往的強硬，變得有所緩和。其中最典型的例子就是發生於1937年6月19日至7月5日的乾岔子島事件。

6月19日，蘇聯邊防部隊佔領了黑龍江中存在領土爭議的乾岔子島及附近的另一個島嶼；6月30日，蘇聯砲艇在與岸上的日、滿軍交火中被擊沉擊傷各1艘。日本駐蘇大使隨即向蘇方提出抗議，要求蘇聯撤回進駐兩島的部隊和砲艇。蘇聯接受了日方的要求，並於7月5日撤走了全部部隊和砲艇。這與此前蘇方的強硬作風大相徑庭，不由得讓日本政府頗為困惑。而日本軍方，尤其是關東軍從這一事件中得出了一個後來被證明大錯特錯的觀點：蘇方的讓步因為日軍展現出了「強大的武力和強硬的決心」。這種狂妄自大後來進一步發展到認為如果出現邊境糾紛，只要給蘇軍「當頭一擊」，蘇聯就會「乖乖地退回去」。在後來甚至發展到認為對於邊境糾紛，與其使用外交途徑，還不如用武力解決快而有效。在彌漫著狂熱躁動氣氛的日本軍隊中，這種看法顯然更有市場，加上關東軍在「九一八」事變中自作主張帶來的甜頭，狂躁冒進日漸成為日軍尤其是關東軍（以及朝鮮軍）在處理各種糾紛時的指導思想，也成為此後張鼓峰和諾門坎兩次衝突的主因。

乾岔子島事件兩天後，盧溝橋事變爆發，日本侵華戰爭全面開始。為了確保中國能有效牽制住日本陸軍的主力，蘇聯於8月21日與中國簽訂互不侵犯條約，並開始對華提供援助。日軍參謀本部將此視為採取某些行動的前奏，進一步加深了對蘇聯的敵意和提防之心。1938年5月，蘇聯海軍人民委員斯米爾諾夫在海參崴的演說更加重了日本的擔憂。斯米爾諾夫在演講中指出：「遠東特別集團軍和太平洋艦隊已經做好準備，隨時給戰爭挑釁者以決定性的打擊。目前無論是從海上或陸地，入侵蘇聯更為困難了。日本強盜應當清楚地知道這一點……（蘇聯人民）對敵人的仇恨將迸發出可怕的力量。」我們現在很容易明白這是斯米爾諾夫為了穩

■ 深受武士道薰陶的日軍認為只要給蘇軍迎頭一擊，就會使蘇軍乖乖退回去。

定遠東蘇軍的軍心而作的講話，但日本按照自己的理解，認為這是在對日本發出警告和威脅，並進而判斷蘇聯可能會採取某些行動，日軍中的一部分人便開始按照自己的想法，著手做好給蘇軍「迎頭一擊」的準備。

1938年6月13日，蘇聯內務部遠東地區局局長李修科夫叛逃到偽滿洲國，從他的口中，日本人才瞭解到「大清洗」的一些具體情況，日本軍方據此判斷蘇聯軍隊必然會因此受到很大影響，戰鬥力也必然會降低許多。日本陸軍一下子蠢蠢欲動起來，為彌漫在陸軍內部狂躁的氣氛又加了一把火，尤其是關東軍和駐朝鮮日軍，更期待有機會能夠對蘇聯實踐一下「武力解決」的構想。

機會很快就來了。

糾紛初起

蘇聯負責國境警備的邊防部隊由內務部管理，李修科夫身為內務部遠東地區負責人，對邊防部隊的部署情況自然也比較瞭解（事實上，他正是利用了邊防警備的漏洞叛

■ 布柳赫爾元帥。

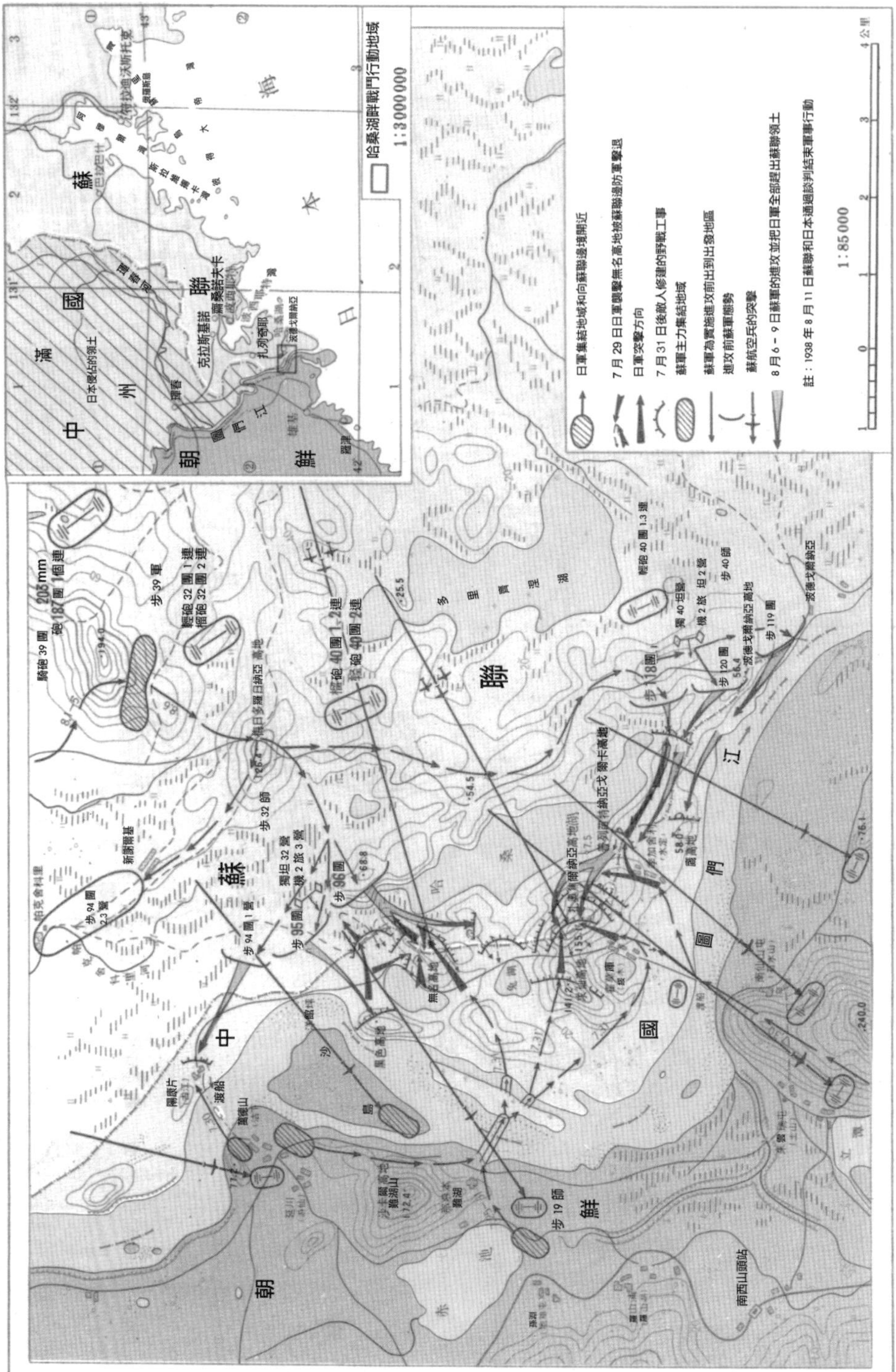

張鼓峰之戰示意圖

日軍集結地域和向蘇聯邊境開近

7月29日日軍襲擊無名高地蘇聯邊防軍擊退

日軍突擊方向

7月31日後敵人修建的野戰工事

蘇軍主力集結地域

蘇軍為奪施攻擊而前出發地區

進攻前蘇軍態勢

蘇航空兵的突擊

8月6～9日蘇軍的進攻並把日軍全部趕出蘇聯領土

哈桑湖群戰鬥行動地域

1:3 000 000

1:85 000

註：1938 年 8 月 11 日蘇聯和日本通過談判結束軍事行動

逃成功的）。李修科夫叛逃後，蘇聯立刻開始對遠東邊防部隊進行了大規模調整，以減少叛逃可能帶來的不利影響，遠東特別集團軍於7月1日改編為遠東方面軍。7月6日，史達林的特派員，接替自殺的加馬爾尼克擔任蘇聯紅軍總政治部主任的梅赫利斯來到哈巴羅夫斯克（廟街），和他同行的還有第一副內務人民委員兼國家安全總局局長弗里諾夫斯基。他們表面上看起來是要「整頓遠東方面軍的革命秩序」，實際上是準備以李修科夫叛逃事件為藉口，對遠東的黨政軍領導人來一次更徹底的「清洗」，他們的到來更是直接導致了後來布柳赫爾元帥的慘死。當然，對叛逃事件也需要做出一些處理，被李修科夫選為逃跑「突破口」的第59邊防總隊自然首當其衝。該邊防總隊負責蘇中、蘇朝邊境線最南段的警備，指揮部設在波謝特灣北岸的波謝特鎮，距離海參崴120多公里，叛逃事件發生後，該邊防總隊的指揮官立即被撤職。7月7日，新上任的指揮官著手調整部署，具有重要戰術意義的張鼓峰遂成為關注的重點。

張鼓峰位於圖們江口上游二十多公里的東岸，西北方向距離中國吉林省琿春市約75公里，海拔152公尺。山南有防川湖，湖畔小村子名為防川屯，與朝鮮的豆滿江里市隔圖們江相望；山北約2公里是另一座小山，名為沙草峰，海拔約77公尺；山東面是哈桑湖（原名長池），再往東和東北方向就是波謝特平原直至波謝特灣；山的西面隔江與朝鮮相望。蘇聯地圖中，張鼓峰名為「扎奧焦爾納亞高地」，意為湖對岸的高地；沙草峰名為無名高地。在張鼓峰頂，可以俯瞰整個

波謝特平原，因此其軍事意義不言而喻。這一帶的中國領土形狀狹長，從琿春向南延伸，正好位於蘇聯與朝鮮領土之間，在張鼓峰東南約3.5公里有一座界碑，正是三國交界之處。由於琿春市（當時為琿春縣）特殊的地理位置，日軍侵佔中國東北後，琿春縣的防務由日本的朝鮮軍，而非關東軍負責。

張鼓峰呈南北長條形，約長3000公尺，坡度很小，車輛可以行駛到山頂，在主峰（149高地）西南約2公里，就是呈外突環流的圖們江，在主峰以東約2公里，是南北長約4公里的哈桑湖。由於這樣的地形，從陸路進攻張鼓峰，只能從北面沙草峰或南面的52高地，可是這兩個可進出的道路受到哈桑湖與圖們江限制而非常狹窄。

張鼓峰附近的國境線一直不甚明確，雖然在1886年中俄簽訂的《琿春界約》中對這一帶的邊境線作了規定，並設立了界碑，但對於界碑以北的的邊境線描述卻比較含糊，只能根據不同時期繪製的圖紙來判斷邊境線走向。按照日本和偽滿洲國的看法，張鼓峰不是蘇聯領土，甚至連哈桑湖周邊都不屬於蘇聯領土。依據1909年琿春邊務處員與中國軍隊共同繪製的地圖及1911年俄國參謀部調查並繪製的地圖，邊境線通過哈桑湖（長池）以東；按照1915-1920年間東三省陸軍測量局發行的地圖，邊境線在張鼓峰與哈桑湖之間靠近哈桑湖的地方；按照1886年《琿春界約》，邊境線通過張鼓峰東側山麓。蘇方則不理會日方所提出的這三點依據，只抓住《琿春界約》做文章。由於界約原文中對這一段邊境線的描述為「自界碑西北越嶺經哈桑湖之西至沙崗子北，立第一記

號」，沒有更詳細地描述，也就無從判斷界碑與第一記號之間的邊境線究竟是否經過張鼓峰，又如何經過張鼓峰。蘇方堅持認為，這句話的意思就是邊境線穿過張鼓峰，並由此主張張鼓峰是蘇聯領土。

在李修科夫叛逃之前，日軍對於邊境爭議地區的處置一般比較謹慎，即使是在乾岔子島事件之後日軍氣焰日漸囂張之時，對邊境糾紛和衝突仍然不敢貿然擴大。對於張鼓峰地區，日方朝鮮軍司令部也採取的是「不向邊界不明確地區派遣兵力」這一謹慎的方針，雖然駐紮在琿春的駐屯隊有2個步兵大隊又1個砲兵中隊的兵力，但在琿春縣以南地區僅以偽滿洲國軍1個加強連組成的國境警備部隊巡邏，其中張鼓峰、沙草峰一帶沒有固定哨位。得知蘇聯正在進行規模空前的「大清洗」之後，日軍坐不住了，開始加強在「邊界不明確地區」的活動。同時，蘇聯為了消除李修科夫叛逃可能給邊防帶來的影響，也加強了邊境地區的活動。

7月9日，蘇聯士兵登上張鼓峰，開始在山頂西側構築陣地。至11日，蘇軍士兵已達40餘人。15日，日本駐蘇代辦向蘇聯提出照會，要求從張鼓峰迅速撤回蘇軍。蘇方的答覆是：「沒有任何一名蘇聯邊防人員踏上鄰國的一寸國土」，拒絕了日方的要求。與此同時，日本軍方也沒歇著，15日，日軍憲兵伍長松島等一行三人化裝成朝鮮農民，找了兩名當地朝鮮族居民做嚮導，到張鼓峰附近偵察。傍晚，這夥日本人正在拍攝和繪製蘇軍軍事設施時被蘇聯邊防部隊發現，雙方交火，松島被當場擊斃，其餘人逃散。15日和20日，日本駐蘇大使重光葵兩次以此向蘇聯提出抗議，要求在張鼓峰地區恢復原狀，並威脅否則一切後果由蘇方承擔。蘇聯外交部的回答一如既往的強硬：任何威脅都嚇不倒蘇聯人民。蘇聯外交部長李維諾夫還順便反戈一擊，向重光葵抗議蘇聯駐日本大使館遭到圍攻而日本警察無動於衷——雙方不歡而散。

事情到這裏看起來和以往歷次邊境糾紛好像沒什麼區別，似乎雙方在外交層面上交鋒幾次後就會不了了之，但這次的情況不一樣了。

7月16日，也就是「松島事件」發生後第二天，日軍大本營陸軍部立即做出反應，命令朝鮮軍新任司令中村孝太郎中將（7月15日上任）「根據形勢需要，可在邊境附近集中朝

■ 正在閱兵的裕仁天皇。

鮮軍所屬部隊，但行使武力要根據另外下達的命令。」擺明是要以武力威脅作後盾，在外交談判中爭取更多的利益。中村孝太郎命令手下惟一的1個師團——第19師團做好隨時緊急派兵的準備，預定動員的部隊為步兵4個中隊，山砲兵2個大隊，野戰重砲兵1個大隊。17日，中村孝太郎又命令第19師團長尾高龜藏中將把動員的部隊集中在圖們江西岸朝鮮一側，並嚴令如果要向圖們江東岸的張鼓峰和沙草峰前進，必須按另外下達的命令，不得擅自行動。按照朝鮮軍命令，第19師團出動的部隊於7月19日拂曉前在張鼓峰對面圖們江西岸朝鮮的四會、慶興、阿吾地附近集中完畢，不過早就躍躍欲試的尾高中將集結的兵力比朝鮮軍司令部要求的更多：僅步兵就集結了第75聯隊全部以及第76聯隊的1個大隊，共4個大隊，相當於預定動員的四倍。還有76聯隊砲兵中隊、騎兵第27聯隊、山砲兵第25聯隊、野戰重砲兵第15聯隊、高砲第5聯隊、工兵第16聯隊各一部與師團裝甲訓練所，總人數為3236名，軍馬743匹，這還不包括原來就駐紮在慶興的第76國境警備隊（2個中隊）。

7月20日，一直躍躍欲試的日本陸軍覺得張鼓峰附近發生的一系列事件是個試探蘇聯的好機會，日軍大本營認為，「在這樣狹窄的地帶，無法出動大批軍隊，因而不會導致大規模的戰爭。即使整個師團覆滅也無關緊要，這正是向蘇聯顯示實力的大好時機。」雖然海軍一如既往的和陸軍唱對台戲，但上任僅一個月的日本陸軍大臣板垣征四郎和總參謀長閑院宮載仁親王卻執意要打一場只使用1個師團的「有限戰爭」。閑院

宮親王還為此求見天皇，試圖獲得天皇的批准。裕仁天皇一方面對於試探一下蘇聯這一念頭頗為動心，另一方面又擔心局面無法控制，加上考慮到中日戰爭進行正酣，陸軍正全力備戰武漢會戰，沒有足夠的力量準備對蘇作戰，所以有些猶豫不決，對閑院宮的請求也就不置可否。然而隨後板垣征四郎與天皇的對話和陸軍呈送的奏摺卻讓日本天皇大為惱怒：裕仁問及內閣中其他大臣的意見時，板垣當面撒謊：「外務大臣（宇垣一成）和海軍大臣（米內光政）都贊成。」明知道這兩個人反對的天皇大怒：「陸軍的做法太不像話。……作為朕的軍隊，竟然屢次採取不應有的卑劣手段。今後沒有朕的命令，不能動一兵一卒。」隨後陸軍呈送請求向蘇聯派兵的奏摺更加刺激了裕仁，陸軍部在奏摺裏玩了個小花樣，正文中僅僅請求向「滿洲國」東部邊境調集兩三個師團，而把至關重要的對這些部隊的統帥權要求卻放在「備考」裏面，稱「有關今後這些部隊的調動，請委任參謀總長負責。」這種試圖繞開天皇的小把戲當然讓裕仁很不痛快，於是這一道奏摺也就無疾而終。

無奈之下，日軍大本營陸軍部只得放棄動武的念頭，並命令朝鮮軍司令部停止準備行使武力，於是中村命令尾高於7月28日返回原駐地。不過尾高可不是那麼聽話的人，早就盼望有機會創造「豐功偉績」，以博取更大的「榮耀」。用日本人自己的話說，「尾高龜藏中將被稱為積極敢幹的將軍，屬下各聯隊長也多剛強之士」，簡單來說就是一幫好勇鬥狠的人。收到朝鮮軍司令部的命令後，尾高表面上準備返回駐地，實際上則

■ 琿春境內的圖們江。

「受對蘇軍非法越境以實力給予一擊的思想影響，銳意進行奪回準備」。到了朝鮮軍司令部規定的撤軍期限28日，第19師團出動部隊的大部分仍然在圖們江邊逡巡不去，苦苦等待開戰的機會。

再看蘇聯方面，本來「大清洗」就鬧得人心惶惶，加上李修科夫的叛逃，更加讓遠東軍政領導人焦頭爛額。日本與蘇聯之間原本就小摩擦不斷，現在又有這麼一個熟悉內情的人跑到對面去了，通過佐爾格發回的情報得知，李修科夫對日本人可謂知無不言、言無不盡，一時間蘇聯在遠東的軍事部署在日本面前幾乎完全透明，而誰也不知道日本人在得知這些情報後會做些什麼。遠東方面軍立即從內部著手，調整部署、更換通信頻率和密碼，調整和加強邊境地區的戒備（在張鼓峰設立哨所和警戒陣地就是重要措施之一）。對於日本可能的反應，蘇聯也不是沒有考慮，他們一方面與日本在外交上進行交涉，一方面要求佐爾格小組立即弄清楚日本的想法。佐爾格不辱使命，很快就探知天皇對張鼓峰事件的態度，並第一時間報告給莫斯科。史達林松了一口氣，布柳赫爾同樣也放了心，於是，當日軍第19師團在圖們江對岸集結的時候，蘇軍邊防總隊仍然按部就班地在張鼓峰地區構築防禦陣地和哨所。為了應對日軍的集結，雖然也向波謝特灣運送了一批物資，並於7月24日命令步兵第118和119團以及騎兵第121團向哈桑湖附近集中，做好戰鬥準備，但蘇聯人從內心裏並不相信會真的爆發大規模衝突。

衝突初起

經過20天的緊張施工，蘇軍在張鼓峰上的陣地構築基本告一段落，為了鞏固主陣地，蘇軍看上了與張鼓峰互為犄角的沙草峰。7月29日上午，11名蘇聯邊防軍士兵登上沙草峰開始構築陣地。蘇聯人理所當然地認為，既然登上最重要的張鼓峰都沒什麼問題，那麼小小的沙草峰更加不會引起什麼波瀾。但一直渴盼著藉口的尾高可不這樣認為，他認為蘇聯士兵這次出現的地方即使按照蘇方主張的觀點，也是屬於「滿洲國」的

領土，因此這是「與張鼓峰毫不相關的獨立問題」。以此為藉口，尾高決定不理會上級的命令，對圖們江東岸的蘇軍行使武力。他命令一直在江邊待機的第76國境警備隊的2個小隊向沙草峰上的蘇軍進攻，同時下令召回正在返回駐地的部隊。

下午3時，日軍渡過圖們江，1個小隊從西北方向，另1個小隊從西南方向的將軍峰（147高地）對沙草峰頂正在構築陣地的蘇軍發起進攻。當時峰頂的11名蘇聯邊防軍人進行了頑強抵抗，然而猝不及防加上兵力懸殊，約一個小時的戰鬥之後，蘇聯士兵5人陣亡、6人受傷，被迫撤回。蘇軍接到警報後駐紮在附近的第119步兵團的1個連（連長列夫琴科，約80人，並有坦克支援）立即展開反攻，並重新奪回高地。日軍見兵力不佔優勢，便撤至沙草峰以西不遠處進行監視，與蘇軍形成對峙，直至入夜。

第19師團的第一份戰報於下午5時30分送至朝鮮軍司令部，報告中著力強調「沙草峰與張鼓峰不同，它不是界限不清的地區」，同時宣稱「一切責任由師團長本人負責」。朝鮮軍司令部對19師團的行動報告研究了一個整夜，30日凌晨，中村終於同意尾高對沙草峰不同於張鼓峰處理的做法，但要求不能擴大事態，並於當日派參謀長北野憲造少將趕赴張鼓峰前線，與尾高一起「實地處理」。之後，朝鮮軍將上述情況及措施報告了陸軍大臣、參謀總長，並通報給關東軍。7月30日下午4時50分，朝鮮軍司令部接到參謀次長多田駿中將發來的電報：對張鼓峰地區的邊境事件，堅持不擴大方針，具體由軍(指朝鮮軍)根據現地情況處理。

這些不疼不癢的命令和要求當然對尾高是不會有任何影響，他正確理解了頂頭上司的默許態度，開始做進一步的謀劃，準備借沙草峰衝突玩一場大的。30日尾高決定「趁此機會給蘇軍一次打擊，使它嘗到日本軍的威力，否則難以完成切實保障邊境安全的重大任務」。第19師團確定的作戰方案是分兩個階段展開進攻，即首先於7月30日夜間以1個步兵大隊的兵力趕走張鼓峰的蘇軍部隊，然後從31日拂曉起用另1個步兵大隊攻擊沙草峰，師團砲兵佈置在張鼓峰西南方向朝鮮的洪儀里，為步兵提供支援。這一大膽到近乎莽撞的方案首先遭到師團參謀長中村美明大佐的反對，中村參謀長認為，這一計劃等於是擅自將衝突擴大化，有違參謀本部「不擴大事件」的方針。不過尾高決心已定，加上參謀本部內一些軍官的暗地慫恿，一切反對意見都被當成了耳邊風。既然參謀長不同意，他乾脆就直接於7月30日下午通過電話向駐於古城鎮(圖們江西岸、朝鮮境內)的第75聯隊長佐藤幸德大佐下達了明晨(31日)以前，進攻張鼓峰與沙草峰的命令：對本師團當面，要確保52高地(張鼓峰東南側)、147高地(將軍峰)、沙草蜂西北高地一線的陣地；佐藤部隊(75聯隊、76聯隊1個大隊，山砲、工兵各1小隊)要加強陣地並隨時準備進擊越境進入滿洲國之敵，但不得追擊至國境以外。

7月29日晚至30日晚間，預定進攻的日軍陸續偷偷渡至河東岸，集結於張鼓峰以南的防川屯。當天，日軍疏散了防川屯的老幼婦孺，只留下18歲至45歲的男子為其運送物資。攻擊命令於30日下午下達，佐藤幸德

■ 蘇軍開始加強在遠東的戒備。

的攻擊部署如下：

1.第75聯隊第1大隊以第2中隊1個小隊加強速射砲、步兵砲、聯隊山砲、重機槍等部隊，部署於張鼓峰東南方向的52高地，並確保該地區，大隊主力則由52高地向張鼓峰夜襲；

2.第75聯隊第10中隊配屬重機槍1個小隊，對張鼓峰西北最高點的北麓（沙草峰南側）進行夜襲，以遮斷張鼓峰蘇軍的退路。以上兩部預定攻擊時間為31日凌晨2時，但需等待命令確認；

3.第76聯隊第1大隊配屬國境守備隊1個中隊，31日拂曉對沙草峰西南高地實施攻擊，攻擊開始時間聽臨時命令；

4.第75聯隊第3大隊（欠第10中隊，配屬第6中隊）作為預備隊；

5.野戰重砲兵第15聯隊第2中隊的4門150mm榴彈砲集中火力轟擊沙草峰西南高地，並準備對增援蘇軍進行砲擊。

30日，尾高渡過圖們江到達位於將軍峰的75聯隊指揮所，聽取國境守備隊與聯隊的敵情及進攻準備的匯報。考慮到作戰後果的嚴重性，作為對部下行動的依據，同時明確作為師團長的責任，尾高異乎尋常地在自己的一張名片背面寫上：

「一.依照干田中佐報告，沙草峰越境敵軍陣地後方，有10至11台戰車及步兵70至80名，今晨以來活動頻繁；

二.貴官如察知敵之進攻企圖，應斷然徹底的加以反擊。7月30日午後5時。」

寫完後即將此名片交給佐藤，作為其發起攻擊的藉口和憑證。這個藉口就是：「察

知敵之進攻企圖」。簡單說就是他認為蘇軍要進攻，所以先發起攻擊，以免部隊遭到損失。尾高這樣做，既可以隨時進攻，又可不得到朝鮮軍和參謀本部的追究。

30日這一天，蘇軍也採取了一些預防措施，防守沙草峰和張鼓峰的邊防部隊分別加強至半個連和1個加強連，在兩個山峰之間的一系列高地上也構築一些火力點，並在張鼓峰主陣地前方及側面佈置鐵絲網和地雷等簡單的防禦設施。而此前已完成集結的第118步兵團則奉命派出1個步兵營，前往張鼓峰和沙草峰之間的山脊佔領陣地，策應兩個高地上的邊防部隊。不過由於沒有預見到日軍即將進攻，蘇軍這一預防措施沒有實際產生效果。

30日下午，在尾高下達攻擊命令之後，朝鮮軍司令部終於想起來向參謀本部匯報一下情況。在朝鮮軍參謀長北野憲造少將發給參謀本部的電報中，僅僅簡單的敘述了一下前一天發生的事情，同時還對出擊的日軍部隊做了一點「小小」的調整，把第19師團2個步兵小隊約70人改成了「古邑（古城）守備隊的20名士兵」。至於尾高的進攻命令，北野更是隻字不提——雖然他已經在第19師團張鼓峰前線的指揮部裏——他向參謀本部報告的部署和應對措施仍然是中村之前對第19師團發佈的命令，雖然北野知道這些命令從一開始就沒有被認真遵守過。參謀次長多田駿中將向朝鮮軍、關東軍回電：沙草峰事件，目前可由正在堅持實施不擴大方針的現地部隊予以處理，希命其及時報告現地情況。沒有斥責、也沒有批評，這一回電無異於在火上又澆下了一瓢油。就在這封回電發出後不久，參謀本部就收到了第19師團對張鼓峰和沙草峰發起攻擊的消息。

日軍佔領張鼓峰

7月30日午夜12時，佈置在洪儀里的日

■ 日軍在張鼓峰的機槍陣地。

本重砲開始砲擊張鼓峰。在猛烈砲火支援下，日軍1個小隊的先頭部隊破壞了蘇軍陣地前的障礙物，緊跟其後的第75步兵聯隊第1大隊在大隊長中野藤七少佐指揮下兵分兩路，分別從西側和南側向峰頂的蘇軍陣地匍匐前進。但沙草峰衝突後蘇聯邊防部隊提高了警惕，在夜間也派出了經過加強的巡邏隊，巡邏的士兵發現了匍匐前進的日軍身影，一陣猛烈的槍聲劃破夜空。陣地上的守軍馬上做出反應，頃刻間就升起了照明彈，各種輕重火力一齊開火，日軍進攻遭到頑強抵抗。建成不久的防禦陣地給蘇軍提供了很大幫助，中野藤七少佐率部不顧一切地衝向峰頂，結果被機槍火力打倒，2名中隊長也被擊斃，戰鬥一時陷入僵持。

佐藤在位於將軍峰的前線指揮所裏看到第1大隊開始進攻並陷入被動，馬上派出預備隊第6中隊，從張鼓峰西坡攻擊蘇軍側翼，與正面進攻的第1大隊夾擊蘇軍。3時20分，該部沿相對陡峭的西坡開始進攻，峰頂的蘇軍遭到三面進攻，很快陷入困境。凌晨時大霧籠罩了高地，不久又下起了大雨，人數處於劣勢的蘇軍更加困難。7月31日晨4時40分，日軍衝上峰頂陣地，與蘇軍展開肉搏，守軍不支向東南方向退卻，日軍遂佔領張鼓峰。

沙草峰的戰鬥開始得比張鼓峰要晚一點，但在這一方向蘇軍兵力更加薄弱，山勢也沒有張鼓峰陡峭，加上沒有構築好工事，蘇軍的防守非常不利。31日凌晨4時許，日軍第76聯隊第1大隊在重砲支援下對沙草峰展開進攻，經過激烈戰鬥，於31日上午6時佔領該地。

在兩個主要方向開始進攻之時，日軍第75聯隊第10中隊也攻擊並佔領了張鼓峰與沙草峰之間的蘇軍各火力點；第75聯隊第1大隊一部則搶佔了張鼓峰東南方向的52高地，並與配屬的火力支援部隊就地據守。

31日5時40分，第19師團向朝鮮軍司令部電話報告，詭稱「沙草峰方面的蘇軍向75聯隊發起進攻，該聯隊隨即加以反擊」。戰鬥結束後日軍宣稱共打死打傷蘇軍400至600人，第19師團45人死亡，135人受傷。消息傳出，一時舉世皆驚。

31日上午，日軍參謀本部第一時間收到了第19師團的「捷報」（朝鮮軍司令部這次報告的效率比兩天前高了很多），軍方強硬派人物大喜過望。參謀次長多田駿馬上將這一好消息報告天皇，多田駿報告大意為：對蘇軍這次新的非法越境，我方實行了自衛還擊，將其逐出國境線以外，但我軍到達國境線後即已停止，現正予以監視中。本來對朝鮮軍和第19師團的自作主張頗為不滿的裕仁得知勝利的消息後，頓時大喜。但高興之餘不免也有些疑慮：蘇聯紅軍的戰鬥力真的就這麼差嗎？裕仁一方面出於謹慎，一方面也出於面子，他端出一副無奈的口吻：「事已至此，無可奈何。望前線將士堅守邊界，切忌越軌行動！」這是天皇自「九一八」事變以來的一貫態度，只要事態的發展有利於日軍，裕仁就會默認和鼓勵陸軍中下級軍官的自作主張。這次也是一樣，從目前情況看來似乎一切順利，天皇也就樂得承認尾高擅自行動的正確性。當多田駿將裕仁天皇的這些獎詞傳達到朝鮮軍及19師團時，尾高和參謀們都當場落淚，認為這是次長、天皇對他們

的信任。

隨後多田駿參謀次長及載仁參謀總長於8月1日零時10分、18時20分、22時40分，3次以電報形式要求朝鮮軍：不再擴大事件，只有蘇軍挑釁方可予以反擊，第一線部隊保持現狀並作反擊的準備；對佔據地區及「滿」蘇國境線要嚴加警戒；事件不再擴大，準備通過外交途徑解決。在這種思想主導下，日本大本營於8月1日發佈了第163號大陸命：一、朝鮮軍司令官應暫時佔據張鼓峰、沙草峰一帶大致現已進入之一線附近，且對上述以外我軍正面之滿蘇國境嚴加警戒；二、詳細事項由參謀總長指示。據此，日軍參謀總長於當日發佈命令：一、於張鼓峰、沙草峰附近，只要蘇軍不進行挑戰，軍事行動不得超越目前範圍。軍隊的配置及行動，除準備迎擊敵軍反擊外，應維持現狀；

二、除上述外，對軍隊正面的「滿」蘇國境方面應嚴加戒備，軍隊行動應注意勿刺激敵方；三、軍隊的行動應全面保持慎重態度。

而這時張鼓峰和沙草峰陣地上，日軍第19師團正陷入苦戰，也實在沒有多餘的精力再去「刺激敵方」。日軍對張鼓峰和沙草峰突然襲擊得手無異於狠狠給了蘇軍一記響亮的耳光，無論從哪個角度來說，蘇聯都不會甘心忍下這口惡氣，從日軍動武的第一分鐘起，蘇軍就開始了兇猛的反撲。在這一點上，日本軍隊中那些頭腦發熱的傢夥無疑是打錯了算盤。早在29日的衝突發生後，布柳赫爾就命令第40步兵師師長巴扎羅夫上校派出一部兵力，協同邊防部隊解決這一糾紛。這時，蘇聯方面從上到下都認為這只是一次和以往沒有太多不同的邊境糾紛，巴扎羅夫上校派出了第119團1營和第118團3營，因

■ 日軍在張鼓峰的機槍陣地。

此，當日軍佔領張鼓峰和沙草峰後，哈桑湖地區的蘇軍僅有這2個步兵營。雖然兵力不佔優勢，但蘇軍仍然堅決對日軍發起反擊。

31日凌晨，已經前進至張鼓峰東南62.1和56.4高地的第119團1營一部得知日軍開始進攻後，立即向當面的52高地發起進攻，以增援高地守軍，但在日軍頑強阻擊下未能得手。天亮之後，蘇軍118團3營與邊防部隊一起從沙草峰以北向剛剛佔領高地的日軍發起反擊，然而由於只能通過一條狹窄的沼澤地仰攻高地，加上師屬砲兵都還在後方，蘇軍在兵力和火力上都沒有優勢，進展非常不順。日軍充分利用地形，以猛烈火力封鎖高地前的接近地，設在圖們江西岸的砲兵也進行了持續的支援，戰鬥異常激烈。蘇軍前線指揮官費多托夫上校在報告中稱：「敵人在扎奧焦爾納亞高地和無名高地一帶集中了強大的兵力，用大口徑火砲轟擊我後方。我必須在狹窄地帶、在不便通行的沼澤地上進攻，而且始終處在敵猛烈的側翼火力之下……」這天晚些時候，蘇聯第1集團軍按照費多托夫的要求，加派了第119團1營前往支援，但一直激戰到入夜，蘇軍仍然沒能奪回沙草峰，更不用提張鼓峰了。夜幕降臨後，精疲力竭的蘇軍不得不放棄進攻，後撤至2公里之外的馬鞍山（蘇聯名稱為梅日多羅日納亞高地）佔領防禦陣地，防備日軍進一步深入蘇聯領土。

趁蘇軍後撤之際，日軍把防禦陣地向前延伸至哈桑湖南北兩側的狹窄正面上，試圖利用哈桑湖與圖們江之間的狹窄地段這一有利地形，頂住蘇軍可能的進一步反攻。尾高對部署作了調整：

1.以第75聯隊第3大隊及配屬的砲兵和重機槍分隊防守張鼓峰和52高地；

2.以第76聯隊第1大隊及配屬的砲兵防守沙草峰，在凌晨的戰鬥中傷亡較大的第75聯隊第1大隊則作為預備隊。

面對日軍的進攻，蘇軍的反應程度和速度都遠遠超過了日軍的想像。得知日軍攻佔兩個高地後，布柳赫爾當天就發佈了一系列命令：首先命令步兵第40師的其他部隊迅速向波謝特灣西部地區集結，同時還調動步兵第32師（師長N. 別爾扎林上校[註3]N. E. 別爾紮林在「大清洗」中倖存，並參加了衛國戰爭，歷任軍長、集團軍司令，柏林戰役時擔任第5突擊集團軍司令，軍銜上將。攻克柏林後，他成為蘇軍首任柏林衛戍司令，然而他在這個職務上沒能待多長時間。6月16日，別爾扎林在柏林因車禍喪生，時年41歲。他和巴頓大概是盟軍在戰後因車禍喪生的最高軍銜軍官。）和機械化第2旅（旅長A. 潘菲洛夫上校[註4]這個潘菲洛夫不是後來在莫斯科會戰中出名的第316步兵師師長潘菲洛夫。）向哈桑湖地區緊急出動。紅旗太平洋艦隊也緊急動員起來，輸送陸軍部隊和作戰物資前往波謝特灣，並封鎖圖們江口。

從7月31日至8月6日，大量蘇軍源源不斷地開往哈桑湖地區。31日，蘇聯遠東方面軍參謀長施特恩和梅赫利斯抵達哈桑；8月2日，在史達林多次強烈要求下，布柳赫爾親臨波謝特視察並佈置任務；為統一指揮交戰地域的部隊，8月3日，國防人民委員伏羅希洛夫下令臨時編成第39步兵軍，由遠東方面軍參謀長施特恩任軍長，下轄第32、39、

40步兵師和獨立第2機械化旅、第59邊防總隊及航空兵部隊。

蘇軍調兵遣將的時候，駐守在張鼓峰和沙草峰的日軍並不好過。雖然蘇聯步兵的攻勢一度沒有7月31日那麼猛烈，但轟炸、砲擊卻一天也沒有停過，蘇軍用這種方式不斷削弱日軍的作戰能力和意志。日軍苦於自己的火砲射程有限，對蘇軍遠程火砲幾乎無能為力，加上大本營限制空軍的使用，兩高地上的守軍基本上只能老老實實接受砲轟。此外，蘇軍轟炸機還對日軍後方的交通要點、後勤基地和部隊集結地進行持續攻擊。朝鮮臨江的慶興、古邑、青鶴洞、阿吾地等主要車站和慶興郡當時所在地雄基均遭到轟炸，清津-雄基鐵路多處被炸斷，幾乎癱瘓。

尾高知道，僅以這幾個大隊及附屬砲兵，難以阻止蘇軍的反擊。31日上午11時他又決定調駐羅南的第73聯隊（第2、3大

■ 蘇軍開始調兵遣將，合力反擊日軍的挑釁。

隊）、第76聯隊（第2、3大隊，第1大隊已在戰場）、山砲第15聯隊第2大隊（主力已在戰場）、臨時輕裝甲車隊至阿吾地一帶集結。

但這一方案上報至朝鮮軍司令部後，中村擔心會因違反大本營此前關於「不擴大」的指示而表示反對。在第19師團前線指揮部的朝鮮軍參謀長北野按照日軍的「武士之情」，向關東軍司令發去電報，建議：在師團長職權內，以到外地演習的名義調動這4個步兵大隊、1個砲兵大隊至阿吾地集結。這種演習調動是在師團長職權範圍之內的，這樣既可以繞開大本營，朝鮮軍司令部也不用為此承擔責任。北野在電報中一再要求中村能予以同意，以解決19師團當前的困難。中村也感到這個建議是兩全其美的好主意，便在8月1日20時同意了。

8月2日，初步完成集結的蘇軍第40師在坦克和重砲的支援下對張鼓峰發動了一次試探性的進攻。天亮不久，第40師的師屬砲兵就開始轟擊日軍陣地，8時起，約10架飛機對日軍陣地及後方地帶進行空襲，隨後第40師119團的2個步兵營向52高地發起攻擊。日軍防守該高地的僅有1個步兵中隊，眼見即將不支，在張鼓峰上待命的第75聯隊第3大隊長平原靜夫少佐急率該大隊和作為預備隊的第1大隊前往增援。得到增援的日軍穩住陣腳，與蘇軍打得難解難分。在這次進攻中，根據梅赫利斯愚蠢的命令，蘇軍進攻部隊展開在完全不適合進攻的地帶，在極其狹窄的正面集中了過分擁擠的部隊，導致進攻從一開始就混亂不堪。加上步砲協同不足、天氣糟糕以及日軍的及時增援，激戰至

■ 蘇軍飛行員在研究航線圖。

增調的73聯隊與第37旅團司令部到達戰場，37旅團指揮所位於將軍峰，將整個張鼓峰地區劃分為南防守區和北防守區，即：南防守區，以張鼓峰和52高地組成，由75聯隊第2大隊及配屬部隊防守；北防守區，以沙草峰地區組成，由73、76聯隊各1個大隊及配屬部隊防守；山砲兵第25聯隊、野戰重砲兵第15聯隊配備於圖們江以西，支援對岸步兵作戰；野戰重砲兵展開於古城、南峰山地區；山砲兵展開於小甑山地區；第76國境警備隊在古江、洋館坪方向警戒；其他各步兵大隊作為預備隊。

15時，進攻沒能取得任何戰果。同時展開的對沙草峰的進攻也無功而返。梅赫利斯還不死心，在17時和21時又分別組織了兩次營級規模的進攻，結果依然一無所獲，只不過白白增加傷亡[註5]梅赫利斯這一套愚蠢的把戲後來在衛國戰爭期間還多次上演，又白白造成數以萬計不必要的傷亡。幸好布柳赫爾在這一天趕到前線，及時制止了梅赫利斯的愚蠢指揮，才避免了第40師被白白消耗在這種毫無意義的進攻中。不過梅赫利斯當然不肯承認自己指揮失誤，於是第40師師長巴扎羅夫上校就成了替罪羊，被就地撤職逮捕，部隊暫時由師政委伊萬琴科和政治部主任波盧什金指揮。

由於蘇軍連日反擊，19師團前方情況相當吃緊，尾高於8月3日下午要求將74聯隊調至戰場，經幾番周折，最後朝鮮軍司令部同意調動。

8月4日，蘇聯國防人民委員部下達命

8月3日晨，日軍

■ 蘇軍狙擊手使日軍吃了不少苦頭。

令，要求步兵第39軍盡一切努力奪回張鼓峰。

蘇軍反擊

8月5日，蘇軍集結完畢，做好了進攻準備。為了這次進攻，蘇軍共集中了15000餘人，237門火砲，285輛坦克，另有250架飛機支援地面部隊。另外還有7000餘人、66輛坦克用於掩護側翼和後方。而當面日軍只有第19師團的5個步兵大隊和5個砲兵大隊，共約7000餘人，37門火砲，並且沒有飛機和坦克支援，蘇軍形成了絕對的兵力兵器優勢。然而，儘管蘇軍擁有優勢兵力，日軍的補給和增援又由於種種原因並不充分，但這一仗並不那麼好打。

首先是自然環境的影響。由於張鼓峰和哈桑湖地區沼澤和丘陵遍佈，不便於大部隊展開，對坦克等機械化裝備的機動更是有很大的影響，這就在部分程度上抵消了蘇軍的兵力和裝備優勢。加上日軍把第一道防禦陣地設在哈桑湖南北兩側與圖們江之間的狹窄地域，使蘇軍只能對日軍陣地實施正面強攻，對後續的第二道、第三道陣地也只能步步為營、一線平推，而日軍則可以把有限的兵力集中在最主要的方向上，逐次抵抗。另外，7月底的東北已進入雨季，加之張鼓峰地區離日本海很近，經常有濃霧。這對火力佔優勢的蘇軍造成了更大的影響。

其次就是「大清洗」使蘇軍上下都充滿了惶恐和迷惑，軍心嚴重動搖，以往紅軍引以為豪的高昂鬥志和飽滿士氣現在幾乎蕩然無存。除了士氣上大受打擊之外，大量有經驗的軍官被捕，導致軍隊中合格的中高級

■ 張鼓峰上的蘇軍機槍陣地。

指揮員嚴重不足，新提拔上來的各級指揮員或者才能平庸、或者經驗不足，大都無法完成指揮任務，從而直接影響了軍隊的作戰能力。這些都導致紅軍在1938年8月的時候士氣和戰鬥力空前低落，8月2日的進攻中就表現出蘇軍缺乏稱職的指揮員。

還有一個不容忽視的因素就是梅赫利斯等人對作戰指揮的干預。史達林的寵兒梅赫利斯在7月31日就來到哈桑湖前線，並且開始發揮他瞎指揮的「天才」。一旦違背他的意願，還很容易被扣上一頂「間諜」或者「人民的敵人」之類的大帽子，巴扎羅夫上校就是一個典型的犧牲品。梅赫利斯在前線瞎指揮之餘還不忘向史達林發出密電，誣衊布柳赫爾「不願意對日作戰」，並進而懷疑這位蘇聯元帥是「日本間諜」。凡此種種，都對前線作戰造成了不小的影響。

正因為這些原因，第39軍的計劃制定得格外謹慎。8月5日，施特恩向各部隊下達進攻命令：

1.8月6日攻佔張鼓峰，把敵人趕出蘇聯邊境外；

2.步兵第32師和獨立機械化第2旅1個坦克營從北面進攻沙草峰；

3.步兵第40師和獨立機械化第2旅1個坦克營，從南面佔領52高地（張鼓峰東南方向的一個小高地）；

4.上述2個步兵師完成第一步任務後分別從北面和南面對張鼓峰發起總攻；

5.在進攻期間，步兵第39師和獨立機械化第2旅1個坦克營掩護全軍右翼。

第39軍下屬各師接受任務後立即著手制定詳細的方案。從北面進攻的步兵第32師正面的地形比較複雜，本來就很狹窄的陸地又被一個小湖（沙草峰泡子）分成兩半，使進攻正面進一步被壓縮。湖的東西兩側分別是沙草峰和黑色高地兩個小山包，這兩個小山包正面則是連片的沼澤，而且這兩處的正面寬度分別只有1公里左右，進攻方處於一個非常不利的地形上。同時，別爾扎林上校還必須考慮右翼洋館坪、古江方面日軍的威脅，因此，第32師做出如下佈置：第96步兵團加強獨立機械化第2旅第3坦克營從北坡攻擊沙草峰；第95步兵團加強師屬獨立第32坦克營攻擊黑色高地；步兵第94團1營攻擊古江，以切斷日軍可能從琿春方向來的增

■ 博物館裏的日軍75毫米野炮。

援；步兵第94團主力則作為預備隊，控制於帕克舍科里至新謝爾基之間。

第40師的進攻方向由於離張鼓峰直線距離最近，作為主攻方向。也許是急於改正巴扎羅夫上校的「錯誤」，也許是為了一鼓作氣拿下目標，蘇軍在這個方向上的兵力空前密集。第40師的3個步兵團從北向南一字排開，最南邊的第119團負責攻擊第52高地，得手之後則向防川屯方向推進，向西包抄張鼓峰的後路；中路第120團和北翼第118團則通過第52高地與哈桑湖之間的坡地直接攻擊張鼓峰；獨立第2機械化旅第2營和師屬獨立第40坦克營配置於第118團和120團之間，配合這2個步兵團作戰。3個步兵團加2個坦克營在1公里的正面展開進攻，這個密度即使在二戰中後期也很少出現，很顯然，代理指揮的政委擺出了一副孤注一擲全力進攻的架勢，寄希望於這樣能免蹈前任師長覆轍。

蘇軍調整部署的這幾天裏，日軍增援部隊也於8月3日陸續趕到，日軍集結於張鼓峰地區的部隊翻了一倍，達到了8個大隊。尾高命令第37旅團長森本伸樹指揮張鼓峰、沙草峰一帶的所有日軍部隊，森本把自己的指揮部設在張鼓峰西側約1公里的將軍峰上，並很快完成了部署調整。紅軍後續部隊源源不斷的到來讓日軍感到擔憂，尾高請求把自己師團最後1個聯隊

第74聯隊也調往前線，朝鮮軍司令部裝模作樣地反對了一陣就答應了。隨後，他又打上了關東軍的主意，尾高藉口大本營不允許動用空軍，因此要加強砲兵力量，通過北野向大本營申請額外的砲兵部隊，並獲得批准。大本營為了日後好在外人面前蒙混過關，對於這些調動和動員給出的理由是「對羅津要塞進行緊急戰備」。當天，關東軍的獨立第1野砲2 聯隊的2個75mm野砲中隊（90式75mm野砲8門）、1個重砲中隊（2門150mm重砲）、一列裝甲列車以及華北方面軍的1個高砲隊陸續調入朝鮮軍麾下，隨時準備支援第19師團。

8月6日是蘇聯紅旗遠東特別集團軍成立九週年的紀念日，蘇軍選定這個日子展開總攻，準備用一場勝利來作為紀念日的禮物，不過戰局卻不如他們設想的那麼順利。

這一天凌晨，步兵第39軍第一線部隊開始進入出發陣地，各部先遣分隊在砲火掩護下對日軍陣地進行偵察和試探性進攻，並把進攻出發線推進至距日軍陣地200公尺。按

■ 蘇軍指揮員在研究戰局。

照預定計劃，前線各部將在空軍對日軍陣地轟炸完畢之後開始衝鋒，然而突然降臨的大霧打亂了計劃，整個上午，第119團只能在砲兵和坦克的掩護下對張鼓峰東南方的52高地發動一些規模不大的進攻，雖然取得一些戰果，佔領了日軍的部分陣地，但大部隊卻受大霧的影響，不得不耐心等待著。

一直等到16時，大霧才逐漸散去，216架蘇軍飛機對張鼓峰和沙草峰一帶的日軍陣地以及圖們江上各渡口進行了猛烈轟炸，轟炸持續了整整一個小時。按照布柳赫爾的觀察，張鼓峰「給人的印象不僅是翻起了一層土，簡直像是從人的腦袋上削去了一層皮」。轟炸之後，重砲又開始了火力準備，從203mm到76mm各種口徑的砲彈呼嘯著落在日軍陣地上。17時，伴隨著還在漫天紛飛的土塊，T-26坦克群轟鳴著衝出陣地，向日軍陣地衝去，步兵則緊緊跟隨。

蘇軍在沙草峰方向最先取得進展，第96團僅用了1小時就突破了日軍的第一道防線，推進至沙草峰東北坡上，並沿山脊進一步發展攻勢。然而，由於此前森本錯誤判斷蘇軍會從沙草峰方向發動主攻，加強了這個方向的守軍，使日軍在這一帶兵力達到了3個大隊，與蘇軍相差無幾，因此，蘇軍的進攻逐漸艱難起來。第95團的進展更小，直到天黑甚至還沒有突入日軍在黑色高地的陣地。

最激烈的戰鬥還是發生在張鼓峰東南方向。步兵第119團在獨立坦克第40營的支援下再次對52高地發起進攻，T-26坦克克服崎嶇的地形開到日軍陣地前，冒著猛烈的砲火對日軍工事抵近射擊，猛烈的坦克砲火將

日軍的各前沿陣地的胸牆打成鋸齒狀。然而深受軍國主義思想影響的日本士兵卻表現出了狂熱的戰鬥精神，在如此猛烈的砲火下，仍然與突入陣地的蘇軍展開了激烈的戰鬥，蘇軍一度控制了52高地上的大部分陣地，但平原靜夫少佐把手頭所有可以動用的力量全部投入反擊，又奪回了部分陣地。由於和步兵缺乏配合，蘇聯坦克也在日軍反擊中受到一定損失。此後，雙方在52高地激戰直至深夜，蘇軍始終未能把守軍消滅或從高地上趕走，但119團的奮戰牽制了52高地的日軍，使得其他部隊能夠順利地直接對張鼓峰主峰發起進攻。

獨立機械化第2旅旅長潘菲洛夫上校指揮著該旅第2坦克營一馬當先，向張鼓峰頂衝去，T-26坦克群沿著52高地以北兩條狹窄的通道艱難前進，由於日軍缺乏重武器，只有為數不多的幾門反坦克砲能威脅一下蘇軍坦克，反而是崎嶇多石的山坡以及不斷出現的機械故障給潘菲洛夫上校帶來更大的困擾。緊跟在後面的是步兵第118團和120團，其中第118團及配屬的獨立偵察營受命直接攻擊主峰陣地，第120團則攻擊東南坡，以切斷張鼓峰與52高地之間的聯繫，並迂迴主峰陣地。蘇軍士氣高昂，第118團黨委書記馬什利亞科中尉高舉團旗，緊跟在坦克後面，引導部隊奮勇向前。18時左右，蘇軍坦克突破日軍警戒陣地，一鼓作氣衝上山頂，突入守軍陣地，不過這時蘇軍坦克數量已經下降到個位數了。日軍不甘示弱，以猛烈的火力反擊，但蘇軍佔有明顯的優勢，步兵很快也衝入日軍陣地，與守軍展開肉搏，雙方先是拼刺刀，後來連石塊和手榴彈也用上

缺乏反坦克武器的日軍只能用「肉彈」來對坦克進行爆破。

連日激戰

第一天戰鬥結束後，蘇日雙方盤點戰果，都感到很不滿意。蘇軍在絕對優勢的兵力和火力下，居然沒能攻佔任何一個重要的高地；日軍方面，這一天的人員損失以及蘇軍火力的猛烈程度都讓尾高、北野以及中村感到震驚。於是

了。激烈的戰鬥一直持續至22時30分，其間雙方反覆衝鋒肉搏，均傷亡慘重，蘇軍控制了峰頂的大部分陣地。此時日軍南防守區指揮官佐藤幸德急調75聯隊第1大隊增援，並指定新任的第1大隊長一本義郎少佐(原75聯隊附)指揮峰頂的所有部隊。午夜時分，75聯隊第1大隊在一本義郎的率領下再次祭出夜襲的「法寶」，激戰一天後的蘇軍又困又累，猝不及防之下陷入混戰，幾乎有被趕入哈桑湖的危險。這時，第40師的政委伊萬琴科和政治部主任波盧什金集中起所有的預備隊，並親自率領發動反擊，才穩住陣腳。混戰之後，蘇軍被趕出白天佔領的大部分陣地，與對手形成對峙。

峰頂激戰的同時，第120團也對東南坡的日軍展開進攻，但這裏的正面實在太窄，無法展開太多兵力，雖然守軍只有1個中隊，但蘇軍的進攻卻並不順利。佐藤在向峰頂派出援軍的時候，也向這裏派出了75聯隊的第2大隊，與蘇軍第120團也打成了僵持。

雙方都利用夜晚調整部署，準備迎接第二天註定會到來的更殘酷的戰鬥。

施特恩總結第一天戰鬥後決定，第二天改變主攻方向，集中兵力先消滅52高地和張鼓峰南坡的敵人，掃清後方之後再全力攻擊張鼓峰頂，具體部署是：步兵第119團在獨立坦克第40營支援下強攻52高地，步兵第120團則派出2個連在獨立機械化第2旅第2坦克營支援下攻擊張鼓峰東南坡；在北面，則繼續向沙草峰和黑色高地展開進攻。經過第一天的戰鬥，日軍也意識到南面才是蘇軍主攻的方向，於是把北防守區的預備隊——73聯隊第1大隊調撥給佐藤，佐藤也調整了自己的部署：以75聯隊第3大隊主力防守52高地，該大隊第9中隊防守張鼓峰東南坡，保證52高地與張鼓峰主峰的聯繫；75聯隊第1大隊配屬第2大隊第6中隊防守張鼓峰主峰陣地；在第一天戰鬥中損失較大的75聯隊第2大隊主力調往後方休整；73聯隊第1大隊作為預備隊。北防守區方向，則仍然以76聯隊第1大隊防守沙草峰，73聯隊第2大隊

防守黑色高地，76聯隊第3大隊作為預備隊。

8月7日，蘇軍的轟炸和砲擊從早上開始就沒有停歇，與前一天不同的是，這次轟炸的目標集中在52高地和張鼓峰東南坡的日軍陣地上。有了此前幾次進攻的經驗和教訓，蘇軍的進攻謹慎得多：首先進行了一上午轟炸和砲擊，11時左右，攻擊部隊在坦克掩護下完成集結並做好攻擊準備。13時30分開始，蘇軍在整整1個小時的砲火準備後，坦克引導步兵發起衝鋒。這一次蘇軍的協同明顯比前幾天要好得多，在步兵掩護

■ 蘇軍BT-2坦克。

■ 蘇軍BT-7坦克。

下，坦克群很快突入52高地守軍陣地，碾壓日軍工事，並用火砲和機槍摧毀日軍火力點和砲兵陣地。守軍指揮官平原靜夫見蘇軍坦克威脅太大，便以僅有的2門速射砲對蘇軍坦克進行近距離射擊，同時組織敢死隊進行「肉彈」爆破。然而在蜂擁而上的蘇軍坦克和步兵面前，這些措施無異於杯水車薪，雖然也摧毀了幾輛坦克，但2門速射砲很快被摧毀，敢死隊更是紛紛倒在坦克和步兵的槍口下，日軍反擊的預備隊也很快被擊敗，平原靜夫受傷，他手下的中隊長非傷即死，52高地大部易手。佐藤急調預備隊增援，73聯隊第1大隊長小島三郎少佐率部舉行簡短的出擊儀式，按軍人敕諭中的「忠節」表達了必死報國的決心後急速向52高地進發。

73聯隊第1大隊衝上52高地時，防禦陣地已經幾乎被全部摧毀，蘇軍正在肅清負隅頑抗的殘存日軍。經過一番苦戰，日軍增援部隊勉強在52高地上站住腳，保住了一點立足之地。52高地的守軍第3大隊當天戰死74名，戰傷85名。第3大隊長、第10中隊長、重機槍中隊長全都戰死或負傷，速射砲2門、步兵砲2門被擊毀。

在東南坡上，日軍75聯隊第9中隊在前一天戰鬥中已經損失不小，陣地也多處被毀，加上地形沒有52高地那麼有利，面對十餘輛坦克和2個連的蘇軍，處境極其艱難。戰至下午，該中隊戰死40名，負傷31名，中隊長重傷，殘部為避免全軍覆沒，放棄陣地突圍而出，撤往後方。這樣，蘇軍後方的「釘子」被拔除，為進一步全力進攻峰頂做好了準備。

這一天，蘇軍第118團和獨立偵察營一起對峰頂的日軍進行了牽制性攻擊，日軍75聯隊第2大隊在前一天晚上的混戰中傷亡較大，戰死53名，戰傷90名，第6中隊尚存9人、第2重機槍中隊尚存12人（8挺機槍全毀）、聯隊砲兵中隊尚存19人（砲已全部被擊毀）。即便是面對蘇軍的牽制性攻擊也有點力不從心的感覺，因此7日上午森本把最後的預備隊——76聯隊第1大隊也派上了戰場，加強峰頂的防守力量。經過整個白天的小規模試探，午夜時分，獨立偵察營也「抄襲」了一下日軍的戰法，在一陣短促的火力準備後發動突襲，只不過夜襲對軍隊的素質要求較高，剛經過「大清洗」的蘇軍顯然不太勝任，進攻沒能取得預想的戰果。這一天75聯隊戰死140名，戰傷180名，生死不明

■ 經過血戰蘇軍終於在8月10日晚奪取了張鼓峰頂陣地。

者5名。

8月8日，戰鬥進入白熱化。蘇軍在掃除後顧之憂後，全力對張鼓峰頂發起總攻，同時步兵第32師也在沙草峰方向展開猛烈進攻。尾高的援軍也在這一天到達，包括8門75毫米野砲、2門150毫米重砲、第38旅團司令部以及步兵第74聯隊。得到新鮮血液補充的尾高也決定發動進攻，他首先把目標定在直接威脅張鼓峰頂的蘇軍第118團身上，企圖以新到的74聯隊第1大隊為主，配合高地上的守軍展開反擊，以擊退或消滅近在咫尺的敵人。

兩個對手要硬碰硬的正面交手了。天剛拂曉，蘇軍砲兵開始了幾乎是每天例行的砲轟，火力準備之後，在坦克掩護下，第118團團長索利諾夫少校和獨立偵察營政委波扎爾斯基率部發起衝鋒。這時日軍增援部隊還沒到達，峰頂守軍名義上有2個大隊，實際上由於連日苦戰，人員和裝備損失都比較嚴重，蘇軍得以順利突入陣地。不過殺紅了眼的日軍瘋狂抵抗，讓蘇軍的每一寸進展都非常困難，「大清洗」的惡果表露無遺，雖然擁有人員和火力上的優勢，但卻始終無法充分利用。經過反覆衝鋒和爭奪，第118團仍然只突破了外圍陣地，戰況再次陷入僵持。中午時分，蘇軍再次發動進攻，已經喪失了銳氣的部隊仍然沒能取得多大進展，峰頂近在眼前，卻又遙不可及。下午，日軍增援部隊陸續趕到，無疑為守軍帶來了一根救命稻草，佐藤開始謀劃反擊。從下午到晚上，日軍以新到的部隊為主，向佔據外圍陣地的蘇軍展開猛烈反撲。第118團團長和獨立營政委戰鬥在第一線，以自己的模範

行動鼓舞戰士同敵人作戰，兩人在下午的戰鬥中雙雙負傷，但均堅持不下火線。戰鬥直到入夜才暫時告一段落，而波扎爾斯基在最後一次反衝鋒中戰死。

尾高視察前線後，認為必須恢復原75聯隊第9中隊在張鼓峰東南坡上失去的陣地，這樣才能使52高地與張鼓峰山頂形成有機聯繫。森本接受命令後，指定第76聯隊長大城戶三治大佐（原任駐華武官）率北防守區預備隊的該部第3大隊及新來的74聯隊一部，對該處蘇軍實施急襲。日軍當天夜間23時的急襲，蘇軍抵抗異常激烈，一直戰鬥到第二天9日的天明，日軍也未取得任何進展。

這一天，其他方向的戰鬥也在激烈進行。蘇軍第119團一直試圖肅清52高地上的日軍，但始終未能如願。步兵第32師也對沙草峰發動了幾次攻擊，其中第96團以主力在北面和東面佯攻，一部兵力則從沙草峰東側、哈桑湖邊的沼澤地上繞了過去，試圖迂迴沙草峰守軍的後方，並切斷他們與其他各部分的聯繫。然而，日軍及時發現了蘇軍的企圖，在沙草峰東南方的一個高地附近攔住了迂迴部隊。經過全天苦戰，蘇軍只取得了有限的成果，卻付出了不小的傷亡。不過連續兩天激戰下來，日軍傷亡同樣慘重，由於兵力和火力都居於劣勢，日軍傷亡對戰鬥力造成的影響比蘇軍更大。當天晚上，中村決定把第19師團留在後方的最後一支部隊——第73聯隊第3大隊也調往前線。

8月9日，蘇軍一如既往繼續猛攻，人數銳減的守軍苦苦支撐。由大城戶三治所率的攻擊隊仍在瘋狂攻擊張鼓峰南坡陣地，據施特恩描述：「扎奧澤爾納亞高地不斷遭到

日軍大砲、迫擊砲和擲彈筒的射擊，他們發起了幾次衝鋒……在扎奧澤爾納亞高地上連腦袋都抬不起來……我們的同志明白，他們應當不顧一切的保證高地不被攻破。」但經過8日夜晚和9日白天一天一夜的激戰，日軍始終未能攻佔張鼓峰南坡陣地。雖然蘇軍這一天的戰鬥仍然沒能取得多大成果，但卻進一步削弱了日軍的力量。由於不斷的向52高地、張鼓峰南坡、張鼓峰山頂、沙草峰這4個無底洞投入部隊，日軍凡經過兩次作戰的大隊，人數都減少一半，有的一半還多。如75聯隊的第1大隊，共參加3次作戰（第一次主攻張鼓峰，第二次支援52高地，第三次支援張鼓峰），到了8月7日，這個大隊僅剩30人，有的中隊僅剩9人。從8月6日開始，19師團平均每日傷亡約為200人。面對這一嚴重的傷亡情況，尾高也異常驚恐，開始考慮怎麼收場。

　　8月10日，蘇軍繼續進攻。第118團終於來到峰頂邊緣，不過要衝上峰頂，還需要一天的血戰和數以百計的傷亡。入夜時分，傷亡慘重的日軍終於支撐不住，峰頂陣地的一部分被蘇軍佔領。第118團雖然同樣傷亡慘重，但在獨立偵察營和第120團的增援下，牢牢守住了這一塊陣地。

　　當日，第19師團最後的預備隊——第74聯隊（欠第1大隊）也被投入戰場，交由森本指揮。到這一天，日軍第75聯隊的軍官僅剩3人，有的中隊只剩下10人，其他各部也強不了多少。而8月上旬，琿春河流域遭受1914年以來最大的洪水，河上的兩座鋼筋水泥大橋均被衝垮，公路交通陷入混亂。鐵路因為蘇軍的轟炸而困難重重，公路運輸又

■ 嚴陣以待的蘇軍。

陷入癱瘓，這就使第19師團後援甚至補給都陷入困境。

　　就在張鼓峰激戰的幾天裏，蘇軍右翼第39師佔領了張鼓峰以北的水流峰，從這裏可以對日軍後方的慶興等交通樞紐進行砲轟，還可以直接威脅到琿春。

　　由於蘇軍已佔據了張鼓峰主峰陣地，使蘇軍不僅由南北兩條陸地通路到達張鼓峰，還能利用舟艇橫渡哈桑湖，從東面(正面)向張鼓峰運送部隊、裝備和物資，並利用這一制高點指示其砲群準確轟擊，因此整個戰局開始向完全不利於日軍方面發展。

　　此時，驕橫詭譎的尾高面對這一嚴峻現實，再不敢跋扈逞能了，而是急切希望通過外交途徑解決困境。他以其參謀長中村美明的名義向朝鮮軍參謀長北野發出電報，首先

歷述兵力驟減的險境，接著率直提出「目前本師團的作戰能力已到了最後的極限」，第一線部隊下一步僅能作最後的抵抗，因此希望通過外交途徑，進行停戰。

日本參謀本部從9日開始，也意識到19師團已處於危機之中，便從留守的第20師團、在朝鮮的在鄉軍人、國內的補充兵員中抽調近5000人用來補充19師團，這些人員在12日前後陸續到達前線。

重回談判

其實日方提出談判的時間倒比較早，8月4日，蘇軍還沒有開始大規模進攻之前，日本就向蘇聯提出談判。但日本人的用意無非就是想通過談判來爭取時間鞏固第19師團

取得的「戰果」，甚至爭取蘇聯承認這個既成事實。這一套把戲他們在中國玩了多次，屢試不爽，不過這一次卻碰了個大大的釘子。蘇聯的態度非常強硬：談判可以，但是邊境線必須按照我的方案。這與日方的願望差了十萬八千里，自然也談不到一起去，只不過大家都不願扯破臉皮，因此談判才名存實亡地繼續著。

隨著蘇軍對前線日軍的壓力逐漸增大，日方也逐漸有了一些不安的心理。一直在前線的朝鮮軍參謀長北野在給上級的報告中提出了自己的看法：目前這種「專守防禦」的狀態是最糟糕的解決方案，因為「（敵）依靠轟炸及遠射程砲擊，企圖使本身不受損失，逐次消耗我戰力，最後一舉全力奪回張鼓峰果真如此，則我軍在限定戰面

■（左）嚴密監視日軍動向。（右）飽經戰火洗禮的勝利旗幟插上陣地。

內，戰術及地形上又無運用兵力之良策。同時，在使第一線攻擊前進時，推進山砲、壓制敵砲兵，即須越境。」他的意見是，要麼就把衝突擴大，與蘇聯打一場局部戰爭；要麼就乾脆撤出張鼓峰，避免陷入消耗。

日軍大本營考慮了局勢的發展，由於武漢會戰當時正在進行中，各種後勤物資供應都要優先提供給華中方向，因此，對在中國東北再打一場戰爭實在是有心無力。根據測算，當時對蘇大打出手，彈藥的保有量不足15個師團一次會戰之用，蘇聯又不是中國，不可能憑兩三個師團就能如入無人之境。這種情況下，北野的第一方案顯然不可能實施。於是，日軍大本營8月5日發佈第172號大陸命，批准了關於朝鮮軍撤回原駐地的命令，並派遣橋本群第一部長前往現地，負責傳達。命令原文如下：一.朝鮮軍司令官應將佔據張鼓峰、沙草峰附近之兵力，伺機向圖們江右岸地區集結，然後適時返回原駐地。對軍正面之「滿」蘇國境應嚴加警戒。二.詳細事項，由參謀總長指示。

不過日軍大本營中的一批少壯派軍官並不認可這道命令，他們那被燒昏了的頭腦裏面還在夢想著又一個「九一八」在蘇聯出現，再不濟也應該把張鼓峰變成第二個乾岔子島。他們認為，這道命令會「使人感到精銳的第19師團是打了敗仗，給與敵方過敏反應，乃至對日蘇今後的政局和國際均有極大影響」，因此主張「此項傳達不能輕易決定」。橋本群就是這群人中的一個，因此他雖然到了前線，卻絕口不提大本營的命令，反而極力鼓動尾高繼續與蘇軍作戰。

8月6日，蘇軍開始大規模進攻之後，前線局勢一日緊似一日，但日軍大本營內的少壯派軍官卻堅持己見，幻想尾高還能挫敗蘇軍的進攻，為談判打下良好的基礎，因此，對第19師團的增兵要求一再滿足。甚至到8月10日局勢極為不妙的時候，還命令在大連附近的第104師團向琿春方向前進，以增援第19師團；充斥著狂熱軍國主義分子的關東軍與大本營的這些少壯派軍官自然是沆瀣一氣，對於尾高的請求無一一滿足，同時還對8個師團進行了作戰準備和調遣，向琿春方向集結以「聲援」在張鼓峰作戰的日軍，甚至還幻想趁此機會對蘇開戰。不過戰況的發展和現實條件的限制使他們這些瘋狂的念頭最終破產，日本政府不得不開始認真考慮通過談判解決問題。

隨著前線局面一天天不利於日軍，日本政府越來越惶恐，反過來擔心蘇聯借機擴大衝突，牽制日軍，從而支援正在進行武漢會戰的中國軍隊。好在史達林很清楚，蘇聯最主要的目標和最主要的威脅都在西面，財力物力人力都應該用在這個方向上，遠東並不是關鍵戰場，不會影響到蘇聯的根本利益。在這個方向上，只要把日本好好教訓一頓，讓它老實一點就行了，因此也隨時準備在對自己有利的情況下通過談判解決問題。

8月10日，視察張鼓峰戰場的日軍大本營高級參謀寺田雅雄大佐回到東京以後，根據戰場的不利態勢及慘烈狀況向多田駿參謀次長等強烈提出：晚撤退，只會招致無意義傷亡。頭腦發熱的少壯派軍官終於不得不面對現實，日本政府也終於放下了一直端著的架子，授權重光葵與蘇聯簽訂停戰協定。李維諾夫提出了三點建議：

一.雙方軍隊應於當地時間11日正午12時停止軍事行動,雙方維持11日12時佔有的控制線;

二.組織聯合委員會勘定界線,蘇聯派出代表兩名,日「滿」各派代表一名;

三.雙方界線應以中俄兩國於1886年所簽訂的琿春界約及附圖為依據。

日方急於停戰,蘇方也無意為難,雙方很快以李維諾夫的建議為基礎達成協議,並於8月10日夜24時在莫斯科簽字。

11日上午10時,蘇軍接到自12時起停火的命令,11時15分,火砲退彈完畢。但由於日軍前線部隊遲遲未接到停火的命令,日軍火砲這時仍在射擊。於是第39步兵軍命令,從11時45分起,集中70門火砲對敵陣地實施5分鐘的火砲急襲,蘇軍以空前未有的猛烈火力進行了砲擊,按照前線士兵的描述,「火砲的轟隆聲連成了一片,很難辨別出單發砲彈的聲音了。」11時55分,宣佈停戰的第179號大陸命終於傳達到日軍一線各部:應自現在起,停止與蘇軍在張鼓峰、沙草峰方面之戰鬥行動。與之同時傳達的,還有早在6天前就已發佈的第172號大陸命。8月11日中午12時,施特恩軍長報告說:「扎奧焦爾納亞地段前線的軍事行動已告結束。」

當天20時,召開了第一次現場停戰談判會議。第二天即12日,召開了第二次會議,13日又召開了第三次會議。在這幾次會議中,雙方就交換俘虜、戰死者屍體等事項進行談判,並決定雙方從在張鼓峰的陣地上各自向後撤退80公尺,以脫離接觸。13日傍晚,雙方在張鼓峰東南部山邊交換了屍體和俘虜,持續十餘天的張鼓峰衝突終於告一段落。

總結與評價

張鼓峰衝突是蘇聯和日本之間第一次大規

■ 偽滿軍也參加了戰鬥,但沒有確切的傷亡數字。

■ 蘇軍繳獲的日軍裝甲車。

模武裝衝突，也是一場雙方都覺得「意外」的衝突。蘇聯方面自不待言，甚至日軍大本營和日本政府事先都完全沒有料到衝突會發展到如此規模，擅自獨斷專行的日軍前線指揮官不但打了蘇聯一個措手不及，同樣也打了本國政府和大本營一個措手不及。8月10日英國《泰晤士報》的評論認為，事件是由於當地日軍的功名思想，以及受國內政治鬥爭刺激的遠東蘇軍的虛張聲勢造成的。

在這次衝突中，雙方都遭受了沉重的損失。偽滿洲國1939年出版的《滿洲年鑒》記載：張鼓峰戰鬥中，日軍死亡158名(其中軍官8名)，受傷740名(其中軍官17名)，傷亡共898名。而據林三郎《關東軍和蘇聯遠東軍》記載，第19師團各部隊傷亡總數為1440人，其中死亡526人。防守張鼓峰的主力第75聯隊傷亡尤其慘重，共有241人戰死、467人受傷，整個聯隊戰鬥減員近50%，日軍一向有縮小傷亡數字的傳統，該數字僅僅是19師團的傷亡數字（未計入配屬部隊），其真實性也需要進一步的證實，偽滿軍也參加了戰鬥，但其傷亡數字則一直沒有確切的數字。蘇軍的損失可能比日軍更加慘重，蘇聯方面在很長時間裏都沒有公佈這次衝突的傷亡情況，日軍在衝突結束後宣稱蘇軍損失達4500人，此外還有96輛坦克、18門火砲和29挺機槍被擊毀或繳獲。根據蘇聯內部戰鬥報告，在這次衝突中犧牲408人，負傷2807人；而二戰之後的研究表明，蘇軍的損失大於自己的在報告中統計的數字，但少於日軍宣稱的戰果，共有717人戰死、75人失蹤、傷2752人，病527人，總計減員4071人。坦克的損失數量則遠遠少於日軍宣稱的戰果，共有17輛坦克被擊毀，76

輛坦克被擊傷。

在佔有絕對的兵力、火力優勢情況下，蘇軍的損失居然超過日軍損失的兩倍，史達林對這一結果極為不滿。對蘇軍來說，損失如此之大的原因有很多，首先無疑是地形：張鼓峰地區特殊的地理環境使防守方佔有很大的優勢，進攻方沒有選擇攻擊點的餘地，只能沿著僅有的兩條路線展開攻勢，這就喪失了進攻方的優勢；而蘇軍優勢兵力在狹窄的地形上也根本無法展開，只能逐次投入戰鬥，也就無法對日軍形成足夠的壓力；由於進攻地帶遍佈沼澤和崎嶇的山路，蘇軍佔有壓倒優勢的裝甲部隊也無從發揮突擊的威力，只能作為步兵的支援武器，當作移動火力點使用；張鼓峰地區由於靠近日本海，加上四面環水，濕度很大，經常大霧彌漫，使蘇軍優勢的砲兵和轟炸機都沒有辦法完全發揮威力。除了這些自然條件之外，另一個重要的因素就是「大清洗」，蘇軍缺乏稱職指揮員的弊病在戰鬥中表露無疑，戰鬥中步兵、砲兵和坦克之間的協同組織較差，對日軍防線沒有採取集中兵力和火力逐個拔除的戰術，而是大範圍平均使用兵力和火力，即使是步兵分隊的戰術動作也不太熟練，很多時候完全靠士兵的勇敢和人數上的優勢才能完成預定任務。同樣是防守張鼓峰頂，在7月31日凌晨戰鬥中，1個加強連的蘇軍面對1個大隊（相當於營）的日軍僅僅堅持了不到4個小時；而8月6日夜間蘇軍攻佔峰頂後，1個加強營的兵力面對日軍1個大隊，卻幾乎被趕到哈桑湖中去；與此對應的是8月7日至10日的戰鬥中，日軍防守峰頂的兵力最多時也沒有超過2個大隊，卻擊退了蘇軍1個團以上兵力的反覆進攻。雙方軍隊的戰術素養差異在這一仗中體現無遺。

8月31日，蘇軍總軍事委員會在莫斯科召開會議，對張鼓峰事件進行總結。得出了如下結論：「1.哈桑湖戰鬥行動不僅是對直接參戰部隊，而且也是對遠東方面軍所有部隊動員能力和戰鬥準備程度的一次全面檢查；2.這次事件暴露出遠東方面軍存在的極大不足暴露出遠東戰區對戰爭的準備不夠。正是這些令人不能容忍的問題，是我軍在這場規模相對不大的衝突中犧牲408人，負傷2807人。[註6]這是當時的統計數據，與最新統計資料有一定的差距……」既然遠東戰區存在如此之多的問題，當然就要追查原因。史達林和梅赫利斯自然不會承認是「大清洗」造成了如此後果，早就被列在清洗名單上的布柳赫爾元帥首當其衝成為替罪羊。會後，元帥被解除了遠東方面軍司令職務，[註7]布柳赫爾不久後就被以「日本間諜」的罪名被捕，同年11月死在莫斯科。方面軍也隨之解散，取而代之的是2個特別集團軍，分別負責濱海地區和哈巴羅夫斯克地區防務。[註8]位於哈巴羅夫斯克地區的是紅旗遠東獨立第1集團軍，司令員就是指揮張鼓峰戰鬥的施特恩；位於濱海地區的紅旗遠東獨立第2集團軍司令則是科涅夫，他後來成為蘇聯元帥。儘管找到替罪羊，但史達林心裏還是很清楚真正的問題所在，9月，梅赫利斯專程趕到遠東參加第1集團軍黨代會，並作了報告。報告中說：「要穩定指揮人員和政治委員的情緒，要使每個連、營、團的指揮人員放心，讓他們毫無顧慮地進行工作。」從1938年最後幾個月開始，遠東的「大清洗」有所緩和，使部隊有更多的時間和精力用於訓練，從濱海地區到赤塔的蘇軍戰鬥力都有了一定提高，這也就為一年以後的諾門坎之戰的勝利打好了基

礎。

張鼓峰事件之後，日軍也對此進行了研究和總結，對蘇軍以火力為主體，優勢的步砲兵協同作戰，得出了許多教訓。但由於蘇軍在這一仗表現出來的戰術素養差、作戰能力弱，日軍很多人認為這一次戰鬥蘇軍完全是靠兵力和火力的優勢才獲得成功。這些人認為，如果在一個更適於運用大部隊的地方，日方投入更多兵力並做好更充分的準備進行交戰的話，就可以擊敗蘇軍。這種狂妄的思想在關東軍中間尤其有市場，於是，從張鼓峰衝突結束的那一刻起，就有人開始謀劃下一次更大規模的衝突。對於一手挑起張鼓峰事件的尾高龜藏，按說無論哪個國家對這種公然違反上級命令擅自行動，造成無法收拾的局面後又靦著臉找上級幫忙解決的軍人都會嚴懲不貸，但日本軍隊就是這麼與眾不同。作為直接責任人的尾高龜藏不但沒有受到任何處分，同年11月還被調往中國華北，擔任新成立的第12軍首任司令官；死守張鼓峰的第75聯隊長佐藤幸德也步步高升，最後擔任第31師團長。[註9]此公在1944年的英帕爾戰役（緬甸戰場）中再次發揮了不聽指揮

■ 大清洗的惡果在張鼓峰一戰中暴露無遺。

擅自行動的「傳統」，不顧友鄰部隊直接撤退，結果這次就沒那麼好的運氣了，他很快被送上軍事法庭，並於9月被槍決。

衝突結束之後，蘇日雙方在談判桌上繼續較量，但卻始終沒有多少進展。精疲力盡的日軍按照停戰協議從前線撤退，蘇軍則趁機進佔，從而在事實上控制了自己想要控制的地段。日軍為避免蘇軍的進一步滲透，也為了便於防守，乾脆將水流峰以南的圖們江東岸劃為軍事禁區，把這一區域內的居民全部強行遷走。

對於這次日俄戰爭之後的第一次大規模衝突，蘇聯方面在公開宣傳上把它表述為一次「光榮的勝利」，宣稱「蘇聯軍隊再次顯示了自己的威力和遠東邊境的不可摧毀性」，並為此頒發了大量勳章。雖然從戰後結果來看，蘇聯佔領了此前一直想要佔領的地段，似乎確實取得了勝利，但在內部，史達林顯然對這一結果並不滿意。應該說在這次衝突中蘇聯只是獲得了一場「慘勝」：日軍在戰術上完成了守住高地的任務，但在戰略上使自己陷入空前困難的境地；蘇軍首先在戰略上孤立了戰場上的日軍，然後通過一系列戰術失利成功消耗了日軍大量有生力量，並最終迫使對手放棄了這些防禦陣地。

這次戰鬥的規模雖然並不太大，但卻影響深遠：蘇軍開始採取一些切實有效的措施改進自己的軍事工作，日軍則進一步低估了蘇軍戰鬥力。可以說，張鼓峰衝突揭開了諾門坎衝突的序幕。

度，中國軍隊則分路進入叢林，分別向西、東北方向撤入印度、中國，在進入雨季、完全斷絕給養的情況下，由於饑餓和疾病的侵襲，在危機四伏的緬北胡康河谷一帶棄屍累累，直到三個月之後，才在美軍空中補給的援助下勉強完成了他們的「轉進」。然而這時，十萬中國遠征軍僅餘4萬，全部九個師的部隊中，只有孫立人的新38師作戰堅決，行動果敢，迅速衝破日軍的追堵退入印度，主力得以保全，而其他部隊均已殘破不堪，只剩了些骨瘦如柴的病兵，作戰的能力基本喪失，昔日鐵血崑崙關（位於桂南）的「軍中驕子」第200師也損失殆盡，年盛有為的師長戴安瀾捐軀異國。

緬甸的陷落固然使英帝國損失了一片殖民地，並被迫把防禦線後退到了印度，但顯然大不列顛沒有遭到不可承受的打擊，它的東南亞戰略重點是棄緬保印。真正感到受到重創，並由此引發一系列危機的，是中華民國政府。滇緬路被截斷，國際援華物資長河斷流了；遠征禦辱不但沒有禦敵於國門之外，日軍反而從另一個方向打了進來，形成對中國的兩面夾擊之勢，重慶頓覺芒刺在背，左支右絀。　依靠了怒江邊一小群非正規軍的亡命阻擊，戰略預備隊的迅速西進反攻，以及「飛虎隊」的空中攻擊和支援，戰線才在怒江前線得以穩固，國民政府

血戰松山
——「東方直布羅陀」的累累白骨

官方偽造別國貨幣的歷史

1942年5月，中、英聯軍在保衛緬甸的戰鬥中被日軍擊敗，兩國本來就互不信任的短暫聯盟就此瓦解。英軍向西沿公路逃進印

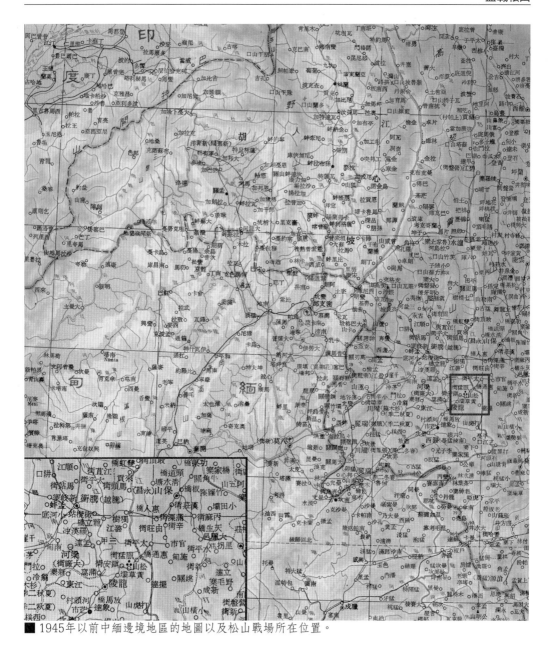

■ 1945年以前中緬邊境地區的地圖以及松山戰場所在位置。

慶幸之餘，也開始進入自抗戰開始以來最窘迫的時期。不得已而為之的歷時3年多、犧牲慘重的「駝峰航線」即是這個時期的有力佐證。為了使陷入危機的重慶政府能夠有信心堅持下去，美國政府不惜以損失飛機468架，飛行員1579人的代價，進行了歷史上最為瘋狂也最為無奈的戰略空運。

儘管從印度經西藏直至昆明、成都的航線沿途落滿了飛機殘骸與碎片，中國戰場漫長戰線的消耗還是使各種物資嚴重短缺，從

■ 歷經20萬人的艱苦努力，滇緬公路於1938年8月底通車。

■ 群山萬壑上的「駝峰飛行」。

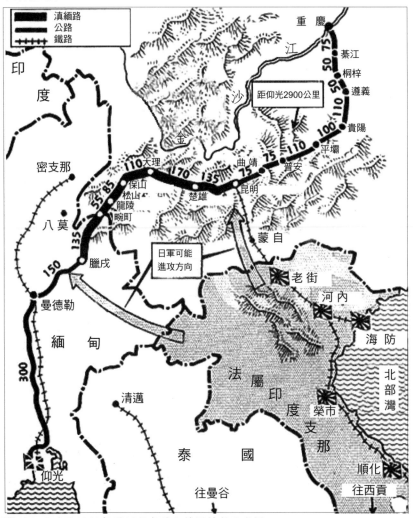

■ 滇緬公路及1941年到1942年滇緬地區情勢示意圖。

砲彈到白糖，從汽車到火柴，中國政府治下的工業基礎完全不能給本國的戰爭行為提供基本的物質保證。以致從上次中、英聯軍戰敗後到1944年初，國軍沒有進行過任何積極的進攻作戰，況且在蔣介石與史迪威關係持續惡化的影響下，戰況更形膠著。直到1944年初，中國政府才決定要在怒江一線向雲南西部盤踞的日軍進攻。

■ 新38師師長孫立人。

在這之前大約半年，新38師已經在史迪威的直接指揮下從印度雷多（Ledo）向緬甸北部攻擊前進，在胡康河谷（野人山）將日軍曾經戰無不勝的第18師團（師團長田中新一）打成殘軍。國軍即將從怒江東岸開始的進攻，目的之一就是和中國駐印軍會師緬北；之二是應英軍的請求，從日軍後方發動進攻進行牽制，其時日軍正在向印緬邊境的因帕爾（Imphal）大舉進犯，企圖奪佔印度——這顆英國女王「王冠上的寶石」。

小戰場與大戰略

1944年5月11日，蝟集於怒江東岸的中國軍隊開始渡江。從南到北，再次組建的中國遠征軍的渡江地段長達百餘公里，草黃色軍裝擠滿江岸，在江水震耳欲聾的濤聲中，美國援助的橡皮艇紛紛被放入亂石縱橫的江面，滿載人員和物資，緩慢地順著水流斜斜地向對岸漂去。士兵身後高峻的大山上，從月亮田一直往下到江邊，公路沿線佈置了砲10團、砲7團和重迫擊砲第2團的百門以上的大砲和迫擊砲，山腰上到處架著重機槍和戰防砲，嚴密監視著日軍的動向。過了江的士兵仰著面向峽谷的上方拼命攀登。由於怒江峽谷山高水急，落差極大，全長千多公里的整個峽谷基本上直上直下，是防守的絕佳地形。日軍就躲在高高的峽谷上方的山頭上、褶皺裏，居高臨下，以逸待勞，準備給中國軍隊以重擊。

中國遠征軍由第11和第20兩個集團軍組成，第11集團軍為左翼，司令宋希濂，轄第2軍、71軍、6軍和重組的第5軍第200師，主攻龍陵方向，從打黑渡、惠通橋地段（均在今施甸縣境）向西發展；第20集團軍為右翼，司令霍揆彰，轄第53、54兩軍，目標為高黎貢山至滇西名城騰衝。兩個集團軍都歸遠征軍代司令長官衛立煌指揮（1944年7月20日實任），遠征軍總司令部直轄第8軍，作為戰役預備隊，另有重砲第10團、第7團、重迫擊砲第2團和「飛虎隊」進行強大的戰場支援。重砲第10團成立於1937年，是當時中國最現代化的一支砲兵部隊，也是中國第一支全機械化重砲部隊，裝備24門德制32倍口徑150mm重榴彈砲，一切運動、指揮、觀測均以汽車牽引。該團裝備的重型野戰榴彈砲，具有當時國際一流的先進水準，與當年德國國防軍裝備的30倍口徑的sFH18重榴彈砲屬同一血緣。

怒江水激浪橫，巨石堆疊，濤聲迴蕩，震耳欲聾。舟艇工兵在戰區外緣的大理洱海

■ 時任遠征軍代司令長官的衛立煌在前線研究敵情。

訓練充分，整個渡江行動十分成功，除了一名士兵落水身亡，以及跟在筏子後泅渡的騾馬被浪捲走幾匹之外，沒有出現多少混亂和損失。小股日軍曾在對岸群山中進行騷擾，但力量單薄，一經反擊就退進莽莽叢林，消失得無影無蹤。遠征軍指揮部的自信膨脹起來，認為當面之敵不過兩三百人，派一個師包圍攻擊也算得上牛刀殺雞。這個任務交給了第71軍新28師。新28師更是輕敵，只動用了一個步兵團，企圖在第71軍山砲營支援下幾天之內全殲敵人。不料這個簡單任務竟是一塊難啃的硬骨頭，新28師反覆攻擊了近一個月，鮮有進展，第71軍軍長鍾彬不得不介入指揮，費盡九牛二虎之力，付出了1600餘人傷亡的代價，到6月7日，總算攻下了日軍竹子坡、臘猛街、陰登山幾個支撐點，就再也攻不動了，僅持在距渡江地點直線距離4000餘公尺的山頭上，至今都弄不清楚到底殲滅了多少敵人。當面敵軍的主力逐漸退

■ sFH18重榴彈砲：口徑150mm；身管長度4440mm；戰鬥重量5512公斤；砲口初速495公尺/秒；射程13250公尺；射速4發/分鐘。由於中國的要求，出口中國的重榴彈砲加到了32倍口徑，射程增加2000公尺左右。這些重砲曾經在幾次長沙保衛戰中立下赫赫戰功。

上松山，死死釘在西岸最高峰上，仍舊遮斷著滇緬公路。

松山在今龍陵縣境內，西距龍陵縣城50公里，主峰海拔2260公尺，和其它幾個山頭共同形成一個淺淺的高山小盆地，方圓不過10餘平方公里。盆地中是一個自然村，叫做大寨，原有數十戶人家，日軍盤踞了兩年，居民十亡八九。從大寨向東攀登約1000公尺就到了松山頂峰，山坡上古松繁茂，高與天齊，故名松山。在松山頂峰東向遠眺，透過密密層層的松枝荊棘，目光沿陡峭的重重山巒飛躍而下，就是深不見底的怒江峽谷，從北向南蜿蜒而來，又漸漸消逝在蒼茫的遠方，兩岸巨大的山體夾江對峙，也不知經歷了多少萬年。對面群山間沿直插到江中的「一」字形長坡盤旋而下的那條細絲，就是滇緬公路，它在東岸走完長達40公里的兩個「之」字形大彎，下到看不見的峽谷底部的惠通橋，過江以後又要再次走完兩個絲毫不比東岸遜色的「之」字，才能爬上西岸山脈的最高處，向西邊的龍陵、芒市、遮放、瑞麗延伸，最後出了國門，進入緬甸。松山就在滇緬公路在怒江西岸的最後一個大彎處，公路正好從山頂下面繞過。這是卡在滇緬公路上的一枚特製的「釘子」。

松山久攻不下，第11集團軍只好將大部兵力取道下游平戞，沿崎嶇小道繞過松山，迂迴對龍陵城進行包圍攻擊，與從邊境上的遮放、

芒市等戰略支撐據點火速來援的日軍第56師團（師團長松山祐三）主力迎頭相撞，雙方在龍陵周圍大山上鏖戰。日本砲兵用優勢砲火將四周中國軍隊的陣地轟成一片片焦土，然後由挺著刺刀的日本步兵衝上陣地和缺彈少糧的中國士兵反覆肉搏。遠征軍背後的松山始終像魚刺那樣卡住了運輸路線的咽喉，後勤供應被迫依賴於人扛馬馱的原始方式和險峻的山道。綿綿陰雨中，疾病和自然災害頻發，摔死、病亡的人和馬不絕於路，呻吟和哀號不絕於耳，躺在泥水中奄奄一息卻無力後送的傷員與日俱增。中國軍隊的重砲被阻於松山，後勤供應既不及時也不充分，彈藥糧秣的消耗補充困難，只能以血肉之軀承受慘重傷亡，富有進攻精神的第6軍新39師基本拼光，號稱「戰神」的師長洪行殉國，整個第71軍——這是一支久經戰陣的勁旅，從淞滬抗戰開始一直戰鬥到後來日本投降——只剩下一付架子。隨著敵人戰役預備隊的加入，日軍攻勢日趨猛烈，許多陣地反

■ 惠通橋位於今施甸與龍陵兩縣交界的怒江峽谷，山高坡陡、地勢險要，鋼索吊橋，橋以鋼纜嵌入兩端石壁懸吊而成。橋墩高30公尺，跨度123公尺，面寬5.6公尺，枯水期高出水面15公尺。

覆拉距之後得而復失，整個龍陵戰局甚至幾度有潰圍之勢，雖竭力維持仍險象環生，岌岌可危，無數遠征軍官兵的屍骨散落在山野田間，任淒風苦雨漚成腐土……必須打通滇緬公路松山段，徹底改善後勤運輸狀況，使砲兵和援軍儘快投入戰場。否則，一旦日軍衝破龍陵之圍，來自龍陵、芒市、遮放、畹町、密支那的日重兵突進至松山，居高臨下向無險可守的中國軍隊壓下來，當面中國軍隊的江防有頃刻間土崩瓦解的可能。由於補給線被切斷，龍陵城外的數萬中國大軍將重蹈1942年入緬遠征軍覆轍。這樣，圍攻騰衝守敵第148聯隊（屬第56師團）的中國第53、54軍腹背完全暴露，遠征軍將徹底失敗，甚至連怒江天險也將無兵可守，戰略後方大西南腹地將洞開，再一次引起各種連鎖反應……

在1944年夏秋的滇西戰場上，全局中最有分量的一顆棋子就是松山，雙方都清楚看到了這一點，一方死守不退，一方強攻不懈，最終釀成了一場曠日持久的浴血大戰。

嗜血的陷阱

第71軍新28師在松山、臘猛地域的狀況令遠征軍指揮部吃驚不小，衛立煌、宋希濂決心將正在擔任後方守備任務的第8軍拉上戰場，拿下松山。此時該軍兵力極其分散：下屬第103師在祥雲為「飛虎隊」的飛機站崗；第82師在怒江東岸佈防；榮譽第1師的第1、2團已經攻擊至松山敵後十多公里的鎮安街從而徹底切斷松山守敵的退路，而第3團卻還滯留在東岸百餘公里外的保山飛

■ 第11集團軍總司令宋希濂。

機場。整個軍拉了長達500公里的一條線。

7月1日，陸軍第8軍進入戰場。擺在第8軍面前的決不會是一條坦途。過惠通橋沿公路西進，隨著地勢越來越高，在第二個大拐彎處有一個不大的市集，叫做臘猛街（今雲南省龍陵縣臘猛鄉所在地），公路穿街而過，當地最早由傣族人民開發，臘猛是傣語「大象吼叫的地方」的意思，日軍文件中稱為拉孟，自1942年5月初淪陷直至1944年6月6日被新28師奪回，成為下一步進攻的重要前進基地。該地後面陡然一排緊密相連的山峰如同千丈城垣，滿山蒼翠，巨大無朋，高聳入雲，氣勢非凡，那就是松山，坡度幾達70度。公路再向北方盤旋一個10餘公里的大圈，繞回來已垂直上升了1000多公尺，從松山主峰下方兩百公尺左右通過，在主峰下回望臘猛，幾如沙盤，極目東望，覆蓋著滿眼蒼翠的戰場全貌盡收眼底。這些地方將被鮮血浸泡，即使許多年後依然陰風慘慘。

初上松山戰場的第8軍官兵風聞新28師的情況後議論紛紛：「新28師在松山被打垮了？要是早點讓我們上去，恐怕早就收復松山了。」甚至還有這樣說的：「新28師垮得好，不垮顯不出第8軍的強大。」

■第8軍主力通過惠通橋開赴松山前線。

衛立煌對第8軍的輕敵情緒非常擔心，輕敵剛剛使新28師吃了許多苦頭。衛立煌專門召見了何紹周軍長，向他傳達了蔣介石對松山之戰的關注，同時也想讓何紹周以清醒的頭腦去完成任務。衛立煌不無自責地說：「松山敵情是我們始料不及的，我們事先不明就裏，估計有誤，導致今日的被動。這個責任應由我本人來負。新28師是有功勞的，他們以極大的代價幫助長官部瞭解了敵情，使我們對敵人的陣地體系有了比較明確的認識。倘若不是新28師的艱苦奮戰，前一階段的代價恐怕會由第8軍的部隊付出的。你回去後立即進行部署，務求周密細緻，尤其要向交防的新28師部隊充分瞭解日軍的陣地構築和火力配備情況，制訂有效的攻堅方案。長官部將從砲、空兩方面給予全力支持。具體怎麼打由你決定，但務必不可驕躁。」

何紹周立即對兵力進行調整：榮1師第3團第1、2營對松山主峰遂行攻擊任務，直取核心陣地，該團第3營在陰登山（鷹蹲山）接應；第82師第246團攻滾龍坡，斷敵右翼支撐陣地；第245團在臘猛待命隨時準備增援。有強大的砲群直接對這些中國軍隊進行火力支援：距松山稍近的竹子坡，佈置有第8軍、第5軍（軍長邱清泉）的砲營，更近的是重迫擊砲兵，江東岸733公尺處（今雲南省保山市施甸縣太平鄉等子鋪附近），則是砲兵第10團和第7團抽出的混合營及第71軍山砲營，一百多門從37mm到150mm口徑的大砲將徹底壟斷戰場的發言權。

7月5日3時30分，砲兵開始對松山各個山頭進行火力準備。砲火的閃光劃過黑沉沉的大峽谷，飛速墜向西岸。從東岸的第11集

■ 松山戰役中的中國遠征軍砲兵部隊。

團軍司令部所在地等子鋪、老魯田一帶看過去，敵人陣地上騰起一朵朵一瞬即逝的細細的火花，太遠了，倒像是一個用來進行戰場模擬的盆景；但松山下方千餘公尺處叢林中待命的衝擊部隊，切實感到了來自大地深處的震顫，過去在日軍砲火下吃的虧太多，現在完全有理由相信日本兵正在絕望地狂吼、亂竄，接著被砲火撕碎。

砲火準備一直持續著，濃煙和火光將一處處敵人陣地完全吞咽下了。

5時整，榮1師第3團主力躍出戰壕，向煙霧繚繞的松山頂峰衝擊。士兵們踏著吸足了雨水的鬆軟泥土，奮力撥打著茂密的荊棘，在60多度的陡坡上跌跌撞撞地前進。此時，山頂上的硝煙正漸漸飄散，在陣地上、堡壘中，原先在下層工事躲避砲擊的日軍已經有條不紊地進入射擊位置，只等中國軍隊那些營養不良的士兵前來送命了。

連日陰雨使整個怒江西岸的崇山峻嶺鬱

鬱蔥蔥，空氣中飽含的水份決定了這段日子晚上奇寒刺骨、白天酷熱難耐，陡峭的山坡長滿茂密的森林，合抱粗的大樹比比皆是，遮天蔽日，厚厚的落葉層提供了充足的養分，雜草灌木瘋狂生長，高可沒人。人在草中，咫尺之外不辨南北，榮1師第3團的進攻分隊散入叢林，只見軍帽四處攢動，酷似童話森林裏的朵朵蘑菇。他們的動向很快被日軍察覺。敵人在松山苦心經營兩年，對戰場地形瞭如指掌。

小雨沙沙中，殘酷的戰鬥打響了，森林裏、草叢中，三三兩兩倒下了許多軀體，這次衝擊的命運在開始時就已經註定，完全是一場毫無希望的屠殺，日軍的工事極其隱蔽，致命的槍彈多從側面、身後射來，顯然松山主峰及其附近已經被敵人構築成了一個火力配系科學、幾乎沒有射擊死角且攻防自如的築壘地域。中國士兵忽然發現自己陷入了詭秘的陷阱，只聽見子彈在身邊亂舞，同伴接二連三栽倒，中彈的人連敵人的影子都不能看見。40分鐘後，衝擊部隊人數大為減少，倖存者終於在槍林彈雨裏爬上了山頂，從觀戰者的望遠鏡中消失，隱入了山頂的樹林中。

整個下午過去了，槍聲一直不緊不慢，絲毫不能說明戰況，使山下的人的心高高懸

著。天黑下來了，指揮部再也沒有得知攻擊部隊的任何消息。一直到子夜，兩名滿身泥水爬下陣地的傷兵終於帶來了期盼已久的戰況：松山山頂已經佔據，發現日軍堡壘一座，裏面沒有敵人活動跡象，卻無法進入。部隊徒勞地轉來轉去，敵人蹤影全無，只有槍彈和砲彈不斷從周圍飛來，陣亡的中國士兵正在一層層地把山頭鋪滿……

遠征軍的情報顯示，自1942年佔據松山以來，日軍已經在這座險峻山峰上準備了兩年，由於被用於修建工事的勞工被秘密殺害，松山的戰備情況十分隱秘。為了獲得較完備的資料，多名中國情報人員落入敵手倍受凌辱而死，在日軍「拉孟守備隊」後備士兵品野實後來的回憶作品《異國的鬼》中，曾有「將俘虜塞進汽車外胎中點火後順山谷推下怒江，大家高興地跳躍歡呼」之說。更有令人髮指的，是「西南政幹團」18歲的兩位女學員，在松山地區偵察時被鎮安憲兵隊抓獲，遭日本憲兵數十次輪奸和酷刑之後，由於不肯屈服，被日本狼狗活活撕碎。據戰後披露的資料，以松山山頂為中心，沿公路東至惠通橋、西至鎮安街，主峰子高地、滾龍坡、大埡口、長嶺崗四個堅固據點、20多個陣地和觀察所構成了一個強大防禦體系，可控制縱深達數十公里範圍的江岸。其工事完全按照永久性作戰需要構築，極為堅固複雜。每個陣地依地形在制高點構築1～3座主碉堡，在主堡兩側又構築若干子堡，並在陣地前構築側射潛伏小堡。陣地之間塹壕交錯，互相連通。碉堡大多分三層，上層用於射擊觀察，中層休息兼射擊，下層儲存彈藥。每個堡壘上掩蓋數十公分直徑原

木4到5層，再鋪上3mm厚鋼板數層，鋼板上再堆厚度1公尺以上的沙土。堡壘露出地面部分四周，又安置盛滿沙石的大汽油桶3層，桶間同樣覆加鋼板數層，桶外被土。這樣的堡壘，150mm榴彈砲直接命中都不能摧毀。陣地上配有山砲、戰車、汽車，設有醫院、慰安所，地下有電話、供水、照明等設施，糧秣彈藥充足。日本緬甸派遣軍總司令河邊正三在視察後報告稱，松山可固守十一個月以上，第56師團師團長松山祐三甚至揚言「中國軍隊不死十萬，休想攻取」。

天亮時，攻擊部隊已經疲憊不堪，殘餘人員立足不住，被迫下撤百餘公尺，與敵形成膠著。第8軍直插核心陣地，中心開花的意圖失敗了。該軍攻擊松山的第一次戰鬥，就這樣結束了，但很少有人意識到，這只是更加慘烈的戰事的序幕。

7日下午，第8軍調整戰術，放棄了直接進擊松山主峰，由榮3團對其進行佯攻，第245團同時對左側黃土坡發起佯攻，而真正的主攻方向，是松山右翼的重要支撐陣地滾龍坡。第一次進攻之所以失敗，最大的原因就是進攻部隊的路線全部處於滾龍坡敵人的火力範圍之內，來自滾龍坡的射擊造成的傷亡最嚴重。進攻19時發起。

砲火再一次全面覆蓋敵陣。趁著砲火對敵工事的軟化效果，滾龍坡上的丙、丁兩高地被拿下。然而第246團未注意清掃殘敵即向縱深發展，丙高地一個殘留地堡突然復活，許多士兵被來自身後不遠的火鐮攔腰割倒，整個部隊隊形頓時大亂。同時日軍各陣地的各種火力紛紛向停滯的中國軍隊傾瀉下來。第246團還來不及重新組織起隊形，進

行反衝擊的200多日軍已經瘋狂地楔入進來，日軍士兵把38步槍槍機上那個用作概略射擊的大框豎起來，近戰中只要將目標框住大致可槍槍命中。砲火中爬上60多度的滾龍坡山坡即幾近虛脫的部隊，在敵人的衝擊下犧牲慘重，拂曉時被壓回了出發陣地。

與此同時，榮3團已攻入松山頂的子高地，想趁滾龍坡之敵無暇顧及之機變佯攻為強攻，伺機奪取主峰。不料第246團一敗，孤軍深入的榮3團暴露於各個方向敵軍火力之下，再次遭到慘重殺傷。

第二次攻擊仍然徒勞無功。

焦土上流淌的血河

7月8日，留在祥雲守備機場的第103師第307團乘汽車到達西岸，臨時加強了噴火兵，準備用於滾龍坡和大堊口方向。同一天，為應付持續惡化的龍陵戰局，第71軍山砲營調離松山。不過值得欣慰的是，惠通橋終於修復，重砲很快可以前推至西岸，以提高射擊精確程度。

從6月以來，遠征軍長官部直轄的工兵部隊一直在晝夜不停地搶修惠通橋。惠通橋是一座鋼索吊橋，為旅居緬甸的愛國華商當地人梁金山先生出資捐獻建造，1938年落成。1942年5月初，駐守惠通橋的中國雲南地方部隊一個連和工兵部隊一個班，在日軍先頭阪口支隊的奇襲部隊眼前引爆了橋上的炸藥。在接下來阻擊日軍輕裝泅渡的戰鬥中守軍幾乎全部陣亡，但是宋希濂將軍的第71軍第36師很快趕到，先於敵人佔據東岸山頭，向峽谷下方反擊，血戰三晝夜，以經驗

豐富的老兵犧牲一半的代價，消滅了已經泅渡過江的數百日軍，在西岸指揮強渡的日軍第56師團步兵團長阪口少將也被陳納德的那些繪著鯊魚嘴的「飛虎」幹掉。日軍的攻勢到此為止，中國崩潰的危險過去了。整個世界得以鬆了一口氣。惠通橋僅剩的東西岸邊兩座橋墩，伴隨著怒江阻擊戰中逝去的英魂，在兩軍對峙中英雄而孤傲地挺立了兩年。眼下，中國人必須把自己親手炸斷的橋重新修復。雨季的怒江江水暴漲，水流湍急，松山一帶的日軍砲兵不斷用山砲對渡口實施干擾性砲擊，工兵作業非常困難。為確保修橋和第8軍部隊的運動集結，長官部砲兵指揮官邵百昌中將把2個重砲兵團的幾十門榴彈砲，馬拉人推，拽上松山對面的東岸等子鋪附近山峰。在松山前線，日軍裝備的聯隊砲、步兵砲無論射程、威力都遠不如中

愛国华侨梁金山

■ 愛國華僑梁金山。

■ 遠征軍司令長官衛立煌（前排左一）搶修惠通橋期間到工地視察。

國砲兵的150mm重砲，只有挨打的份。於是只要日軍砲兵一開砲，中國的重砲砲彈就會像鴉群般反撲過去。幾個回合後，對岸日軍砲兵被壓制，只敢借助大霧、雨天或夜暗，匆忙放上幾砲以表示自己的存在，放完即跑，已完全顧不上準頭。到7月初，惠通橋架設完畢，汽車可以一直開到臘猛。在那裏，巨大陡峭的松山觸手可及。

12日，進攻再次發起。遠征軍不惜砲彈對松山和滾龍坡乙、丙、丁高地進行大規模破壞性轟擊，時間長達2小時，直轟得樹木橫飛，草盡石枯，敵陣地漸漸從叢莽中顯出焦黑的輪廓。17時，步兵小心翼翼攀緣而上，踏著滾燙的焦土，迎著眩目的落日，不時避過橫躺的樹幹，飛落的土石，於19時擁入敵陣。

攻擊部隊立即遭到日軍猛烈反擊。第307團主力捨命攻擊丙、丁高地，陣亡連長2人、排長4人、傷亡士兵150餘人後佔領稜線並打退日軍兩次突擊，黃昏後日軍夜襲，攻擊部隊不知所措，混亂中幾乎全軍覆沒。榮3團在主峰前50公尺處遭敵一挺機槍壓制，日軍機槍手機靈地躲在深草中，不停變換位置打點射，由於前方部隊不能提供其準確方位致使砲火支援無效。結果一挺機槍就使整個部隊被鉗制在目標陣地下方的灌木林中動彈不得，人員被逐一射殺，陷入困境。最終幾個勇敢的士兵搶佔了一段戰壕，敵機槍手感到了威脅而銷聲匿跡，才避免了整個部隊的覆滅。

這一天，只有第246團有一定的進展，該部趁敵軍全力反擊第307團之機攻佔了主

峰陣地與滾龍坡之間的大埡口、紅木樹、甲高地，殲敵不多，但已深入於松山左翼，對松山主陣地形成戰術包圍。遺憾的是在進一步攻擊中，第246團誤入一個沒被偵察到的敵預備陣地正面，遭到重創，攻勢頓挫。在團長曾元三閃閃的淚光中，公路上兩輛熊熊燃燒的日軍戰車周圍，簇擁著他許多部下的屍體。

這次進攻使中國軍隊再次嘗到了敵人堅固堡壘的苦頭。砲火覆蓋對無防護或防護弱的目標固然有很大威力，但對工事中頑抗的日軍作用不大。對日軍堡壘情況缺乏瞭解使遠征軍流了太多鮮血。指揮部調整砲兵戰術，將敵堡壘標上號碼，擬採用單砲對單堡的戰法，進行一對一的破擊，逐個破壞；待重砲、山砲對敵堡精確打擊之後，派出警戒部隊佔領敵人的散兵坑以保護側翼；然後用第307團為左翼，第246團居中，榮2團、榮3團為右路進攻滾龍坡陣地，另以第245團牽制松山、黃土坡之敵。原定於20日開始精確破壞，22日步兵突擊，因陰雨天氣影響攻擊日期延遲了一天。

從20日到23日午後，連日陰雨中，各個山頭不時升起一股白煙，然後傳來悶雷般的爆炸聲。原本鬱鬱蔥蔥的亞熱帶高山叢林漸漸變成焦土，粗壯的樹幹變成一片片冒著青煙的枯木。

12時10分，一陣沉重的馬達聲由西邊天空傳來，12架塗著旭日機徽的飛機藏在雲層中飛來，盤旋片刻後投下20多個大降落傘，猶如潔白的花瓣飄落在充滿刺鼻的焦臭的戰場上。由於失去了制空權，日機只好趁不良天氣偷偷摸摸潛入又躲躲藏藏離去，而且不敢低飛，降落傘到處飄蕩。在隨後搶奪包裹的戰鬥中，輕易不現身的日軍躍出工事，10餘人被砲火擊斃。日本步兵興高采烈觀看自己飛機追炸中國軍隊的歷史已不復返了，而捨命搶回的這幾箱手榴彈，則是他們兩個月來獲得的唯一補給品。這時，中國步兵開始突擊。

幾天砲擊的成果明顯。松山主陣地子高地原來長滿枝繁葉茂的參天大樹，遮天蔽日，林中陰暗潮濕，各種藤類、蕨類植物數量極多，灌木更是密不透風，人走在其間，無法看到地面，完全是憑感覺往前探，到了深溝邊沿也不一定能看出來；而無休止的悶熱則讓人連汗都蒸發不了，永遠掛在下巴上。但現在，從山頭直到往下一、二百公尺的山腰，連一棵還掛著一片葉子的樹也沒有了，山頭上更是橫七豎八躺滿焦脆炭化的巨大樹幹，和許多腐爛了的中國士兵屍體一起化為灰燼。目視距離內，視野中的地堡都已經殘缺，它們的地上部分幾和廢墟差不多了。滾龍坡上的那幾個高地表面的各種壕溝和火力點坍塌嚴重，被那綿綿的雨一澆，和地面一起變得一塌糊塗。

儘管地面工事破壞嚴重，日軍的戰鬥意志還是沒有絲毫動搖，仍然給國軍造成大量傷亡，三路進攻的中國軍隊再次受到重大損失。右翼對松山的攻擊由於遭敵軍準確火力阻擊，傷亡太大而停頓；中路、左路的衝擊路線上在遍佈遺屍後始有斬獲，僥倖不死的人終於突破了一些陣地，隨即又陷入與來勢迅猛的敵反衝擊分隊的苦戰中。這天晚上，日軍一連對已高地進行了四次反擊，整夜槍聲、爆炸聲震耳欲聾。到天亮，山坡上遺留

下數十具大和武士的死尸。

可是並非每處陣地都能像己高地這樣多少令人有點安慰。

第307團只用了6分鐘時間就踏上了丙高地，沒來得及喘口氣，又馬不停蹄的投入了仰攻丁高地的戰鬥，想趁敵人清醒之前拿下該陣地。就在丁高地近在咫尺，勝利已經到達眼前之際，悲劇從天而降：隊伍身後的丙高地上，幾個原本形同廢墟、毫無生機的敵堡突然復活，熾烈的火力像魔鬼撒下的天火一樣籠罩了第307團，攻擊部隊瞬間消失。敵軍原已被破壞的地堡屢次復活，說明除了地面防禦工事堅固，四通八達的地道、坑道也是屢攻不克的重要原因，日軍從地下交通網路中，可以在他們選定的時間、地點、環境裏對國軍進行神出鬼沒的襲擾和殲擊。甲、乙、戊高地也幾乎在同一時間遭日軍頑強反擊，各個陣地上敵我尸體縱橫交疊，彷彿是《聖經‧啟示錄》裏的場面降臨人世。

16時，大雨濃霧襲來，整個戰場一片混沌。敵人乘機偷襲，中國軍隊不善夜戰、混戰，陣地陷於敵手，又經過激烈爭奪，日軍後援不濟，直到19時才被再度奪回。此後，24日和25日敵軍屢次向諸高地反擊，第307團勉強支持了下來，持手槍率隊衝鋒的副團長陳偉（又名陳一匡）及第1營營長劉家驥負傷，連長2人、排長5人陣亡，士兵傷亡300餘人。第307團在付出巨大代價後，終於控制了丙、丁、庚高地，敵前沿陣地滾龍坡與諸高地聯絡要衝大埡口之間的聯繫被切斷。

7月23～25日的第四次突擊，中國遠征軍損失約5個營兵力，其中第307團傷亡殆盡。整個怒江谷地死亡的氣息四處瀰漫，那些初上戰場時誇下海口的單純的小夥子們多數都在戰地腐爛了。重傷員往往分佈在範圍極廣的叢林裏搶不下來，空氣中飽含的水氣和高溫使他們很快變成令人作嘔的腐尸，高度刺激人類神經、完全能令人瞬間昏厥的氣味混合在各種植被散發的熱風中隨處飄散，蛆蟲從成了空腔的人體中鑽進鑽出，山水一沖，戰壕、坑道、大路小徑、草叢，無不成為蛆蟲的世界，在大雨滂沱之際，放眼看去，到處都是白得耀眼的細小物體在翻滾、扭動。腐尸造成的污染接著又致使傷員傷口感染，弱者病倒，部隊的減員日趨嚴重。在遠征軍中工作的美軍聯絡軍官有鑒於此，為松山地段創造了一個名詞——不可逾越的「東方直布羅陀」。

這個名稱確實貼切，此時整個部隊犧牲已經超過一半，而勝利卻似乎遙遙無期。為補充損失，維持進攻，第8軍再次增兵，第103師第308團和第82師第245團主力先後抵達戰場。在重慶的迭次嚴令下，為儘快打通松山咽喉，以支持更重要的龍陵和騰衝戰場，第8軍未免操之過急，對戰術戰法的推敲多未臻精細之處，傷亡屢屢居高不下。中國軍隊雖裝備使用了新式武器——火焰噴射器與火箭筒，然而由於訓練不

■第8軍副軍長李彌。

255

足，命中率相當低；尤其敵軍槍法準確，噴火兵接敵時犧牲不小，火焰噴射器沒有發揮預期的效果。

正在率領榮1師第1團、2團主力在龍陵外圍作戰的第8軍副軍長李彌，忽然接到遠征軍長官部電令，遠征軍司令長官衛立煌命其回松山幫助何紹周指揮進攻。李彌是雲南蓮山（今分屬雲南省德宏傣族景頗族自治州梁河縣和保山市騰衝縣，距松山100多公里）人，對當地氣候、地形特徵極為熟悉，且為人直率，帶兵有方，指揮靈活，注重兵力火力的合理應用，實是松山戰役指揮的合適人選。李彌受命後於7月29日趕回松山，即到軍作業組找李汝章參謀要松山作戰地圖，並令李同往陰登山偵察地形，又令工兵營、通訊營各派一排長同去。地形觀察結束後，便令工兵營修建指揮所，通訊營架設電話接通松山各團，直接指揮。

步砲協同從來都是關鍵。砲兵的戰法調整也正在積極進行中。長官部命150mm重砲前移以獲得更好的命中精度，一旦有砲彈命中敵堡即按同一坐標重複砲擊，迫使日軍進入下層；步兵利用砲火壓制的效果迅速接敵，砲火準備結束後在近距離內對敵進行火力封鎖，接下來使用火箭筒擊穿堡壘；最後火焰噴射器登場，通過缺口一舉粉碎堡內敵人的困獸之鬥。

9時15分：大爆破

第五次突擊開始後，幾天內大雨如注，山坡上泥濘如沼澤，所以開初投入兵力有限，沒有發動大的戰鬥。到30日夜，新加入

戰鬥的第308團發揮了生力軍的作用，以土工作業迫近敵陣後發動突襲，佔領了滾龍坡戊高地。戊高地處於進攻路線的側後，第308團的行動掃除了其他部隊的後顧之憂。噴火兵可以儘量接近敵人了。

8月1日和2日，甲高地和乙高地上的奪堡之戰十分激烈，尤其2日午後達到了高潮。為掩護噴火兵接敵，中國軍隊動用大量砲兵竭力支援，榴彈砲彈從陰登山、竹子坡紛紛飛向松山山頂，戰防砲及各級迫擊砲兵也傾全力猛轟山頭兩側和反斜面，進行戰場遮斷，甚至連防空兵也抽調4挺重機槍進行直接火力支援。砲彈如飛蝗般紛紛撲向敵陣，粉碎了日軍一次次反撲的企圖。在全方位的掩護下，噴火兵不負眾望，發揮了巨大作用。最終，甲、乙高地烈焰熊熊，兩陣地守敵與他們的工事一起化為飛灰。

3日12時，甲、乙、丙、丁、戊、庚高地全部佔領，中國軍隊完全控制了滾龍坡，向松山進攻的最大威脅消除了。在松山陣地的防禦體系中，滾龍坡擔負著前哨和保障主峰側翼的重要作用，正是因為它的存在，進攻松山主峰的各次努力都化為泡影。隨著滾龍坡的攻佔，這一體系開始支離破碎，傷痕累累的松山主峰陣地完全暴露在進攻者的面前了。

遠征軍司令長官衛立煌轉達蔣介石緊急命令，嚴令第8軍限期攻克松山，如違限不克，軍、師、團長將以貽誤戰機問罪。松山主峰屢遭轟擊，已成童山禿嶺，攻擊路線已然無任何遮蔽可提供掩護，強攻必然帶來更嚴重的傷亡。軍長何紹周召集副軍長李彌、榮1師師長汪波、第82師師長王伯勳、副師

長王景淵、第103師師長熊綬春、副師長郭惠蒼等將領,連夜商討攻擊松山頂峰(子高地))計劃。最後決定,用坑道爆破炸毀頂峰。指定第82師第246團(團長田仲達)和軍工兵營進行坑道作業,在進行坑道作業期間,將松山右翼滾龍坡、大埡口的敵人肅清,以確保爆破成功。

此時,第307團、第308團、榮3團、榮2團、第82師第245團夾擊大埡口,戰況慘烈。

8月7日,在連續數日的砲擊後,榮2團第3營突入己高地,與敵進行了持續2小時之久的肉搏,傷亡奇重,鮮血浸透了整個表面,屍體填平了陣地上的壕溝。至黃昏,雙方都因傷亡慘重、筋疲力盡而無力進擊,呈膠著狀態,相距10餘公尺卻如隔天涯。全營僅剩士兵 18人、排長1人。

與榮2團同時發起進攻的還有第246團。該團各以1營兵力攻擊午、未高地,都遭重挫:一路在午高地前100公尺之處被側方辰高地火力壓制,營長謝夢熊猝不及防,中彈陣亡,最後只有8人退回己方陣地;另一路突入未高地時已損失很大,攻克另一目標庚高地後剩50餘人,15時後敵人反擊,情況急轉直下,3小時後10名血跡斑斑的士兵沒命地退了回來。

這一天,三個戰鬥營只剩下剛剛夠編一個排的人數。

大埡口於8月10攻克,敵人大部被殲滅,中國軍隊亦付出很大代價。各部隊已經把相當數量的機槍兵、迫擊砲兵和勤務兵補入步兵連,即便如此,原有的5團步兵也只剩1團之數,兵力空前虛弱,只好把護衛保

山機場的榮3團3營急調松山,以防不測。

為掩護對子高地爆破的坑道作業,一連10多日小戰鬥不斷,日軍小分隊異常活躍,幾次偷襲山砲陣地得手,實施破壞後即迅速撤走,弄得砲兵整日提心吊膽。不得已,至8月17日,又一支部隊——第245團第3營到達戰場。其間日軍飛機也膽大包天起來,利用「飛虎隊」飛機回航的間際,數次飛臨戰場對日軍空投補給,18日竟以21架的規模對遠征軍的後勤咽喉要衝惠通橋進行轟炸。但畢竟已是1944年,中美聯合空軍已經主宰了戰場的天空,日軍航空兵只能搞搞「撈一把」的戰術,松山的日本守軍飽含熱淚目睹了日機投彈甫畢即倉皇遁逃的整個過程。在團團濃煙烈焰中,惠通橋安然無恙,汽車第22團的運輸兵們繼續滿載著物資和信心通過這裏開往前線。

坑道作業從8月3日開始,起點距敵陣150公尺,最初是4條蓋溝並行延伸,深1.8公尺,寬1公尺,上加頂蓋防敵火力破壞。作業換班進行,晝夜不停,由於土質良好,進度達每日12公尺。

日軍對此十分憂慮。7月30日遠征軍用土工作業佔領戊高地猶記憶鮮明,所以在整個作業期間他們竭盡所能進行了破壞和干擾。日軍擲彈筒造成的損害較大,作業部隊傷亡8人。不過與強攻相比,這點損失可算微乎其微。12日,作業點距敵30公尺,4條蓋溝在這裏由一條戰壕橫向聯結以掩護最後的突擊作業。以這裏為起點向前挖兩條正式坑道,相互間隔數十公尺,向心發展。坑道和小煤窯的礦洞相似,高1.2公尺,寬1公尺,內部用木柱支架支撐,每日掘進5公

■ 1944年8月20日上午遠征軍以120箱TNT炸藥引爆日軍松山主峰巨堡。

但是，突如其來的大爆炸畢竟破壞了敵人陣地，留下了很大的突擊通道。更重要的是，敵人作戰部署被打亂，重新調整補救已經來不及。9時30分，也就是距爆破15分鐘之後，榮3團不損一兵順利突入子高地，歷經浴血搏殺的陣地上此時竟沒有響起一聲槍聲。

尺，到19日0時，坑道終於完工，盡頭處擴成體積較大的藥室。當夜立即突擊裝填炸藥，左邊坑道的藥室裝了50箱，右邊填了70箱。使用了總共3噸黃色炸藥準備將松山山頂全部炸飛。

20日，榮3團對子高地突擊，火力異常猛烈，意在吸引盡可能多的敵軍進入爆炸區。約一小時後，步兵完全退到安全區域，9時15分，工兵奉命引爆。

在無數人靜心屏氣的注視中，陰沉沉的天空下，兩股數百公尺高的黑煙沖天而起，直入雲霄，久久不散，石塊土塊雨點般四處灑落。對於那些望著松山主峰咬牙切齒的人們來說，爆炸聲出人意料地微小，距離稍遠的人更是覺得爆破帶來的震顫微弱得意外。這次爆破本來準備將敵子高地陣地完全炸飛，但事後發現爆破的衝擊波向土質鬆軟的地方宣洩而出，數百公尺寬的馬鞍形陣地上只有南端制高點轟出了兩個深10多公尺、直徑二三十公尺的漏斗狀大坑。

來自國民政府的資料認為松山大爆破使80餘名敵人灰飛煙滅，而日軍臘猛守備隊老兵則堅持認為當時只有10餘人喪命。其實雙方的數據可能都有誇大或縮水的嫌疑。榮3團在陣地上抓到人事不省的敵兵5名，收敵屍9具，另有4名日軍因頑抗被填住出口於道溝中窒息，算上炸成碎片的，當為20名左右。

遠征軍的火力本來就佔絕對優勢，此時又得到核心陣地，迫擊砲彈開始每時每刻懸在日軍頭上，又準確又迅速。這些迫擊砲彈使用的是瞬發引信，擦到樹枝樹葉就爆炸，形成遠比地面爆炸致命的殺傷範圍。日軍度日如年，異常窘迫，反擊被迫轉入夜間，氣焰不再像過去囂張，但戰鬥卻更加殘酷了。20日和21日接連兩個晚上，敵人捨命反擊子高地，陣地一度被突破表面，守軍榮3團第3營僅存的80多名戰鬥兵犧牲殆盡。至拂曉，榮3團團長趙發畢親自率最後的部隊——由30餘名伙夫及特務排僅剩的10多

■ 松山主峰僅存的4個日本殘兵。

名士兵組成的敢死隊反擊,在各級指揮官的望遠鏡視野裏衝了上去。參加反衝擊的日軍只剩下寥寥數人,但依然進行了殊死戰鬥。陣地被奪回。

天亮時分,倖存者面前的子高地上滿目焦土,斷肢殘體四下散落,敵我尸骸交相橫陳,充滿詩情畫意的高山流水變成了阿鼻地獄,僅用「血流成河」或「流血漂櫓」已經絲毫不能形容了。高地上縱橫來往密如蛛網的戰壕之間的地面,幾乎被人的斷臂殘肢蓋滿,而在戰壕之中,僅僅是肉搏時扭打在一起戰死的雙方士兵,就達62對之多,血肉飛濺,哀血漣漣。從陣地前沿一直到反斜面上,到處都是人的殘體和內臟,混在焦黑的虛土中,令人不忍卒睹。

24日,守備祥雲機場的第309團到達松山,次日加強到子高地方向。子高地的守衛從此鞏固。

最後的犧牲

28日,對松山戰場的第8次攻擊開始,與主峰相鄰的丑高地、寅高地、5號高地相繼被中國軍隊攻佔。

然而日軍沒有因子高地的失守而被擊潰,他們的反衝擊反而更加瘋狂。29日夜,已經明顯不支的日軍竟然對寅高地進行了多達7次的強襲。寅高地守軍指揮官黃人偉營長負傷3處仍裏傷指揮奮戰。日軍如水銀洩地,中國士兵周圍人影幢幢,彷彿四下裏都

■ 突入日軍陣地的遠征軍前鋒部隊。

■ 突圍無望，遂在戰壕中用手榴彈自殺的日軍。

是日軍，極度恐懼中，衝鋒槍充分發揮了近戰威力，到天亮終於將敵人擊退，其遺尸達80具之多。中國士兵傷亡200多人，大部分是刀傷。隨著戰事曠日持久，日軍的彈藥已經十分缺乏，完全是在憑「武士道」精神硬挺。敵我雙方都明白，戰役已進行到最後階段。

時間的指針在連天砲火中不知不覺滑到了9月，中國軍隊已經將松山附近所有制高點逐一奪佔控制，只有松山後面小盆地中的

大寨及其周圍幾個較低的山頭可供日軍苟延殘喘了。

但是通向勝利的道路依然艱辛。投入戰場不久的第309團幾天工夫裏人數銳減，在反覆攻擊黃土坡3號高地戰鬥中，該部又是傷亡遍野，步兵已經比黃銅還要稀少。最後一次衝擊時，只剩下200多名勤務兵、伙夫狂熱地衝向敵人，衝在最前面的是他們的手持「司登」衝鋒槍狂舞、怒火中燒的團長陳永思。陳永思團長在踏上陣地的一瞬被一彈洞穿，身負重傷。補1團團長王光煒接替指揮，部隊徹夜搏殺，整個高地一片刀光血影，人人捨生忘死，形同鬼魅。

9月4日中午，在黃土坡2號高地上，6名中國士兵在極度恐懼中奮力掘土築壕，每一鍬帶起的都是濃濃的血水。這是剛攻佔該陣地的倖存者在準備抗擊敵人的反擊，攻擊發起時的幾十人就只剩他們了。周圍趴滿了血戰中倒下的戰友遺體，在烈日下發脹變黑，蒼蠅嚶嚶嗡嗡，全然不顧周圍仍然密集的槍砲。

當晚日軍到處強襲，又爆發了激戰。日軍如幽靈一樣在陣地上飄浮。陳永思、王光煒兩團長被困於一個地堡中，幸虧榮3團趙發畢團長全力救援，三位團長歡會於堡壘內，外面橫尸累累。拂曉時分，第309團全部人馬，連同後勤各單位，還剩下20多名，榮3團的人員也打光了。

與此同時，在日軍最後據點——馬鹿塘周圍，同樣是激戰連著激戰。馬鹿塘邊上有一小村叫做黃家水井，兩陣地可互為掎角，從2日夜間開始受到第307團攻擊。戰鬥的發展一直不順利，因為第307團極其虛弱——不僅第307團，松山戰場的每支部隊都幾乎只有空的番號了。幾經拉距之後始於3日黃昏奪佔一座邊緣的房屋作為支撐點。直到第246團剩餘人員和第103師搜索連的加入，才重新具備了攻擊能力。5日，黃家水井被攻取，第307團團長也渾身是血地被擔架送進了戰地醫院。150多名日本軍人選擇了黃家水井作為自己生命的終點。

黃家水井被攻下，戰鬥卻沒有停止。有一名殘存的日軍士兵既沒投降，也沒逃跑，而是選擇了潛伏下來，藏在路邊草叢中繼續戰鬥。這名不知名的日軍士兵十分機智沉著，專打路過的零星人員，幾日之內竟有20餘名中國士兵稀里糊塗地被冷槍奪去生命。

■ 日軍臘猛守備隊司令官金光惠次郎砲兵少佐。

日軍臘猛守備隊士兵單兵戰鬥意志之盛、戰鬥技術之高可見一斑。

9月5日，馬鹿塘最後的日軍守軍將第113步兵聯隊沒有帶走的隊旗燒毀，護旗官木下昌己中尉掩埋了旗上的金屬飾物，奉命潛出重圍，獨自一人代表守軍向步兵第56師團師團長松山祐三中將覆命。此人不負使命，逃了一條性命，數十年後作為遊客屢上松山「招魂」，殊無悔意，反而念念不忘告慰幽靈們「七生報國」的「理想」，為「拉孟守備隊」的「忠貞」大肆宣揚。

9月6日，第82師特務連撲入馬鹿塘。人數已經少得可憐的日軍發動反攻，硬把這個連擠了出來。在已經完全無望的情況下，日軍松山守軍將要戰至最後一兵一卒。同一天，中國遠征軍第8軍第82師第244團調入戰場，日軍臘猛守備隊的時間也走到頭了，他們的指揮官金光惠次郎少佐——這個卓越的戰術專家被中國軍隊的一枚迫擊砲彈直接命中，就此在混亂中永遠消失。

9月7日10時，第245團終於將黃土坡最後抵抗的10多名敵人全部擊斃，各部隊迅速向南突擊，參加向馬鹿塘的攻擊。這天下午，松山大戰在毫無懸念的稀稀落落的槍聲中降下帷幕。國民政府宣布，殲滅日軍3000餘人；日本陸軍省則煽情地宣稱：「拉孟守備隊全員玉碎」。

9月7日開始，大批後備部隊和裝備、物資及重砲兵源源通過了這個「東方直布羅陀」，向龍陵戰場開去，形勢立即逆轉。此時騰衝圍攻戰也已近尾聲。9月14日，騰衝光復，4000日軍就殲；11月3日，龍陵戰役結束，日軍10600餘人陳尸戰地；1945年1

月，戰線被節節推至境外，離松山越來越遠。以新38師為前鋒的中國駐印軍在緬甸小城芒友與遠征軍會師，實現了打回祖國的誓言。

60多年轉瞬即逝，松山的天空終於變成了蔚藍，血水逐漸凝結、褪去，曾經的「東方直布羅陀」漸漸淡出人們的視野。畢竟，和平更容易引起幸福的憧憬和遐思。今天的松山，依然滿山蒼翠，只是，掩不住傷痕累累。

沉重的回音

關於松山血戰，有許多數字歷來備受爭議。國民政府直至今天臺灣的資料都認為，

國民革命軍第8軍在松山傷亡6700多人，守軍臘猛守備隊由日軍步兵第113聯隊改稱而來，被殲滅3000多名，該聯隊聯隊長松井秀治大佐切腹自殺。但從各方彙集的資料看，日軍在松山覆亡的軍隊情況並非如此。最初的臘猛守備隊確實以步兵第113聯隊為核心。日軍一個聯隊大致為3850人，加上配屬的野砲兵第56聯隊第3大隊，人數無疑遠遠超過4000。國民政府的資料來源應該就是基於這個判斷。不過遠征軍第20集團軍在北段栗柴壩、雙虹橋渡口渡過怒江開始向高黎貢山進攻後，松井大佐隨即奉第56師團師團長松山祐三電令向北馳援，後退往龍陵，再退到芒市；留在松山的步兵第113聯隊第1大隊一部及野砲兵第56聯隊第3大隊

■ 在松山發現的朝鮮慰安婦。

主力重新編組「拉孟守備隊」，野砲兵第56聯隊第3大隊大隊長金光惠次郎少佐為守備隊隊長，共計1280人，相當於一個加強步兵大隊的兵力（日軍一個步兵大隊計1091人）。

中國軍隊的戰績最後被確認的是：消滅日軍「拉孟守備隊」士兵約1260人，俘虜28名，慰安婦數名，繳獲步槍437枝，輕重機槍34挺，各種火砲16門，坦克3輛。讓人唏噓的是，這些從蘇聯進口的T-26輕型坦克，原本是中國軍隊的裝備。在1942年5月的大潰退中，中國遠征軍參謀長蕭毅肅中將

為阻擋日軍的快速推進，竟然下令將整整一個連坦克炸毀在鎮安到松山的公路上，而不是投入阻擊戰鬥，結果日軍只用一小時就排除了這些「路障」。陸戰之王得到如此下場，不能不讓人反思。這些失去動力的坦克被日軍運到松山，車體埋入土中，只露出砲塔，成了極難發現和摧毀的裝甲火力點。

在松山一戰中，第8軍自軍長何紹周、副軍長李彌、參謀長梁筱齋以下，先後投入戰場的有第103師 (師長熊綬春、副師長郭薈昌、參謀長譚國鐸)所屬第307、308、309團；第82師（師長王伯勳、副師長王景淵）

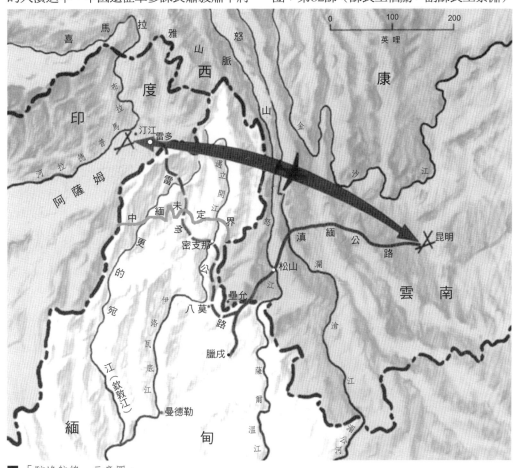

■「駝峰航線」示意圖。

所屬第245、246、244團；榮1師之榮3團、榮2團1個營共7個多步兵團及軍輜輜團、砲兵營、工兵營等單位，加上重砲兵第10團、第7團，重迫擊砲兵第2團，汽車第22團的全力支持，參戰計5萬餘兵力，費時2個月零4天，經9次英勇而犧牲慘重、艱苦卓絕的攻擊，才最後摘掉了這段「盲腸」。

戰役結束時，該軍參戰各師基本拼光，步兵傷亡情況最為嚴重。比如傷亡殆盡的第103師，所剩的步兵數量只夠編成兩個連，有的連隊僅餘2人。生龍活虎開上松山的小夥子們，大部分與戰場的土壤融為一體，成為日後松山重綠的沃土，活著的也都形容枯槁，戰後很多人心態失衡，喪魂失魄，從此萎靡不振。再算上第71軍新28師的先期攻擊中死傷、失蹤的1600多人，在松山上流血或長眠的中國士兵，達8000名之多，此外還有萬餘病員，以及支前受傷、犧牲和病故的上千當地百姓，實在是以尸山血河，淹沒了這個難以通行的「東方直布羅陀」。

附錄：駝峰航線

1941年，日軍空襲珍珠港後，一路指向太平洋，一路指向東南亞。進攻東南亞的日軍由泰國北上，於1942年5月擊退中國遠征軍，攻陷緬甸以及中國雲南怒江以西地區，切斷了中國最後一條國際交通線——滇緬公路。滇緬公路被切斷後，中國曾試圖開闢西北陸路國際交通線，將美英援華物資經波斯灣運到蘇聯中亞的阿拉木圖（位於今哈薩克近中國邊境），再經新疆運到中國內地，因種種原因，無法實現。在美國總統羅斯福「不惜任何代價，開通到中國的路線」的嚴令下，由於海陸已無通道，於是，開闢經印度到中國的空中國際運輸線就成了惟一的選擇。

「駝峰航線」西起印度東北部阿薩姆邦的汀江（今印度迪布魯格爾〔Dibrugarh〕）等地，向東飛越喜馬拉雅山脈南麓，橫跨高黎貢山、怒江、怒山、瀾滄江、雲嶺、金沙江，進入中國的雲南高原和四川省。航線跨越印度、中緬未定界，到中國昆明約800公里，分為北線和南線：北線——汀江-葡萄-雲龍-雲南驛-昆明，航線

■ 1943年，印度某施工機場，當地工人頭頂籃子，裏面盛滿碎石，駐足觀看一架B-24降落。

■ 圖為一架中國航空公司的道格拉斯C-47運輸機飛行在「駝峰航線」上。

■ 飛機上的小駱駝代表成功往返「駝峰航線」的次數。不過最後還是難逃厄運。

慘重。曾在緬甸甘蔗林迫降營救史迪威將軍的史考特上校，首開人類飛越「世界屋脊」的勇敢嘗試，可是在僅距印度阿薩姆邦不到半小時航程時墜毀。其後美軍空運司令部繼續頑強地尋找一條安全通往中國的空中航線，不幸，又有160名飛行員和60架飛機陸續被埋葬在青藏高原的冰峰雪谷之中。在確認無法征服「世界屋脊」之後，美軍另闢途徑，重新開闢了一條西起印度的阿薩姆邦，向北進入西藏，緊貼世界屋脊邊緣飛行1小時，再折向東方，繼續飛越地勢險惡的橫斷山（橫斷山為新名，實為伯舒拉嶺南段、雲嶺北段組成，因遭三江並流之怒江、瀾滄江、金沙江等河流切斷，故稱），然後經四川和西康交界的大、小涼山抵達昆明和成都。這樣，這條「駝峰航線」比從前的直線距離拉長了近一倍。

距離820公里；南線——汀江-新背洋-密支那-保山-楚雄-昆明，航線距離885公里。1942年5月5日日軍佔領緬甸的密支那，南線停止使用。航線經過地勢海拔均在4500～5500公尺上下，最高海拔達7000公尺，山峰起伏連綿，猶如駱駝的峰背，故名「駝峰航線」。「駝峰飛行」（Hump Flying）一直持續到1945年8月日本投降，抗戰勝利。

　　「駝峰航線」開闢之初，美軍飛機損失

「駝峰航線」是當時世界上最艱險的航線。除了地形險要、氣候惡劣、導航設施簡陋難以保障飛行安全之外，還有日本飛機的攔截。擔負運輸重任的是「印中空運大隊」（Air Transport Command, India-China Wing），一直到1944年情況改善之前，他們總是一天工作16個小時，經常一天飛三個來回。擔任護航任務的是美國陸軍駐印度

■「飛虎隊」第3中隊（地獄天使中隊）在昆明的全家福。

■「飛虎隊」第2中隊飛行員在「戰斧」戰機前。

第10航空隊和駐中國的第14航空隊（即「飛虎隊」）。日軍的攔截，使得「駝峰飛行」護航成為極其重要的問題，據統計，僅在「駝峰航線」開通至當年年末的半年中，「飛虎隊」為「駝峰飛行」護航就擊落日機149架，擊毀日機85架。

1943年3月，「駝峰航線」開通16個月後（從1941年11月中國航空公司美籍駕駛員夏普駕駛DC-3運輸機，在汀江-昆明的航線作首航貨運算起），美軍將「駝峰飛行」的指揮權正式交給「飛虎隊」司

令陳納德。從此以後,「駝峰飛行」與「飛虎隊」同在陳納德的指揮下,兩者逐漸融為一體。「飛虎隊」完全由美國空軍人員組成。「飛虎隊」活動範圍非常廣,除了中、印、緬戰場外,還遠及廣州、香港、越南、乃至日本等廣大地區。「駝峰飛行」的航空人員,除了美國空軍之外,還有中國航空人員。

「駝峰航線」的主力機種是C-46「Commando」,從1943年到1945年間從印度向中國運輸了大量戰略物資。C-46是陸軍航空隊在大戰中擁有的最大、最重的雙發運輸機。2300立方英呎的空間可以塞進4噸物資,差不多是它的前任C-47的兩倍。更重要的是,C-46可以到達24000英呎高空——壞天氣時經常需要飛這麼高以避開高山。從印度到中國的崇山峻嶺中墜毀了如此多的C-46、佈滿了如此多的飛機殘骸,以至於飛行員們把這條航線稱作「Aluminum Trail」,由此可見「駝峰航線」的艱辛與險惡。

「駝峰航線」的開闢,不僅粉碎了日軍大規模的侵略和封鎖,而且為支持一個龐大的戰場而實行大規模的空運開了先例,在穩定亞洲戰場中起

■ 第14航空隊司令陳納德。

■ C-46 雖然笨重難看還毛病百出,但卻擔負重任。

■ 一頭名為Elmer的大象正在向C-46裏裝載55加侖裝油桶。一頭訓練有素的大象可以頂一打印度苦力。

到了重要的作用。據戰後美國官方的統計，美國空軍在1942年4月到1945年8月的援華空運中，為中國空運各類戰爭物資65萬噸，人員3萬餘人。很多原「飛虎隊」成員參與了「駝峰航線」飛行。美國空軍在「駝峰航線」上一共損失飛機468架，平均每月達13架；犧牲、失蹤飛行員和機組人員共計1579人。

■ 圖為美國飛行員埃里克森‧希林、副駕駛及中國報務員在昆明機場合影，身後是他們所駕駛的道格拉斯C-53運輸機。希林曾擔任「飛虎隊」飛行隊長，他在「駝峰航線」上執行了700多次飛行任務。

波弗斯山砲中國抗日記

　　中國是世界上最早發明火砲的國家。十三世紀後期，我國的火藥和造砲技術經阿拉伯傳入歐洲，得到了迅速發展。 第一次世界大戰，砲兵大量運用於戰場，對戰爭進程產生了重要影響，當時有一句口號是：「砲兵征服，步兵佔領」。在第二次世界大戰後期，砲兵火力所造成的傷亡約佔傷亡總數的54.4%。1930年代的中國，早已被西方工業文明遠遠拋在後面，雖有幾家兵工廠能夠自製火砲，但均為仿製品，設計和運用理念落伍過時。有鑒於此，國民政府軍政部從山砲入手，銳意整建國軍新式砲兵部隊，於30年代末，在德國顧問團推動下，向瑞典採購波弗斯山砲。

國軍制式山砲

　　在火砲的範疇中，山砲是一種砲管短，砲身、輪子可以分解拆卸分別攜帶的曲射砲，彈道類似於榴彈砲，適用於山地作戰中摧毀敵人的陣地、堡壘、火力點。

　　1905年，江南製造局成功仿製德國克魯伯75mm十四倍徑山砲，是我國自製最早的一門後裝管退殼砲。砲架為雙輪單腳式，砲閂為橫楔式，行列全長4600mm（放列全長3230mm），行列全重405公斤（放列全重386公斤）。用四匹馬駄載或一匹馬挽曳，高低射界-8°～+15°，方向射界左右各2°，使用榴彈重5.3公斤，初速280公尺

／秒，最大射程4300公尺；有效射程4000
公尺。1921年，漢陽兵工廠仿日本明治41
年式，製造民10年式75mm山砲；太原兵工
廠不甘落後，1924年，仿造出民13年式
75mm山砲，且數量相當可觀，到全面抗日
爆發，晉綏軍砲兵部隊至少裝備了近三百
門；1925年，瀋陽兵工廠仿日本大正6年
式，製成民14年式75mm山砲。與滬造克式
山砲相比，這些山砲砲身加長為口徑十八倍
徑，重量稍大，用六匹馬馱載或二匹馬挽
曳，砲閂為螺式，砲彈種類開始多元化，榴

彈5.74公斤、錐孔榴彈3.74公斤、破甲彈6.
575公斤，此外尚有榴霰彈等。初速360公
尺／秒，最大射程6400公尺。

　1926年，國民革命軍北伐，砲兵營也
從東征時的一個營擴編為一個團，裝備俄造
山砲十八門。1927年春，砲兵團團長蔡忠
芴奉命從南昌到上海，將沿途擄獲之砲擴充
為兩團兩營，同時成立砲兵指揮部。1928
年7月，經過編遣後，第1集團軍擁有兩個砲
兵團，以山、野砲為主，裝備極其混亂，有
日造、俄造、德造，甚至還有老掉牙的滬造

■ 法造史奈德山砲。

克式。1929年，軍政部兵工署所擬制式兵器式樣表中，山砲一項定為法國史奈德75mm山砲。然而中央政府忙於應付馮玉祥、閻錫山等地方實力派的挑戰，以及「圍剿」中共紅軍的蘇區根據地，根本無法進行較有層次的兵工建設。相對能量產火砲的瀋陽、太原兵工廠又不在中央政府可控制的範圍內，能夠掌控的幾家兵工廠，除了上海、漢陽分別能月產六門和二門火砲外，其餘都只能搞點迫擊砲。

1930年，中原大戰發生。中央軍對地方軍閥在火砲方面並無優勢，相反山砲數量明顯少於晉綏軍，中央軍調集所有火砲，組成兩個砲兵集團，以第2砲兵集團為例，總共有各類野砲三十門、日造150mm重砲六門、大正6年式山砲十二門。津浦路上晉綏軍密集的民13年式75mm山砲，使中央軍蒙受砲火損害甚鉅。第2砲兵集團在後來的戰鬥詳報上總結指出：我集團所屬之砲兵連，編制不一。有四門制、有二門制。作戰運用，殊感不便，國軍砲兵編制，似有改善統一之必要；我砲兵挽馬、駝馬過少，體質薄弱，調教不良，每遇天雨及道路不良運動，因之遲滯，影響作戰，實非淺鮮。國家馬政機關，似宜從速設立改良馬種，以備軍用。

工欲善其事，必先利其器。對中國這樣一個交通不發達，又缺乏機械化牽引能力的國家來說，發展可拆卸攜帶的山砲不愧為一條可行之路。因為柯利伯、魏澤爾擔任德國駐華軍事顧問團團長期間，正式參與了國民政府中原討逆、江西「剿共」、淞滬及長城局部抗日諸役，並在國軍陸軍訓練與組織之計劃中漸具頗深影響力，國軍在採用德式操典、訓練與組織方式為準繩的同時，對外軍購亦逐步傾向德國。起初德國軍火公司認為有顧問的協助，大可壟斷對華軍火市場，以至出現價格高昂，品質不甚理想的尷尬局面。出於本身職責所在，有些較真的德國顧問有時往往建議我方採購其他國家的武器，制式山砲仍意向法國的史奈德。波弗斯（Bofors）砲廠代表龍貝格來華推銷，想方設法要見蔣介石，結果在南京、上海轉悠了兩個多月，始終未能見到。

中原大戰後，德國軍火商與上海德國商會公推開培教授與中國駐德大使館商務專員俞大維商談有關軍火採購事項。德國禮和洋行華方經營代表丁福成曾以波弗斯砲廠代表的身份，多次向宋子文兜售波弗斯山砲。在魏澤爾的推動下，禮和洋行將波弗斯山砲的說明書、圖樣、照片，以及有關優點的參考資料，轉交兵工署兵工研究委員會，並要求發給進口護照。為了證信波弗斯火砲的優良、準確、靈活，提供國民政府和軍事技術人員實地觀摩考察，禮和洋行先行贈送了山砲四門、高砲二門，配備砲彈若干，來華試放。試放地點在南京湯山射擊場，軍政部、參謀本部、砲兵學校、中央軍校，及其他軍事機關、軍事學校都派員參觀。何應欽、朱培德、俞大維、鄒作華等一百五六十人受邀蒞臨。龍貝格親自掌握試放，彈無虛發，射擊目標準確，證明波弗斯山砲殺傷力強，操作靈活，移動輕便的優點，得到一致好評。龍貝格見縫插針，當場派送中方軍政要人附有波弗斯山砲型的金錶等物，還以高級茶點招待。這次試砲，廠方花費了約法幣80餘萬元的款項，最後做成一筆大生意，制式山砲

終由波弗斯山砲取代。值得一提的是，廣東地方實力派陳濟棠為其德國顧問林德曼說服，堅持以法國史奈德山砲裝備麾下軍隊，粵系外購的史奈德山砲數量不在少數，一直到抗日後期，粵系各軍砲兵營均還有史奈德山砲數門。

法造史奈德M1923 75mm山砲，砲身長1396.5mm，膛線長1000mm，螺式砲門，制退復進形式為獨立液體空氣式，後座長度1000～1100mm，雙輪單腳式，高低射界（低軸）-10°～+22°、（高軸）0°～+22°，方向射界左右各5°，榴彈重6.330公斤，初速440公尺／秒、最大射程9600公尺；榴霰彈重6.525公斤，初速430公尺／秒，最大射程7850公尺，放列全長3430mm，放列全重657公斤，行列全重677公斤，兩馬挽曳、七馬馱載。

戰前列裝小試

波弗斯M1930 75mm山砲是由瑞典波弗斯廠製造生產。基本上瑞典波弗斯廠是德國克魯伯軍火工業的子公司，因此波弗斯山砲實為德國技術，只是產地在瑞典，此砲1930年開發成功，是當時最新式的山砲。國軍所購型號砲管為二十倍徑，全重785公斤，砲膛內有28條膛線右旋，纏度為七度九分四五秒，發射時裝藥燃燒之氣體壓力最大為2600大氣壓。砲彈重量為6.5公斤，初速分別是：一號裝藥250公尺／秒、二號裝藥230公尺／秒、三號裝藥450公尺／秒。最大射程9150公尺，高低射界-10°～+50°，方向射界-3°～+3°，由於砲膛線系右旋，

射擊所發「定偏」為右偏。砲身具有的可拆卸護板，厚約45mm，以供砲組成員在射擊時的基本保護。兩個輪子間寬950mm，輪子直徑900mm，高低瞄準機手輪轉一圈等於20密位，方向瞄準機手輪轉一圈等於2密位。砲身可分成八部載件由八匹馬馱載或二匹馬挽曳。

波弗斯山砲的砲門設計，為半自動曲柄鎖門、水平滑楔式砲門，砲彈裝入後，砲門當即自動關閉，發射後自動開啟，退出砲筒，操作簡便使發射速度得以增進，每分鐘達到二十五發。該砲瞄準具為獨立系統，與砲身不發生直接接觸，在瞄準具設定高低與方向劃分及距離時，砲身不用隨著轉動，待諸元裝定後，只需將砲身指標和尺規指標相吻合，砲身即可到達射擊方位之定位，實行發射。如此設計最大好處是，砲組成員在進行瞄準時，只要操作瞄準具，而無須反覆調整沉重砲身，既省時又省力。該砲砲尾左右側均有拉火裝置，第一、第二砲手都可進行射擊動作，同時在行直接瞄準射擊或對活動目標射擊時，第一砲手尤其能夠迅速發射。該砲使用的砲彈，以榴彈為主，有破甲彈、地雷彈、高爆彈三種，其他還可發射煙霧彈、照明彈、燃燒彈、榴霰彈等特種彈。

與其他山砲相比，波弗斯山砲最大的特點是構造精巧、分解靈便。許多設計顧及到實戰運用與道路不量地形運動便利性，而彰顯優良。其中有三處裝置，為當時大多數山砲不具備的優點：其一為車輪裝有制動機，在騾馬牽引時，無論是上下坡還是馬匹受驚狂之際，都能發揮制動效果以使砲身穩定；其二為高低、方向射界制動機，可以在運動

■ 砲兵第1旅第5團1935年參加了秋季大演習。

時保持原有精度不變，以便在戰鬥中快速變換陣地。其三為砲架中架部分，附有小制退鋤，在狹隘地形作戰時，可卸取後架以行放列，射擊較不會受到地形限制；同時後架向上翻起，更可縮短轉彎半徑，牽引狀態下便於通過曲折路徑。

　　1930年末，國民政府開始向波弗斯砲廠訂購山砲和高射砲，山砲價格為每門1.6萬美元，山砲砲彈每發20美元。第一批購入的只有十二門，裝備教導總隊砲兵連和砲校練習隊。「九一八事變」後，東三省淪陷，日本入侵步步來臨。1932年1月28日，第19路軍在上海閘北奮起抵抗日軍，第5軍、教導總隊等部後續支援淞滬抗日，波弗斯山砲

初試鋒芒，卓有成效。隨後大批波弗斯山砲陸續運抵中國，德國顧問團中的砲兵顧問也由五人增至十一人，警衛軍砲兵旅改為砲兵第1旅，所屬第1團、第5團各裝備波弗斯山砲二十四門。1933年，蔡忠芴將軍調任砲兵團幹部訓練班主任，訓練砲兵初級幹部及軍士。11月，第一期結業後與砲兵第3團幹部互換，繼續第二期訓練。1934年6月，第二期結業，編成砲兵第2團，以此兩期砲兵幹部中堅組成的第2、3兩團隨即編為砲兵第2旅，與第1旅一樣，各團裝備波弗斯山砲二十四門。

　　1934年5月，國軍攻佔蘇區門戶廣昌，深入紅軍核心陣地。7月16日，蔣介石命令

砲兵第1旅第5團第1營由孫生芝營長率領，從南京出發，經浙贛鐵路輸送至南昌，旋開廣昌歸北路軍第3路軍指揮，參加第五次「圍剿」。7月底，湯恩伯第10縱隊擔任進攻石城的主力，紅軍的防禦工事在波弗斯山砲侵徹力下，多為破壞。9月，左翼國軍攻佔石城，砲兵第1營轉而配屬東路軍第3師、第9師等部進攻紅軍位於朋口以西的白衣洋嶺主陣地，結果第3師第8旅就攻擊位置時，即未偵察地形也未嚴格警戒，被紅軍突襲重創。第9旅求勝心切，盲目出擊復又損失一個團。重新部署後，第36師擔負進攻任務，宋希濂師長首先透過砲兵第1營的觀測鏡仔細偵察紅軍陣地，然後與孫生芝營長作了詳細的作戰協商。9月27日上午7時，砲兵第1營開始射擊，二十分鐘後，第108旅攻擊前進，輕易奪取紅軍警戒陣地。9時，波弗斯山砲再度轟擊紅軍主陣地右翼突出地帶，紅軍十分頑強，與第36師第215團反覆爭奪左翼山峰，直到11時，由於傷亡過大而被迫退出。下午2時，紅軍放棄白衣洋嶺主陣地。第36師於10月中旬進入長汀，第10師在後進入瑞金。

1935年夏，蔡忠芴率砲2旅隨賀國光參謀團入川，為打開劉湘把持的川局，砲1旅分駐重慶周圍各地訓練，威儡川軍整編工作的有序進行。同年秋天，砲兵第1旅第5團參加了秋季大演習，這次演習是針對日軍由太湖以南、京杭路方面向南京進犯，國軍如何因應反制的全面戰況推演。砲兵第5團加入西軍第5軍，扮演拱衛首都南京的角色，由此蔣介石將砲兵第1旅視為「捍衛京滬的骨幹」。1936年春，砲2旅從四川東下至浙江

1934年砲兵第1旅、第2旅序列		
砲兵第1旅	旅長	項致莊
砲兵第1團	團長	李汝炯
砲兵第5團	團長	洪士奇
砲兵第2旅	旅長	蔡忠芴
砲兵第2團	團長	蔡培元
砲兵第3團	團長	鄭會煊

嘉興，駐嘉興大營，蔡忠芴兼任乍浦、澉浦要塞司令。「兩廣事變」後，砲2旅奉命南下，由福建進軍廣東。陳濟棠的野心很快破滅，廣東空軍深明大義北上投奔南京，余漢謀等粵系將領也通電擁護中央，事變平息，砲2旅仍回嘉興原防。12月，震驚中外的「西安事變」發生，中央軍由隴海路向陝西壓境，砲兵第1旅第1團也在其列，後幸在各方努力下，事變得到和平解決，砲兵第1旅避免了又一次投入內戰。

細說浦東神砲

1937年7月7日，中華民族神聖抗日在蘆溝橋打響。為牽制、分散日軍兵力，引起國際干涉，國軍準備主動出擊上海。8月11日，駐守浙江嘉興的砲兵第2旅第3團接到命令，由蘇（州）嘉（興）路開蘇州歸第9集團軍總司令張治中指揮。8月13日，日軍在閘北和虹口公園北的八字橋進行火力搜索，與國軍發生步哨接觸，淞滬會戰正式揭開序幕。砲兵第3團在嶺南山莊、江灣鎮附近進入陣地，主要協同第87師、第88師攻擊楊樹浦等日軍據點。9月，轉移至大場以北，與新涇橋東北地區的砲兵第16團形成交叉火力，狠揍當面之敵。進入10月，砲兵第3

團、砲兵第4團、砲兵第10團、砲兵第16團、教導總隊砲兵營、砲兵學校練習隊等統歸砲兵指揮官劉翰東指揮，任務是以主力於小南翔以東，一部於馬陸鎮附近佔領陣地，砲火全力指向唐橋站以西蘊藻浜南岸及廣福以南地區，支援第19集團軍、第21集團軍戰鬥，對敵砲兵進行壓制，短時間內行急襲射擊。

比起浦西的漫天烽火，張發奎所負責的杭州灣北部、上海浦東戰場相對比較沈寂，畢竟在南市方面隔著一個租界區，浦東方面隔著一條黃浦江。張發奎視波弗斯山砲為手中的一張王牌，在浦東洋涇附近不斷襲擊日軍的側背，策應左翼軍作戰。8月14日，砲兵第2旅旅長蔡忠芴奉命留下第2團第2營在嘉興待命，親率第1營與第57師開往浦東。在黃浦江管理所主任的幫助下，十二門波弗斯山砲由輪船三艘、拖船十二艘，順利拖帶

■ 停泊在黃浦江的「出雲」號是中國空軍和浦東砲兵的重點目標之一。

過江。16日，第1營砲擊楊樹浦，第57師第337團進攻浦東沿江之敵，佔領三菱、日清、太倉等日本公司碼頭。18日，第57師攻佔老三井碼頭、日華紗廠，砲兵第2團第1營向郵船會社及新三井碼頭射擊，但未能湊效。第57師改變打法，在20日以第337團便衣隊奇襲郵船會社碼頭，經激烈交戰，日軍紛紛退入軍艦。張發奎親赴前線督戰，砲兵第2團第1營猛轟新三井碼頭及其周圍之敵，次日上午4時，第57師將進佔新三井碼頭，浦東日軍遂告肅清。張發奎調整部署，以砲兵第2團第2營三個連分別移駐杭州灣之澉浦、乍浦、金山衛，第1營在浦東構築工事，射擊浦西日軍。

浦東砲兵的作戰方針是：（一）砲兵陣地和觀測所做到絕對隱蔽秘密。（二）不放棄任何有利機會，迅速準確地予敵艦以重創。做到我空軍轟炸日艦時，一定打；日艦砲擊浦西時，一定打；浦西求援時，一定打。（三）嚴禁盲目發砲，節約砲彈，提高命中率。浦東砲兵觀測所設在耶穌教堂樓頂，輔助觀測所在浦東江邊英美煙草公司大樓樓頂，樓底裝有有線電話與後方聯繫，為保密起見，設備全用麻袋掩蓋，生恐夜深人靜時，電話鈴聲被停泊在大樓前面黃浦江上的日寇旗艦「出雲」號驚覺。最危險的地方就是最安全的地方，日軍萬沒想到國軍砲兵觀測所就在眼皮底下。

9月10日下午4時30分，敵艦七艘拖著民船二十多隻，每隻載兵三十人，在砲火掩護下，向浦東春江碼頭、新三井碼頭登陸。砲兵第2團第1營協助第55師沉著應戰，嚴行阻止，有五枚砲彈擊中敵艦，敵不得逞而退去。9月18日，是日本侵略東北六週年國恥日，砲兵得到上級密令，我空軍將在夜間空襲多處日軍目標，浦東砲兵要及時予以支援。當晚10時左右，中國空軍飛臨黃浦江上空，江上敵艦一時大亂，探照燈無序地向天空搜索，高射火力對空齊鳴。砲兵第2團第1營集中十二門波弗斯山砲，向「出雲」號轟擊，頓時彈如雨下，甲板上遍地開花，日艦艦砲也向浦東方向還擊，可惜空軍和砲兵都沒能有效擊中「出雲」號要害，但在精神上給敵打擊不小。9月24日下午2時，砲兵第2團第1營有一彈命中大阪碼頭附近的日軍汽船，一彈落在碼頭後面引發大火，敵艦於3時發砲十餘發還擊，我人員稍有傷亡。

10月10日，上峰命令孫生芝團長奇襲日軍機場（原浦西高爾夫球場改建）。德國顧問比格爾親自與孫團長偵察陣地，選定浦東江邊英美煙草公司大樓東南，距離江邊約三百公尺的地方為砲兵陣地。當夜10時，八門波弗斯山砲悄悄進入，每砲配彈百發，瞬發信管和碰炸信管各半。根據事先觀察，每天拂曉前，機場燈火通明，從打開電燈到第一批飛機起飛，其間約有五十分鐘，孫團長準備抓住這個時間完成奇襲任務。次日天濛濛亮，機場電燈亮後三分鐘，一發試射彈證實測量準確，孫團長大聲下令開砲，八門山砲以每分鐘二十五發砲彈的最快速度，在四分鐘內傾瀉八百發砲彈於日軍機場，接著全部安全撤離陣地。十分鐘後，日艦以密集砲火向浦東砲轟，敵機十餘架更番在黃浦江沿岸投下炸彈三百多枚，我傷亡官兵十多人。事後得悉，這次戰果是擊毀敵機五架，擊傷七架。

1937年淞滬會戰砲兵第2旅序列		
砲兵第2旅	旅長	蔡忠芴
砲兵第2團	團長	孫生芝
砲兵第3團	團長	邵存誠
		胡克先

浦東砲兵的一系列動作很快被上海媒體渲染為「神砲」，幾位新聞記者抱著景仰和好奇，經過砲兵營長同意，在竹林隱秘的砲兵陣地裏，親眼目睹了波弗斯山砲，並拍下了一些照片。第二天，張發奎在《時事新報》上看到了詳盡的報導和照片，這個軍事消息無疑是一個不該洩露的軍事機密，張發奎立即命令砲兵轉換位置。果不出所料，敵機在中午出現，把洋涇一帶的竹林全數炸光，致使不少居民遭殃。事後記者處分，營長撤職，換來對戰地新聞報導的一個教訓。

11月5日，日軍在金山衛登陸。國軍集中上海正面戰事，對杭州灣疏於防範，金山衛只有第62師步兵一個營和砲兵第2團第2營第6連，郭文河連長迅速指揮砲連應戰，但四門山砲顯然無法顧及側翼，日軍從兩翼對砲連漸成包圍。第62師的一個營根本無法抵擋日軍海、陸、空優勢火力，郭連長使用出砲口即炸、五百公尺內殺傷力極大的零線子母彈，雖暫時延緩了日軍進攻，但終究不能持久，只得毀砲撤退。因電話線被切斷，孫生芝團長與砲兵第2營失去聯絡，砲兵第1營在張發奎大力交涉下，獲得三十二輛柴油車裝運，轉輾退往南京。

怒吼大江南北

「七七事變」的消息見諸報端後，砲兵第1旅磨拳擦掌準備捍衛京滬。7月下旬命令終於來了，但目標不是上海，而是開赴華北戰場，砲1旅北上燕趙大地，被分割配屬素不相識的部隊指揮，結果沒有發揮波弗斯山砲真正的優良性能，還把砲丟了不少。

7月下旬，第5團奉命從南京搭乘火車到保定，車到邯鄲時，團長史宏熹接到就地下車命令，第2營配屬孫連仲第26路軍，第1營配屬關麟徵第52軍。關軍長帶著幕僚和砲兵第1營營長藍守青偵察陣地，把全軍各師團的任務分配完後，也未對砲營作具體指示，只是讓藍營長自己酌量打好了。第52軍不久改守漕河之線，因倉促防禦，砲營在失去步兵掩護的情況下，第2連人砲覆沒，藍營長被迫乘夜撤出陣地。由連附陳國忠率領的兩門砲被守城部隊假傳命令，騙入保定城內，藍營長只率了六門砲急急向石家莊撤退，復又返回正定參加背水防禦。

正定城位於滹沱河北岸，第32軍第141師擔任防守之責，宋肯堂師長很重視中央砲兵部隊配屬作戰，指令張聯華旅長出城接應砲營渡河進城。藍營長將觀測所設在城北角城牆挖空加固的半永久工事中，第1連主陣地選在北關外，第3連主陣地設在城內。同時配屬第141師守城的另一支砲兵部隊——砲兵第6旅張任夫營，裝備十二門野砲，負責主要戰鬥任務，藍營則負責直接支援步兵。

10月3日拂曉，警戒陣地開始遭到敵砲射擊。中午，日軍在戰車掩護下，發起衝鋒。十二門野砲和六門山砲彈藥充足，以熾熱火力進行攔阻，直至日沒，日軍不敢迫近守軍陣地。10月4日，日軍以一晚的時間增

■ 浦東洋涇竹林中的砲兵第2團第1營。因戰地新聞報導不慎，差點人砲俱覆。

加了火砲數量，砲火鋪天蓋地砸向北關部隊，藍營第1連撤向南關，城東北寶塔附近的城牆被敵砲打開一個缺口，張任夫營長陣亡，野砲營撤出陣地。山砲觀測所也落下砲彈，藍營長與第3連失去聯絡，宋肯堂師長在此時表現出了英雄本色，親率師部衛士將該連從火線上搶救下來，藍守青營長激動地趨身向前握住宋師長雙手，宋肯堂也感慨地說：「老弟，對得起你，我把陣地上的火砲拿下來了，今後由你負責了！張營長陣亡，他的部隊暫時請你招呼一下。」10月中旬，砲兵第5團第1營撤至鄭州待命，11月移駐洛陽休整。1938年元旦後，藍守青帶第1連、第3連前往汜水歸第53軍指揮，與日軍隔黃河對峙。3月初，第3連改歸第90軍指揮，日軍獲知對岸國軍砲兵只剩一個連，調集三十多門野砲由汽車牽引，大搖大擺呈一字形縱隊向對岸沙灘開來。藍營長待敵砲下

■ 波弗斯山砲局部特寫。

架時，一聲令下，三門波弗斯山砲痛快地一次又一次擺射，打得鬼子暈頭轉向。等到黃河北岸日軍升起繫留氣球時，山砲早已撤出砲位，放在掩體側面預先挖好的安全位置了。找不到目標，日軍氣球慢慢降落，重新收砲上架，這一切都被藍營長在砲隊鏡中看得清清楚楚，復將山砲推返砲位，又是一頓好打，日軍急忙逃命，氣球都來不及收，任其朝東北方向飄移。斷斷續續的隔河砲戰一直延續到下半年，第5團第1營才開赴鄂東地區，參加武漢會戰。

1937年9月上旬，砲兵第1旅第1團奉命調至濟南，沿黃河南岸齊河至周家口之線佈防，其中砲兵第1營第3連在黃河北岸臨邑縣一帶歸第55軍指揮。進入陣地第二天，丁正國連長就發現日軍步騎不斷向我步兵前沿陣地騷擾，當即下令發砲射擊，日軍人仰馬翻，一處物資倉庫亦中彈起火。丁連長本想在臨邑父老面前痛殲日寇，與城池共存亡，但第55軍軍長曹福林受

■ 保存在軍事博物館的波弗斯山砲。

命，要不惜代價將砲連護送到濟南待命。借著月黑風高，山砲用棉布包紮輪子，驟馬用繩子紮緊嘴巴，所有官兵禁絕煙火和說話，偷偷越過了日軍封鎖線。丁連長又不顧一切，指揮弟兄們將山砲拉過橋面已遭破壞的黃河鐵橋，進入濟南西邊馬鞍山附近的砲兵陣地。次日下午3時左右，丁連長從望遠鏡中觀察到黃河對面鵲山頂上有二十多個鬼子軍官正拿著地圖向我方窺視，丁連長立刻測算諸元，集中火力一頓猛射，日軍軍官死傷多人。

1938年春，津浦路大軍雲集，砲連又奉命南移，先後配屬第122師、第25師作戰。4月中旬，改歸第2師師長鄭洞國指揮，防守江蘇邳縣運河東面的艾山一帶。黃泥塘附近的火光證實日軍在乘夜調動，鄭師長下令開砲，丁連長遂向該處擾亂射擊，火光很快消失眼前。拂曉太陽初升，透過十六倍徑砲隊鏡，麥地裏日軍鋼盔和刺刀反射光閃閃發亮，原來鬼子是在隱蔽前進，砲連立刻開火，日軍雖血肉橫飛，但頑固不退，反在飛機、火砲、戰車掩護下，利用彈坑拼死潛進。艾山陣地一時被火海籠罩，槍砲聲與喊殺聲交織在一起，響徹雲霄，運河浮橋和船隻全被敵機炸了個稀巴爛。面對背水一戰，丁連長認為日軍砲兵、戰車都無可能登上艾山，令全連四門波弗斯山砲全部瞄準日軍步兵發射，鑒於目標密集，山砲用梯級射、排射、快放等措施，在三千公尺左右幾乎百發

1937年7月砲兵第1旅序列

砲兵第1旅	旅長	史文桂
砲兵第1團	團長	李汝炯
砲兵第5團	團長	史宏熹

百中，所到之處鬼子身首異處。長時間的發砲導致砲身發紅，既要防止膛炸又要保證射擊，官兵們把用水浸濕的軍毯覆於砲身降溫散熱。激烈戰鬥持續約七天，砲連協助第2師殲敵千餘，全連官兵各升一級。

1938年6月，戰事深入華中重鎮武漢，6月26日，日軍突破國軍馬當要塞，直趨湖口、九江、瑞昌、武穴等地，意圖從水路直逼武漢。位於長江中下游的第三戰區以第23集團軍配備大量砲兵擔任要擊長江日軍航運任務，砲兵陣地主要位於安慶、貴池一帶。參戰砲兵部隊為：砲3團第1、2營，砲13團兩個連，砲14團第3營第8連，砲19團一個連，以及戰防砲、高射砲四個連。砲兵不分晝夜，要擊長江日艦，共計擊沉大型運輸艦6艘，汽艇4艘，不同程度擊傷400多艘大小艦船，有力配合了以第五、第九戰區為主的武漢會戰。

再戰狼煙之地

淞滬、南京之戰後，南北戰場砲兵部隊都有不同程度的損失。經過調整編併，砲兵第1旅轄砲兵第1團、砲兵第3團、砲兵第5團，砲兵第2旅撤消，砲兵第2團成為獨立砲兵團，並將所屬波弗斯山砲大部補充砲兵第1旅各團，本團換裝俄造76.2mm野砲和115mm榴彈砲。曠日持久的武漢會戰，又使砲兵部隊蒙受極大損耗，復予再度調整，砲兵第1旅所屬三個團每連以波弗斯山砲三門編成，也就是說波弗斯山砲已從1934年的四個團九十六門損耗到三個團五十四門。

1939年3月27日，日軍攻佔南昌，續向奉新、高安西南地區挺進，與第19集團軍等部在錦江北岸進行激戰。第1集團軍自湖南瀏陽馳援贛北，砲兵第1團第1營第3連配屬第60軍第184師防守大禾嶺。大禾嶺位於奉新西南數十華里，砲連觀測所在霞坑塗，登上最高峰用砲隊鏡可以遙望南昌。奉新至鴉鳩嶺一線之敵起先欺負國軍沒砲兵，佔據山頭用機槍封鎖我前線步兵送飯的道路，害得我官兵很難吃上一頓飽飯。第184師萬保邦師長要求丁正國連長想辦法解決日軍封鎖線，丁連長跟著步兵弟兄到前線戰壕轉了一圈，發現狡猾的鬼子在群山之中的一個小山頭上，佈有十二挺輕機槍、兩挺重機槍，一字排開正對我交通要道。返回後，丁連長精密測算敵我距離，先行試射一發，正確無誤，遂連續發射數十發，一舉摧毀日軍機槍陣地，萬師長高興萬分，傳令嘉獎砲連。

日寇不甘失敗，調來一門150mm榴彈砲，射程約15000公尺，使我前線深受威脅。為了阻止敵砲猖狂之勢，丁連長將兩門波弗斯山砲拆解推進十二華里，利用黃昏突然向敵榴彈砲猛轟，達到目的後迅速撤回原地，如此相持到9月下旬，日軍調集重兵大舉進攻大禾嶺。萬師長下令砲連副連長張彤率兩門波弗斯山砲先行撤至後方第1集團軍總部，其餘兩門由丁連長率領繼續隨師作戰。激戰數日，我軍漸漸失利，進出山口的要道被日軍封鎖，第184師被圍在山中，幸好找到一位愛國農民，願意做嚮導帶部隊闖路突圍。考慮到山砲

■ 抗戰後期裝備中國駐印軍、中國遠征軍的美造M1A1型75mm山砲。

行動困難，萬師長要丁連長把砲就地埋藏，可是丁連長表示埋砲容易抗日難，不到萬不得已決不埋砲，萬師長大受感動，派了一個特務營掩護砲連突圍。

第184師官兵逢山開路、遇水搭橋。波弗斯山砲分成八部載件，最重的搖架180公斤，最輕的護板105公斤，這般笨重的「行李」在崇山峻嶺中穿行，困難可想而知，走著走著就落在了最後面，要命的是特務營早已不見蹤影，砲連險入迷路。好在官兵不畏艱辛，依靠地圖和指標僥倖走出山區，抵達目的地上高。可是張彤副連長所帶的兩門山砲就沒有這樣幸運，在撤退途中遭日軍伏擊，人砲俱失。

在歷次長沙會戰中也均有波弗斯山砲身影。1941年12月7日，日軍偷襲珍珠港，太平洋戰爭爆發，為策應香港作戰，日軍第11軍集結約12萬人再度於湘北發動攻勢，並演變為第三次長沙會戰。位於嶽麓山砲兵陣地的砲兵第1團第9連的兩門波弗斯山砲與砲兵第2團第2營、砲兵第14團第4連，由第九戰區砲兵指揮官王若卿統一指揮。1942年1月3日，長沙城外識字嶺、東瓜山陣地告急，第3師師長周慶祥、預備第10師師長方先覺紛紛請求砲火支援，王若卿將一門波弗斯山砲對準進攻識字嶺的日軍射擊，一分鐘後，改用較大幅度的擺射，形成扇面打擊，日軍人仰馬翻，識字嶺險情瞬間緩和。砲兵全力協助第10軍守城將士與敵血戰，日軍在1月4日晚再次敗走長沙。

1942年，砲兵第1團第2營參加了浙贛會戰。第三戰區為確保浙贛鐵路政治、經濟要點，最初集中步砲兵主力，準備於金華、蘭谿與敵決戰。5月14日遵照指示，將決戰地點改為衢州，砲兵主力遂向衢州集結。砲兵第1團第2營營長馬相臣，所部編有五個連，共計十門波弗斯山砲，除第6連在兩個月前已派往福建馬尾，其餘均奉命死守衢州。第4連配屬第86軍第16師陣地，為衢江北岸遊動砲兵；第5連及暫1、2連配屬第86軍第67師主陣地。

6月1日晨，第4連進出左側步兵警戒陣地，急襲由衢江北岸向我進攻之敵，射擊六十發，斃敵二百餘。6月2日上午7時，第4連又分別對大塘、楓樹塘、錦橋日軍行急襲射擊，敵傷亡逾百，向左翼逃避。次日下午2時，衢江北岸因第16師潰退，第4連驟馬盡失，以士兵、砲夫搬運山砲，南撤至六馬橋。本部鄒參謀長建議第86軍軍長莫與碩請退江山整理，遭莫軍長拒絕，並令在六馬橋佔領陣地，向東南、西北之敵射擊。莫軍長在當天早些時候下令第5連、暫1、2連六門波弗斯山砲與日軍十二門山砲實行砲戰，敵砲多佔暴露陣地，且射擊不精，戰至11時，三百發砲彈將敵砲全部制壓。下午3時半，第5連、暫1連接到撤退命令，但為時已晚，胡溪橋已為步兵破壞，不得已退走雪潭渡，暫1連傷亡殆盡，山砲丟失。6月4日上午3時半，馬營長率領第4、5連已撤至後溪街，莫軍長指令第67師工兵連掩護各砲兵部隊轉進，未料六馬橋已被日軍佔領，無法通過。第67師師長陳頤鼎下令砲兵著即進入衢州固守。10時，衢州城垣附近核心陣地全數為敵包圍，右側主陣地步

兵潰入城內，日軍以密集隊形向我接近，馬營長與戰防砲營長樂在中集中山砲、戰防砲向敵猛射，協助步兵恢復城外主陣地大部。戰至6日晚，波弗斯山砲彈八百餘發已悉數用盡，當夜即將四門山砲分拆密埋，馬營長率部突圍不幸被俘，砲營官兵傷亡慘重。

尾聲

1938年7月，納粹德國在日德簽有盟約的情況下命令顧問團離華，國軍獲得德造武器的大門被完全封鎖，波弗斯山砲在作戰中日益損耗，沒有途徑得到補充。抗日中期，笨重的俄造野砲撐起了國軍砲兵部隊半邊天，直到抗日後期，美造M1A1型75mm山砲大量援華，國軍才又擁有一款技術相對比較先進的山砲。作為戰前砲兵建設的制式山砲，波弗斯山砲成為抗日初期國軍砲兵部隊的主力砲種，轉戰華北、華東、華中，實為功不可沒。

波弗斯公司簡介

Bofors在瑞典是一家已有350年悠久歷史的金屬工業公司。在1646年從瑞典的卡爾斯廓加（Karlskoga）發跡，草創期以製造鐵鎚和石磨等重工具為主，至1873年始成立公司。

在草創之時曾稱為Boofors，後來才簡化為Bofors，這在以拼音為語言主架構的西方社會中並不足以為奇，自此成為瑞典專司武器彈藥生產製造的專業廠商。

1999年，瑞典的另一家國防工業大廠SAAB集團買下了塞爾西斯集團（Celsius Group）。2000年9月，聯合國防工業集團（UDI）再買下了波弗斯重武器系統部門，原來的SAAB集團則仍持有飛彈系統的股權。

至今，Bofors 波弗斯工業概分為兩個部份：一、由英國不列顛航太國防集團（BAE System）所持有的軍事工業系統，BAE 在2005年又購入了原來的聯合國防工業集團（UDI）。二、由紳寶SAAB集團所持有的波弗斯動力軍用推進系統部門。

波弗斯工業最有名望的持有者，即為諾貝爾獎的創辦人亞弗烈‧諾貝爾（Alfred Nobel）他於1894年取得波弗斯的所有權，同時，他也是將波弗斯從傳統鐵工業規劃轉型成為現代火砲和化學企業的關鍵人。

波弗斯在二戰期間最具代表性的產品，即為四〇mm防空砲，甚至同時為同盟和軸心兩大陣營所使用。

這款火砲在戰後仍被地面部隊和海軍艦艇所大量地延用，並且被乾脆簡稱為「波弗斯砲」。波弗斯的另一款著名武器為三七mm戰防砲，這款火砲在戰前就被多國陸軍大量採用，當做反裝甲的標準制式武器。

波弗斯三七mm戰防砲還曾由瑞典當局授權波蘭和美國生產，裝備在多款戰車上，包括波蘭製的7TP型和美製 M3A3史都華輕戰車上。

近年來，波弗斯在世界軍火工業市場上的名聲有些受挫，主要是受到1986年印度陸軍火砲採購弊案的牽連，甚至當時的瑞典社會民主黨籍的總理奧洛夫‧帕姆(Olof Palme)也因為涉及弊案而遇刺，造成現代瑞典社會政治史上的第一個污點。

奉旨造假
——二戰日本陸軍「杉部隊」偽造中國法幣始末

官方偽造別國貨幣的歷史

　　由國家出面偽造別國貨幣、擾亂敵方經濟的做法至少已經有200多年的歷史。美國獨立戰爭期間，英王喬治三世曾下令偽造「大陸票」（Continental Currency），以破壞殖民地經濟。法國大革命期間，英國故技重施，偽造了大量法國教會地產券（以沒收的教會地產作抵押的革命政府紙幣），同時規定凡是私人擅自偽造這種貨幣者均判處死刑。

　　不久之後拿破崙也如法炮製，1806年佔領維也納後，他下令沒收奧地利維也納國

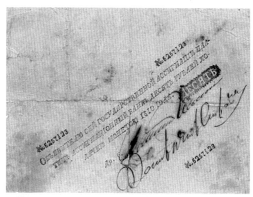

■ 依照拿破崙命令偽造的反法同盟鈔票：奧地利的10盾（右）和俄國10盧布紙幣（左）。當時他還想偽造英國貨幣，不過沒能實現。

家銀行的印鈔原版，並命令部下將其仿製若干塊，然後在巴黎和義大利等地印製品質非

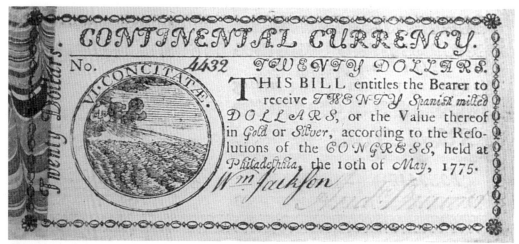

■ 美國獨立戰爭時期，大陸議會於1775年發行的「大陸票」，票面規定可兌換20枚西班牙金幣。這種紙幣設計十分粗糙，非常容易偽造，在5年的時間裏出現了大量偽幣，再加上大陸議會本身過量印刷造成通貨膨脹，以至形容某一物品分文不值的美國俚語「不值一張大陸票」流傳至今。

拿破崙覆亡後，官方偽造紙幣的活動並沒有停息。1918年中，奧匈帝國官員懷疑英國情報部門企圖將偽造的奧匈克朗攜帶入境。1918年8月21日，奧匈帝國國家銀行給各分行發去一封秘密信件，內稱「據可靠消息透露，英國正在偽造25、50、100和1000克朗的鈔票……已發現一些來自英國的傷殘人員經瑞士和塞爾維亞將上述偽鈔攜帶入境……」。除奧匈克朗外，英國還曾在戰時仿製德國馬克和土耳其鎊鈔票。一戰之後匈牙利的庫恩‧貝拉政權也曾利用遺留在匈牙利境內的克朗印鈔版大量印刷1、2、25、200克朗的紙幣。

19和20世紀前半葉的英鎊鈔票在外觀上很簡單，除面值和簽名外幾乎都是一個模子裏印出來的，這種設計可以一直追溯到1760年英格蘭銀行發行的本票。這種紙幣的防偽措施是複雜的滿版浮水印圖案，雖然常好的5盾、10盾、25盾奧地利鈔票，然後用這些鈔票在奧地利購買物資。法俄開戰後，拿破崙還下令偽造盧布紙幣，比起奧地利盾來，除了面值、號碼和簽名（當時的鈔票都是一張張地手工簽名）外，幾乎沒有什麼圖案的盧布更容易仿造。

■二戰後奧地利潛水員在托普利茨湖打撈英鎊偽鈔。

■「伯恩哈德鈔票」：第三帝國官方偽造的英鎊。

足以令普通偽造者望而卻步，卻並沒能阻止掌握國家機器的納粹德國大量偽造。納粹用這種方法為其間諜活動累積了大量資金，二戰中著名的向英國駐土耳其使館傭人「西塞羅」收買情報的行動，以及德國特種部隊領袖斯科爾茲內為營救墨索里尼而周遊義大利的花費均出於此。

事實上，二戰時期偽造別國貨幣的並不止德國一家，蘇聯、英國、美國都曾印刷過大量別國貨幣，既包括敵國貨幣，也包括被佔領國家紙幣，如捷克克郎、荷蘭盾、法國和比利時法郎（主要用於地下活動和在光復區臨時流通，這些貨幣在戰後由當事國國家銀行予以承認，並逐步收回）。日本也曾在二戰時大量偽造別國貨幣，其中規模最大的就是偽造中國貨幣的「法幣謀略工作計劃」。

法幣謀略

偽造法幣的念頭來自日本陸軍第九研究所（通稱登戶研究所）主任、陸軍主計少佐（少校）山本憲藏。陸軍第九研究所隸屬陸軍行政本部，專門負責秘密戰武器的開發（陸軍行政本部共有10個研究所，分別負責開發飛機、火砲、火藥、坦克、通訊設備、化學武器、原子彈等）。山本畢業於陸軍主計學校第15期，隨後加入關東軍，前往中國東北「滿洲國」從事兵要地志調研工作，1938年進入參謀本部第七課兵要地志班。山本自小就有偽造鈔票的抱負，在「滿洲國」期間，他對中國的幣制進行了詳細研究，花數年時間研究了中國內地、關外和朝鮮的貨幣流通情況。

中國貨幣混亂狀態結束於1935年，國民政府於該年11月3日頒布了幣制改革公告，宣布除中央、中國、交通三家銀行外（1936年又增加農民銀行），其他銀行一律不得發行貨幣，同時宣布改銀本位為匯兌本位，禁止銀圓和白銀流通，法幣與英鎊掛?，法幣1元等於22.5便士等等措施。法幣制度不僅從上海的外國金融機構中回收了大量白銀，對於偽蒙疆和華北自治運動、及其背後的日本人來說是一個沉重打擊，因為他們手中握有的現銀和地方貨幣無法再在中國流通，從而防止了戰略物資出口資敵的行為。

■ 美軍拍攝的登戶研究所鳥瞰照片。

和暗記，部分美版鈔票中頭像部位夾有紅藍絲線，偽造應不困難。而且由於當時中國本土偽造貨幣手段落後，一般民眾的防偽鈔意識並不是很強，通過這種手段擾亂中國經濟應該完全沒有問題。

山本回到日本後，直接與凸版印刷株式會社經理兼巴川造紙株式會社經理井上源之丞談了他的全部設想，並就技術上能否造出完美的偽造品諮詢了井上的意見。井上不僅認為這項計劃能夠實現，而且表示願意給予全面合作。於是山本憲藏將整套想法寫成《法幣謀略工作計劃》，通過參謀本部第七課（中國課）交給了主管諜報工作的第八課。

1935年11月，中國的法幣發行量為459,308,123元，到1937年6月底增發到1,407,202,334萬元，增加了2.1倍。山本憲藏進入參謀本部後不久就動身前往華中地區觀察法幣的流通情況，他注意到當時市面上通行的法幣大多為中央、交通二家銀行所發，印刷廠家為英國德納羅公司（Thomas De la Rue）、華德路公司（Waterlow & Sons Ltd）和美國鈔票公司（American Banknote Co），這些鈔票的防偽措施主要為浮水印

日本陸軍參謀本部第八課是大多數間諜活動的策源地，規模龐大，「人才」濟濟，其課長是後來策反高宗武、汪精衛的影佐禎昭大佐，手下包括「中國通」岩畔豪雄中佐、曾任「松機關」頭子的岡田芳政少佐等知名的對華特務人員。他們看到山本的《法幣謀略工作計劃》後對其十分重視。參謀本部平時進行對華特務活動只需課長一級的批准，這次則一直請示到陸軍省，最後由陸軍大臣東條英機親自下令批准實行。之後東條英機還多次把第八課負責人

■上海「杉機關」駐地。

和山本憲藏召到陸軍大臣辦公室，親自詢問偽造工作的進展情況。

法幣謀略

1938年12月，東條英機親自下達了批准偽造中國貨幣的命令，內容如下：「據附件計劃實行通貨謀略。陸軍大臣（花押）；參謀總長（花押）；昭和十三年十二月X日」。

「附件：對華經濟謀略實施計劃。一、方針：破壞蔣政權的法幣制度，擾亂其國內經濟，摧毀該政權經濟抗戰力量。

二、實施要領：1、本工作的秘密代號為‘杉工作’。2、本工作因需要絕對保密，僅限下列人員參與：陸軍省大臣、次長、軍務局長、軍事課長、主管人員；參謀本部總長、次長、第一部長、第二部長、第八課長、主管參謀及主管軍官；兵器行政本部本部長、總務部長、器材課長。3、謀略器材的製造由陸軍第九科學研究所負責。根據需要，經大臣批准後，可利用民間工廠的全部或一部，但要做到絕對保密。4、有關登戶研究所製造謀略器材（指偽幣）的命令由陸軍省及參謀本部商定後直接下達給登戶研究所所長。5、謀略器材製成後，要向陸軍省和參謀本部直接報告其種類和數量。6、參謀本部與陸軍省協商後，確定謀略器

■ 偽滿洲國的10元鈔票。

■ （上及下）英商華德路公司1936年為中央印刷的500元法幣鈔票，防偽措施包括浮水印、彩色纖維以及正背面圖案的「彩虹」式顏色漸變。注意背面右側財政部長孔祥熙的簽名「H.H.Kung」，國外詼稱他為「哈哈孔」。

材送交地，並派必要的護送人員，作為絕密檔送往指定機關。7、在支那設立本謀略的實施機關，代號為'杉機關'，暫將本部設在上海，在對敵貿易的重要地區及適於收集情報的地方設立派出機構。8、本工作要隱蔽進行，主要目的在於擾亂敵方經濟，用偽造法幣進行通常的交易，採購軍需品或民用品。9、獲得的物資按軍隊規定的價格分別交給指定的軍事補給廠，所得款項用作摧毀法幣的活動費，但另有命令時不受此限。10、杉機關要經常瞭解杉工作的活動，每月月底向參謀本部報告資金及器材的使用情況。11、杉機關可將所印法幣的20%留作活動經費，自由使用。」

根據這一命令，山本被調出參謀本部，調至陸軍第九科學研究所，專門負責這一工作（其時該所所長是筱田大佐，後來由山本接任），同時在上海設立了「杉機關」總部，又稱「阪田機關」，負責人阪田誠盛曾在關東軍參謀部工作，1937年返回參謀本部工作。1939年，阪田以名義上的註冊資本金1億日元在中國開辦了「誠達公司」，該公司在淪陷區和國統

■（上及下）中央銀行100元法幣，孫中山頭像出於中華書局雕刻課趙俊之手，在多個版本的民國貨幣上得到應用。注意背面的彩虹效果。

區有53家分店，實際上是對中國實行經濟戰的機構（阪田戰後從事經濟活動，還曾想租船協助蔣介石「反攻大陸」）。第二課參謀岡田芳政於1939年10月被派到南京工作，同時接替阪田，兼任「杉機關」的機關長。

偽造法幣的成果

山本在登戶研究所的工作進展比較順利。由於當時可以發行法幣的銀行有4家，如果每家銀行的鈔票全都仿製的話需要耗費大量精力，因此決定集中人力突擊偽造中央銀行的法幣，理由是該銀行為中國的國家銀

行，其法幣具有國家貨幣的地位，即使偽造的品質差一些也不大可能被拒收，同時即使萬一洩露的話也可以對中央銀行的信譽造成打擊。

為解決偽造法幣的紙張問題，山本及其手下到日本銀行和內閣印刷局進行查詢，分析英美造幣紙張的成分，發現他們為中國政府印刷的大部分紙幣以棉為主，還夾有少量的蔙麻和苧麻，巴川造紙株式會社為此進行仿製，最後發現在日本傳統的椿三和亞紙中加入桑皮和蔙麻，可以獲得類似的效果，造出來的偽幣厚而挺括。真正的法幣只是在中央很窄的一條裏有彩色纖維，為仿製這種效果，巴川會社特地從美國進口了一台專用的抄紙設備，同時從日本人造絲株式會社訂購了大約2噸極細的紅藍兩色纖維。由於當時日本的多色印刷技術不過關，法幣上的彩虹變色效果是通過在印版上一次性整體吃入彩虹色油墨來實現的。

當時已經發明了照相製版技術，但是登戶研究所發現用這種技術印出來的偽鈔效果並不理想，最後決定採用雕刻印版，軍方特地從大藏省造幣局秘密徵調了兩名雕刻技師，用放大鏡一絲一縷地在鋼印版上雕刻出人像、花紋和其他圖案。法幣採用美式規格，不像歐式鈔票那樣有複雜的網底，因此

只有正面需要凹印，背面則採用了平版膠印的方法。經過多次嘗試和失敗，登戶研究所終於在太平洋戰爭爆發前夕仿製出了合格的法幣，隨後便開始在日本本土大量印刷。當時法幣的印刷成本為每張2到3美分，而日本仿製的法幣印刷成本只有4錢5釐，只相當於前者的一半。印好的鈔票裝在木箱裏，在神戶港裝船運往上海，通過杉機關和「誠達公司」分發給駐華中、華南的各派出機構，隨後流入市面。此外杉機關還利用阪田的公司作仲介，通過逃亡香港的上海黑幫頭子杜月笙等人從香港購買汽油、奎寧等稀缺物資。整個戰爭期間，「杉工作」印製的法幣偽鈔共約40億元，多為5、10、50、100這些中等面額的偽鈔，在中國市場上流通得很順利。

然而此時法幣流通情況卻發生了變化。由於日寇瘋狂進攻、大半個中國相繼淪陷，國民政府逐漸退至以西南為主的大後方。當時四大銀行發行的紙幣主要通過香港進入中國，但戰爭年代日本封鎖中國沿海，交通不便，孔祥熙遂命令中央信託局成立印鈔事務處，令其設計一套可以在防空洞內生產的鈔票，並準備在重慶建立印鈔廠，1941年在接收的重慶財政部印刷局基礎上建立了重慶印鈔廠，同時法幣進行了一次大改版。尤其令杉機關感到懊惱的是，不待其「法幣謀略」奏效，國民政府自己就開始了

瘋狂的通貨膨脹過程，從1937年到1944年這短短7年間，國統區的貨幣發行量增加了100多倍，達1890億元，可以說日本印刷的這點偽鈔完全沒有達到擾亂中國經濟的目的。山本憲藏最後哀歎說：「中國實在是一個令人望而生畏的國家。」1945年日本投降後，「杉機關」和陸軍第九研究所隨舊日本帝國陸軍一道灰飛煙滅了。

偽鈔雜記

除了日本軍方曾偽造別國貨幣外，美國在二戰期間也沒有放棄通過偽鈔破壞日本經濟的企圖。當時日本唯一的發鈔銀行為日本銀行，日元所使用的桑皮紙加入了若干日本特有的植物纖維，難以在美國仿造。在朝鮮和臺灣地區分別流通朝鮮銀行券和臺灣銀行券，這些紙幣（以及偽滿洲國貨幣）也是由日本內閣印刷局印刷的，紙質與日元相同。最後美國將目光轉移到了日軍在佔領區發行的軍票上。

日本發行軍票的歷史自日俄戰爭時期開

■ 乙號軍票。

■ 丙號軍票。

「日本銀行」、取消鈔票編號的「丙號軍票」；以及採用中國龍鳳圖案的「丁號軍票」。隨著汪偽政權以及偽「中國聯合準備銀行」的成立，日本逐漸在中國戰場取消了軍票的發行，並開始準備為佔領東南亞地區的行動印製新軍票。

始，一戰後出兵西伯利亞時正式採用「軍票」名稱。軍票發行量被記入臨時軍事費內，不可兌換日元，理論上在戰爭結束後由日本銀行等值回收，或至少由日本方面提供消費物資以將其回籠。日本侵華時曾攜帶了一部分圖案陳舊的「甲號軍票」（日俄戰爭時期印刷）；不久又改為將日本銀行券的銀行名塗去、加蓋「軍用手票」字樣的日元鈔票（「乙號軍票」）；隨後又發行了圖案與日元相同、以「大日本帝國政府」字樣代替

日軍佔領菲律賓後，部分美國軍官一直留在當地，與菲律賓軍隊一道展開對日游擊戰，美軍通過潛艇向這些游擊隊運送給養，其中一些潛艇將在菲律賓流通的軍票樣本帶回了美國，為設法偽造下了一番苦功。由於美方沒有公開詳細資料，這次偽造行動是否獲得成功一直不清楚，不過1944年菲律賓確實發生了軍票通貨膨脹的情況，日本經濟專家分析說有可能是駐菲

■ 日本在菲律賓發行的100元軍票，規定與美元等值流通。

律賓日軍大量增加的緣故。到1944年11月，還發生了運送軍票的貨船被美軍飛機擊中、百元軍票在馬尼拉街頭、海濱和公園裏滿天飛的情況。

二戰結束後，官方偽造他國貨幣的行動也時有耳聞。為破壞逐漸走上親蘇道路的幾內亞經濟，法國特工部門曾在60年代專門印製了假鈔，效果比在捷克印製的真鈔還好，後者不適合該地炎熱潮濕的氣候，一個法國僑民曾不小心用手指抹掉了幾內亞總統塞古·杜爾的頭像，結果以「侮辱國家元首罪」被投入監獄。捷克人後來保留了印版，自己隨心所欲地印刷幾內亞鈔票，在非洲採購物資。

類似情況也發生在中國。新中國發行的1953年版第二套人民幣的3元、5元和10元券是委託蘇聯代印的，60年代初中蘇關係惡化時曾在市面上發現了專業印鈔廠生產的偽鈔（編號不合人民幣發行規律），還在新疆塔城地區發現了成箱的5元和10元偽鈔，最後中國人民銀行被迫在1964年4月15日發布命令，在30天限期內停止流通並緊急收回了3元、5元、10元三種面額的貨幣，此後雖然及時設計了第三套人民幣，但10元券在全中國斷檔達兩年之久。由此可見由國家發動的經濟戰之可怕。

■（上及下）俗稱「大白邊」的1953版10元券，因回收徹底，現已成為珍稀藏品。

建國百年精選戰役系列

中國抗日戰爭
血肉長城

中國抗日戰爭
氣壯山河

中國抗日戰爭
盧溝曉月

喋血孤城
中日衡陽攻防戰

滇緬戰役
（1942～1945）

1937
中日淞滬戰役

國共內戰
護國與解放

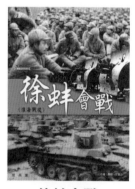

徐蚌會戰
（淮海戰役）

國軍軍史（一）
軍級單位戰史系列

國軍軍史（二）
軍級單位戰史系列

國民革命軍（一）
師史總攬
陸軍第1師─第20師

徐州會戰
台兒莊大捷作戰始末

遼西會戰
（遼瀋戰役）

杜立德
B-25轟炸東京的故事

國軍王牌部隊
天下第一軍

青天白日勳章

國軍王牌部隊
第五軍戰史

陳誠與蔣介石

國家圖書館出版品預行編目資料

中國抗日戰爭：氣壯山河 / 翁里陽, 博凡, 常然作.
-- 初版. -- 臺北市：知兵堂出版：通寶文化發行,
2007 [民96]　面；　公分,
——（突擊叢書）（突擊精選系列；9—）

ISBN 978-986-83398-1-1（平裝）

1. 中日戰爭（1937-1945）

2. 中華民國－歷史－26-34年（1937-1945）

628.5　　　　　　　　　　　　96011573

知兵堂叢書
突擊精選系列 中國抗日戰爭—氣壯山河

作者：翁里陽、博凡、常然作
責任編輯：林　達
封面設計：王詠堯
出版：知兵堂出版社
　　　10679 台北市大安區樂利路86巷4號1樓
電話：(02) 8732-5265
傳真：(02) 8732-5295
劃撥帳號：50043784
劃撥戶名：知兵堂出版社
網址：http://www.warmg.com

發行所：通寶文化事業有限公司
零售經銷：楨彥有限公司
地址：23150 新北市新店區復興路45號3樓
電話：(02) 2219-2839
傳真：(02) 8667-2510
E-mail：jen.der@msa.hinet.net
網址：www.jen-der.com.tw

初　　版：2007年7月
三　　版：2011年12月

新台幣售價：280 元　（缺頁或破損的書，請寄回更換）
版權所有　翻印必究